Veröffentlichungen
der Vereinigung der Deutschen Staatsrechtslehrer

Heft 12

Begriff und Wesen des sozialen Rechtsstaates

Die auswärtige Gewalt der Bundesrepublik

Berichte
von

Ernst Forsthoff, Otto Bachof
Wilhelm Grewe, Eberhard Menzel

und
Aussprache zu den Berichten
in den Verhandlungen der Tagung der deutschen Staatsrechtslehrer
zu Bonn am 15. und 16. Oktober 1953

Berlin 1954

Walter de Gruyter & Co.

vormals G. J. Göschen'sche Verlagshandlung — J. Guttentag Verlagsbuchhandlung
Georg Reimer — Karl J. Trübner — Veit & Comp.

Unveränderter photomechanischer Nachdruck 1973

ISBN 3 11 006014 0

Printed in the Netherlands

Inhalt

I. Eröffnung der Tagung am 15. Oktober 1953

Eröffnungsansprache des zweiten Vorsitzenden Professor Dr. Ipsen

Herr Prorektor, Spektabilität,
verehrte Gäste, liebe Kollegen!

Ich habe die Ehre, Sie zur 12. Tagung der Vereinigung deutscher Staatsrechtslehrer hier in Bonn willkommen zu heißen. Wie vor einem Jahre in Marburg muß ich zu meinem Bedauern mitteilen, daß unser verehrter Kollege Wolff, dem dieser Platz hier gebührt, wiederum nicht imstande ist, an unserer Tagung teilzunehmen, weil ihn seine Erkrankung noch ans Bett fesselt und wohl erst in der nächsten Woche die Hoffnung besteht, daß er aus seiner Lage, die ihn seit einem Jahr behindert, befreit wird. Ich darf Ihr Einverständnis damit annehmen, daß ich Herrn Wolff in einem Grußtelegramm Ihre Besserungswünsche übermittle, in der Hoffnung, daß wir ihn sehr bald wieder in unserem Kreise begrüßen dürfen. Herr Wolff seinerseits hat, abgesehen von den Vorbereitungsarbeiten für die Tagung, die er in keiner Stunde vernachlässigt hat, unser gedacht in einem Telegramm, das ich hier zur Verlesung bringen darf: „Auswärts und ganz ohne Gewalt gedenke ich derer, die auf die Sozialität unseres Rechtsstaats bedacht. Hans Wolff".

Ich habe die Ehre, in unserem Kollegen Friesenhahn den Prorektor der Rheinischen Friedrich-Wilhelms-Universität Bonn zu begrüßen, und darf ihn bitten, zunächst das Wort an uns zu richten.

Begrüßungsworte des Prorektors der Universität Bonn Professor Dr. Friesenhahn

Meine verehrten Herren!

In Vertretung seiner Magnifizenz, Professor Dr. Richter, der heute morgen zur Tagung der Forschungsgemeinschaft und der Rektorenkonferenz nach Bremen abgefahren ist, habe ich die große Ehre, Sie hier als Hausherr willkommen zu heißen und Ihnen die herzlichsten Grüße und Wünsche von Rektor und Senat der Rheinischen Friedrich-Wilhelms-Universität zu entbieten. Drei Jahre nach der Begründung der Weimarer Republik trafen sich die deutschen Staatsrechtslehrer in der Friedrich-Wilhelms-Universität der Reichshauptstadt Berlin, um ihre Vereinigung zu gründen. Die Schlesische Friedrich-Wilhelms-Universität in Breslau sollte der Ort der Tagung sein, die dann, nach Halle verlegt, die letzte im ersten Lebensabschnitt unserer Vereinigung — ich muß jetzt sagen: Ihrer Vereinigung — gewesen ist. Sie kommen jetzt in die letzte noch bestehende Friedrich Wilhelms-Universität und kommen damit zugleich in eine Stadt, die zur vorläufigen Bundeshauptstadt erhoben ist, und die dem Grundgesetz den Namen gegeben hat, um dessen Auslegung Sie sich mühen. Rektor und Senat der Universität freuen sich, Ihrer Tagung einen würdigen Rahmen in unserer wieder aufgebauten Universität bieten zu können. Ich darf Ihnen sagen, daß dieser Raum, in dem die alten Bonner wohl kaum unsere alte Aula wiedererkennen, durch diese Tagung seine Weihe erfährt. Er ist in den allerletzten Tagen erst fertig geworden. Und so darf ich nun Ihrer Tagung den besten Erfolg wünschen. Sie haben sich grundlegende Fragen unserer Staatsgestaltung als Thema Ihrer Beratungen gewählt. Ich darf wünschen, daß gerade aus diesen Beratungen in der Universität der Bundeshauptstadt nicht nur für Sie selbst neue Erkenntnisse wachsen, sondern daß Ihre Beratungen auch segensreich sein mögen für Volk und Staat.

Begrüßungsworte des Dekans der Rechts- und Staatswissenschaftlichen Fakultät der Universität Bonn Professor Dr. Scheuner

Meine sehr verehrten Kollegen!

Ich darf Sie namens der Rechts- und Staatswissenschaftlichen Fakultät der Rheinischen Friedrich-Wilhelms-Universität hier herzlich willkommen heißen. Wir freuen uns, daß in diesem Jahre die Wahl der Staatsrechtslehrervereinigung auf Bonn gefallen ist, und wir sind um so glücklicher, daß wir Sie hier in einem neu hergerichteten Gebäude empfangen können, das zwar noch vielfach die Spuren des Krieges trägt, das aber doch nun gewissermaßen wie der Phönix aus der Asche sich zu neuem Glanze erhoben hat. Besonders aber freue ich mich, daß wir an diesem Tage auch noch einige Kollegen der Vereinigung der Zivilrechtslehrer hier begrüßen können, die ich ebenfalls herzlichst willkommen heiße.

Professor Dr. Ipsen erwidert:

Herr Prorektor, Spektabilität!

Ich darf Ihnen aufrichtig danken für Ihre Begrüßungsworte und damit verbinden ein besonders herzliches Wort des Dankes einmal dafür, daß uns diese Räume nach ihrer Neugestaltung für unsere Tagung zur Verfügung gestellt worden sind, darüber hinaus — und nun bin ich mir im Zweifel, inwieweit ich den Herrn Prorektor und seine Spektabilität oder die Kollegen Friesenhahn und Scheuner ansprechen darf — danken für die mühseligen Vorbereitungsarbeiten, die beide hier am Ort geleistet haben, um der

Tagung den Rahmen und die Ermöglichung zu geben, die ihr schließlich zuteil geworden ist. Ich darf meinen Dank erstrecken — und Herrn Friesenhahn freundlichst bitten, ihn zu übermitteln — auf Frau Friesenhahn, die die Liebenswürdigkeit hatte, sich unserer Damen anzunehmen, nicht zuletzt auch meinen Dank richten an unseren Kollegen Köttgen, der einmal in uneigennützigster Weise es übernommen hatte, bei der Programmgestaltung erster Überlegung in einem Vortrag, den wir als Gastgeber veranstalten wollten, zu sprechen, und dann nicht minder uneigennützig sich den Notwendigkeiten des Tages und der schnellen Entscheidung anpaßte, indem er ohne weiteres zurücktrat von diesem Vorhaben. Ich hoffe, daß er die mühselige Vorbereitung seines Vortrages nunmehr in einem späteren Zeitpunkt auch hier in Bonn zur Geltung gebracht sehen wird.

Meine verehrten Herren! Die Gunst des Ortes vermittelt uns die besondere Freude und Ehre, daß an dieser Tagung auch teilzunehmen imstande ist der lebenslängliche Ehrenpräsident unserer Vereinigung, unser verehrter Kollege Herr Geheimrat Thoma, den ich nun bitten darf, zu uns zu sprechen.

Ansprache des Ehrenpräsidenten Geheimen Hofrats Professor Dr. Richard Thoma

Meine sehr verehrten und lieben Herren Kollegen!

Ihr dankenswerter Entschluß, die diesjährige Tagung in der Bundeshauptstadt abzuhalten und damit an dem Sitze der Universität, der ich seit nunmehr 25 Jahren angehöre, gibt mir die erwünschte Möglichkeit, auch einmal persönlich vor Sie zu treten in der Würde, mit der Sie mich so gütig ausgezeichnet haben, als Ehrenpräsident der Vereinigung der deutschen Staatsrechtslehrer.

Gestatten Sie mir, die Tagung mit einem Geleitwort einzuleiten. Als wir uns nach den Jahren der Gewaltherrschaft und des Krieges zum ersten Male wieder versammelten, in Heidelberg im Oktober 1949, da waren wir uns einig in dem Wunsche und in der Zuversicht, daß es der Vereinigung gelingen werde, eine Arbeit zu leisten, die sich den Leistungen der ersten 10 Jahre ihrer Tätigkeit würdig zur Seite stellt. Ist diese Erwartung erfüllt worden? Es wäre, meine verehrten Herren Kollegen, unwahrhaftig, zu verschweigen, daß gegen die eine oder andere Einzelleistung gewichtige Worte der Kritik laut geworden sind. Aber es kommt auf das Ganze an. Der Gesamtüberblick über die 4 Tagungen, die seitdem stattgefunden haben, berechtigt, wie mir scheint, dazu, eine Bilanz zu ziehen, die ebenso erfreulich wie für die Zukunft verheißungsvoll ist. Und dazu möchte ich Sie beglückwünschen. Und beglückwünschen möchte ich Sie auch zu der Wahl der Probleme, mit denen die jetzt beginnende Tagung und ihre Verhandlungen sich beschäftigen sollen. Das Thema „Begriff und Wesen des sozialen Rechtsstaates" führt in den Mittelpunkt der politisch wirkungsvollsten Bemühungen dentscher Staatsrechtswissenschaft. Meine Gedanken schweifen zurück in die Zeit, da ich — mehrere Jahre vor dem ersten Weltkrieg — eine Analyse des Rechtsstaats zum Gegenstand einer akademischen Antrittsvorlesung gemacht und mit Entschiedenheit gefordert habe, daß sich die deutsche Verwaltungsrechtswissenschaft in den Dienst der Ideale des Rechtsstaats stellen solle. Schon damals war die Aufgabe sichtbar geworden, neben den Freiheitsverbürgungen und den Sicherungen der Gesetzmäßigkeit der Verwaltung auch die fürsorgende Betreuung der Bevölkerung, in die festen Ordnungen des Rechtsstaates einzugliedern. Heute ist dies ein vornehmstes Anliegen der Politiker und der Juristen. Jene Gesinnung und Betätigung, die man zur Zeit der großen Französischen Revolution als Fraternité bezeichnete, allerdings aber neben der Liberté und Egalité vernachlässigte und im Schatten stehen ließ, jene Fraternité bezeichnen wir heute als soziale Hilfsbereitschaft und Reformwilligkeit und in resignierender Einsicht in die leere Relativität jeder Forderung von Gerechtigkeit schlechthin reden wir determinierend von der sozialen Gerechtigkeit, die damit allerdings als eine von mehreren bezeichnet wird. Der Drang zur Verwirklichung sozialer Gerechtigkeit ist die, man darf wohl sagen segensreichste Auswirkung des allgemeinen und gleichen Wahlrechts, aber sie stößt auf andere Gerechtigkeiten, und es entstehen Konflikte, und eben deshalb ist es ebenso notwendig als interessant und eine besonders glückliche Wahl des Themas, zu untersuchen, wie über der Spannung zwischen dem liberalen Rechtsstaat und der sozialen Demokratie der Bogen der Synthese gewölbt werden kann.

Von hoher Bedeutung und belebender Aktualität ist auch das zweite Thema unserer Tagung, das sich beschäftigt mit der verfassungspolitischen Formung der auswärtigen Gewalt. Die hohe außenpolitische Aufgabe, die hier aufklingt, lenkt zugleich den Blick auf eine Bedeutung unserer Arbeit, die die deutsche staatsrechtliche Wissenschaft unserer Epoche emporhebt über diejenige vergangener Jahrzehnte. Denn die außenpolitische Aufgabe unserer politischen Gewaltenträger ist Befolgung einer deutschen Nationalpolitik, die das Heil sucht nicht in nationalistischer Isolierung, sondern in europäischer Gemeinsamkeit. Und dahin führt — die Realitäten lassen keinen anderen Weg zu — notwendig der Weg über eine Wiedererweckung des Deutschen Reiches in Einheit, Freiheit und Friede. Infolgedessen trägt unser gegenwärtiger Verfassungsbau den Charakter des Provisorischen und infolgedessen ist alle Arbeit, die wir der Exegese, der Kritik, der Reform unseres geltenden Bundes- und Landesstaatsrechts widmen, immer zugleich auch Vorarbeit für die künftige deutsche Nationalverfassung. Noch kann niemand vorhersagen, wann es dem deutschen Volke möglich sein wird, über dem ihm von Völkerrechtswegen zukommenden Landgebiet sein Reich zu erneuern und zu ordnen, aber daß dieser Tag in absehbarer Zeit über dem geängstigten Europa trostreich aufleuchten wird, das glaubt unser Herz und das erstrebt unser Wille. Und von daher gewinnt die Arbeit der deutschen Staatsrechtswissenschaft eine erhöhte Bedeutung und eine besondere Würde. Zu dieser Arbeit will mein Geleitwort Ihnen Kraft und Gelingen wünschen: bei der Deutung des geltenden Rechts wie bei der Hindeutung auf das künftig zu gestaltende.

Nunmehr bitte ich Herrn Professor Ipsen, den Vorsitz zu übernehmen.

Professor Dr. Ipsen
erwidert und beendet die Eröffnungsansprache:

Sehr verehrter Herr Ehrenpräsident!

Ich darf Ihnen aufrichtig danken dafür, daß Sie diese einführenden Worte an uns gerichtet haben. Sie werden uns in unserer Arbeit bestimmen, und wir danken dem Augenblick, der uns Ihre Anwesenheit hier geschenkt hat.

In der Begrüßung unserer Gäste, meine sehr verehrten Herren, darf ich in erster Linie unsere beiden Schweizer Kollegen, Herrn Huber aus Bern und Herrn Kaegi aus Zürich, nennen, die auch hier in Bonn Gäste unserer wissenschaftlichen Erörterungen sind, und die ich sehr herzlich willkommen heiße. Wir begrüßen diesen ertragreichen Kontakt mit unseren Schweizer Kollegen auf das wärmste, und wir dürfen wiederholen, was schriftlich ihnen gegenüber schon wiederholt geäußert wurde. Die Vereinigung selbst hält ihre Tore auch weiterhin für sie geöffnet, und ich bin überzeugt davon, daß ein Entschluß von Schweizer Kollegen, dieses Tor zu durchschreiten, aufrichtige Zustimmung finden würde, ohne daß, solange das nicht geschieht, diese Gefühle auch unsererseits sich anders als darin äußern könnten, dieses Tor eben weiterhin offenzuhalten.

Unter unsern Gästen begrüße ich mit besonderer Freude Kollegen der Bonner und Kölner Fakultäten, ferner die Kollegen der Zivilrechtswissenschaft, die, wie in Marburg, so auch hier, soweit sie an der Tagungsthematik Interesse nehmen, erschienen sind, und mein Dank gilt umgekehrt den Herren der Zivilrechtswissenschaft, insbesondere Herrn Kollegen Dietz, den ich hier auch begrüßen darf, für die Globaleinladung, die sie uns übermittelten zur Teilnahme an der Zivilistentagung, die morgen in Schlangenbad beginnt und die uns am Sonnabendnachmittag, wenn wir dann noch aufnahmefähig sind, nach entsprechendem Ortswechsel einen sicherlich aufschlußreichen Vortrag des Kollegen Siebert aus Göttingen bieten würde über Grenzfragen zwischen dem öffentlichen und dem privaten Recht.

Ich begrüße ferner herzlich die Herren Schriftleiter der Fachzeitschriften, die wiederum wie im vorigen Jahr in so dankenswerter Weise über den Verlauf der Tagung der Fachwelt berichten werden, und schließlich gilt mein Grußwort Ihnen, den Mitgliedern unserer Vereinigung, unter Ihnen besonders herzlich auch den österreichischen Kollegen, während ich in diesem Jahre leider wiederum unseren Kollegen Jacobi aus Leipzig nicht unter uns begrüßen kann.

Mein Grußwort muß an dieser Stelle von einer schmerzlichen Überlegung unterbrochen werden. Wir vermissen in unserer Reihe unseren Kollegen von Mangoldt. Ihnen ist bekannt, meine Herren Kollegen, wie kürzlich unser Kollege von Mangoldt von uns gegangen und wie dieses Ende einen tragischen Abbruch einer segensreichen, wissenschaftlichen Arbeit und einer Arbeit für die Allgemeinheit gewesen ist. Seiner und seiner Verdienste ist gedacht worden in Nachrufen, die unsere Kollegen Schönborn und Leibholz ihm gewidmet haben, unser Kollege Leibholz in dem Vorwort zu dem Kommentar, den der Tote noch hat abschließen können. Ich glaube, diesen Gedächtnisworten nichts hinzufügen zu sollen, und danke Ihnen, daß Sie sich durch Ihr Erheben seiner erinnert haben. Wir werden das Gedenken an den Kollegen von Mangoldt gerade hier an diesem Orte in Bonn in bleibender Erinnerung bewahren. Ich danke Ihnen!

Herzlich begrüßen und gedenken darf ich unserer Lebensjubilare des letzten Jahres seit der Marburger Tagung, darunter Herrn Kollegen Apelt, der in diesem Zeitraum das 75. Lebensjahr vollendete, den wir hier unter uns begrüßen dürfen, ferner Herrn Kollegen Laforet, von dem ich mit Bedauern feststellen muß, daß er nicht unter uns weilt, der ebenfalls das 75. Lebensjahr vollendete, und dann die Herren Kollegen Wenzel und Schönborn, die beide zu meiner Freude hier weilen, die das 70. Lebensjahr vollendet haben. Mein Gruß gilt auch dem Kollegen Erich Kaufmann, der zu unserem Bedauern trotz der Gunst des Ortes nicht unter uns weilt. Er hat leider einen kleinen Unfall erlitten und schreibt ein paar Zeilen, die ich hier verlesen darf: „Zu meinem lebhaftesten Bedauern ist es mir nicht möglich, an der diesjährigen Tagung teilzunehmen. Ich hatte am 4. Oktober einen kleinen Unfall durch Überfahren von einem Zweirad und soll mich durch Bettruhe bis zum nächsten Samstag unbedingt schonen. Ich bitte Sie, die Kollegen bestens von mir zu grüßen, und wünsche der Bonner Tagung einen guten Verlauf. Erich Kaufmann". Ich glaube, wir erwidern diese Grüße mit herzlichen Genesungswünschen.

Meine sehr verehrten Herren! Mir wird gesagt, daß ich diesen Grüßen hinzuzufügen habe einen Gruß an den Kollegen Giese. Er hat das 70. Lebensjahr in diesem Zeitraum erreicht. Ich bitte um Nachsicht, wenn ich erst durch Zuruf darauf aufmerksam werde, aber wer Herrn Giese vor sich sieht, wird meinen Lapsus entschuldigen.

Die Besonderheit unserer Tagung liegt darin, meine Herren Kollegen, daß wir, von der Berliner Gründungstagung abgesehen, zu einer Wissenschaftstagung zum ersten Mal in einer Hauptstadt unseres Staates versammelt sind.

Die Bedeutung Bonns als Tagungsort brauche ich schwerlich zu unterstreichen, abgesehen davon, daß der Ort der Tagung selbstverständlich auch Fragen aufgeworfen hat, die in vielerlei Beziehung Erörterungen zu diesem Thema auslösten. Als Geburtsstätte des Grundgesetzes, als Stadt der heutigen Neugestaltung des Bundes und als Universitätsstadt ganz besonderer Tradition, auf die Herr Friesenhahn hingewiesen hat, vermittelt sich unserer Arbeit hier ein Fluidum und eine Atmosphäre, die, wie ich hoffe, unseren Erörterungen von Nutzen und von Segen sein wird. Es würde reizvoll sein können, ohne daß hier diesem Thema nachgegangen wird, einmal zu überdenken, welche besondere Rolle Bonn gespielt hat als Universitätsstadt seit 1818 für die Entfaltung des Preußischen Staates hier am Rhein, und welche besondere Rolle Bonn heute und wohl noch in weiterer Zukunft spielen wird für die Wiederentfaltung einer deutschen Staatlichkeit nach dem Zusammenbruch im Jahre 1945. Wenn unsere Themata, wie Herr Kollege Thoma betont hat, zu diesen Fragen in einer besonderen Beziehung stehen, kann, so glaube ich, sich hier eine positive Synthese von Ort und Gegenstand der Handlung ergeben. Und so darf ich zum Schluß nur wünschen, daß der genius loci unsere Erörterungen beflügeln möge, zu deren Beginn ich nunmehr den fachlichen Teil als eröffnet erklären darf.

II. Erster Beratungsgegenstand:

Begriff und Wesen des sozialen Rechtsstaates

1. Bericht von Professor Dr. Ernst Forsthoff, Heidelberg

Unsere Vereinigung hat den Referenten von jeher großzügig eine weitgehende Freiheit in der Behandlung der Themen zugestanden. Mein Herr Mitberichterstatter und ich sind überein gekommen, von dieser Freiheit Gebrauch zu machen. Wir haben die Gliederung des Stoffes so vorgesehen, daß ich mit einer Darstellung des sozialen Rechtsstaates in verfassungsrechtlicher Sicht beginne und Herr Bachof über den sozialen Rechtsstaat in verwaltungsrechtlicher Sicht sprechen wird. Die beiden Vorträge stehen also primär im Verhältnis der stofflichen, nicht der dialektischen Ergänzung zueinander.

Das bedeutet eine gewisse Modifizierung des Themas. Sie empfiehlt sich jedoch von der Sache her. Sie macht zunächst ersichtlich, daß der soziale Rechtsstaat eine Gegebenheit ist, von der ausgegangen wird. Sie bringt weiter zum Ausdruck, daß der verfassungsrechtliche und der verwaltungsrechtliche Aspekt des Themas ein je eigenes Anrecht besitzen und sich notwendig ergänzen.

Wäre der Sozialstaat nicht eine Gegebenheit, so würde der soziale Rechtsstaat kein verfassungsrechtliches Problem sein. Das Grundgesetz, ohne diese Gegebenheit verstanden, würde den Leser nicht vor die Fragen stellen, die in dem Thema beschlossen liegen. Denn der zweimalige, adjektivische Gebrauch des Wortes sozial in den Art. 20 und 28 als solcher würde schwerlich die Vermutung wachrufen können, daß damit eine grundsätzliche Aussage über die Gesamtstruktur der Verfassung gegeben werden solle.

Wir verstehen also das Thema nur von einem Standort aus, der sich außerhalb des geschriebenen Verfassungstextes befindet. Das braucht uns nicht ernstlich zu beunruhigen, denn wir teilen die positivistische Verengung des juristischen Blickfeldes auf den Wortlaut der Gesetze nicht mehr. Wir erkennen auch ungeschriebenes Verfassungsrecht an und vor allem: wir wissen, daß man Verfassungsnormen noch weniger als andere Normen nur an sich selbst messen und allein aus sich auslegen darf. Die Verfassungsauslegung kann nicht von den Gegebenheiten der Verfassungswirklichkeit absehen. Die großen Wandlungen in der Auslegung tradierter Rechtsnormen, wie wir sie etwa mit dem Gleichheitssatz, der Garantie des Privateigentums oder dem richterlichen Prüfungsrecht im Laufe der letzten Jahrzehnte erlebt haben, sind nur von dem Hintergrunde der Veränderungen aus zu verstehen' welche die soziale Wirklichkeit dieser Zeit aufweist. Gewiß aber bedeutet eine solche Auslegung nicht die Beugung des Rechts unter die Faktizität der öffentlichen Zustände, deren Richtmaß es sein soll. Die Auslegung der Verfassung darf nicht blind sein gegen die Veränderungen des Sinngehalts und der Funktionsweise von Verfassungsnormen, die sich mit der Veränderung der sozialen Wirklichkeit ergeben; aber sie kann der Verfassung keine Elle zusetzen und echte Widersprüche zwischen Verfassung und Wirklichkeit nicht hinter konstruierten Harmonisierungen verschwinden lassen.

Und noch ein weiteres. Alle Offenheit der Auslegung gegenüber der Wirklichkeit hat ihre Schranke an der Struktur einer Verfassung, an den Institutionen, Formen und Techniken, mit denen sie ihre Zwecke realisiert. Diese Feststellung gilt in besonderer Weise für die rechtsstaatliche Verfassung, für die solche Institutionen, Formen und Techniken geradezu wesensbestimmende Bedeutung haben. Davon wird noch zu handeln sein.

Das zentrale Problem meines Vortrages scheint mir dies zu sein, ob der Sozialstaat, den wir im Sozialversicherungsrecht, Arbeitsrecht, Mietrecht, Baurecht und vielen sonstigen Bereichen des Rechtslebens verwirklicht oder doch grundsätzlich bejaht und angestrebt finden, ein Bestandteil unseres Verfassungsrechts ist, d. h. ob die Sozialstaatlichkeit in der rechtsstaatlichen Struktur der Verfassung aufgegangen oder doch mit ihr zu einer Einheit verbunden worden ist.

Diesem Problem sehen wir uns gegenübergestellt, seitdem H. P. Ipsen in seinem mit Recht viel beachteten Vortrag über „Enteignung und Sozialisierung" die Forderung erhob, die Eigentumsgarantie des Grundgesetzes müsse im inneren Zusammenhange damit gesehen werden, „daß der Staat des Grundgesetzes sich zum Sozialstaat proklamiert". Die Tragweite dieser Forderung erhellt aus den Eingangsworten des Vortrages, in denen Ipsen „die Entscheidung des Grundgesetzes zum Sozialstaat" in ihrer allgemeinen Bedeutung umreißt. Daß die Formel vom sozialen Rechtsstaat ein wirkliches Problem in sich schließt, hat Ipsen bereits hervorgehoben, indem er die klassischen rechtsstaatlichen Elemente des Grundgesetzes in ihrer Bezogenheit auf die dem 19. Jahrhundert eigentümliche Aufgliederung in Staat und Gesellschaft den Anforderungen der modernen Wirklichkeit an die Staatsgestaltung konfrontiert.

Die Frage, ob die Verschmelzung von Rechtsstaat und Sozialstaat in einem neuen Verfassungstypus rechtsstaatlicher Prägung vom Grundgesetz gemeint und überhaupt möglich ist, ist nicht eine solche der Auslegung einzelner Verfassungsnormen. Sie ist auch mit dem Hinweis nicht entschieden, daß das Grundgesetz — von dem Kompetenzkatalog abgesehen — keine der zahlreichen, großen und wichtigen sozialen Institutionen erwähnt, sie ist schließlich ebensowenig mit der Berufung auf die Formel vom sozialen Rechtsstaat in den Art. 21 und 28 GG beantwortet. In der rechtlichen Würdigung dieser Formel sind die Meinungen seit den Referaten von Ipsen und Ridder vollends kontrovers geworden[1]).

Die zunehmende Anerkennung und Beachtung, die der Selbstqualifizierung der Bundesrepublik als sozialer Rechtsstaat zuteil wird, hat gute Gründe. Das Empfinden ist verbreitet, daß zwischen den weithin aus dem 19. Jahrhundert überkommenen Ordnungen und Institutionen des Grundgesetzes und der grundlegend veränderten Wirklichkeit unserer Tage eine tiefe Kluft besteht, deren Überbrückung vielen als die eigentliche Aufgabe moderner Verfassungsinterpretation erscheint. In dieser Lage befindet sich freilich nicht nur die deutsche Staatsrechtswissenschaft. Sie besteht grundsätzlich für alle rechtsstaatlichen Verfassungen des Abendlandes[2]). Das Bewußtsein von einer Krise des Rechtsstaates ist allgemein. Die Anpassung des Rechtsstaates an die drängenden sozialen Aufgaben durch die Umbildung oder Deutung des Rechtsstaates als sozialer Rechtsstaat bietet sich als Ausweg aus dieser Krise an.

Versuche, dem Rechtsstaat neben den freiheitlichen auch soziale Gehalte zu geben, also neben der liberté und égalité auch der fraternité eine verfassungsrechtliche Gewähr zu bieten, gehen bis auf die Anfänge des Rechtsstaates zurück. Im Verfassungsentwurf der Gironde war in den Grundrechten unter Nr. 24 der Satz enthalten: Les secours publics sont une dette sacrée de la société; et c'est à la Loi en déterminer l'étendue et l'application. Eine entsprechende Formulierung enthielt der Grundrechtskatalog der Verfassung vom 24. Juni 1793 unter Ziffer 21. Dieser erste Hinweis auf Fürsorge und Daseinsvorsorge erschöpft sich in einem Programmsatz, der konkret nichts gewährt, sondern sich auf die Bekundung einer Verpflichtung beschränkt, deren Konkretisierung und Erfüllung der Gesetzgebung und Verwaltung überlassen bleibt. Er hat ebenso wie der moralisierende Katalog von Grundpflichten in der Verfassung vom 22. August 1795 keine Nachfolge gefunden. Die fraternité spielt in der weiteren Geschichte der rechtsstaatlichen Verfassung des 19. Jahrhunderts keine nennens-

---

[1]) Grewe, DRZ 1949, S. 351, Klein, Bonner Grundgesetz und Rechtsstaat, Ztschr. f. d. ges. Staatswiss., Bd. 106, S. 390ff., insbes. S. 400 ff.; dazu Menger, Der Begriff des sozialen Rechtsstaats im Bonner Grundgesetz, 1953, Fechner, Freiheit und Zwang im sozialen Rechtsstaat, 1953; Dürig, Verfassung und Verwaltung im Wohlfahrtsstaat, J Z. 1953, S. 193 ff.; Scheuner, Grundfragen des modernen Staates, in Recht Staat Wirtschaft, Bd. 3, 1951, S. 126 ff. (S. 154).

[2]) Vgl. etwa Ripert, Le déclin du Droit, 1949; Huber, Niedergang des Rechts und Krise des Rechtsstaates, in Demokratie und Rechtsstaat, Festgabe für Giacometti, 1953, S. 59 ff.

werte Rolle mehr. Das gilt auch für das Schrifttum. Wenn etwa Nézard[3]) in seinen Eléments de Droit Public der fraternité, die er als devoir social definiert, noch einen Abschnitt widmet, so geschieht das offensichtlich mehr, um dem berühmten Trias der Revolution zu huldigen als um ein wesentliches Element der rechtsstaatlichen Verfassung vorzuführen.

Nicht zu gedenken ist hier der marxistischen Kritik am „bürgerlichen Rechtsstaat", die mit dem kommunistischen Manifest beginnt. Da sie den Rechtsstaat als eine Institution zur Stabilisierung der bürgerlichen Klassenherrschaft grundsätzlich bekämpft, hat sie auch zum sozialen Rechtsstaat keine Beziehung. Nur auf ihre These, daß der Rechtsstaat der bürgerlichen kapitalistischen Wirtschaft notwendig und unlösbar verbunden sei, wird noch kurz zurückzukommen sein.

Die Weimarer Reichsverfassung machte auf ihre Weise mit dem sozialen Rechtsstaat ernst, indem sie in ihre Grundrechte zahlreiche soziale Verbürgungen aufnahm[4]). Die Schwierigkeiten, die gerade diese Verfassungsartikel der Auslegung bereiteten, sind bekannt. Die sozialen Normierungen mußten zum überwiegenden Teil als bloße Programmsätze sozusagen in den Vorhof des geltenden Verfassungsrechts verwiesen werden. Dies freilich mit dem Hinzufügen, es sei die Aufgabe des Verfassungsinterpreten, das höchste Maß an unmittelbarer Geltung aus dem Grundrechtsteil herauszuholen. Unter der Weimarer Verfassung wurde eine Grenze rechtsstaatlicher Verfassungsnormierung sichtbar, die auch für die gegenwärtige Problematik des sozialen Rechtsstaats zentrale Bedeutung hat.

Smend[5]) hat einen Ausweg aus diesen Verlegenheiten gewiesen, indem er die Grundrechtsnormen, und zwar vor allem die „untechnischen" sozialen Verbürgungen, dem technischen Gesetzesrecht, wie es sich in den Spezialgesetzen darstellt, enthoben und gegenübergestellt hat. Er spricht den Grundrechten als Verfassungsnormen eine spezifische Eigenbedeutung zu, die in dem Bekenntnis zu Werten, zu einem Wert- und Kultursystem besteht, das sowohl die Verfassung als Ordnung eines bestimmten Herrschaftssystems legitimiert wie auch das Ermessen aller Staatsorgane in Gesetzgebung und Verwaltung bindet. Die Grundrechte sind nach der Lehre Smends ein Element der sachlichen Integration.

Es kann dahingestellt bleiben, ob diese Scheidung des Verfassungsrechts von dem technischen Gesetzesrecht, deren Bedeutung

---

[3]) Eléments de Droit Public, 5. Aufl., 1931, S. 68 ff.

[4]) „Kaum eine Verfassungsurkunde dürfte jemals dem sozialen Gedanken so vielfach und so weitgehend Ausdruck verliehen haben, wie das Werk von Weimar"; Hensel, Grundrechte und politische Weltanschauung, 1930, S. 24.

[5]) Verfassung und Verfassungsrecht, 1928, S. 158 ff.

für die allgemeine Staatslehre unbestritten ist, der Verfassungsrechtslehre wirklich weiter hilft, die sich durch die Weimarer Verfassung allerwärts vor die Frage gestellt sah, ob eine Verfassungsnorm unmittelbar anzuwenden ist oder nur einen Programmsatz darstellt, der lediglich den Gesetzgeber verpflichten soll.

Das Grundgesetz qualifiziert sich in seinem Grundrechtsteil durch Art. 1 Abs. 3 als technisches Gesetzesrecht, das Gesetzgebung, Rechtsprechung und Verwaltung unmittelbar bindet. Da für den organisatorischen Teil der rechtsstaatlichen Verfassungen diese unmittelbare Bindung nicht problematisch geworden ist, und deshalb auch keiner besonderen Bekräftigung bedarf, ist für das Grundgesetz im ganzen davon auszugehen, daß es strenges Gesetzesrecht enthält und auf die sachliche Integration durch programmatisch verheißende Normierungen verzichtet.

Damit hat der Urheber des Grundgesetzes die Folgerung aus der Tatsache gezogen, daß die Versuche des Weimarer Verfassunggebers, den Rechtsstaat und den Sozialstaat verfassungsmäßig zu verklammern, mißlungen waren. Die Verklammerung mißglückte, weil das Anliegen des Verfassunggebers an den formalen strukturellen Gegebenheiten der Verfassungsnorm und der Problematik ihrer Vollziehbarkeit scheitern mußte. Inzwischen sieht sich die französische Rechtstheorie und Praxis durch die Präambel der Verfassung vom 28. Oktober 1946 Problemen gegenüber, die sich mit denen, die durch die Weimarer Verfassung aufgeworfen wurden, eng berühren. Das gilt sowohl für den Gehalt der Präambel wie für die ihr innewohnende Verbindlichkeit. Die Kennzeichnung der sozialen Verbürgungen der Weimarer Verfassung als „interfraktionelles Parteiprogramm" kehrt in der Kritik der sozialen Verheißungen der Präambel wieder[6]). Und offenbar ist das Parlament nicht gewillt, der Präambel unmittelbar wirksame Rechtsschranken zu entnehmen, denen es sich unterworfen wissen will.

Dieser summarische Rückblick zeigt eine außerordentliche Konsistenz des Rechtsstaates gegenüber den Versuchen, ihn mit sozialen Gehalten zu erfüllen. Keiner rechtsstaatlichen Verfassung ist bisher die Abwendung von den Fixierungen des klassischen Liberalismus in den überkommenen Grundrechten wirklich und für die Rechtspraxis zwingend gelungen.

Ein völlig anderes Bild bietet die Geschichte der Verwaltung im Verlaufe der letzten hundert Jahre dar. Das kann nicht überraschen. Die Verwaltung sieht sich der sozialen Wirklichkeit am unmittelbarsten gegenüber und kann ihren Anforderungen nicht ausweichen. Nahezu alle Institute unseres öffentlichen Rechts, die den Staat zum Sozialstaat geprägt haben, sind das Werk der

[6]) Ripert, aaO, S. 23: «On croit entendre un choeur aux voix alternées: les anciens liberaux et les jeunes socialistes introduisent dans la Constitution le programme de leur parti».

Gesetzgebung und Verwaltung. Sie sind entstanden, existieren seit Jahren und Jahrzehnten, ohne daß die Verfassungen von ihnen Notiz genommen hätten. Nicht im Bereich der Verfassung, sondern der Verwaltung hat der Sozialstaat Eingang in die Wissenschaft vom öffentlichen Recht gefunden.

Die erste ausgeführte Konzeption eines sozialen Verfassungsstaats in der Gestalt der konstitutionellen Monarchie begegnet uns in dem Werk Lorenz von Steins[7]). Ausgehend von dem dialektischen Gegensatz zwischen dem auf staatsbürgerlicher Gleichheit beruhenden Staat und der Gesellschaft, in der ein Zustand natürlicher Ungleichheit obwaltet, sieht er die soziale Aufgabe des Staates darin, die Entstehung von Rechtsklassen und damit die Beseitigung oder Beeinträchtigung der staatsbürgerlichen Gleichheit zu verhindern. Das ist nur möglich, wenn im Staat ein Wille, eine entscheidende Instanz besteht, die allen partikularen Interessen überlegen und dem Ganzen verpflichtet ist. Diese Instanz ist für Stein der jeder gesellschaftlichen Einordnung entrückte Monarch. Darin erschöpft sich aber, was Stein sub specie der sozialen Ordnung zur Verfassung zu sagen hat. Sozialität ist für ihn auf der Ebene der Verfassung Gleichheit. Die Vorsorge für die sozialen Bedürfnisse ist nach Stein Sache der Verwaltung. Ihr ist sein eigentliches Interesse gewidmet. Der soziale Impuls führt ihn nicht zur Verfassungslehre, sondern zur Verwaltungslehre. 1872 erschien Röslers Soziales Verwaltungsrecht, das in dieser Verbindung des Sozialen mit dem Verwaltungsrecht keinen Nachfolger gefunden hat. Aber die sich über den praktischen Anforderungen des Soziallebens herausbildenden sozialen Funktionen des Staates blieben in ihrer fortschreitenden Differenzierung im wesentlichen dem Verwaltungsrecht verbunden.

Unter sozialstaatlichem Aspekt betrachtet bieten somit das Verfassungsrecht und das Verwaltungsrecht ein durchaus verschiedenes Bild. Während sich die überkommene, rechtsstaatliche, gewaltenteilende Verfassung gegenüber den Bestrebungen einer sozialstaatlichen Fortbildung im wesentlichen abweisend zeigt, hat das Verwaltungsrecht einen seine gesamte Systematik ergreifenden, in die Tiefe gehenden Prozeß der Umbildung durchlaufen als dessen Ergebnis heute der Sozialstaat in einer zwar noch nicht abgeschlossenen aber doch weit fortgeschrittenen Formung vor uns steht.

Uns allen sind die Schwierigkeiten vertraut, vor die der Jurist mit dieser Umbildung des Verwaltungsrechts gestellt ist. Neben die Eingriffsverwaltung alten Stils ist die leistende Verwaltung der modernen Daseinsvorsorge getreten. Sie konnte sich nicht der überkommenen Rechtsformen des Verwaltungshandelns bedienen. So brachte sie teils neue Formen des Handelns hervor, teils wich

---

7) Verwaltungslehre, Bd. 1, 2. Aufl., 1869, S. 26 ff., S. 133 ff. u. pass.

sie in die Rechtsformen des Privatrechts aus, teils ließ und läßt sie uns im Unklaren darüber, welche rechtliche Deutung und Bedeutung wir ihren Akten zu geben haben. Das überkommene, wesentlich aus dem Gesetzesbegriff und dem Prinzip der Gesetzmäßigkeit der Verwaltung entwickelte Gefüge des Verwaltungsrechts ist weithin aufgelöst und das Gebot der Rechtsstaatlichkeit der Verwaltung fordert neue, materielle Rechtsgarantien für das Verwaltungshandeln, die wir mehr schlecht als recht dem Gleichheitssatz, dem Recht auf freie Persönlichkeitsentfaltung, sonstigen Grundrechtsverbürgungen und dem Aufopferungsgedanken abzugewinnen suchen. Die Dinge sind hier wesentlich weiter gediehen als ihre rechtliche Formung und ihre rechtswissenschaftliche Durchdringung und Ordnung. Die Aufgabe, die Eingriffsverwaltung und die Daseinsvorsorge in einem einheitlichen Rechtssystem zusammenzufassen, ist ungelöst — und das vielleicht deshalb, weil sie in der Tat unlösbar ist. Vielleicht ist es wirklich so, daß das moderne Verwaltungsrecht nicht infolge eines wissenschaftlichen Unvermögens, sondern kraft der Logik der Dinge dualistisch ist und bleiben wird. Die folgenden Überlegungen werden diese Feststellung noch weiter verdeutlichen.

Rechtsstaat und Sozialstaat sind zwei bestimmende Komponenten unseres Staatslebens, die sich auf verschiedenen Ebenen rechtlicher Formgebung entfaltet haben. Beide sind Ausdruck starker geistiger und politischer Potenzen. Die sozialstaatliche Komponente hat im Laufe der Jahrzehnte, zumal nach dem Zusammenbruch unter dem Eindruck der sozialen Notstände, mehr und mehr an Kraft gewonnen. Sie drängt erneut auf ihre verfassungsrechtliche Verwirklichung. Wieder ist die Frage gestellt, ob die Verschmelzung der rechtsstaatlichen und der sozialstaatlichen Elemente in der Einheit einer Verfassung möglich ist.

Will man diese Frage beantworten, so wird man sich bewußt halten müssen, daß — banal gesprochen — ein halber Rechtsstaat und ein halber Sozialstaat keinen sozialen Rechtsstaat ergeben. Damit ist gemeint: es gibt keine Kompromißlösung, die sich in der Weise finden ließe, daß man hüben und drüben hinwegeskamotiert, was hinderlich ist. Vielmehr gilt es, den Rechtsstaat in seiner vollen Strenge zu nehmen und auf dem Boden seiner Begriffe, Formen und Institute zu prüfen, ob und inwieweit er den sozialstaatlichen Anforderungen und Gehalten kongruent ist und ihnen demgemäß eröffnet werden kann. In der Wahl dieses Ausgangspunktes liegt eine Option für den Rechtsstaat. Diese Option beruht jedoch nicht auf einer individuellen Entscheidung. Sie ist mit dem Grundgesetz gegeben[8]). Die Entscheidung für den

---

[8]) Zutreffend Radbruch-Zweigert, Einführung in die Rechtswissenschaft, 1952: „Während die Sozialstaatlichkeit im Grundgesetz nur als

Rechtsstaat im Grundgesetz ist primär und evident, in Art. 20 GG bezeugt und in Art. 79 GG mit höchster Wirkung bekräftigt.

Der Rechtsstaat ist seiner geschichtlichen Herkunft nach den politischen und sozialen Verhältnissen des 19. Jahrhunderts verbunden. Die Autonomie einer vom Staate geschieden gesehenen, ihrer Struktur nach bürgerlichen Gesellschaft liegt den Freiheitsverbürgungen und der Organisation des Rechtsstaats ersichtlich zugrunde. Die strukturellen Entsprechungen zwischen dem rational-normativen Rechtsstaat und der kapitalistischen Verkehrswirtschaft sind seit Max Webers rechtssoziologischen und wirtschaftshistorischen Arbeiten[9]) bekannt, so daß sich ihre Darlegung erübrigt. Damit legt sich die Erwägung nahe, ob nicht der Rechtsstaat nur als bürgerlicher Rechtsstaat möglich ist, das heißt, ob der Rechtsstaat nicht an die bezeichneten soziologischen Gegebenheiten in so hohem Maße gebunden ist, daß seine verfassungsmäßige Verschmelzung mit dem Sozialstaat schon aus diesem Grunde scheitern muß.

Christian Friedrich Menger hat in seiner Abhandlung über den Begriff des sozialen Rechtsstaats die scharfe Verwahrung zitiert, die Heinrich Triepel im Jahre 1931 auf der Staatsrechtslehrer-Tagung in Halle gegen die adjektivischen Verkleinerungen und Einengungen des Rechtsstaats als liberaler, bürgerlicher oder auch sozialer Rechtsstaat erhoben hat[10]). Durch solche Formeln wird, wie Triepel es ausdrückte, „ein Ewigkeitswert in den Staub des Irdisch-Kleinlichen gezogen". Diese Verwahrung bedeutet mehr als eine Verteidigung der Erkenntnis, daß nur die Verwirklichung einer gerechten Ordnung die Staatsgewalt rechtfertige (Menger). Sie begegnet sich mit einer Warnung Riperts[11]): »Sans doute, on continue à affirmer qu'il faut réaliser la justice, mais on dit aujourd'hui la justice sociale. Méfions-nous de tout qualificatif donné à la justice«. In der Tat liefert die Geschichte der letzten 40 Jahre bemerkenswerte und warnende Beispiele dafür, daß Begriffe und Instutitionen, als sie in ihrem Bestande gefährdet waren, mit allen möglichen adjektivischen Etiketten versehen wurden, wie der liberale, bürgerliche, soziale, nationale und schließlich nationalsozialistische Rechtsstaat. Sie alle bezeichneten Stationen des Untergangs.

---

dringliches Programm ohne nähere Ausgestaltung der Wege und Grundsätze ausgesprochen ist, aber durch die Existenz von Flüchtlings- und Vertriebenennot, die Kluft zwischen Zufallsbesitz und Ausgebombtenarmut unaufhaltsam der Verwirklichung entgegendrängt, ist der rechtsstaatliche Charakter unmittelbar verwirklicht" . . . usw.

[9]) Wirtschaft und Gesellschaft, 2. Aufl., 1925, S. 504 ff., 650 ff. u. pass; Derselbe, Wirtschaftsgeschichte, 2. Aufl., 1924, S. 289 ff.

[10]) 1953, S. 6; Veröfftl. d. Verg. dt. StaatsR.L., Heft 7, S. 197.

[11]) aaO, S. 7.

So verständlich deshalb die von Triepel zum Ausdruck gebrachte absolute Auffassung vom Rechtsstaat ist — sie kann nicht davon entbinden, über das Verhältnis des Rechtsstaats zur Sozialordnung Klarheit zu gewinnen. Denn es ist nun einmal nicht zu bestreiten, daß der Rechtsstaat eine sehr späte Hervorbringung der abendländischen Verfassungsentwickelung ist und daß sich seine Entstehung nicht ablösen läßt von spezifischen geistigen und soziologischen Dispositionen, die mit der Emanzipation der bürgerlichen Schicht, also in einer bestimmten Phase der neueren Geschichte gegeben waren. Diese Dispositionen gehören der Vergangenheit an und seitdem ist die Entwickelung fortgeschritten, durch sehr unterschiedliche, zum Teil gegensätzliche Formungen hindurch, deren jede auf ihre Weise den Rechtsstaat für sich in Anspruch nahm, indem sie glaubte, ihn für ihre Zwecke zuschneiden zu können.

Der Rechtsstaat, den man damit vielfach ehrlich zu retten glaubte, hat in Wahrheit dadurch schweren Schaden gelitten. Der von Kaegi[12]) eindrucksvoll beschriebene „Abbau der rechtlichen Verfassung", die permanente Opferung des Normativen an die Dynamik wechselnder politischer Lagen hat in diesen Vorgängen einen seiner wesentlichen Gründe. Die Bemühung, wechselnde soziale und politische Verhältnisse in die rechtsstaatliche Verfassung hineinzuprojizieren, und ihr damit einen situationsgemäßen Gehalt zu geben, führt in Wirklichkeit notwendig zu ihrer inneren Auflösung.

Vielleicht wird man einwenden, diese Bemühung sei notwendig, da keine Verfassung ohne die Kongruenz mit der sozialen und politischen Wirklichkeit bestehen könne und deshalb diese Kongruenz auch für die rechtsstaatliche Verfassung hergestellt werden müsse. Aber dieser Einwand trifft nicht zu. Er verkennt das Verhältnis der rechtsstaatlichen Verfassung zur Wirklichkeit.

Die rechtsstaatliche Verfassung ist durch einen hohen Grad der Formalisierung gekennzeichnet. Damit soll gesagt sein: ihre wesentlichen Strukturelemente wie die Gewaltenteilung, der Gesetzesbegriff, das Prinzip der Gesetzmäßigkeit der Verwaltung, die Gewährleistungen der Grundrechte und die Unabhängigkeit der Gerichte tragen die Bedingungen ihrer Wirkungsweise in sich selbst. Werden diese Strukturelemente zur Geltung gebracht, so bringen sie eine spezifische Wirkung hervor. Diese Wirkung wird sich im einzelnen nach den Bedingungen des sozialen Raums, in den hinein die Strukturelemente gelten, modifizieren, im großen und ganzen aber bleibt sie sich gleich. Diese Verläßlichkeit und Berechenbarkeit ist von je als ein auszeichnendes Merkmal gerade der rechtsstaatlichen Verfassung gerühmt worden.

---

[12]) Die Verfassung als rechtliche Grundordnung des Staates, 1947, S. 94ff.

Dieser Umstand ermöglicht die Lösung der rechtsstaatlichen Verfassungselemente von dem soziologischen Grunde, auf dem sie ehedem entstanden sind. Das Verfassungsrecht des Rechtsstaats läßt sich, sofern man überhaupt den Rechtsstaat will, in hohem Maße isolieren von dem Wechsel der Ambiance. Auf dieser Tatsache beruht die Chance und die Existenz des Rechtsstaats unter den heutigen, von denen des 19. Jahrhunderts so sehr verschiedenen Verhältnissen, nicht aber darauf, daß es erforderlich wäre und gelingen müsse, das rechtsstaatliche Gefüge flexibel zu machen und nach den Bedürfnissen der Zeit umzuformen. Dazu besteht auch keine Notwendigkeit. Denn der Rechtsstaat in dem strengen technischen Sinne, in dem er allein ernst genommen werden kann, bietet durchaus Möglichkeiten der Anpassung an sehr unterschiedliche soziale Wirklichkeiten, die gerade in der Diskussion um den sozialen Rechtsstaat nicht oder nicht gebührend berücksichtigt werden. Das wird noch darzulegen sein.

Das System der Strukturelemente des Rechtsstaats liegt im wesentlichen fest und es ergeben sich daraus Folgerungen für das Verhältnis dieser Strukturelemente zueinander, deren Außerachtlassung schwere Störungen des Rechts- und Verfassungsgefüges auslösen muß. Die Logik des Rechtsstaats unterscheidet die Verfassungsnorm und die Norm des einfachen Gesetzes nicht nur formal in Hinsicht auf ihren Rang, sodern auch gegenständlich insofern, als das einfache Gesetz, soweit nicht die Verfassungsnormen lapidare, keiner Graduierung zugängliche Rechtsgrundsätze enthalten, der notwendige Mittler zwischen der Verfassung und der vollziehenden Gewalt ist. Erklärt aber eine Verfassung wie das Grundgesetz in Art. 1 Abs. 3 eine Anzahl von Verfassungsnormen für unmittelbar anwendbares Recht, ohne darauf sorgfältig Bedacht zu nehmen, ob diese Normen ohne die Konkretisierung durch ein hinzutretendes Gesetz vollzugsreif sind — man denke etwa an Art. 6 oder an die Verbotsautomatik des Art. 9 Abs. 2 — so ist eine Störung der rechtsstaatlichen Ordnung unvermeidlich. Denn dann muß die vollziehende Gewalt die intermediäre Funktion des Gesetzes selbst ausüben und damit über ihre durch die Gewaltenteilung gewiesene Stellung hinausgreifen. Die Tatsache aber, daß solche Abweichungen von den Strukturerfordernissen des Rechtsstaats uns vor schwierige Probleme stellen, läßt erkennen, daß die moderne, vom Wechsel der Ambiance gelöste rechtsstaatliche Verfassung ihre zwingende Logik behalten hat; es muß hinzugefügt werden, daß für sie diese Logik um so ernster genommen werden muß, weil sich Sinn, Rechtfertigung und Funktion dieser Verfassung in ihr erschöpft.

Vermöge dieser Strenge leistet die rechtsstaatliche Verfassung nicht Beliebiges, sodern Spezifisches, nämlich das, was ihr nach ihrer Struktur zugänglich ist, das aber, gerade wegen ihrer geradezu technischen Strenge auch zuverlässig. Damit steht die rechtsstaatliche Verfassung in einem bestimmten Verhältnis zur Wirklichkeit. Dieses Verhältnis wird grundsätzlich durch den Begriff des Gesetzes im Sinne der abstrakten, generellen Norm bestimmt. Die Tatsache, daß seit dem ersten Weltkrieg in Gesetzesform gekleidete Maßnahmen immer wieder vorkommen, ändert nichts daran, daß die rechtsstaatliche Verfassung grundsätzlich eine gewährleistende Verfassung ist. Und da nur Bestehendes, nicht aber ein Plan oder ein Programm in diesem Sinne gewährleistet werden kann, ist sie in hohem Maße an den gesellschaftlichen status quo gebunden.

Die Gewährleistungen der rechtsstaatlichen Verfassungen haben ihre eigene, durch den Gesetzesbegriff vorgegebene Logik: sie sind in erster Linie Ausgrenzungen. Die Freiheit der Person, die Gleichheit, die Glaubensfreiheit, die Freiheit der Meinungsäußerung, die Vereins- und Versammlungsfreiheit, die Garantie von Eigentum- und Erbrecht — alle klassischen Grundrechte sind Ausgrenzungen, die Aufrichtung von Bereichen, vor denen die Staatsgewalt halt macht. Die Ausgrenzung bezeichnet nur die technisch-normative Seite der Sache. Sie besagt nichts darüber, aus welchem Grunde und mit welcher Intensität die Ausgrenzung erfolgt. Der Charakter der Grundrechte als vorstaatlicher oder nur staatlich gewährter Rechte bleibt in diesem Zusammenhang dahingestellt.

Während der rechtsstaatlichen Verfassung Verbürgungen durch Ausgrenzungen ohne weiteres zugänglich sind, trifft das für Verbürgungen anderer Art nur in so engen Grenzen zu, daß man sie zu den Ausnahmen rechnen muß. Gemeint sind jene Verfassungsgarantien, die den Einzelnen nicht ausgrenzend vom Staate distanzieren, sondern ihn dem Staate verbinden, indem sie ihm ein Recht auf Teilhabe an seinen Einrichtungen, Verfahren und Veranstaltungen gewähren. Es gibt eine solche auf Teilhabe gerichtete Verbürgung, die zum klassischen Bestande der Grundrechte gehört: der Anspruch auf den gesetzlichen Richter, das heißt das Recht darauf, in einer bestimmten Weise an der Organisation und dem Gang der Rechtspflege teilzuhaben. Wenn es der rechtsstaatlichen Verfassung gelingt, diese Teilhabe nicht nur programmatisch, sondern als unmittelbar geltendes Recht zu gewährleisten, dann deshalb, weil zwei Voraussetzungen gegeben sind, die den unmittelbaren Vollzug einer solchen Norm ermöglichen. Erstens handelt es sich um einen konstanten, keiner Graduierung und Differenzierung zugänglichen Garantiegehalt, und zweitens wird dieser Gehalt durch die mit besonderer Sorgfalt und Vollständigkeit durchgeformte Gerichtsverfassung inhaltlich erschöpfend konkretisiert.

Diese Erwägungen führen in die Problematik des sozialen Rechtsstaates unmittelbar hinein. Sozialrechtliche Gewährleistungen gehen in erster Linie nicht auf Ausgrenzung, sondern auf positive Leistung, nicht auf Freiheit, sondern auf Teilhabe[13]). Freiheit und Teilhabe sind die Kardinalbegriffe, die heute das Verhältnis des Einzelnen zum Staate bestimmen. Jede von ihnen bezeichnet die Beziehung zu staatlichen Funktionen, die unter sich sehr verschieden, ja gegensätzlich sind. Die durch Ausgrenzung gesicherte Freiheit bezieht sich auf einen Staat, der sich Grenzen setzt, der den Einzelnen seiner gesellschaftlichen Situation, wie sie ist, überläßt, einen Staat also, der in dieser Relation der Freiheit den status quo gelten läßt. Die Teilhabe als Recht und Anspruch meint einen leistenden, zuteilenden, verteilenden, teilenden Staat, der den Einzelnen nicht seiner gesellschaftlichen Situation überläßt, sondern ihm durch Gewährungen zu Hilfe kommt. Das ist der soziale Staat.

Der Rechtsstaat und der Sozialstaat sind deshalb ihrer Intention nach durchaus verschieden, um nicht zu sagen Gegensätze. Der Rechtsstaat hat seine eigenen Institutionen, Formen und Begriffe. Sie sind auf Freiheit angelegt. Auch der konsequent verwirklichte Sozialstaat, der auf Teilhabe hingerichtet ist, bringt eigene Institutionen, Formen und Begriffe hervor, die wesentlich anders geartet sein müssen.

Der Rechtsstaat steht und fällt mit dem Vorrang des Gesetzes im Sinne der abstrakten, generellen Norm[14]).Auch der Normgehalt kann nicht beliebig sein, sondern er muß — wie bereits hervorgehoben wurde — so konkret gefaßt sein, daß die Norm auch vollzogen werden kann. Das ist für die Ausgrenzungen, die Freiheitsrechte konstituieren oder anerkennen, ohne weiteres möglich. Deshalb besteht eine — auch im übrigen ja evidente — Affinität des rechtsstaatlichen Gesetzes zur Freiheit. Auch soziale auf Teilhabe gerichtete Normierungen sind dem rechtsstaatlichen Gesetz zugänglich, soweit sie auf Ausgrenzung beruhen, wie das für das Koalitionsrecht, das Streikrecht und etwa die Lehrmittelfreiheit

---

[13]) Über Freiheit und Teilhabe vergl. meine Schrift „Die Verwaltung als Leistungsträger", 1938.

[14]) Daß sich unter den modernen Gesetzen vielfach Maßnahmegesetze finden, wie Dürig, JZ. 1953, S. 193 f. hervorhebt, ist gewiß zutreffend. Das Grundgesetz sucht das wenigstens für den Bereich der Grundrechte durch Art. 19 Abs. 1 zu verhindern. Es bleibt aber in diesem Bestreben nicht konsequent, indem es die Enteignung „durch Gesetz" in Art. 14 Abs. 3, S. 2 für zulässig erklärt. Trotzdem wird man feststellen dürfen, daß das Grundgesetz den Charakter des Gesetzes als genereller Norm ernster nimmt als etwa die Weimarer Verfassung. Das zeigt auch die Ausschließung der Verfassungsdurchbrechung in Art. 79 Abs. 1 GG. Ein allgemeines Verbot von Maßnahmegesetzen wird man allerdings aus diesen Vorschriften nicht ableiten können. Andererseits wird der rechtsstaatliche Charakter des Grundgesetzes durch solche Maßnahmegesetze relativiert.

(oder ähnliche Vergünstigungen) zutrifft. Aber die Mehrzahl der sozialrechtlichen Gewährungen sind auf Teilhabe gerichtet. Im Unterschied zu den Freiheitsrechten haben Teilhaberrechte keinen im vorhinein normierbaren, konstanten Umfang. Sie bedürfen der Graduierung und Differenzierung, denn sie haben einen vernünftigen Sinn nur im Rahmen des im Einzelfalle Angemessenen, Notwendigen und Möglichen. Die Bestimmung dieses Maßes muß der Gesetzgebung und der gesetzvollziehenden Verwaltung überlassen bleiben[15]). Deshalb sind soziale Rechte wie das Recht auf Arbeit, auf Fürsorge, auf Erziehung, Ausbildung und Unterricht, auf Schutz der Familie, der Mutterschaft und der Jugend nicht in eine vollzugsreife, abstrakte Norm zu fassen. Hinzu kommt, daß sich die einzelnen Rechtsmaterien, innerhalb deren solche sozialen Verbürgungen auftreten, nicht in dem Zustande normativer Perfektion befinden, den man bei der Gerichtsverfassung als selbstverständlich unterstellen darf.

Eine Verfassung kann nicht Sozialgesetz sein[16]). Sie ist auf das Ganze hin gerichtet. Die Regelung differenzierter Materien ist nicht ihre Aufgabe, kann es auch darum nicht sein, weil sie sich lapidarer Kürze befleißigen muß. Deshalb erreicht sie nicht immer den Grad inhaltlicher Bestimmtheit, der den unmittelbaren Vollzug ihrer Normen ermöglicht. In diesen Fällen ist es Aufgabe des Gesetzgebers, die Verfassungsnorm so weit zu konkretisieren, daß ihr Vollzug nun in Ausführung des ergangenen Gesetzes möglich ist. Die schon berührte Frage der Vollzugsreife, also der unmittelbaren Anwendbarkeit von Verfassungsnormen, tritt gerade bei sozialen Normierungen immer wieder auf. Vor sie sahen sich Rechtswissenschaft und Rechtssprechung mit dem Inkrafttreten der Weimarer Reichsverfassung in weitem Umfange gestellt[17]).

---

[15]) Vergl. die Formulierung einer alten, dem Kommunalrecht seit langem geläufigen Teilhabe-Norm, der Gewährleistung des Rechts der Einwohner der Gemeinde, die Einrichtungen der Gemeinde zu benutzen, etwa in § 17 DGO und deren Nachfolge-Vorschriften wie Art. 21 Bayr.Gem.O., § 20 Hess.Gem.O., § 18 Gem.O.f.Nordrh.-Westf., § 12 Gem.O. Rh.-Pf., § 18 Gem.O.f.Schlesw.-Holst; über die Vorläufer des § 17 DGO vgl. Surén-Loschelder, Kommentar z. DGO, Bd. 1, 1940, S. 280 f. — Alle diese Vorschriften kommen notwendig nicht darüber hinaus, das Teilhaberecht als solches zu garantieren, hinsichtlich seines Umfanges aber auf die „bestehenden Vorschriften" zu verweisen. Der unmittelbar realisierbare Gehalt dieser Vorschriften beschränkt sich darauf, daß die Zulassung zur Benutzung nicht in das freie Ermessen der Gemeinde gestellt ist, sondern nur aus sachgemäßen Gründen, die in der Benutzungsordnung zu regeln sind, versagt werden kann. Das ist gewiß nicht bedeutungslos, aber die Gewähr einer sozial angemessenen Gestaltung der Benutzungsordnung kann eine solche Norm nicht bieten.

[16]) Smend, Verfassung und Verfassungsrecht, 1928, S. 75 ff.

[17]) Dazu Anschütz, Kommentar, 4. Bearb. 1933, S. 514 ff. Verwiesen sei insbesondere auf die Rechtsprechung zu Art. 131, die trotz des Vorbehalts näherer Regelung durch die zuständige Gesetzgebung dieser Vorschrift den

Natürlicherweise drängt die sozialstaatliche Entwicklung dahin, soziale „Verbürgungen“ nicht in der Schwebelage einer bloß programmatischen Verheißung zu belassen, die erst der an sie gebundene Gesetzgeber verifiziert, sondern ihnen unmittelbare Rechtsverbindlichkeit zuzuerkennen. Erst damit würden sie zu echten Verbürgungen werden. Nur dann würde man einer Verfassung auch den Charakter einer sozialstaatlichen Verfassung zusprechen können, denn damit wäre ein verfassungsstrukturelles Element gegeben, das eine solche Kennzeichnung als sinnvoll erscheinen lassen würde.

Dem rechtsstaatlichen Bedenken, daß auf diese Weise die intermediäre Funktion des einfachen Gesetzes zwischen Verfassungsnorm und Normvollzug beseitigt wird, mag man vielleicht mit dem Einwand begegnen, daß das Grundgesetz selbst das intermediäre Gesetz für die Grundrechte ausgeschaltet hat, indem es in Art. 1 Abs. 3 die unmittelbare Bindung der Grundrechtsartikel für Gesetzgebung, Verwaltung und Rechtsprechung ausdrücklich anordnet. Aber die Empfehlung, diese in ihrer Tragweite mehr und mehr hervortretende Bestimmung zu verallgemeinern, wäre geradezu verhängnisvoll. Art. 1 Abs. 3 verwandelt einen großen Teil der zwischen Staat und Einzelnem denkbaren Streitigkeiten in Streitigkeiten um die Auslegung der Verfassung. Sie hebt das Verhältnis von Legislative und Exekutive aus den Angeln, indem sie die Exekutive in die Stelle der Legislative einweist, wo diese ihres Amtes noch nicht gewaltet hat. Damit fällt die strenge rechtsstaatliche Unterscheidung zwischen Normsetzungsbefugnis und Befugnis zum unmittelbaren Eingriff dahin. Diese Unterscheidung ist das Merkmal, das den Rechtsstaat, der notwendig Gesetzesstaat ist, vom Verwaltungsstaat trennt. So hat Art. 1 Abs. 3 GG notwendig eine Verstärkung der Selbständigkeit und Macht der Verwaltung zur Folge, die vor allem in der Verbotsautomatik des Art. 9 Abs. 2 GG sichtbar wird. Man darf wohl bezweifeln, daß die Urheber des Grundgesetzes diese Wirkung des Art. 1 Abs. 3 GG in ihrer vollen Tragweite bedacht haben. Die Absicht des Satzes: den Grundrechtsschutz des Einzelnen mit höchster rechtlicher Wirksamkeit auszustatten[18]), droht in ihr Gegenteil umzuschlagen.

Charakter einer unmittelbar anwendbaren Norm zuerkennt. (RGZ, Bd. 102, S. 168, 393; Bd. 103, S. 430; Bd. 104, S. 291 f., Bd. 105, S. 335; Bd. 106, S. 31 ff.); Anschütz hat in den Bearbeitungen seines Kommentars seine abweichende Meinung mit merklichem Widerstreben aufgegeben. Vgl. im übrigen Carl Schmitt, Handb. d. dt. Staatsr. Bd. 2, 1932, S. 594 ff. und derselbe, Rechtsstaatlicher Verfassungsvollzug, gedr. Rechtsgutachten, 1952, S. 11 ff.

[18]) Die Urheber der Weimarer Reichsverfassung haben eine entsprechende Vorschrift des vierten Entwurfs (Art. 107), die den Grundrechten und Grundpflichten den Charakter einer „Richtschnur und Schranken für die Gesetzgebung, die Verwaltung und die Rechtspflege im Reich und in den Ländern“ verleihen sollte, als „nichtssagend und praktisch unbrauchbar“

Bei der Würdigung des Art. 1 Abs. 3 GG im Rahmen der Gesamtstruktur des Grundgesetzes wird man die besondere Vordringlichkeit nicht übersehen dürfen, die der Verfassunggeber der Wiederherstellung der grundrechtlich gesicherten Freiheit beimaß. Wesentlich ist weiter, daß ungeachtet der Auslegungsschwierigkeiten, die einzelne Grundrechte wie Art. 2, 9, 12 und 14 bereiten, die unmittelbare Vollziehbarkeit im wesentlichen für einen Normkomplex angeordnet ist, für den sie von jeher bestand, nämlich für die klassischen Grundrechte. So darf man in Art. 1 Abs. 3 GG eine Sonderregelung erblicken, die nicht verallgemeinert werden kann. Daß im übrigen das Grundgesetz den rechtsstaatlichen Gesetzes- und Verfassungsbegriff ernst nimmt, zeigen die Art. 19 Abs. 1, 79 Abs. 1 und 80.

Das kann auch nicht anders sein. Hier ist eine absolute Grenze des Rechtsstaats gegeben, die nur mit dem Rechtsstaat selbst preisgegeben werden kann. Diese Feststellung gilt in erster Linie für die sozialprogrammatischen Artikel, die in den Landesverfassungen[19]) niedergelegt sind. Die Landesverfassungen sind über Art. 28 GG an die Grundstruktur des Rechtsstaats gebunden, wie sie in Art. 20 GG niedergelegt ist.

Aber gerade diese Vorschriften erhalten die Qualifikation der Bundesrepublik als „sozialer Bundesstaat" (Art. 20) und „sozialer Rechtsstaat" (Art. 28), auf die eine neuere, an Gewicht zunehmende Richtung der deutschen Staatsrechtslehre sich in dem Bestreben stützt, die Bundesrepublik in gewissem Maße aus der Nachfolge des formalen, gewährleistenden bürgerlichen Rechtsstaats zu lösen und ihre Rechtsstaatlichkeit aus der Bindung an gewisse materiale Gehalte neu zu formulieren. Der Durchbruch dieser Richtung zeichnet sich in den Schriften ihres Hauptvertreters Hans Peter Ipsen besonders deutlich ab. In seiner Schrift „Über das Grundgesetz" (1950) fällt zwar bereits ein Akzent auf das Bekenntnis des Grundgesetzes zum Sozialstaat. Dies geschieht im Rahmen einer Darlegung, die unter Berufung auf Art. 14, 15 GG feststellt, daß das Grundgesetz „den Status quo ungleich starrer und unbeweglicher fixiert als die Weimarer Verfassung" (S. 16) und den Kontrast scharf profiliert, der nach Auffassung Ipsens zwischen dieser Garantie des Status quo und dem bestehenden „sozialen Ausnahmezustand" obwaltet, der mit dem Ausgang des Krieges entstanden ist. Wenn nicht bereits hier aus dem Bekenntnis zum Sozialstaat konkrete Folgerungen abgeleitet werden, so

gestrichen; Anschütz, aaO, S. 515. Die Anordnung der unmittelbaren Vollziehung konnte für den zweiten Teil der Weimarer Reichsverfassung, der bewußt in erheblichem Umfange Programmsätze enthielt, natürlich nicht in Betracht kommen.

[19]) Vergl. insbesondere Art. 151 ff. Bayr. Verf., Art. 27 ff. Hess. Verf.; Art. 23 ff., 51 ff. Verf. Rh. Pf; Art. 37 ff. Brem. Verf.; Art. 5 ff., 24 ff. Verf. Nordrh.-Westf.

hat das wohl seinen Grund in dem vorläufigen Charakter, der dem Grundgesetz mit Betonung zuerkannt wird. Erst mit dem Göttinger Referat hat Ipsen dann offenbar aus der Einsicht, daß das Provisorium des Grundgesetzes längere Dauer gewinnen wird, diese Zurückhaltung aufgegeben und sich dahin ausgesprochen, daß das Grundgesetz sich in Art. 20, 28 für den Sozialstaat entschieden habe und daß es nunmehr darauf ankomme, diese Entscheidung effektiv zu machen.

Diese These, schon um ihrer Tragweite willen bedeutend, mußte umso mehr Aufsehen erregen, als sie von den bisher vorliegenden Auslegungen der Art. 20, 28 durchaus abwich. Grewe[20]) hatte die Qualifizierung als sozialer Bundesstaat für einen „substanzlosen Blankettbegriff" erklärt, aus dem sich rechtliche Folgerungen nicht ableiten lassen. Klein[21]) war über die Feststellung einer Antinomie zwischen den Art. 20, 28 und dem liberalrechtsstaatlichen Gesamtgehalt des Grundgesetzes nicht hinausgegangen. Friesenhahn[22]) findet in dem Bekenntnis zum sozialen Rechtsstaat eine Verpflichtung für den Gesetzgeber und eine Auslegungsmaxime, welche eine einseitig individualistische Auslegung der Grundrechte ausschließt. Praktisch laufen diese ersten Würdigungen darauf hinaus, dem Bekenntnis zum sozialen Rechtsstaat den Charakter eines Programmsatzes zuzusprechen, wie er dem Recht der Weimarer Verfassung geläufig war.

Ein wesentlicher Unterschied zur Weimarer Verfassung besteht jedoch insofern, als die Weimarer Verfassung solche Programmsätze im Rahmen der sozialen Verbürgungen des zweiten Teiles enthielt, während das Bekenntnis zum sozialen Rechts- oder Bundesstaat im Art. 20 zum unveränderlichen Kernbestand des Grundgesetzes gehört und im Art. 28 Teil einer Verfassungsnorm ist, der ohne Zweifel unmittelbare Rechtsverbindlichkeit zuerkannt ist. Die Tatsache, daß mit dem Sinngehalt des sozialen Rechtsstaats die Bedeutung zentraler Normen des Grundgesetzes infrage steht, macht die Bemühung um Klärung verständlich; dies umso mehr, als die Materialien des Grundgesetzes hier versagen.

Wenn Art. 28 GG die Bundesrepublik als Rechtsstaat durch die Adjektiva republikanisch, demokratisch und sozial kennreichnet, so bereiten die beiden ersten der Auslegung keine besonderen Schwierigkeiten, weil sie staatsformbestimmend sind und im Grundgesetz selbst hinreichend präzisiert werden. Das staatsinhaltbestimmende Adjektiv sozial wird dagegen durch das Grund-

---

[20]) Das bundesstaatliche System des Grundgesetzes, DRZ 1949, S. 349 ff.

[21]) Bonner Grundgesetz und Rechtsstaat, ZGes. StW Bd. 106, S. 390 ff.

[22]) Die politischen Grundlagen im Bonner Grundgesetz, in Recht, Staat, Wirtschaft, Bd. 2, 1950, S. 164 ff. (178 f.); ihm folgt im wesentlichen Wernicke im Bonner Kommentar, zu Art. 20, Anm. II, e; ähnlich auch v. Mangoldt, Kommentar zum Grundgesetz, S. 134.

setz, das fast keine sozialen Normierungen enthält und der sozialen Aufgaben und Institutionen nur in den Kompetenznormen gedenkt, nicht konkretisiert. Das Grundgesetz hat keinen spezifischen sozialen Gehalt.

Das Wort „sozial" weist also über das Grundgesetz hinaus und könnte nur von außerverfassungsrechtlichen Bereichen aus einen spezifischen Gehalt gewinnen. Einer solchen Sinngebung von außen her stellt sich jedoch ein grundsätzliches Bedenken entgegen. Es ist nämlich keinesfalls gleichgültig, in welchem normativen und sachlichen Zusammenhang ein Rechtsbegriff auftritt. Im Rahmen des Sozialversicherungsrechtes etwa wird man den für diesen Rechtsbereich gültigen Begriff des Sozialen aus dem positiven Recht und der Logik der Materie hinreichend zweifelsfrei ermitteln können. Das gleiche gilt, wenn wir von sozialer Sicherheit oder sozialer Hilfe sprechen[23]). Auch die sozialen Elemente des Arbeitsrechts lassen sich aus den Gegebenheiten der Materie mit Evidenz entwickeln. Aber keiner dieser Sinngehalte des Sozialen läßt sich ohne weiteres in eine Verfassung hineintragen. Seit Martin Wolff[24]) wissen wir, daß Verfassungsbegriffe eine Eigenständigkeit besitzen, die sie auch der festesten Prägung durch eine Spezialmaterie des Rechtes entzieht. Der Eigentumsbegriff ist dafür das sprechendste Beispiel. Das kann auch nicht anders sein. Denn ein solcher Begriff, auf die Ebene des Verfassungsrechts versetzt, wird damit in ein logisches und politisches Bezugssystem durchaus eigener Art versetzt und gewinnt damit Sinngehalte, die jeder spezialgesetzlichen Fixierung und auch der Voraussicht des Urhebers in hohem Maße entrückt sind.

Es kann nicht verwundern, daß, nachdem mit dem Bekenntnis zum Sozialstaat in den Art. 20 und 28 GG Ernst gemacht wurde, sehr verschiedenartige und von dem bisherigen Wortsinn aus nicht vorherzusehende Ausdeutungen des Wortes „sozial" an die Formel sozialer Rechtsstaat herangetragen worden sind. So hat man, um nur einige Hinweise zu geben, den politischen Streik und das Mitbestimmungsrecht aus dem Bekenntnis zum sozialen Rechtsstaat abgeleitet[25]). Ein hoher Verwaltungsrichter hat, unter Berufung auf die Bodenreformgesetze und Art. 28 GG die These entwickelt,

---

[23]) Dazu die Arbeiten von Hans Achinger, Soziale Sicherheit, 1953, Zur Neuordnung der sozialen Hilfe, 1954.

[24]) Reichsverfassung und Eigentum, Berliner Festgabe für Wilhelm Kahl, 1923.

[25]) Abendroth in Schnorr v. Carolsfeld und Abendroth, Die Berechtigung gewerkschaftlicher Demonstrationen für die Mitbestimmung der Arbeitnehmer in der Wirtschaft, 1953. Das ist schon darum abzulehnen, weil das Mitbestimmungsrecht ein Mittel des Ausgleichs wirtschaftlicher Machtverhältnisse ist, während das Soziale, gleichgültig wie man es definieren mag, jedenfalls von den Machtverhältnissen streng geschieden werden muß; dazu meine Schrift Verfassungsfragen des Sozialstaats, 1954, S. 6 ff.

daß sozial unerwünschtes oder unsoziales Grundeigentum den Schutz der Verfassung überhaupt nicht genieße; seine Wegnahme könne deshalb „nicht als eigentumswidrige Enteignung angesehen werden"[26]). Schon jetzt ist die Gefahr einer uferlosen Erstreckung des Sozialen je nach den politischen Wünschen offenbar.

Unter diesen Umständen sind über die Bedeutung des Adjekts „sozial" in den Art. 20, 28 GG nur einige sehr allgemeine Feststellungen möglich. Sozial verweist jedenfalls auf den Vorgang des Teilens, Verteilens und Zuteilens[27]), und hat in der Bindung an das Gewähren einen anderen Grundbezug als der gewährleistende Rechtsstaat. Von seinem Aufkommen im politischen Sprachgebrauch her, also seit der Mitte des vorigen Jahrhunderts, hat das Wort eine polemische, gegen den gesellschaftlichen und politischen status quo gerichtete Tendenz. Heute, nach etwa einem Jahrhundert sozialstaatlicher Entwicklung, wird das Wort in einem doppelten Sinne gebraucht. Es kann in seinem ursprünglichen, polemischen Sinne verstanden werden. Dann ist mit ihm eine angemessenere, gerechtere Güterverteilung gemeint, als sie besteht oder im staatlich unbeeinflußten Ablauf der Dinge eintreten würde. Sozial kann aber auch unpolemisch auf Bestehendes bezogen sein und die Institute, Begriffe und Rechtssätze meinen, die zu einer besseren Güterzuteilung von der sozialen Entwicklung hervorgebracht und zum Bestandteil unserer Rechtsordnung geworden sind.

Versteht man sozial in der Formel sozialer Rechtsstaat in dem polemischen, gegen die bestehende Güterverteilung gewandten Sinne, so treten zwei intentional verschieden ausgerichtete Begriffe in eine antinomische Relation. Diese Antinomie läßt sich nur durch eine Entscheidung überwinden und die Bedeutung der Formel „sozialer Rechtsstaat" hängt dann davon ab, für welches Element man sich entscheidet.

Die Entscheidung für das soziale Element würde konsequent dazu führen, daß das Grundgesetz seine Gewährleistungsfunktion nur im Rahmen dessen ausübt, was von der jeweiligen Mehrheit und ihrer Regierung als sozial verstanden wird. Denn es wäre dann widersinnig, daß der Staat durch seine Verfassung schützt, was seiner in der Verfassung bekräftigten, sozialen Wesensbestimmung widerspricht. Das ist nicht so utopisch, wie es zunächst scheinen mag. Denn für das von der Bodenreform erfaßte Grundeigentum ist, wie soeben erwähnt, diese Konsequenz bereits ge-

[26]) Rechtsgutachten des früheren Ministerialdirektors z. Wv., jetzigen Senatspräsidenten Dr. Knoll, erstattet für das Land Nordrhein-Westfalen in der Verfassungsbeschwerdesache des Landwirts Hamker. Dazu neuerdings Diester, Enteignung und Entschädigung, 1953, S. 121 ff., Reinhardt in Reinhardt-Scheuner, Verfassungsschutz des Eigentums, 1954, S. 39 f.

[27]) Dazu jetzt: Carl Schmitt, Nehmen, Teilen, Weiden, in Gemeinschaft und Politik, 1. Jahrg., S. 18 ff. (22 ff.).

zogen worden. In diesem Falle wäre die Formel sozialer Rechtsstaat ein Mittel zu unübersehbaren Diskriminierungen und Verwirkungen. Das wäre aber die Vernichtung des Rechtsstaats.

Nimmt man das Wort sozial in den Art. 20, 28 GG nicht in diesem polemischen Sinne, sondern als den Inbegriff der sozialen Elemente der Rechtsordnung, so entgeht man zwar der intentionalen Gegenläufigkeit von „sozial" und „Rechtsstaat", es bleibt aber die Schwierigkeit der mangelnden Bestimmbarkeit. Gewiß lassen sich die sozialen Elemente einzelner Rechtsmaterien bezeichnen. Man wird auf die Sozialversicherung, auf Tarif-Vertragsrecht, Arbeits- und Kündigungsschutz, auf die Institute der Fürsorge, auf sozialen Wohnungsbau, Lastenausgleich, Flüchtlingshilfe, sonstige Maßnahmen zur Kriegsfolgenbeseitigung, auf die Sozialgebundenheit des Eigentums, auf Schulgeld- und Lehrmittelfreiheit wie auf sonstige soziale Verbürgungen und vieles andere verweisen können. Aber auch hier werden sich bei der Abgrenzung Unklarheiten und Meinungsverschiedenheiten ergeben. Die einen werden auch die Regulierung von Machtlagen, wie die Sozialisierung und das Mitbestimmungsrecht dem Sozialen zurechnen, die anderen dem widersprechen[28]).

Aber das kann auf sich beruhen bleiben. Denn selbst wenn man unterstellen wollte, daß die inhaltliche Bestimmung des Sozialen mit hinreichender Evidenz gelingt, so ergäbe sich für die Auslegung des Art. 28 Abs. 1 GG folgende Alternative: entweder garantiert dieser Satz die mit dem Worte sozial gemeinten rechtlichen Gegebenheiten, oder er nimmt nur Bezug auf die jeweiligen sozialrechtlichen Ordnungen in Bund und Ländern. In diesem zweiten Falle wäre das Wort sozial nichtssagend. Es würde keine Bindung enthalten und in einem Rechtssatz, der seiner Intention und seinem Wortlaut nach gerade binden soll, fehl am Platze sein. Der Satz würde sich, indem er auf das jeweils gültige Landesrecht verweist, selbst aufheben, soweit er soziales Bundesrecht meint, neben Art. 31 GG entbehrlich sein. Eine unmittelbar bindende Wirkung ließe sich der Formel sozialer Rechtsstaat in Art. 28 GG nur vindizieren, wenn man sich entschließen wollte, ihr die gleiche Garantiefunktion zu geben wie den Worten republikanischer Rechtsstaat und demokratischer Rechtsstaat. Das hätte unabsehbare Folgen, selbst wenn man, was dann richtig wäre, nur eine institutionelle Garantie annehmen würde. Der Begriff der verfassungsmäßigen Ordnung der Länder, der ebenso wie der Begriff der „freistaatlichen Verfassung" in Art. 17 Weim.RV bisher im verfassungsorganisatorischen Sinne verstanden wurde, würde damit einen materiellrechtlichen Gehalt bekommen, dessen Um-

---

[28]) Dazu meine Schrift Verfassungsprobleme des Sozialstaats, S. 10 f.; zur Sozialisierung Huber, Wirtschaftsverwaltungsrecht II S. 149.

grenzung schlechterdings unmöglich wäre[29]). Somit ist festzustellen: Die Formel „sozialer Rechtsstaat" ist kein Rechtsbegriff in dem Sinne, daß sie einen besonderen Rechtsstaatsbegriff von eigener, institutioneller Prägung und spezifischem materiellen Gehalt bezeichnet. Allein aus dieser Formel lassen sich weder Rechte noch Pflichten begründen, noch Institutionen (wie das Mitbestimmungsrecht) ableiten[30]).

Eine solche Ableitung hat Ipsen vertreten, indem er aus dem Bekenntnis zum Sozialstaat (Art. 20 Abs. 1 GG) gefolgert hat, die Sozialisierung (Art. 15 GG) sei der Beseitigung im Wege der Verfassungsänderung entzogen, da die Sozialisierung eine Konkretisierung des in Art. 20 Abs. 1 GG unabänderbar fixierten sozialen Rechtsstaats darstelle. Selbst wenn man im Gegensatz zu der oben bekundeten Auffassung die Sozialisierung dem Sozialstaat zurechnen wollte, wäre diese Folgerung nicht zwingend, da sie Art. 20 Abs. 1 GG einen Begriff des sozialen Rechtsstaats unterlegt, für den es keine Begründung gibt. Eine Begründung wäre aber in diesem Falle umso mehr zu fordern, als keineswegs notwendig die Überführung in Gemeineigentum für die Arbeitnehmer, an die in erster Linie zu denken ist, eine Verbesserung ihrer Arbeits- und Lebensbedingungen zur Folge haben muß.

Damit ist dem Bekenntnis zum sozialen Rechtsstaat nicht jede rechtliche Bedeutung abgesprochen. Ipsen hat in seiner Hamburger Rede[31]) das grundgesetzliche Bekenntnis zum Sozialstaat als eine Staatszielbestimmung bezeichnet; dem ist zuzustimmen. Inhaltlich dürfte diese Staatszielbestimmung dem Art. 151 Weim.RV entsprechen[32]). Sie ist nicht nur für den Gesetzgeber verbindlich und damit programmatischer Natur, sondern bindet auch die Gesetzesanwendung in Rechtsprechung und Verwaltung unmittelbar.

Mit dem Wegfall des Dualismus von Staat und Gesellschaft, dem im Bereich der Verwaltung die Eingriffsverwaltung entsprach, sind der Gesetzgebung und Verwaltung sozialgestaltende Aufgaben zugewachsen, deren Bewältigung nicht mehr mit einem bloß

---

[29]) Daß das Adjektiv „sozial" für die juristische Begriffsbildung unbrauchbar ist, läßt sich auch an einer anderen Verfassungsvorschrift verdeutlichen. Angenommen, es erginge eine gesetzliche Ermächtigung zu ergänzender Normsetzung im Verordnungswege, die das Ausmaß der Ermächtigung durch eine Formel wie: „soweit es die sozialen Bedürfnisse erfordern" bestimmen würde. Eine solche Formel würde ohne Zweifel dem Art. 80 GG nicht genügen, weil sie die Ermächtigung nicht mit der dort geforderten Bestimmtheit begrenzt. Das Adjektiv sozial muß in allen entsprechenden Fällen versagen. Es ist für die Formulierung eines Rechtsbegriffs allenfalls dort geeignet, wo es durch den Sachzusammenhang in einem bestimmten Sinne konkretisiert wird. Das aber trifft weder für Art. 28 noch für Art. 20 GG zu.

[30]) Ebensowenig lassen sich Institutionen auf diesem Wege ausschließen; aus Art. 20 Abs. 1 GG läßt sich z. B. ein Kartellverbot nicht begründen.

[31]) Über das Grundgesetz, 1950, S. 14, 17.

[32]) So auch Huber, aaO, Bd. 1, S. 36 f.

rechtsformalen Maßstabe gemessen werden kann. Für diese sozialgestaltenden Funktionen kann es nicht mehr genügen, daß sie in den Schranken der Verfassung und der Gesetze verbleiben, sondern sie müssen in einem gegenständlichen Sinne gerecht geregelt und ausgeübt werden. Das ergibt sich zwingend aus der Staats- und Sozialentwicklung der neueren Zeit und ich habe diese Folgerung bereits vor dem Inkrafttreten des Grundgesetzes ohne den Anhalt an eine bestimmte Verfassung gezogen[33]). Es bedarf dazu an sich nicht des verfassungsmäßigen Bekenntnisses zum Sozialstaat. Aber das Bekenntnis bekräftigt diese Forderung. Für das Grundgesetz wird man ihm jedoch insofern eine besondere Bedeutung geben dürfen, als es eine extrem individualistische Ausdeutung der Grundrechte verwehrt. Deshalb bedarf es des Rückgriffs auf Art. 20 Abs. 1 GG nicht, wenn das Grundrecht bereits einen sozialen Vorbehalt enthält. Das trifft für die Eigentumsgarantie zu, nachdem heute Einverständnis darüber besteht, daß Art. 14 Abs. 2 GG nicht mehr, wie Art. 153 Abs. 3 Weim.RVerf., nur Richtlinie des Gesetzgebers, sondern eine den Eigentümer unmittelbar bindende Norm ist[34]). Wollte man zusätzlich zu dieser Sozialbindung noch die Berufung auf Art. 20 Abs. 1 GG zulassen, so ergäbe sich damit eine Duplizierung der sozialen Bindung, die nicht dem Sinne des Grundgesetzes entsprechen kann. Dagegen spricht auch eine andere Erwägung. Das Bekenntnis zum Sozialstaat bezieht sich, wie dargelegt wurde, auf das System der Güterverteilung. Die Art. 14 und 15 GG enthalten die maßgebenden Bestimmungen, soweit es sich um das Eigentum (im weiten Sinne des Wortes) handelt. Die hier getroffene Regelung hat gegenüber der Sozialstaats-Proklamation den Charakter einer lex specialis. Das heißt, Art. 20 Abs. 1 GG gilt vorbehaltlich der in Art. 14, 15 GG für die Eigentumsverteilung getroffenen Bestimmungen. Aus diesem Grunde läßt sich Art. 20 Abs. 1 GG für die Auslegung der Art. 14, 15 GG nicht verwerten[35]). Freilich würde eine Vorschrift dieser Art im Grundrechtsteil der Verfassung ihre richtigere Stelle gefunden haben.

Die rechtliche Wirkung des Sozialstaats-Bekenntnisses ist nicht auf die Grundrechte beschränkt. Art. 20 Abs. 1 GG bezeugt die allgemeine Verpflichtung, unter den möglichen Auslegungen des Gesetzes diejenige zu wählen, die den sozialen Bedürfnissen am ehesten entspricht. Das gleiche gilt für die Betätigung des Er-

---

[33]) Verwaltungsrecht, Bd. 1, 1. Aufl., S. 57 ff.

[34]) v. Mangoldt, Kommentar zum Grundgesetz, S. 101, Bonner Kommentar zu Art. 14, Anm. II, 5; neuestens Huber, Wirtschaftsverwaltungsrecht, Bd. 2, S. 14.

[35]) Dieser Einwand ist gegen die Referate von Ipsen und Ridder über Enteignung und Sozialisierung, Veröfftl. d. V. dt. StaatsrL. Heft 10, 1952. S. 74 ff. zu erheben.

messens. So wird man zwar mit der Berufung auf Art. 20 und 28 GG allein die Einklagbarkeit von Leistungen auf Grund der Fürsorgepflicht-Verordnung vom 14. Februar 1924 nicht rechtfertigen können. Aber nachdem die Erweiterung des Grundrechtsschutzes und die allgemeine Tendenz nach Ausdehnung der einklagbaren Rechte im Zusammenhang mit der Verschärfung der individuellen Notlagen begründete Zweifel daran wachgerufen haben, ob an der ursprünglichen Auslegung der Verordnung noch festgehalten werden kann, wird man die sozialstaatliche Zielbestimmung des Grundgesetzes sehr wohl für die Bejahung des einklagbaren Anspruchs auf Fürsorge heranziehen können[36]).

Der Rechtsstaat wird durch das sozialstaatliche Bekenntnis also in gewisser Weise inhaltlich determiniert. Dieses Bekenntnis ist jedoch schwerlich als eine Entscheidung des Verfassungsgebers zu werten, da es nur die Bekräftigung einer Anforderung an staatliches Verhalten bedeutet, die auch ohne diese Bekräftigung bestehen würde. Das sozialstaatliche Bekenntnis hat vor allem keine institutionelle Bedeutung. Es berührt die strukturelle Verfassungsform der Bundesrepublik nicht. Diese ist nach wie vor mit dem Begriff Rechtsstaat erschöpfend bezeichnet. Rechtsstaat und Sozialstaat sind also auf der Verfassungsebene nicht verschmolzen. Erst in der Verbindung von Verfassung, Gesetzgebung und Verwaltung verbinden sich auch Rechtsstaat und Sozialstaat. Hier hat auch der soziale Rechtsstaat als allgemeine, den Staatstypus bestimmende Bezeichnung ihre volle Berechtigung.

Diese Feststellung kennzeichnet die Situation der rechtsstaatlichen Verfassungen in der modernen, durch soziale Impulse auf das stärkste bewegten und bestimmten Wirklichkeit. Die Unmöglichkeit, den Sozialstaat im Rahmen einer rechtsstaatlichen Verfassung strukturell zu formen, wird in den neuen, nach 1945 in aller Welt erlassenen Verfassungen sichtbar. Die von Löwenstein[37]) zutreffend hervorgehobene Uniformität dieser Verfassungen erklärt sich in erster Linie daraus, daß es in der Tat nur eine rechtsstaatliche Verfassung gibt, die man zwar mit sozialstaatlichen Präambeln, Programmsätzen und Bekenntnissen umranken kann, die aber strukturell mehr oder weniger immer die gleiche ist.

---

[36]) Die Frage ist bekanntlich streitig. Bejahend OVG Münster v. 13. 4. 1950, DVBl. 1951, S. 84 mit zustimmender Anmerkung von Krüger; VGH München v. 8. 3. 1949 VRspr. Bd. 1, S. 351 = DV 1949, S. 440 mit Anmerkung von Naumann; Klinger, Kommentar z. MRVO Nr. 165, 2. Aufl. 1953, S. 151; Forsthoff, Lehrbuch des Verwaltungsrechts I, 3. Aufl. 1953, S. 161; ablehnend VGH Kassel v. 16. 3. 1949 VRspr. Bd. 1, S. 481 und v. 26. 6. 1950, DV 1951, S. 82 und vor allem Held, ÖV 1951, S. 8; weitere Nachweisungen bei Klinger aaO.

[37]) Verfassungsrecht und Verfassungsrealität, Arch. öff. R. Bd. 77, S. 387 ff.

Man hat diese Uniformität getadelt. Man hat in ihr den Ausdruck der Unfähigkeit der modernen Verfassunggeber gesehen, die volle Wirklichkeit des Staates noch in den Griff zu bekommen. Der Sachverhalt liegt komplexer. Wenn wir bedenken, daß auch die Verfassungen der Deutschen Demokratischen Republik dem rechtsstaatlichen Schema weithin folgen, daß also rechtsstaatliche Verfassungen toto coelo verschiedene politische Ordnungen umgreifen können, dann mag der Zweifel aufkommen, ob nicht die Kraft des gesetzten Verfassungsworts in einem solchen Maße erlahmt ist, daß wir überhaupt dem Ende der Epoche der kodifizierten Verfassungen entgegen zu gehen drohen.

Nun ist gewiß die Verfassungsuniformität zwischen Ost und West ein Phänomen eigener Art. Es ist aber allgemein aufschlußreich, weil es die Bedeutung des rechtsstaatlichen Verfassungsvollzuges erkennen läßt. Denn die Einparteiherrschaft der Deutschen Demokratischen Republik kann sich mit einer rechtsstaatlichen Verfassung abfinden, weil sie die Formen und Verfahren eines rechtsstaatlichen Verfassungsvollzuges ablehnt.

Die westliche Welt hat den Rechtsstaat, der von Hause aus ein bürgerlicher und der bürgerlichen Gesellschaft des 19. Jahrhunderts verbunden war, für die gegenwärtige, in vielem grundlegend anders gewordene Wirklichkeit bewahrt und ihn wieder hergestellt, wo er zerstört war. Das war nur möglich, weil sich erwies, daß die Institutionen des Rechtsstaats sich in der Tat von der ursprünglichen gesellschaftlichen Wirklichkeit, der sie zugeordnet waren, ablösen ließen. Die Selbständigkeit der rechtsstaatlichen Institutionen gegenüber dem Wechsel der Ambiance war nur erreichbar durch die Technisierung dieser Institutionen. In der modernen Massendemokratie, deren Gleichheitsdenken der Anerkennung eigenständiger politischer Kräfte entgegensteht, nehmen die Strukturelemente der rechtsstaatlichen Verfassung notwendig einen technischen Charakter an. Diese Technisierung läßt sich an allen Institutionen des Rechtsstaats nachweisen. Sie liegt für die Gewaltenteilung besonders deutlich zu Tage. Ursprünglich als Mittel nicht nur zur Hemmung, sondern auch zur Balancierung gemeint, hat sie in der modernen Staatenwelt diese umfassende Funktion verloren[38]). Sie ist ein technisches Mittel zur Organisation der Staatsgewalt geworden und erfüllt als solches ihren Zweck, die Staatsgewalt zugunsten der individuellen Freiheit zu begrenzen, durchaus. Ein in dem angedeuteten Sinne technisch gewordenes Verfassungssystem ist nicht nur seiner Natur nach abweisend gegen-

---

[38]) Werner Weber, Spannungen und Kräfte im westdeutschen Verfassungssystem, S. 43 ff., meine Einleitung zu Montesquien, Vom Geist der Gesetze, 1950, Bd. 1, S. L II ff. u. pass.; zur Stellung der Justiz im Rahmen der Gewaltenteilung Draht, „Die Gewaltenteilung im heutigen deutschen Staatsrecht" in Faktoren der Machtbildung, 1952, S. 99 ff.

über allen Versuchen, ihm materiale Gehalte zu geben, es erhebt auch den Anspruch, in seinen Institutionen besonders streng genommen zu werden. In der Isolierung vom Wechsel der Ambiance werden die Elemente der rechtsstaatlichen Verfassung zum Eigenwert. Deshalb fordert jeder Einbruch in die Geschlossenheit des Systems der rechtsstaatlichen Institutionen einen hohen Preis. Das deutlichste Beispiel dafür ist die folgenreiche Anerkennung der Enteignung durch Gesetz (nicht mehr nur, wie es der Logik des Rechtsstaats entspricht, auf Grund eines Gesetzes) durch die Rechtsprechung des Reichsgerichts[39]). Dieser Schritt vom rechtsstaatlichen Wege ist mit einer Rechtsunsicherheit und Problematik erkauft worden, aus der bisher niemand hat einen Ausweg finden können.

Die Uniformität der rechtsstaatlichen Verfassungen ist nur Ausdruck dieser Technizität, die im Gefolge hat, daß der Sozialstaat in der rechtsstaatlichen Verfassungsordnung nicht aufgeht. Dieses Ergebnis ist unter dem sozialstaatlichen Aspekt keineswegs beunruhigend. Denn der Staat ist zu keinen Zeiten etwas nur Technisches. Deshalb kann sich auch die Staatsordnung nicht in der Technizität einer rechtsstaatlichen Verfassung erschöpfen. Eine solche Verfassung ist deshalb der Ergänzung durch materiale Gehalte bedürftig. Diese Ergänzung bietet heute der Sozialstaat dar. Es bedeutet aber eine Verkennung der rechtsstaatlichen Verfassung, wenn man den Versuch unternimmt, den Sozialstaat in die Verfassung hinein zu projizieren. Dem liegt der Gedanke zugrunde, die Verfassung müsse sozusagen ein Spiegel der gesamten wesentlichen, rechtlich geordneten Staatswirklichkeit sein. Es bleibe dahingestellt, ob in früheren Zeiten die rechtsstaatlichen Verfassungen ein solcher Spiegel gewesen sind. Die Tatsache, daß man von je die Verfassung im formellen und im materiellen Sinne unterschieden hat, läßt daran zweifeln. Jedenfalls muß diese Vorstellung für die moderne rechtsstaatliche Verfassung gänzlich aufgegeben werden.

Ist der soziale Rechtsstaat auch kein prägnanter verfassungsrechtlicher Begriff, so hat die Formel doch zunächst als eine die wesentlichen Elemente zusammenfassende Kennzeichnung des mit der Deutschen Bundesrepublik gegebenen Staates ihre Berechtigung. Sie hat aber darüber hinaus noch einen weiteren Sinn. Die rechtsstaatliche Verfassung ermöglicht in der Tat den Sozialstaat und stellt für seine Entfaltung spezifische rechtliche Handhaben zur Verfügung. Es sind die Handhaben, die in der Steuerhoheit des Staates beschlossen sind. Der moderne Rechtsstaat ist Sozialstaat wesentlich in seiner Funktion als Steuerstaat. Die rechtlich

[39]) Der in RGZ Bd. 111, S. 325 enthaltene Satz: „Die gesetzliche Grundlage ist, wo die Enteignung unmittelbar durch Gesetz geschieht, in dem Gesetze selbst enthalten" ist rechtsstaatlich widersinnig, weil das Gesetz nicht gleichzeitig seine eigene gesetzliche Grundlage sein kann.

unbeschränkte Befugnis des Staates, Steuerquellen auszuschöpfen, setzt ihn in den Stand, einen beträchtlichen Teil seiner sozialen Aufgaben in der Weise zu erfüllen, daß er durch Abschöpfung und Vergebung von Barmitteln das System der Güterverteilung korrigiert. Dadurch ist die Entfaltung des Sozialstaats in eine bestimmte Richtung gedrängt worden, die dem Rechtsstaat gemäß ist. Dem liegt eine Wandlung des staatlichen Besteuerungsrechts zugrunde, die durch den ersten Weltkrieg ausgelöst wurde.

Joseph Schumpeter[40]) widmete 1918 der „Krise des Steuerstaates" eine Abhandlung ,in der er nachwies, daß der Steuerstaat die außerordentlichen Lasten des verlorenen Krieges würde tragen können und daß der verlorene Krieg kein Grund sei, die Organisationsformen der Wirtschaftsfreiheit aufzugeben. Die spätere Zeit hat bewiesen, daß der Steuerstaat nicht nur die unmittelbaren Kriegsfolgelasten, sondern auch die Aufwendungen ausgedehnter sozialstaatlicher Leistungen zu tragen vermag. Darüber hat sich naturgemäß die Auffassung vom Sinne der Besteuerung gegenüber dem 19. Jahrhundert grundlegend gewandelt.

Der Rechtsstaat als Steuerstaat beruht auf einer spezifischen, in der rechtsstaatlichen Verfassung enthaltenen Voraussetzung: der scharfen Abgrenzung der Steuerhoheit von dem in den Grundrechten gewährleisteten Schutz des Eigentums. Dadurch wird es möglich, über die Steuerhoheit Eingriffe in Einkommen und Vermögen vorzunehmen, die, wenn sie in gleicher Intensität gegen das Eigentum (im weiteren Sinne) gerichtet würden, als Enteignung qualifiziert und Entschädigungsansprüche auslösen würden. Würde diese Unterscheidung von steuerlichem Eingriff und Eingriff in das Eigentum fallen, so wäre dem heutigen Sozialstaat die verfassungsrechtliche Grundlage weithin entzogen. Der Vorgang wäre von kaum absehbarer Tragweite[41]). Denn damit wäre eine der rechtsstaatlichen Verfassung von je eigene, grundlegende Unterscheidung preisgegeben.

Die rechtsstaatliche Verfassung steht also dem Sozialstaat nicht im Wege. Sie ist kein Hindernis für die Gestaltung des Soziallebens durch den Staat. Nachdem das Sozialleben nicht mehr auto-

[40]) Die Krise des Steuerstaates in Aufsätze zur Soziologie, 1953, S. 1 ff.

[41]) Ipsen, Rechtsfragen der Investitionshilfe, Arch. öff. R., Bd. 78, S. 284 ff. (S. 317 ff.) vermeidet nicht ganz die Gefahr, die sich bei einer Verwischung der Grenze zwischen Besteuerung und Eingriff in das Eigentum für den Sozialstaat ergibt, wenn er trotz Betonung dieser Grenze die Leistungen, die auf Grund des Investitionshilfegesetzes zu erbringen sind, als Einbuße von Liquidität aufgefaßt wissen will, für die nach den Grundsätzen des Art. 14 GG Entschädigung zu leisten ist. Da jede Steuer notwendig eine Einbuße an Liquidität der Steuerpflichtigen mit sich bringt, werden durch diese Argumentation die Besteuerung und der Eingriff in das Eigentum einander bedenklich nahe gerückt.

nom, von immanenten Kräften bewegt, in sich ruht, sondern der Ordnung durch den Staat bedarf, wäre in der Tat eine Verfassung undenkbar, die dieser vordringlichen staatlichen Aufgabe nicht Raum gibt[42]). Die Logik der Dinge hat dazu geführt, daß die rechtsstaatliche Verfassung durch die Einfügung des sozialen Vorbehalts in die Freiheits- und Eigentumsgarantie der Grundrechte[43]) dieser Aufgabe eröffnet worden ist. Die sozialstaatliche Beweglichkeit hat aber ihre Grenze vor der sozialen Verschichtung durch unmittelbare Entziehung oder Entwertung grundrechtlich geschützter Rechtspositionen. Die rechtsstaatliche Verfassung läßt nur den indirekten Weg über die Steuerhoheit offen, der seit langem mit Erfolg beschritten ist und in der Wirkung auf die Dauer hinter den direkten Formen der sozialen Verschichtung nicht zurückbleibt, wie vor allem das Beispiel Englands beweist.

Die Verbindung des Rechtsstaats mit dem Sozialstaat ist eine Tatsache und braucht nicht erst hergestellt zu werden. Die sozialstaatlichen Ordnungen, durch die Gesetzgebung geformt und durch die Verwaltung vollzogen, bestehen dem rechtlich-formalen Range nach unter der rechtsstaatlichen Verfassung. Aber was ihnen an verfassungsrechtlicher Gewähr ermangelt, ersetzen sie durch die Kraft, welche die sozialstaatlichen Impulse aus den Gegebenheiten und Notwendigkeiten des Soziallebens ziehen.

Rechtsstaat und Sozialstaat sind einander zugeordnet in einem Verhältnis der Ergänzung, dem das Moment der Spannung nicht fehlt. Das ist auch gut so. Wird der Rechtsstaat als Schutzburg der beati possidentes mißbraucht, so verfehlt er seinen sozialen Auftrag und bringt sich damit in Gefahr. Radikale Sozialstaatlichkeit endet zwangsläufig bei einem Verwaltungsstaat, der nicht mehr Rechtsstaat sein kann. Das ist die Situation, in der sich die Bundesrepublik befindet. Sie ist keine Krisensituation, sondern eine Situation fruchtbarer Spannung, die des ständigen Ausgleichs bedarf. Diesen Ausgleich zu vollziehen, ist Aufgabe zuförderst der politisch Verantwortlichen, aber auch der Juristen in Wissenschaft und praktischer Rechtsanwendung. Es ist das hohe Amt der Gerichte, darüber zu wachen, daß dem Rechtsstaat und dem Sozialstaat ihr Recht werde.

---

[42]) Forsthoff, Verwaltungsrecht, Bd. 1, 3. Aufl., S. 51 ff.
[43]) Über die sozialgebundene Freiheit Dürig, JZ 1953, S. 196 f.

Leitsätze des Berichterstatters über
Begriff und Wesen des sozialen Rechtsstaates

Der soziale Rechtsstaat in verfassungsrechtlicher Sicht

I.

Der Sozialstaat ist in wesentlichen Bereichen des Rechts (z. B. Verwaltungsrecht, Wirtschaftsrecht, Arbeitsrecht) verwirklicht und damit eine rechtliche Gegebenheit.

II.

Die Fragestellung des Themas geht dahin, ob der Sozialstaat auf der Ebene des Verfassungsrechts gewährleistet werden kann und gewährleistet ist, ob also aus der Verschmelzung rechtsstaatlicher und sozialstaatlicher Strukturelemente der soziale Rechtsstaat als institutionell verwirklichter Verfassungstypus entstehen kann und entstanden ist.

III.

Diese Frage kann nicht allein im Wege der Auslegung einzelner Verfassungsbestimmungen entschieden werden. Ihre Beantwortung hängt vielmehr wesentlich davon ab, welche Grenzen der rechtsstaatlichen Verfassung strukturell durch die ihr eigenen Rechtsformen (Gewaltenteilung, Gesetzesbegriff, Verfassungs- und Gesetzesvollzug usw.) gesetzt sind.

IV.

Der Rechtsstaat ist nach der Ordnung des Grundgesetzes der primäre und mit allen Rechtsgarantien ausgestattete Wert. Eine Verbindung von Rechtsstaat und Sozialstaat unter Kürzung der rechtsstaatlichen Verfassungselemente ist durch das Grundgesetz ausgeschlossen.

V.

In der geschichtlichen Entwicklung zeigt sich das rechtsstaatliche Element der Verfassung, das sozialstaatliche der Verwaltung verbunden. Das gilt auch für die Weimarer Reichsverfassung.

VI.

Die rechtsstaatliche Verfassung ist grundsätzlich eine gewährleistende Verfassung und damit in relativ hohem Maße an den gesellschaftlichen status quo gebunden.

VII.

Die rechtsstaatliche Gewährleistung geschieht grundsätzlich in der Form der Ausgrenzung. Die klassischen Grundrechte stellen solche Ausgrenzungen dar.

VIII.

Auf Teilhabe gerichtete Verbürgungen sind der rechtsstaatlichen Verfassung nur zugänglich, wenn das verbürgte Teilhaberecht absolut, d.h. keiner Graduierung oder Differenzierung zugänglich ist und der Rechtsbereich, innerhalb dessen das Teilhaberrecht auftritt, in hohem Maße durchnormiert ist.

IX.

Soziale Teilhaberechte bedürfen der Abstufung, da sie nur im Rahmen des jeweils Angemessenen sinnvoll sind. Deshalb sind sie der Verbürgung durch eine notwendig lapidare, die spezielle gesetzliche Regelung nicht ersetzende Verfassungsnorm nicht fähig. Eine solche Norm wäre jedenfalls keine rechtsstaatliche Verfassungsnorm. Sie wäre eine Blankettnorm, die nicht in den rechtsstaatlichen Formen vollzogen werden könnte. Ihr Vollzug wäre nicht mehr gesetzmäßige Verwaltung, wie sie in Art. 20 GG zwingend vorgeschrieben ist.

X.

Soziale Verbürgungen, die auf Ausgrenzung beruhen, sind der rechtsstaatlichen Verfassungsnormierung ohne weiteres zugänglich.

XI.

Das Wort sozial ist auf die Güterverteilung bezogen. Es kann Zweifaches bedeuten. Es kann polemisch gegen das bestehende System der Güterverteilung gerichtet sein, es kann auch als Inbegriff der im Recht verwirklichten sozialen Institute und Normen verstanden werden und damit unpolemisch auf Bestehendes verweisen.

XII.

Sozial als polemischer Begriff läßt sich mit dem Rechtsstaat nicht sinnvoll verbinden, weil die polemische Tendenz sich mit der gewährleistenden Intention des Rechtsstaats nicht vereinigt und eine konkrete, für das Recht brauchbare Fixierung des Sozialen in diesem Sinne nicht möglich ist.

XIII.

Versteht man sozial als Inbegriff der bestehenden sozialrechtlichen Institute und Normen, so bleibt der soziale Rechtsstaat als Rechtsbegriff ebenfalls unvollziehbar. Die Annahme einer Garantie des sozialrechtlichen status quo in den Ländern durch Art. 28 Abs. 1 GG ist wegen der unübersehbaren Folgen abzulehnen. Als bloßer Hinweis auf die jeweiligen sozialrechtlichen Gegebenheiten des Landesrechts ist Art. 28 Abs. 1 GG leerlaufend und sinnlos.

XIV.

Das Bekenntnis des Grundgesetzes zum Sozialstaat ist eine an das Ermessen gerichtete und für die Gesetzesauslegung verbindliche Staatszielbestimmung.

XV.

Sozialstaat und Rechtsstaat lassen sich auf der Verfassungsebene nicht verschmelzen. Der Entfaltungsraum des Sozialstaats ist Gesetzgebung und Verwaltung. Sozialer Rechtsstaat ist die typusbestimmende Kennzeichnung eines Staates, die Verfassung, Gesetzgebung und Verwaltung umgreift. Er ist kein Rechtsbegriff.

XVI.

Diese Feststellung tut der Bedeutung der sozialstaatlichen Elemente der Rechtsordnung angesichts der Intensität und des Gewichts der modernen Verwaltung im Verhältnis der Staatsfunktionen keinen Abbruch. Das Spannungsverhältnis zwischen Sozialstaat und Rechtsstaat ist fruchtbar. Es ist Aufgabe der Rechtspflege, darüber zu wachen, daß beiden ihr Recht werde.

Begriff und Wesen des sozialen Rechtsstaates

2. Mitbericht von Professor Dr. Otto Bachof, Erlangen*)

Der soziale Rechtsstaat in verwaltungsrechtlicher Sicht

I.

Bei meinem Mitbericht, der die verwaltungsrechtliche Sicht des sozialen Rechtsstaats behandeln soll, befände ich mich in einer glücklichen Ausgangsposition, wenn ich die von Herrn Forsthoff entwickelten verfassungsrechtlichen Thesen in vollem Umfange unterschreiben könnte. Ich kann das zwar zu einem erheblichen Teile, aber keineswegs durchweg. Einerseits ist es mir nun aber, ohne mein eigentliches Thema zu kurz kommen zu lassen, unmöglich, eine eingehende eigene verfassungsrechtliche Exegese des „sozialen Rechtsstaates" zu geben. Andrerseits verbietet es die evidente Abhängigkeit der Verwaltung und des Verwaltungsrechts von der Verfassung, daß ich mich einfach auf die Feststellung zurückziehe, Rechtsstaat und Sozialstaat seien Gegebenheiten und Aufgaben, denen der moderne Verwaltungsstaat sich nicht entziehen dürfe, so daß die Frage nach der verfassungsrechtlichen Entscheidung dahingestellt bleiben könnte oder doch vergleichsweise zweitrangig sei. Mindestens bedarf es einer Begründung für die Legitimation zur Verwirklichung des Sozialstaats auf der verwaltungsrechtlichen Ebene: Einer Legitimation sowohl für die Legislative wie für die Exekutive, deren Funktionen freilich untereinander auf dem hier in Frage stehenden Gebiet wie überhaupt bis zu einem gewissen Grade vertauschbar und angesichts der weit fortgeschrittenen „Amalgierung" dieser beiden Gewalten[1]) — qualitative und vor allem quantitative Ausweitung des Verordnungsrechts der Exekutive einerseits, „Maßnahmen"-Gesetzgebung andererseits — auch tatsächlich schon weitgehend vertauscht worden sind.

Diesem Dilemma glaube ich mich nur so entwinden zu können, daß ich wenigstens kurz meine eigene Auffassung über die Bedeutung der verfassungsrechtlichen Proklamation des sozialen Rechtsstaats skizziere, in der Begründung dagegen summarisch verfahre. Ich glaube dies mit um so besserem Gewissen tun zu

---

*) Beim Vortrag mußte der Mitbericht wegen der vorgeschrittenen Zeit stark gekürzt werden. Fast ganz weggelassen wurden die Abschnitte I und II. Die nachstehende Wiedergabe enthält die volle ursprüngliche Fassung, ergänzt um einige Fußnoten.

[1]) Löwenstein, AöR Band 78 S. 262.

können, als ich nicht daran zweifle, daß gerade die verfassungsrechtliche Problematik unseres Themas in der Diskussion noch einen breiten Raum beanspruchen wird.

II.

1. Das GG enthält eine eingehende — aber, wie noch zu zeigen sein wird, keineswegs abschließende — Ausformung des Rechtsstaatsprinzips. Dessen überkommene und z. T. noch verstärkt ausgebaute Elemente sind: grundrechtliche Freiheitsverbürgungen; Gewaltenteilung; Vorrang und Vorbehalt des Gesetzes; Gesetzmäßigkeit der Verwaltung; Gleichheit vor dem Gesetz; und umfassender Rechtsschutz durch unabhängige Gerichte, besonders gegenüber Maßnahmen der öffentlichen Gewalt. Das bedarf vor dieser Versammlung keiner weiteren Darlegung[2]).

2. Trotzdem restauriert das GG nicht den sog. „bürgerlichen" Rechtsstaat. Dessen Wesen und Eigenart bestand nicht darin, daß er „Rechtsbewahrstaat" war, sondern daß er nur oder jedenfalls hauptsächlich Rechtsbewahrstaat sein wollte; daß er die Freiheiten allein unter dem Aspekt des Individuums und nur von außen durch die Freiheiten der anderen Individuen begrenzt sah; und daß er, ausgehend vom Dualismus zwischen Staat und Gesellschaft, allenfalls Störungen der Gesellschaftsordnung korrigierend beseitigen, nicht aber grundsätzlich sozialordnungsgestaltend tätig werden wollte. Ich übersehe dabei selbstverständlich nicht, daß der Staat bereits seit der 2. Hälfte des 19. Jahrhunderts in zunehmendem Maße auch Aufgaben der Sozialgestaltung in Angriff nahm; aber das war bereits eine — sich weitgehend praeter constitutionem vollziehende — Abkehr von der ursprünglichen Konzeption des laisser faire und damit des bürgerlichen Rechtsstaats. Das GG erteilt diesem — einseitig auf die formalen Elemente der Rechtsstaatlichkeit bezogenen[3]) — Rechtsstaatbegriff in mehrfacher Hinsicht eine Absage. Er stellt an den Ausgangspunkt nicht mehr die absolut verstandene Einzelperson, sondern Eigenwert und Eigenständigkeit des Menschen schlechthin[4]), die unantastbare Würde der menschlichen Persönlichkeit als den zentralen

[2]) Zum Rechtsstaatsprinzip des GG vgl. auch BVerfGE 2, 380 (403ff.).

[3]) Über die Entleerung der materiellen Rechtsstaatsidee zum Formalistisch-Technischen vgl. Hermann Heller, Rechtsstaat oder Diktatur? (Tübingen 1930), S. 8 f.; Werner Kägi, Rechtsstaat und Demokratie (in: Demokratie und Rechtsstaat, Giacometti-Festgabe, Zürich 1953, S. 107ff.), bes. S. 132ff. Eingehend zur Entwicklung und zu den Wandlungen des Rechtsstaatsbegriffs Chr.-Fr. Menger, Der Begriff des sozialen Rechtsstaats im Bonner GG (Tübingen 1951), S. 6ff., mit zahlreichen weiteren Nachweisen. Vgl. auch Dietrich Schindler, Über den Rechtsstaat (Festgabe für Max Huber, Zürich 1934, S. 182ff.); Hans Huber, Niedergang des Rechts und Krise des Rechtsstaats (Giacometti-Festgabe S. 59ff.).

[4]) Dazu: Arnold Köttgen, Akademische Lehrfreiheit, Göttinger Universitäts-Zeitung 1949 Nr. 7 S. 1.

Wert. Durch die Anerkennung dieses Wertes als eines vor- und überverfassungsmäßigen Rechtsgutes sowie durch die unmittelbare Verbindlichkeitserklärung der Grundrechte für alle staatliche Gewalt bricht das GG mit der Gleichung Rechtsstaat=Gesetzesstaat. Und es bejaht schließlich in der „Staatszielbestimmung"[5]) des sozialen (Rechts-)Staates die Aufgabe des Staates zur Gestaltung der Sozialordnung (wobei diese letzte Behauptung freilich einer nachher nachzuholenden Begründung, aber auch einer Einschränkung bedarf). Dem Rechtsstaatsbegriff des GG eignen daher nicht nur formale, sondern auch und sogar primär materiale Elemente: Rechtsstaat ist der auf Verwirklichung und Sicherung der Gerechtigkeit zielende Staat[5a]), und seine formalen Elemente dienen nur zur Gewährleistung dieses materialen Gehalts.

3. Es ist ohne weiteres zuzugeben, daß das Attribut „sozial" der Eindeutigkeit ermangelt. Trotzdem meine ich, daß diesem Begriff ein einigermaßen bestimmbarer Vorstellungsgehalt entnommen werden kann, wenn man ihn weder mit notwendig unfruchtbaren philologischen Interpretationskünsten seziert noch ihn isoliert betrachtet, sondern ihn in seiner Situationsbedingtheit als Verfassungsprogramm eines in der sozialen Wirklichkeit unserer Zeit stehenden modernen Massenstaates, und somit in dem notwendigen Zusammenhang mit seiner Geschichte und Umwelt sieht[6]).

Zunächst einmal sehe ich in der Sozialstaatserklärung eine Entscheidung darüber, daß der Staat überhaupt sozialordnungsgestaltend tätig werden darf und soll; daß er also die Sozialordnung, insbesondere die Arbeits- und Güterordnung nicht etwa grundsätzlich sich selbst überläßt und allenfalls akute Störungen beseitigt, sondern sie prinzipiell in seine Obhut nimmt[7]) (womit über den zulässigen Umfang sozialordnender Maßnahmen noch nichts ausgesagt ist). Wollte man der Sozialstaatserklärung diese Bedeutung einer Entscheidung über Zuständigkeit und Aufgabe des Staates zur Sozialordnungsgestaltung bestreiten, so wäre sie schlechthin bar jeden konkreten juristischen Gehaltes, was man von einer Verfassungsnorm nicht ohne zwingenden Grund annehmen darf. Eine Charakterisierung des sozialen

---

[5]) H. P. Ipsen, Über das Grundgesetz (Hamburg 1950) S. 14.

[5a]) Hans Peters, Recht, Staat, Wirtschaft Bd. 3 S. 67.

[6]) Auf die Tatsache, daß die bisherige deutsche Verfassungsentwicklung bereits konkrete Rechtsformen einer sozialen Staatsgestaltung aufweist, die bei der Interpretation des Sozialstaatsbegriffs des GG berücksichtigt werden müssen, hat besonders Grewe (Der Begriff des „sozialen Staates" in der deutschen Verfassungsentwicklung, Der Arbeitgeber 1950/51 S. 39, hier S. 41) hingewiesen.

[7]) H. P. Ipsen, VVDStRL Heft 10 S. 74: „Bereitschaft und Verantwortung, Aufgabe und Zuständigkeit seines (scil.: des GG) Staates zur Gestaltung der sozialen Ordnung".

Rechtsstaats als „Gerechtigkeitsstaat"[8]) besagt zu wenig; denn Gerechtigkeitsstaat ist schon der Rechtsstaat, sofern man diesen Begriff nicht rein formal auffaßt. Es sei denn, man begreife unter dem Gerechtigkeitsstaat=Rechtsstaat auch den Staat der „sozialen" Gerechtigkeit als eines Teiles der iustitia distributiva mit ein. Das wäre zwar möglich, entspricht aber nicht Mengers Konzeption, und würde im übrigen den Zusatz „sozial" als eine Tautologie erweisen.

Aber nicht nur eine Entscheidung über das „Ob" staatlicher Zuständigkeit, sondern — in freilich begrenzterem Umfange — auch über das „Wie" der zu gestaltenden Sozialordnung darf und muß der Sozialstaatserklärung entnommen werden. Der Zwang der Verhältnisse hat den modernen Staat längst zu einer Einflußnahme auf die Arbeits- und Güterordnung zum Zwecke des Ausgleichs widerstreitender Interessen sozialer Gruppen und insbesondere zur Inschutznahme der wirtschaftlich Schwachen gezwungen; mit einem Worte: Zur Herstellung und Wahrung „sozialer Gerechtigkeit"[9]). Und der Prozeß fortschreitender Technisierung, Industrialisierung, Arbeitsteilung und Menschenmassierung hat den Staat zu einer umfassenden Aktivität zwecks Abhilfe der dadurch bedingten „sozialen Bedürftigkeit" des Einzelnen in der von Ernst Forsthoff geprägten Wortbedeutung[10]) veranlaßt — sozialer Bedürftigkeit nicht nur im Sinne fürsorgerechtlicher Hilfsbedürftigkeit, sondern jeder existentiellen Abhängigkeit von der staatlichen Daseinsvorsorge auf allen ihren weitverzweigten Gebieten. Ich meine, daß auch diese beiden Zielrichtungen sozialordnender Tätigkeit mit angesprochen sind, wenn heute im Bereich des Politischen — und darum handelt es sich doch, wenn man den sozialen Staat zum Programm erhebt — der Begriff des Sozialen verwandt wird. Daß insbesondere auch die soziale Gerechtigkeit mitangesprochen wird, scheint mir zweifelsfrei, wenn man einmal die programmatischen Erklärungen aller an der Entstehung des GG beteiligten politischen Parteien betrachtet, die die soziale Gerechtigkeit in seltener Einmütigkeit ausdrücklich oder in Umschreibungen auf ihre Fahnen geschrieben haben[11]).

Es wird auch kaum eingewandt werden können, daß mit der Einbeziehung der sozialen Gerechtigkeit in den Sozialstaatsbegriff

---

[8]) So Chr.-Fr. Menger aaO. (passim).

[9]) In diesem Sinne versteht wohl auch Herm. Heller den von ihm mehrfach verwendeten Begriff des „sozialen Rechtsstaats", wenn er (aaO. S. 11) „die Ausdehnung des materiellen Rechtsstaatsgedankens auf die Arbeits- und Güterordnung" als Forderung der sozialen Demokratie bezeichnet. — Vgl. auch Nawiasky, Die Grundgedanken des Grundgesetzes für die Bundesrepublik Deutschland (Stuttgart und Köln 1950) S. 66.

[10]) Forsthoff, Der Staat als Leistungsträger (Stuttgart und Berlin 1938) S. 5 und passim.

[11]) Man lese diese Erklärungen einmal in der aufschlußreichen Sammlung von Wilh. Mommsen, Deutsche Parteiprogramme (München 1951) nach!

nur ein unbestimmter Begriff durch einen anderen ebenso unbestimmten erklärt werde. Man wird von mir an dieser Stelle nicht eine Auseinandersetzung mit dem Begriff der sozialen Gerechtigkeit erwarten. Aus dem geradezu unerschöpflichen Schrifttum darf ich nur die jüngsten Darlegungen von Claude du Pasquier in dem Centenarium der Zeitschrift für Schweiz. Recht[12]) herausgreifen und mich darauf beschränken, dem Ergebnis dieser Untersuchung beizupflichten, wonach die soziale Gerechtigkeit die speziell dem Geschick der wirtschaftlich, gesundheitlich, kulturell oder sonstwie Gefährdeten und Schwachen zugewandte Gerechtigkeit, eine die abstrakte Gleichheit zugunsten der Schaffung konkreter Gleichheit durchbrechende Gerechtigkeit, staatliche Intervention zur Beseitigung natürlicher Unterlegenheit und damit „Schaffung von Ungleichheit zur Wiederherstellung der Gleichheit" ist[13]).

Von dieser Deutung einer Absage an den „bürgerlichen" Rechtsstaat her gewinnt auch die adjektivische Ausschmückung des Rechtsstaatsbegriffs in Art. 28 GG einen Sinn. Mag man eine jede derartige Qualifizierung auch mit Heinrich Triepel[14]) als eine Beeinträchtigung des Absolutheitscharakters des „Ewigkeitswertes Rechtsstaat" beklagen, und mag man auch der Ansicht sein, daß der materielle Rechtsstaatsbegriff unter den obwaltenden Verhältnissen die Sozialität ohnehin mit einbegreife, so fand doch der Grundgesetzgeber den Brauch (oder Mißbrauch) derartiger Qualifizierungen vor, und er mochte das nicht unbegründete Bedenken tragen, daß eine nackte Rechtsstaatsproklamation als eine gewollte Rückkehr zum „bürgerlichen" Rechtsstaat mißdeutet werden könne. Eben dies macht der Zusatz „sozial" unmöglich. Besser wäre es freilich wohl gewesen, mit der Bayer. Verfassung von einem „Rechts- und Sozialstaat" zu sprechen, als durch den Adjektivzusatz der Vorstellung einer Abwertung des Rechtsstaatsgedankens Vorschub zu leisten.

4. Ungeachtet seiner im Vergleich zum Rechtsstaatsprinzip sehr viel geringeren verfassungsrechtlichen Ausformung ist das Sozialstaatsprinzip im GG keineswegs nur in den Art. 20 und 28 angesprochen. Es soll hier nicht der größere oder geringere sozialordnungsbezügliche Gehalt der einzelnen Grundrechte untersucht werden. Dieser Gehalt liegt etwa bei den Art. 3 (insbesondere seiner Abs. 2 und 3) Art. 6 Abs. 3, 12, 14 und 15 auf der Hand[15]). An-

[12]) 100 Jahre Schweiz. Recht, Basel 1952.

[13]) Vgl. insb. aaO. S. 70, 76, 93f. (S. 94: „On crée une inégalité pour rétablir l'égalité. Ce handicap est l'image de la justice sociale".)

[14]) VVDStRL Heft 7, S. 197.

[15]) Zu den Art. 14 und 15 GG sei auf die Referate der Staatsrechtslehrertagung 1951 von Ipsen und Ridder (VVDStRL Heft 10) verwiesen. Zum „politisch-sozialen" Gehalt der Art. 5, 8, 17 vgl. Abendroth, Die Berechtigung gewerkschaftlicher Demonstrationen für die Mitbestimmung der Arbeitnehmer in der Wirtschaft (Düsseldorf 1953) S. 7.

dererseits müssen alle Grundrechte ihrerseits im Lichte der Sozialstaatserklärung gesehen und interpretiert werden. Das gilt besonders für Art. 3 GG, der keine abstrakt-schematische Gleichheit, sondern eine den vorgefundenen sozialen Ungleichheiten Rechnung tragende, konkret-wertende Gleichheit verlangt. Auf die schon erwähnten Ausführungen du Pasquiers darf in diesem Zusammenhang verwiesen werden.

Jedoch scheint mir noch der Hinweis notwendig, daß die an den Ausgangspunkt der Grundrechte gestellte Würde des Menschen nicht nur Freiheit, sondern auch ein Mindestmaß an sozialer Sicherheit verlangt. Nicht ohne Grund haben einige Landesverfassungen das Sozialprinzip in die unmittelbare Nachbarschaft des Bekenntnisses zur Menschenwürde gestellt — die rheinlandpfälzische Verfassung spricht geradezu von „sozialer Gerechtigkeit mit dem Ziel der Gewährleistung eines menschenwürdigen Daseins"[16]) —, und es bedarf nach den neuerlichen Erfahrungen der Jahre nach 1945 keines näheren Beweises der Tatsache, daß mit dem Fortfall aller materiellen Grundlagen eines menschenwürdigen Daseins auch die Menschenwürde selbst verloren geht. Zu eng scheint es mir daher zu sein, wenn das BVerfG[17]) die Unantastbarkeit der Menschenwürde nur als „negative Abschirmung gegen Angriffe", die Verpflichtung zu Achtung und Schutz der Menschenwürde nur als „Schutz gegen Angriffe durch andere, wie Erniedrigung, Brandmarkung, Verfolgung, Ächtung usw." aufgefaßt wissen will.

Weiterhin wird das Sozialstaatsprinzip in Art. 2 I GG angesprochen. Nicht bedingungslose, sondern sozialgebundene Freiheit wird gewährleistet. Das zu den immanenten Grenzen der Freiheitsrechte gehörende „Sittengesetz" verlangt eine gemeinschaftsbezogene Gesinnung sozialer Gerechtigkeit, wie auch die Sozialstaatserklärung der Art. 20 und 28 zur „verfassungsmäßigen Ordnung" gerechnet werden darf.

Und schließlich ist als Sozialstaatsbestimmung von freilich begrenzterer Tragweite wohl auch der Art. 2 II 1 (Recht auf Leben und körperliche Unversehrtheit) zu erachten. Es geht m.E. nicht an, diese Vorschrift nur als Verbot der Existenzvernichtung durch staatlichen Eingriff anzusehen, sondern man wird darin auch, vorzüglich im Zusammenhang mit Art. 1 I, eine positive Gewährleistung des Existenzminimums zu erblicken haben. Ich bin mir dabei bewußt, daß sich aus den Materialien mindestens ebenso viel gegen wie für diese Deutung herleiten läßt[18]). Aber die Normen

[16]) Art. 51 I 2; vgl. ferner Brem.Verf. Art. 26 Z. 1, NRW. Verf. Art. 7 I.

[17]) BVerfGE 1, 99 (104).

[18]) Ebenso Dürig, JZ 1953 S. 198; Forsthoff, Lehrbuch des Verwaltungsrechts (3. Aufl. 1953) S. 62 N. 3, mit Nachweisen aus der Rechtsprechung.

haben ihr eigenes Gewicht, unabhängig von der subjektiven Vorstellung ihrer (in diesem Punkte übrigens keineswegs einigen) Urheber. Entstehungsgeschichtlich spricht gegen die vorstehende Deutung jedenfalls nicht die Streichung des dem Art. 2 im Entwurf zunächst angehängten Satzes: „Dabei darf das Mindestmaß der zum Leben notwendigen Nahrung, Kleidung und Wohnung nicht verweigert werden". Denn diese Streichung erfolgte nicht aus grundsätzlichen Erwägungen, sondern aus reinen Zweckmäßigkeitsgründen; die vom BVerfG[19]) gerade aus dieser Streichung gezogene Folgerung, Art. 2 II habe nur die negative Bedeutung eines Ausschlusses staatlich organisierten Mordes und zwangsweise durchgeführter Menschenexperimente, vermag daher nicht zu überzeugen[20]).

5. Ermächtigung und Auftrag zur Sozialgestaltung sind in erster Linie an den Gesetzgeber gerichtet. Die Uneinheitlichkeit der Auffassungen über das jeweils sozial Gerechte steht einer unmittelbaren Vollziehbarkeit der Sozialstaatsentscheidung durch Exekutive und Rechtsprechung weitgehend entgegen, schließt aber nicht aus, daß die Sozialstaatserklärung zur Auslegung anderer Rechtsnormen sowie zur Begrenzung des Ermessensbereiches mit herangezogen wird. Darüber hinaus sind Exekutive und Rechtsprechung insoweit zum unmittelbaren Verfassungsvollzug verpflichtet, als das Sozialstaatsprinzip in den Grundrechten eine nähere Ausprägung gefunden hat. Ich möchte aber noch weiter gehen und die Frage mindestens zur Diskussion stellen, ob in der Sozialstaatsproklamation nicht auch die Ermächtigung der Verwaltung zum Tätigwerden auf einem Gebiet gefunden werden kann, auf dem es sonst an jeder positivrechtlichen Ermächtigung fehlt und in das der Grundsatz der Gesetzmäßigkeit der Verwaltung — jedenfalls soweit spezialgesetzliche Regelungen fehlen — überhaupt nicht oder doch nur mit sehr begrenzter Wirkung hineinreicht: nämlich auf dem Gebiete der Leistungsverwaltung. Ich komme darauf noch zurück.

6. Auf der anderen Seite ist es nun nicht so, daß das Rechtsstaatsprinzip ausschließlich und abschließend in der Verfassung ausgeformt wäre. Seine Realisierung hängt entscheidend von der näheren Gestaltung verwaltungsrechtlicher Institutionen, insbesondere des Verwaltungsverfahrens sowie des organisatorischen

---

[19]) AaO, vgl. Anm. 17.

[20]) Eher schon ließe sich diese Ansicht auf die Erklärung des Abgeordneten v. Mangoldt stützen, der fragliche Satz bedeute nur eine negative Weisung an die Staatsgewalt, sich diesbezüglicher Eingriffe zu enthalten, nicht aber eine positive Gewährleistung. Daß der Satz aber auch im Hauptausschuß des Parl. Rates teilweise anders verstanden wurde, zeigen Äußerungen der Abg. Dr. Schmid und Dr. Kleindinst. Vgl. dazu wie überhaupt zur Entstehungsgeschichte: Jahrb. öff. R., N. F. Band 1 S. 58ff., bes. S. 61.

und prozessualen Ausbaues des Rechtsschutzes ab. Rechtsstaat und Sozialstaat sind daher beide teils in Ebene der Verfassung, teils in der unterverfassungsmäßigen Rechtsordnung (hier übrigens keineswegs nur im Verwaltungsrecht, sondern ebenso im Privatrecht und im Gerichtsverfahrensrecht) realisierbar und auch bereits in erheblichem Umfange realisiert. Dabei liegt freilich — wenn wir unter Beschränkung auf Verfassung und Verwaltung die anderen Rechtsbereiche einmal außer Betracht lassen — das Schwergewicht des Rechtsstaates im Verfassungsrecht, das des Sozialstaats im Verwaltungsrecht. Das genügt aber nicht, um von einem Dualismus der Rechtordnung des öffentlichen Rechts zu sprechen. Zuzugeben ist freilich, daß diese unterschiedliche Schwerpunktbildung keine zufällige ist. Die Verwirklichung des Sozialstaats entzieht sich wegen des steten Wandels der sozialen Gegebenheiten weitgehend einer Normierung durch die notwendig starrere Verfassungsordnung. Wenn ich mir vergegenwärtige, in welch erheblichem Maße die Entwicklung in der kurzen Zeit seit 1945 über die sehr freigebig vorgenommenen sozialstaatlichen Regelungen einiger unserer Länderverfassungen hinweggegangen ist — keineswegs nur infolge des Überbaus durch das GG, sondern auch infolge eines radikalen Wandels der zu ihrem Erlaß führenden wirtschaftlichen Voraussetzungen —, so vermag ich entgegen einer weit verbreiteten Ansicht den Verzicht des GG auf eine nähere Ausgestaltung des Sozialstaatsprinzips nicht einmal zu bedauern.

7. Erblickt man in der Sozialstaatserklärung eine Entscheidung über Zuständigkeit und Auftrag des Staates zur Gestaltung der Sozialordnung, so stellt sich die Frage nach dem Verhältnis dieses Auftrages zu den rechtsstaatlichen Verbürgungen. Es ist nun nicht so, daß das rechtsstaatliche und das sozialstaatliche Prinzip schlechthin antinomisch seien. Rechtsstaat und Sozialstaat decken sich vielmehr in ihren Forderungen zum Teil, aber auch nur zum Teil. Ich habe schon bemerkt, daß der Rechtsstaat als Staat materieller Gerechtigkeit auch ein Staat sozialer Gerechtigkeit sein muß. Aber dem sind Grenzen durch den Absolutheitswert der Persönlichkeit, durch die weitgehende Verbürgung der bestehenden Arbeits- und Eigentumsordnung (Art. 12 und 14 GG![21])) sowie durch die formalen Komponenten des Rechtsstaats, besonders durch das Erfordernis der Rechtssicherheit und durch die verfahrensmäßigen Hemmungen des Rechtsschutzes, gesetzt. Anderer-

[21]) Die aber ihrerseits wiederum wegen der Sozialstaatserklärung nicht im Sinne voller individueller Freiheit ausgelegt werden dürfen: so Scheuner, Leitsatz I 6 seines Referats auf der Marburger Staatsrechtslehrertagung 1952 (VVDStRL Heft 11 S. 68). Ebenso Friesenhahn, Staatsrechtlehrer und Verfassung (Krefeld, o. J.), S. 33: „Diese liberalen Prinzipien ihrerseits sind aber durch die Proklamierung des Sozialstaats begrenzt". — Vgl. auch oben Abschn. II 4, 3. Abs.!

seits sind aber Rechtssicherheit und Rechtsschutz gerade auch wieder zur Gewährleistung und Durchsetzung des sozialen Status des Einzelnen notwendig; im Übermaß gewährt können sie hingegen die sozialgestaltende Tätigkeit des Staates nachhaltig hemmen. Der soziale Rechtsstaat beruht daher auf einem System des Ausgleichs und des Gleichgewichts. Er bedeutet sowohl eine Absage an die Allmacht des Staates, auch auf sozialgestaltendem Gebiet, wie an die Bindungslosigkeit des Individuums und an die Autonomie der Gesellschaftsordnung[22]). Die oft aufgeworfene Frage nach dem Rangverhältnis zwischen Freiheit und Sozialität ist m. E. schon in der Fragestellung verfehlt, da die Sozialbindung keine äußere Begrenzung der Freiheit, sondern ihr immanent ist[23]). Ein Rangverhältnis kann nicht zwischen Freiheit und Sozialbindung, sondern nur zwischen eigenverantwortlicher Entscheidung zu sozialverpflichtetem Verhalten und staatlichem Zwang hierzu aufgestellt werden. Bei diesem Rangverhältnis liegt der grundgesetzliche Akzent eindeutig auf der Eigenverantwortlichkeit. Eine umfassende staatliche Verplanung der gesamten Sozialordnung — und das würde bei dem engen Zusammenhang von Sozial- und Wirtschaftsordnung bedeuten: auch der Wirtschaftsordnung — ist damit unvereinbar; sie würde die Individualsphäre notwendig aushöhlen und das allgemeine Persönlichkeitsrecht in seinem Wesensgehalt antasten. Die Frage, ob eine solche Verplanung nicht auch wegen der unvermeidlich in ihrem Gefolge auftretenden Gewichtsverlagerung von der Legislative zur Exekutive dem Gewaltenteilungsgrundsatz zuwiderlaufen würde, mag nur angedeutet werden. Übrigens würde eine allseitige Verplanung und Bürokratisierung der Sozialordnung nicht einmal die Gewähr für ein „soziales" Ergebnis bieten; im Gegenteil, ich behaupte, sie würde mit großer Wahrscheinlichkeit im äußersten Maße unsozial sein: die Proben, die uns in der Zeit vor der Währungsreform geboten wurden, legen diese Annahme jedenfalls sehr nahe.

[22]) Ähnlich E. R. Huber, Wirtschaftsverwaltungsrecht, 2. Aufl. Band 1 (Tübingen 1953) S. 46: „so bekennt sich das GG zur Unantastbarkeit eines Systems, das auf dem Gleichgewicht von individueller Freiheit und sozialer Bindung beruht". Vgl. auch Friesenhahn aaO.: „In dieser eigentümlichen Mischung und Verschränkung des demokratischen, liberalen und sozialen Prinzips besteht die Eigenart unserer Verfassung."

[23]) Weniger entscheidend ist dafür die Tatsache, daß die Sozialität zu den in Art. 79 III für unabänderlich erklärten Grundsätzen gehört. Diese „Ewigkeitsentscheidung" (Dürig, JZ 1953 S. 197), deren Problematik hier nicht näher nachgegangen werden kann, hat zwei ganz verschiedene Wurzeln. Sie rechtfertigt sich, soweit sie sich auf die Grundsätze des Art. 1 bezieht, aus deren Vorstaatlichkeit und hat hier nur deklaratorische Bedeutung. In jeder anderen Hinsicht kann sie dagegen nur aus dem Übergangscharakter des GG (Art. 146) erklärt und somit als Sicherung für die Dauer eines Provisoriums angesehen werden, ermangelt insoweit also durchaus des „Ewigkeitscharakters".

8. Mit der Berührung des Verhältnisses von Freiwilligkeit und Zwang sind wir bei einem der entscheidenden Punkte angelangt. Das Balancesystem des sozialen Rechtsstaats kann nur funktionieren, wenn die Verpflichtung zu sozialer Verantwortung von den zu ihrer Tragung Berufenen — d.h. von einer in genügend breite Schichten des Volkes hineinreichenden Elite, und in besonderem Maße von den Inhabern wirtschaftlicher Machtpositionen —, erkannt und wenn diese Verantwortung von ihnen freiwillig übernommen und getragen wird: Zusammenhänge, auf die jüngst Erich Fechner mit Nachdruck hingewiesen hat[24]). Die vielberufene Wahl zwischen dem freien, aber dem Risiko des Verhungerns ausgesetzten Menschen und dem wohlgenährten Sklaven — ich liebe das Bild wegen seiner Simplifikation nicht sonderlich — mag sich dem einzelnen als Gewissensentscheidung aufdrängen. Einer Gemeinschaft stellt sie sich als Frage ihrer inneren Struktur erst dann, wenn die freiwillige Übernahme sozialer Verantwortung ausbleibt. Dann allerdings treten Rechtsstaat und Sozialstaat auseinander. In dem Maße, in dem der Staat zur Durchsetzung der Sozialität zu Befehl und Zwang greifen muß, entfernt er sich vom Rechtsstaat[25]), und in dem Maße, in dem der Staat trotz Fehlens sozialer Eigenverantwortlichkeit seiner Bürger an den rechtsstaatlichen Verbürgungen festhält, gibt er den Sozialstaat preis. Die rechtsstaatlichen Verbürgungen des GG, insbesondere seine im Konfliktfall sozialhemmenden Rechtsschutzvorrichtungen sind so stark, daß de iure in einem solchen Falle bei uns der Rechtsstaat das Übergewicht erlangen müßte. Die faktische Entwicklung würde angesichts des überwältigenden Be-

---

[24]) Fechner, Freiheit und Zwang im sozialen Rechtsstaat (Tübingen 1953), passim. Dazu auch Wieacker, Das Sozialmodell der klassischen Privatrechtsgesetzbücher und die Entwicklung der modernen Gesellschaft (Heft 3 der Schriftenreihe der Jurist. Studiengesellschaft Karlsruhe, Karlsruhe 1953), S. 25: „Das spezifische Ethos der bürgerlichen Gesellschaft des 19. Jahrhunderts war die Freiheit...; das Ethos unserer Zeit, sofern wir wagen können, schon von einem solchen zu sprechen, ist das der Verantwortung, das dem Aufstieg neuer Klassen und der Gewinnung neuer sozialer Einsichten ... entspringt. Diese Gegenüberstellung ist keine polemische Antithese; denn Freiheit und Verantwortung sind beide Ausdruck eines dauernden Grundzuges europäischen Menschentums, der Voraussetzung des öffentlich und sozial handelnden Menschen".

[25]) Man kann dem nicht entgegenhalten, daß kein Staat des Zwanges entraten könne, und also auch nicht der Rechtsstaat. Das ist freilich eine Banalität. Für die Rechtsstaatlichkeit kommt es aber auf Umfang, Intensität und Richtung des Zwanges an, wobei auch hier die Quantität in Qualität umschlagen kann. Nicht die formale Legalität, sondern die Legitimität der Herrschaft ist das dem „materiellen" Rechtsstaat Wesentliche. Legitimität gründet aber entscheidend auf der geglaubten Berechtigung staatlicher Herrschaft; vgl. dazu Herm. Heller, Staatslehre (Leiden 1934) S. 221f. Eine Herrschaft, die in entscheidenden Fragen der Staatsgestaltung nicht auf freiwillige Gefolgschaft, sondern nur auf Befehl und Zwang gegründet ist, kann daher die Bezeichnung einer rechtsstaatlichen nicht beanspruchen.

dürfnisses des modernen Menschen nach sozialer Sicherheit vermutlich anders verlaufen und den Rechtsstaat einfach hinwegfegen. Das ist die ernste Warnung an diejenigen, die nur den Rechtsstaat, nicht aber auch den Sozialstaat aus innerer Überzeugung bejahen. Die Rechtordnung kann freilich zur Lösung der hier aufgezeigten Aufgabe nur in bescheidenem Ausmaße beitragen; sie zu bewältigen obliegt in erster Linie der Sozialpädagogik[26]). Immerhin vermag die Rechtsordnung durch Ausbildung und Zurverfügungstellung geeigneter Einrichtungen dem Heranführen der Rechtsgenossen an ihre politisch-soziale Verantwortung gewisse Hilfestellungen zu geben. Hier berühren sich das soziale und das demokratische Prinzip.

III.

Nach diesen Bemerkungen zur verfassungsrechtlichen Problematik der Rechts- und Sozialstaatsentscheidung, die von vornherein auf jeden Versuch der Vollständigkeit verzichtet haben, mir aber in dem gegebenen Umfange zur Grundlegung der verwaltungsrechtlichen Ausführungen notwendig erschienen, komme ich nun zu meiner eigentlichen Aufgabe. Zum Zwecke ihrer thematischen Abgrenzung sei vorweg hervorgehoben, daß weder Rechts- noch Sozialstaatsprinzip sich auf Verfassungs- und Verwaltungsrecht beschränken, und daß insbesondere das Sozialstaatsprinzip in etlichen anderen Rechtsbereichen, wie dem Arbeitsrecht, dem Miet- und Pachtrecht, dem Wirtschaftsrecht, eine sehr intensive Ausprägung erfahren hat. Der soziale Rechtsstaat wird also, wenn man ihn aus verfassungsrechtlicher und verwaltungsrechtlicher Sicht betrachtet, nur von zwei Seiten her, aber keineswegs allseitig beleuchtet. Besonders eindrucksvoll hat Wieacker[27]) aufgezeigt, in welch grundlegender Weise sich die Privatrechtsordnung seit der Entstehung ihrer klassischen Kodifikationen durch Unterlegung eines neuen „Sozialmodells" gewandelt hat und ständig weiter wandelt, und zwar weniger durch gesetzliche Maßnahmen als durch eine „die formale Freiheitsethik in eine materielle Ethik sozialer Verantwortung zurückverwandelnde" Rechtsprechung[28]). Und Bettermann[29]) hat sogar die These aufgestellt, die entscheidende Schlacht für den sozialen Gedanken werde auf dem Boden des Privatrechts ausgetragen, und das Ausmaß der Rechtsstaatlichkeit hänge geradezu davon ab, wieweit das Sozialstaatsprinzip nicht mit den Mitteln des Verwaltungsrechts,

---

[26]) Dazu: L. H. Ad. Geck, Sozialpolitische Aufgaben (Tübingen 1950), insb. S. 22ff.

[27]) In der in Anm. 24 genannten Schrift.

[28]) AaO. S. 18.

[29]) Grundfragen des Preisrechts für Mieten und Pachten (Tübingen 1952) S. 120f.

sondern des Privatrechts verwirklicht werde. Damit werde ich mich noch auseinanderzusetzen haben.

Man könnte daher vielleicht den Vorwurf erheben, daß Referat und Korreferat das Gesamtthema des sozialen Rechtsstaats nur ausschnittweise behandeln. Ich glaube aber, daß diese sachliche Begrenzung erforderlich war, wenn unsere Verhandlungen nicht ins Uferlose geraten sollten. Zudem hatte die thematische Unterteilung — und damit notwendig auch die Einengung des Gesamtthemas — bereits die Billigung des Vorstandes unserer Vereinigung erfahren, als der Zweitberichter um das Korreferat gebeten wurde.

Ferner ist darauf hinzuweisen, daß sich manche der vorgenannten Rechtsbereiche mit dem Verwaltungsrecht überschneiden: so spricht man geradezu von einem Wirtschaftsverwaltungsrecht und von einem Arbeitsverwaltungsrecht. Spezielle Probleme dieser Rechtsbereiche können hier so wenig erörtert werden wie diejenigen anderer, dem Sozialstaatsprinzip besonders stark verhafteter Teilgebiete des besonderen Verwaltungsrechts, etwa des Steuerrechts, des Preisrechts, des Sozialversicherungsrechts. Vielmehr beschränke ich mich auf Fragen des allgemeinen Verwaltungsrechts einschließlich der Verwaltungsorganisation sowie des Rechtsschutzes. Auch bei dieser Beschränkung wird mancher das eine oder andere, oder vielleicht sogar vieles, vermissen. Die immer noch verbleibende Weite des Themas — ich gestehe, daß sie mir von Anfang an lebhaftes Unbehagen verursacht hat — erfordert eine Auswahl, die notwendig mit einer gewissen Subjektivität getroffen werden muß.

IV.

Vorweg möchte ich nur wenige Bemerkungen zu verwaltungsorganisatorischen Fragen machen, soweit diese mit der Heranführung breiterer Bevölkerungskreise an die soziale Verantwortung zu tun haben. Wie schon gesagt, berührt sich das soziale Prinzip hier mit dem demokratischen; aber auch unter rechtsstaatlichen Gesichtspunkten ist die Verwaltungsorganisation nicht gleichgültig.

1. Ausbreitung des Genossenschaftsgedankens und Ausbau der Selbstverwaltung sind es, die Erich Fechner zur Lösung jener Aufgabe vorzüglich verlangt — Selbstverwaltung hier als ehrenamtliche Mitwirkung in der Verwaltung, als Selbstverwaltung „im politischen Sinne" verstanden, wenn ich diesen unpräzisen Ausdruck der Kürze halber einmal verwenden darf. Und in der Tat scheinen mir hier die einzigen von der Rechtsordnung her erfolgversprechenden Möglichkeiten zu liegen. Dabei wird (wenn ich das unter Überschreitung meines Themas bemerken darf) nicht nur an den staatlichen oder kommunalen Bereich zu denken sein, sondern auch an die Verbreiterung der Verantwortung in anderen Sozialbereichen: politischen Parteien, berufsständischen Verbänden,

Gewerkschaften, und auch in der Wirtschaft. Und ich pflichte auch darin Fechner bei, daß insbesondere die Frage des wirtschaftlichen Mitbestimmungsrechts auch einmal unter diesem Aspekt betrachtet werden sollte. Freilich muß dabei vor bedenkenloser Übertragung der im staatlich-politischen Bereich entwickelten Modelle auf anders strukturierte Bereiche gewarnt werden, und insbesondere muß auf die Notwendigkeit der Kongruenz von Verantwortung und Risiko hingewiesen werden. Persönliches Risiko spielt in der öffentlichen Verwaltung nur eine geringe Rolle, in der Wirtschaft beispielsweise eine sehr große, und diese Tatsache zieht der Verbreiterung der Verantwortung hier engere Grenzen.

2. Im Gegensatz zur Selbstverwaltung im politischen Sinne scheint sich mir die Selbstverwaltung „im Rechtssinne", Selbstverwaltung also als mittelbare Staatsverwaltung durch rechtsfähige Verwaltungseinheiten, gegenüber dem sozialen Rechtsstaat relativ neutral zu verhalten. Entsprechendes gilt übrigens mutatis mutandis vom föderativen Prinzip. Ein zentralisierter wie ein dezentralisierter Staat kann Rechtsstaat, ein zentralisierter wie dezentralisierter Staat kann Sozialstaat sein. Freilich ist hier auf gewisse Gesetzmäßigkeiten in der Relation zwischen Selbstverwaltung im politischen und im Rechtssinne hinzuweisen: Erfahrungsgemäß ist die ehrenamtliche Verwaltung in kleineren Verwaltungseinheiten leichter realisierbar als in großen. Und weiter darf darauf hingewiesen werden, daß neben der „klassischen" Gewaltenteilung auch jede andere Gewaltenteilung, jede Aufteilung der Macht auf eine Mehrheit von Machtträgern, machthemmend und damit freiheitsfördernd wirkt und insofern der Rechtsstaatlichkeit dienstbar gemacht werden kann[30]). Auf der anderen Seite kann Dezentralisation aber auch zu einer Gefahr für die Rechtsstaatlichkeit werden: nämlich dann, wenn ihr keine starke Staatsaufsicht entspricht. Das gilt in geringerem Ausmaße übrigens auch für die ehrenamtliche Verwaltung. Selbstverwaltung in jeder ihrer Wortbedeutungen verstärkt die Möglichkeit des Einflusses unsachlicher, weil durch geringen Abstand von der Sache, durch persönliche Beziehungen, Neigungen und Abneigungen getrübter Erwägungen. Wir haben das in den letzten Jahren mancherorts in der Kommunalverwaltung in beängstigendem Ausmaße erlebt, und jeder Verwaltungsrichter weiß um die große Zahl einschlägiger Prozesse, zu denen es bei richtig gehandhabter Staatsaufsicht gar nicht erst hätte kommen dürfen. Ein noch so sehr ausgebauter gerichtlicher Rechtsschutz vermag eine ungenügende Staatsaufsicht nur unvollkommen zu egalisieren — ganz abgesehen davon, daß hier die Gerichtsbarkeit in eine ihr an sich

[30]) Vgl. dazu Werner Kägi, Zur Entwicklung des schweiz. Rechtsstaates (in: 100 Jahre Schweiz. Recht, Basel 1952, S. 173ff., hier S. 226f).

wesensfremde Funktion hineingedrängt wird: Fragen, mit denen ich mich im Anschluß an Werner Weber[31]) erst kürzlich in anderem Zusammenhange befaßt habe[32]).

V.

Ein Zentralproblem unseres Themas ergibt sich aus der Tatsache, daß sich die Verwaltung heute im weitem Umfange vor die Aufgabe unmittelbaren Verfassungsvollzuges gestellt sieht. Besonders für die Eingriffsverwaltung ergibt sich daraus eine ganz neue Situation. Für die Rechtsprechung ist die Lage übrigens ähnlich.

Es ist nicht damit getan, daß wir vorhin festgestellt haben, die Sozialstaatserklärung sei, über ihre Bedeutung als Auslegungsregel und als Ermessensbegrenzung hinaus, wegen ihrer Unbestimmtheit nur in sehr engen Grenzen einer unmittelbaren Vollziehung durch Exekutive und Rechtsprechung zugänglich. Denn die Frage des unmittelbaren Verfassungsvollzuges beschränkt sich keineswegs auf die Vollziehung der Sozialstaatserklärung, sie stellt sich vielmehr heute für die ganze Breite der Verfassung und in besonderer Weise für die Grundrechte dank ihrer unmittelbaren Verbindlichkeitserklärung in Art. 1 III GG. Damit ist, vor allem unter den Gesichtspunkten der Rechtsgleichheit und der Rechtssicherheit, aber auch unter dem der Verantwortungsverlagerung von der Legislative zu Exekutive und Justiz, ein ernstes rechtsstaatliches Problem aufgeworfen. Es ist zugleich ein sozialstaatliches, weil die Besorgnis vor einem Konflikt mit der Verfassung die sozialgestaltende Aktivität der Verwaltung zu lähmen geeignet sein könnte (eine Gefahr, die ich freilich nach den Erfahrungen der letzten Jahre nicht überbewertet wissen möchte). Dem richterlichen Prüfungsrecht — das in Wirklichkeit kein Recht, sondern eine Pflicht ist — entspricht notwendig eine Prüfungspflicht der Exekutive. Während das richterliche Prüfungsrecht seiner Risiken für die Rechtssicherheit heute in erheblichem Umfange durch das Verwerfungsmonopol der Verfassungsgerichte entkleidet ist, fehlt ein entsprechendes Korrelat für die Verwaltung; es würde auch der Struktur und Funktion der Verwaltung durchaus zuwiderlaufen. In gewisser Weise wird dieser Mangel ausgeglichen durch die Weisungsgebundenheit der Verwaltung, die, trotz der im neueren Beamtenrecht stärker betonten persönlichen Verantwortlichkeit des Beamten für die Rechtmäßigkeit seiner dienstlichen Handlungen (vgl. §§ 55, 56 des Bundesbeamten-

[31]) Staats- und Selbstverwaltung in der Kreisinstanz, DVBl. 1952 S. 5ff. (10); auch abgedruckt in: Werner Weber, Staats- und Selbstverwaltung in der Gegenwart (Göttingen 1953) S. 73ff. (85).

[32]) Bachof, Der Rechtsschutz im öffentlichen Recht: gelöste und ungelöste Probleme; DÖV 1953 S. 417ff. (419).

gesetzes vom 14. 7. 1953), dieser gegenüber das Übergewicht behalten hat. Aber die Weisungsgebundenheit erleidet mancherlei Durchbrechungen; Weisungen können zudem aus praktischen Erwägungen nur in den seltensten Fällen eingeholt werden, und schließlich verschieben sie nur die Verantwortung innerhalb der Verwaltungshierarchie, entlasten aber nicht die Verwaltung als solche. Die handelnde Behörde, der entscheidende Beamte — und zwar auch Beamte in niederer Position und ohne akademische Vorbildung — sehen sich daher laufend der vollen Verantwortung für die Verfassungsmäßigkeit ihres Tuns und — oft noch schwieriger — ihres Unterlassens ausgeliefert. Betrachtet man die moderne verwaltungsgerichtliche Judikatur, so könnte man glauben, fast jeder Verwaltungsrechtsfall sei heute zugleich ein komplizierter Verfassungsrechtsfall. Nun darf man sich freilich nicht durch die irreführende Optik der veröffentlichten Entscheidungen täuschen lassen: irreführend durch die doppelte Auslese einmal der überhaupt zur gerichtlichen Entscheidung gelangenden und dann der daraus wieder zur Veröffentlichung ausgewählten Fälle. In der Praxis der Verwaltung spielen verfassungsrechtliche Überlegungen auch heute noch nur selten eine Rolle. Aber es bleibt die Tatsache, daß jeder Verwaltungsrechtsfall potentiell tatsächlich zugleich Verfassungsrechtsfall ist: sei es, daß es sich um einen Akt der Eingriffsverwaltung handelt, der einer letztlich auf die Verfassung zurückzuführenden Legitimation für die Beschränkung der Freiheit (oder wenigstens für die „Konkretisierung" sog. immanenter Freiheitsgrenzen) bedarf; sei es, daß es sich um die Gewährung oder Ablehnung begehrter Leistungen handelt, die, wenn nicht schon unter dem Gesichtspunkt speziellerer Verfassungsnormen, so doch jedenfalls unter demjenigen der Gleichheit einer verfassungsrechtlichen Prüfung zugänglich sind. Es entfällt also — mit einem treffenden Ausdruck von Günter Dürig[33]) — „die Zwischenstufe des technischen Gesetzes, die dem Verwaltungsrecht das Deckungsuchen unmittelbar hinter der Verfassung ersparen würde"; und zwar nicht nur, wie Dürig meint, oft, sondern in letzter Konsequenz immer und ausnahmslos. Welche Unzuträglichkeiten der unmittelbare Verfassungsvollzug bereitet, ist zur Genüge an der Rechtsprechung zu Art. 3 II GG, oder, um im Verwaltungsrecht zu bleiben, zu Art. 12 GG evident geworden. Besonders schwierig gestaltet er sich dort, wo es sich nicht um die Frage der Verfassungsmäßigkeit freiheitsbeschränkender Normen handelt, die ersatzlos in Fortfall kommen können, sondern um die Bemessung positiver staatlicher Leistungen, deren Fixierung der notwendigen Bestimmtheit ermangelt. Bejaht man z.B. — was ich tue — einen verfassungsmäßigen Anspruch auf Gewährung

[33]) JZ 1953 S. 195.

des zum menschenwürdigen Dasein notwendigen Existenzminimums, so stellt sich die Frage, wer dieses Existenzminimum festsetzt, wenn der Gesetzgeber es überhaupt nicht oder in nicht ausreichender Höhe tut. Wie soll dann die Verfassungsnorm vollzogen werden? Daß der Gesetzgeber nicht mit den Mitteln des Rechtes zur Erfüllung seiner verfassungsrechtlichen Pflicht zu sozialer Aktivität angehalten werden kann, hat das BVerfG zutreffend ausgesprochen[34]); die dabei vom Gericht offengelassene Frage, ob dies nicht doch möglicherweise im Falle willkürlicher Pflichtversäumnis geschehen könne, möchte ich verneinen. Aber dann bleibt in der Tat angesichts der unmittelbaren Grundrechtsverbindlichkeit doch wohl kein anderer Ausweg als der des Verfassungsvollzuges durch die Exekutive, dem auch der Einwand mangelnder Bestimmtheit des Existenzminimums kaum entgegengehalten werden könnte, da dieser Begriff nicht weniger bestimmt ist als zahlreiche andere unbestimmte Begriffe, die man heute als Rechtsbegriffe und als der Ausfüllung durch Exekutive und Rechtsprechung zugänglich erachtet. Aber dieser Ausweg ist und bleibt eine Notlösung; der geschilderte Zustand ist unerfreulich und bedenklich, und es fragt sich daher, wie ihm begegnet und wie vor allem die abschirmende Wirkung des einfachen Gesetzes wieder in ihre frühere Funktion eingesetzt werden kann. Dazu scheint mir dreierlei notwendig zu sein:

1. Zunächst einmal muß der Gesetzgeber durch eigene Aktivität auf dem Gebiet des Verfassungsvollzugs sein Recht der Primogenitur wiederherstellen. Es bedeutet z. B. eine Verfehlung seiner spezifischen Aufgabe, wenn er ausnahmslos den anderen Gewalten und insbesondere der Rechtsprechung den Vortritt in der Beurteilung der Verfassungsmäßigkeit sogenannter Altnormen[35]) läßt, oder wenn er Exekutive und Rechtsprechung gar zwingt, die durch die Verfassung aufgerissenen einfachgesetzlichen Lücken rechtsgestaltend auszufüllen, wie das durch das Unterbleiben der gesetzlichen Anpassung an Art. 3 II GG, vorher schon durch das lange Ausbleiben des Gesetzes zu Art. 131, oder auch durch die unterbliebene Anpassung zahlreicher berufs- und gewerberechtlicher Gesetze an Art. 12 GG geschehen ist. Es liegt mir fern, damit einen Vorwurf gegen unsere Gesetzgebungsorgane zu erheben; das hieße die mannigfachen Schwierigkeiten und die Arbeitsüberlastung der Legislative verkennen. Nur das objektiv fehlsame Ergebnis soll hier gekennzeichnet und die Notwendigkeit betont werden, aus zeitbedingten Schwierigkeiten nicht in eine Haltung grundsätzlichen Verzichts zu verantwortlichem legislativen Verfassungsvollzug hinüberzuleiten.

Nun entbindet freilich auch ein legislativer Verfassungsvollzug die anderen Gewalten nicht von ihrer Verpflichtung, die zum Voll-

[34]) BVerfGE 1, 97 (105).

zuge ergangenen Normen auf ihre Verfassungsmäßigkeit zu überprüfen. Aber bei Gesetzen, die zum Vollzuge und unter der Geltung des Grundgesetzes ergangen sind, spricht doch eine Vermutung, mindestens aber eine erhebliche Wahrscheinlichkeit für ihre Verfassungsmäßigkeit; und das Risiko eines Deckungsuchens hinter dem einfachen Gesetz ist zumal für die Verwaltung, die im Drange der Geschäfte zu einer eingehenden Prüfung der Verfassungsmäßigkeit oft gar nicht in der Lage ist, ungleich geringer, wenn es sich um eine im Vollzuge des GG erlassene Norm handelt, als gegenüber einer Altnorm. Selbstverständlich kann und soll damit nicht eine Art Novation allen vorkonstitutionellen Rechts empfohlen werden. Aber die in ihrer Verfassungsmäßigkeit besonders fragwürdigen Normenkomplexe haben sich ja sehr schnell herauskristallisiert, und wenigstens hier wäre in der Tat eine Überprüfung und ggf. eine Anpassung durch den Gesetzgeber geboten, wobei auch an die Möglichkeit der Herbeiführung einer autoritativen Entscheidung des Bundesverfassungsgerichts über Art. 93 I Ziff. 2 GG erinnert werden mag.

2. Daß in zweiter Linie die Rechtsprechung dazu berufen und befähigt ist, durch Verdichtung lapidarer Verfassungsgrundsätze zu konkreten Rechtssätzen, vor allem auf dem Wege der Kombination mehrerer Verfassungsgrundsätze, am Verfassungsvollzuge mitzuwirken und dadurch der Verwaltung die normativen Grundlagen ihres Handelns zu geben, bedarf angesichts der in den letzten Jahren erwiesenen Leistungen der Rechtsprechung keiner besonderen Begründung. Aber eben doch erst in zweiter Linie! Die eigentliche Aufgabe der Rechtsprechung — ich spreche jetzt nur von der Verwaltungsrechtsprechung, freilich nicht im formellen, sondern im gegenständlichen Sinne — ist Überprüfung des Verwaltungshandelns an Hand der von der Legislative gesetzten Normen einschließlich etwaiger Inzidentprüfung dieser Normen auf ihre Verfassungsmäßigkeit, nicht aber selbstschöpferische Entwicklung von Rechtsnormen. Nur wo der Gesetzgeber die Entwicklung konkreter Rechtsnormen aus den Verfassungsgrundsätzen unterläßt, hat die Rechtsprechung einzuspringen. Das ist nun freilich mangels einer Kodifikation des allgemeinen Verwaltungsrechts gerade auf diesem Gebiete seit jeher in erheblichem Umfange der Fall gewesen, und im großen und ganzen nicht zum Schaden dieser Materie. Diese Erfahrung spricht aber kaum gegen die vorher aufgestellte Forderung nach dem Primat der Gesetzgebung. Die mit dem allgemeinen Verwaltungsrecht gemachten Erfahrungen lassen sich auf seine besonderen Gebiete nicht übertragen. Je spezieller, je differenzierter und je tech-

---

[35]) d. h.: vor Inkrafttreten des GG (bzw. der einschlägig. Landesverfassung) gesetzten Rechtes; oft auch als „vorkonstitutionelles Recht" bezeichnet.

nischer ein Rechtsgebiet ist, um so weniger eignet es sich zu einer Durchformung durch die Rechtsprechung, da das der Rechtsprechung wesensfremde dezisionistische Element in um so stärkerem Maße in den Vordergrund drängt.

3. Der Rang des einfachen Gesetzes und seine Bedeutung als Deckung für das Verwaltungshandeln kann wiederhergestellt werden, wenn die Rechtsprechung — und zwar auch und in erster Linie unserer Verfassungsgerichte — bei der Beurteilung von Gesetzen größere Zurückhaltung in der Interpretation der Verfassung übt. Verfassungsnormen müssen, sollen sie nicht angesichts der im steten Flusse befindlichen sozialen und wirtschaftlichen Verhältnisse rasch veralten und zur Erstarrung führen, notwendig von einer gewissen Elastizität sein. Sie müssen demgemäß auch elastisch interpretiert werden. Sie lassen oft mehr als eine Auslegung zu, von denen weder die eine noch die andere als „falsch" bezeichnet werden darf. Hält sich der Gesetzgeber im Rahmen einer dieser Auslegungsmöglichkeiten, so sollte sein Gesetz nicht deshalb als verfassungswidrig bezeichnet werden können, weil der Richter einer anderen Auslegung zuneigt. Mit anderen Worten: Ich befürworte den Grundsatz einer „broad interpretation" der Verfassung, einer Auslegung, die eine Norm nur dann als verfassungswidrig ansieht, wenn, nach dem bekannten Wort von Oliver Wendell Holmes, „ein vernünftiger und gerechter Mann ihre Verfassungswidrigkeit notwendig zugeben muß". Ich weiß, daß diese Auffassung deutscher richterlicher Tradition wenig entspricht, und ich denke auch nicht daran, Entsprechendes für die Auslegung anderer Rechtsnormen zu empfehlen. Auch für das Messen von Handlungen der Exekutive und von Gerichtsentscheidungen an der Verfassung mag ein strengerer Maßstab angezeigt sein. Für das Verhältnis von Verfassung und (einfachem) Gesetz entspricht jener Grundsatz aber einer durchaus richtigen Einsicht in die Aufgabenteilung zwischen Gesetzgeber und Richter, er stellt das notwendige Korrelat zu dem weitgespannten richterlichen Prüfungsrecht dar, und nur er vermag dieses „Recht" seiner in der Subjektivität richterlicher Wertungen liegenden Gefahren zu entkleiden[36]).

VI.

1. Benötigt und erstrebt die Verwaltung einerseits, und zwar vornehmlich auf dem Gebiet der Eingriffsverwaltung, für ihr Handeln die Deckung durch das einfache Gesetz, so hat sie sich auf der anderen Seite den Beschränkungen durch eben dieses Gesetz, ja sogar den Beschränkungen durch die Verfassung, selbst weitgehend entzogen.

[36]) Vgl. dazu auch meine Besprechung zu OLG Frankfurt in DVBl. 1953 S. 601 ff. (603 Ziff. 6).

Es gibt weite Gebiete der Verwaltungstätigkeit, in welche die Sicherungen der rechtsstaatlichen Verfassung und insonderheit der Grundsatz der Gesetzmäßigkeit der Verwaltung nicht hineinreichen, oder in denen sie doch nur eine beschränkte Wirkung zu entfalten vermögen. Das hängt einmal damit zusammen, daß die Verwaltung seit jeher nicht auf Gesetzesvollziehung beschränkt, sondern in weitem Umfange freischöpferische und gestaltende Tätigkeit zur Verwirklichung der Gemeinschaftszwecke ist. Immerhin stellen sich Verfassung und Gesetz, wenn schon nicht als Ermächtigung, so doch wenigstens als Begrenzung auch in diesem Bereiche schöpferischen Gestaltens dar. In besonderem Maße haben sich die Bindungen an Verfassung und Gesetz aber in drei Tätigkeitsbereichen als weithin wirkungslos erwiesen. Das sind einmal das besondere Gewaltverhältnis, zum zweiten die privatrechtlich-fiskalische Verwaltung[37]), und drittens die Wohltaten gewährende Verwaltung (Leistungsverwaltung), welch letztere nicht auf die daseinsvorsorgende Tätigkeit beschränkt ist, sondern auch das weite Gebiet der Subventionierungen und Vergünstigungen mannigfachster Art umfaßt, auf deren

[37]) Ich verstehe darunter, im Anschluß an die überwiegend übliche Terminologie, jede sich in privatrechtlichen Formen abspielende Tätigkeit der Verwaltung. Neuerdings hat Wolfgang Siebert (Privatrecht im Bereich öffentlicher Verwaltung; Referat, gehalten auf der Zivilrechtslehrertagung in Schlangenbad am 17. 10. 1953, abgedruckt in der Festschrift für Niedermeyer, Göttingen 1953 S. 215ff.) sich gegen diese weitgehende Verwendung des Begriffs der fiskalischen Verwaltung gewandt und vorgeschlagen, von einer solchen nur dort zu sprechen, „wo entweder die privatrechtliche Betätigung der Träger der Verwaltung primär erwerbswirtschaftlichen (privatwirtschaftlich-wettbewerblichen) Zwecken dient oder wo privatrechtliche Hilfsgeschäfte vorgenommen werden, um die Träger öffentlicher Verwaltung für ihre Aufgaben mit sachlichen Mitteln auszurüsten". Wo dagegen mit privatrechtlichen Mitteln und in privatrechtlichen Formen unmittelbar öffentliche Zwecke verfolgt und öffentliche Aufgaben erfüllt werden, solle man jenen Ausdruck nicht verwenden, sondern von „Privatrecht als Mittel öffentlicher Verwaltung" sprechen (aaO. S. 221f.). — Die Unterscheidung ist in der Sache richtig, die Abgrenzung freilich mitunter schwierig, da jene Zwecke oft nicht rein und isoliert auftreten. Mit den von Siebert gezogenen Folgerungen kann ich mich hier nicht im einzelnen auseinandersetzen. Ich stimme ihnen weitgehend zu, habe aber z.B. Zweifel, ob bei der „fiskalischen" Verwaltung (in dem von Siebert gebrauchten engen Wortsinn) wirklich „grundsätzlich reines Privatrecht" gilt, oder ob nicht vielmehr selbst in diesen Bereich gewisse Bindungen des öffentlichen Rechts, wie der Gleichheitssatz, hineinreichen. Soll es z.B. einer Gemeindeverwaltung gestattet sein, Flüchtlingsbetriebe bei der Vergebung von Aufträgen auf Büromaterialien (Hilfsgeschäft!) grundsätzlich unberücksichtigt zu lassen, „weil Flüchtlinge bei uns nichts zu suchen haben"? (Ein Fall, der sich tatsächlich ereignet hat!). Oder greift hier nicht doch der Gleichheitssatz ein? — Auch eine terminologische Unterscheidung in der von Siebert aufgezeigten Richtung erschiene mir zweckmäßig. Doch habe ich geglaubt, von einer nachträglichen terminologischen Änderung meines Referats schon im Hinblick auf die bereits veröffentlichten Leitsätze absehen zu sollen.

Rechtsprobleme Arnold Köttgen[38]) jüngst nachdrücklich aufmerksam gemacht hat. Diese Tätigkeitsbereiche überschneiden sich weithin, wodurch die rechtsstaatshemmenden Komponenten noch summiert werden. So werden gerade die Leistungen der öffentlichen Hand — innerhalb und außerhalb der Daseinsvorsorge — weitgehend im Rahmen besonderer Gewaltverhältnisse oder privatrechtlich-fiskalischer Rechtsverhältnisse erbracht.

Das durchgängige Angewiesensein des Einzelnen auf die Verwaltung, seine „soziale Bedürftigkeit", sowie deren Ursachen sind besonders von Forsthoff verschiedentlich so eindringlich dargestellt und auch sonst in letzter Zeit so oft erörtert worden, daß ich darauf in diesem Kreise nicht einzugehen brauche. Jenes Angewiesensein beschränkt sich nicht auf die Abhängigkeit vom Staate und von anderen öffentlichen Gemeinwesen als Produzent, Verteiler oder Garant von Leistungen, sondern es erstreckt sich — das ist bisher noch kaum behandelt worden — in nicht unerheblichem Umfange auch auf die Abhängigkeit von der öffentlichen Hand in ihrer Eigenschaft als Abnehmer, als Konsument von Dienst- und Sachleistungen.

2. Die hauptsächlichen Gründe teilweisen Versagens der rechtsstaatlichen Sicherungen in den genannten Bereichen sind, kurz skizziert, folgende:

a) Im besonderen Gewaltenverhältnis soll der Grundsatz der Gesetzmäßigkeit der Verwaltung, ja selbst die Verbindlichkeit der Grundrechte, wegen der „Unterwerfung" unter das Gewaltverhältnis nach dem Satz „volenti non fit iniuria" nicht gelten. Die Verwaltungsakteigenschaft der Akte im besonderen Gewaltverhältnis und die Rechtssatzeigenschaft der in ihm bestehenden normativen Regelungen werden angezweifelt, der Rechtsschutz wird dadurch stark entwertet.

b) Für die privatrechtlich-fiskalische Tätigkeit der öffentlichen Hand soll der Grundsatz der Vertragsfreiheit gelten; die spezifischen Bindungen der öffentlichrechtlich tätigen Verwaltung, insbesondere der Gleichheitssatz, sollen hier nicht Platz greifen.

c) Leistungen und Vergünstigungen soll die öffentliche Hand, wenn auch nur im Rahmen haushaltrechtlich verfügbarer Mittel, grundsätzlich ohne besondere gesetzliche Ermächtigung und nach ihrem Belieben gewähren dürfen: nur ein ausdrückliches gesetzliches Verbot hindere sie daran, nur ein ausdrückliches gesetzliches Gebot zwinge sie andererseits dazu. Mangels solcher gesetzlicher Regelungen scheinen Gewährung wie Ablehnung von Leistungen daher keine Rechtsverletzung darstellen zu können. Die Gewährung von Leistungen erfolgt zudem vielfach nicht durch

[38]) Subventionen als Mittel der Verwaltung, DVBl. 1953 S. 485ff.

die öffentliche Hand unmittelbar, sondern im Wege der Zwischenschaltung privatrechtlicher, von der öffentlichen Hand mehr oder minder stark beherrschter Rechtsträger.

3. Zu diesen speziellen Gründen kommen folgende allgemeinen Gründe hinzu:

a) Auch soweit die normative Wirkung des Gesetzes reicht, erfolgt die Normsetzung weitgehend nicht mehr durch die Legislative in Gestalt des formellen Gesetzes, sondern durch die Verwaltung selbst in Gestalt der Rechtsverordnung.

b) An die Stelle rechtssatzmäßiger Regelungen treten weithin sog. Verwaltungsverordnungen, deren Einhaltung rechtlich unerheblich und daher gerichtlich nicht nachprüfbar sein soll, die aber nichtsdestoweniger in ihrer tatsächlichen Bedeutung und Reichweite formellen Rechtssätzen oft in keiner Weise nachstehen.

c) Die Normsetzung arbeitet in erheblichem Umfang mit Ermessensermächtigungen und unbestimmten Gesetzesbegriffen.

d) Objektivrechtliche Verbindlichkeit und subjektives Recht fallen auseinander. Die Figur des „Reflexrechtes" steht einer Verfestigung der Rechtsstellung des Normbegünstigten und einer Intensivierung des Rechtsschutzes entgegen.

e) Das Rechtsschutzsystem weist organisatorische und prozessuale Mängel auf. U.a. ist die prozessuale Gestaltung vorwiegend, wenn auch nicht ausschließlich, auf die herkömmlichen Formen der Eingriffsverwaltung abgestellt und der Leistungsverwaltung noch nicht durchweg adäquat.

4. Die rechtsstaatlichen Mängel dieses damit nur sehr roh skizzierten Zustandes bedürfen keiner besonderen Hervorhebung. Ihre sozialstaatliche Problematik liegt darin, daß dem Zustande sozialer Bedürftigkeit des Einzelnen kein hinreichend gesicherter status positivus socialis entspricht, weil die Erfüllung der sozialen Bedürfnisse weithin von dem Wohlwollen der Verwaltung abhängt, mithin der rechtlichen Sicherung entbehrt. Die Forderungen des Rechtsstaats und des Sozialstaats auf Behebung dieser Mängel decken sich insoweit. Antinomisch können sie nur werden, wenn und soweit die rechtsstaatlichen Sicherungen, im Übermaß gewährt, die sozialordnende und gewährende Tätigkeit der Verwaltung hemmen. Leistung und Eingriff gehen oft Hand in Hand: Leistung an den einen kann Eingriff in die Rechte des anderen voraussetzen; ein Wohnungssuchender kann beispielsweise oft nur befriedigt werden durch Inanspruchnahme überschüssigen Wohnraums eines anderen, ein enteignungsberechtigtes Unternehmen nur durch Eingriff in das Eigentum des zu Enteignenden. Eine spezielle rechtsstaatliche Gefahr soll freilich noch besonders erwähnt werden: Die auf der Gewährung von

Leistungen, vor allem von existentiell wichtigen Leistungen, beruhende Macht der Verwaltung kann von dieser wiederum nutzbar gemacht werden und wird nutzbar gemacht zur Durchsetzung bestimmter, mit den Leistungen oft in keinem oder nur sehr losem Zusammenhange stehender Zwecke. Auflagen und Bedingungen der mannigfachsten Art pflegen mit der Leistungsgewährung verknüpft („gekoppelt") zu werden. Mit Recht hat Köttgen[39]) kürzlich darauf hingewiesen — und das gilt für das Gebiet der Daseinsvorsorge ebenso wie für Subventionierungen jeglicher Art —, daß die hier ausgenutzte Abhängigkeit des Empfängers zu einer ähnlichen Situation führt wie im besonderen Gewaltverhältnis.

VII.

Der Beschreibung der rechts- und sozialstaatlichen Unzulänglichkeiten muß der Versuch zur Lösung der damit aufgeworfenen Fragen folgen. Dieser Versuch muß unter dem Leitmotiv stehen, der seit den Zeiten des bürgerlichen Rechtsstaats in ungeahntem Maße gestiegenen Abhängigkeit des Einzelnen vom Staate und dem ihr korrespondierenden Machtzuwachs des Staates und zumal der Verwaltung Rechnung zu tragen, indem die neuartigen Formen staatlicher Machtäußerung stärker als bisher unter die Herrschaft des Rechts gezwungen, die diesbezüglichen Beziehungen zwischen Staat und Individuum also rechtlich verfestigt werden, wodurch allein jene Macht erträglich gemacht werden kann. Insbesondere gilt es, die soziale Abhängigkeit des Einzelnen von der Verwaltung dadurch zu mildern, daß aus Almosenempfängern Leistungsberechtigte werden, wodurch zugleich der Begründung neuer Abhängigkeiten durch die Verknüpfung von Leistungen mit Auflagen und Bedingungen gesteuert werden kann[40]). Dabei muß dennoch der Verwaltung diejenige Bewegungsfreiheit gewahrt bleiben, die sie braucht, um nicht in Erstarrung und Bürokratismus zu verfallen. — Im Einzelnen ist dazu folgendes zu sagen:

1. Das besondere Gewaltverhältnis darf nicht länger als ein mehr oder minder rechtsleerer Raum angesehen werden. Zum erheblichen Teile sind die besonderen Gewaltverhältnisse heute zwar bereits gesetzlich normiert — man denke an das Beamtenrecht, an das Schulrecht, und in gewissem Umfange auch an das gemeindliche Anstaltsrecht —; und die Gesetzgebung wird vermutlich auf diesem Wege fortschreiten. Aber das allein wird nicht ausreichen. Es gilt vielmehr zu erkennen, daß auch die nicht legis-

---

[39]) AaO. S. 490.

[40]) Man kann auch, mit einer (im übrigen wohl nicht ganz berechtigten) Wendung Flumes gegen die Antithese von Freiheit und Teilhabe, sagen: Es geht um die „Freiheit in der Teilhabe", die nur dann gewährleistet ist, wenn das Verhältnis des Staates zum Individuum (auch) auf dem Gebiet der Daseinsvorsorge vom Recht bestimmt ist (Festgabe für Rud. Smend, Göttingen 1952, S. 96 Anm. 78).

latorisch ausgefüllten Gewaltverhältnisse deshalb nicht rechtsleer sind. Rechtstheoretisch wurden sie früher mit der „Unterwerfung" unter das Gewaltverhältnis konstruiert, die dem Gewaltträger eine unbeschränkte Vollmacht zur Ausfüllung des Gewaltverhältnisses verleihen soll. Aber von einer durch den Satz „volenti non fit iniuria" gedeckten Unterwerfung könnte doch überhaupt nur dort gesprochen werden, wo diese Unterwerfung freiwillig geschieht: und zwar freiwillig nicht nur im Sinne eines Fehlens gesetzlichen Zwanges, sondern jeden wie immer gearteten sozialen Druckes. Überall dort, wo der Eintritt in ein Gewaltverhältnis Voraussetzung des Empfangs existenzwichtiger Leistungen ist, oder wo ein rechtliches oder auch bloß tatsächliches Monopol des Gewaltträgers vorliegt (Verkehrsbetriebe, Versorgungsbetriebe, öffentliche Unterrichtsanstalten), kann von freiwilliger Unterwerfung auch nicht im Entferntesten die Rede sein. Aber auch in den wenigen Fällen wirklicher Freiwilligkeit des Eintritts — etwa beim Besuch eines öffentlichen Museums — kann es der Verwaltung nicht gestattet sein, die Benutzungsbedingungen nach Belieben festzusetzen oder jemanden überhaupt von der Nutzung nach Belieben auszuschließen. Die Verwaltung arbeitet mit öffentlichen Mitteln, die ihr von den Erbringern dieser Mittel — vornehmlich den steuerzahlenden Bürgern — nicht zur beliebigen Verwendung, sondern nur zur sachgerechten Verwendung unter gleichmäßiger und gerechter Berücksichtigung aller in Frage kommenden Personen überantwortet worden sind.

Nun stehen wir freilich in der Auffassung über die rechtliche Erfülltheit des besonderen Gewaltverhältnisses bereits mitten in einem grundlegenden Wandel. Daß Einzelakte innerhalb besonderer Gewaltverhältnisse „Verwaltungsakte" (im Sinne von Rechtsakten) sind oder wenigstens sein können, und daß sie daher insoweit der gerichtlichen Kontrolle zugänglich sind, kann heute als gesicherter Bestand verwaltungsgerichtlicher Judikatur gelten[41]). Schwieriger liegt die Sache bei den generellen Anordnungen innerhalb der besonderen Gewaltverhältnisse, zumal bei den Benutzungsordnungen. Auch hier bricht sich die Erkenntnis ihrer Rechtssatzeigenschaft mehr und mehr Bahn[42]). Wenn sie noch zögernd erfolgt, so offenbar vornehmlich deshalb, weil man bei Anerkennung der Rechtssatzeigenschaft, die — nur partiell

[41]) Vgl. Bachof, Verwaltungsakt und innerdienstliche Weisung (in: Verfassung und Verwaltung in Theorie und Wirklichkeit, Festschrift für Wilh. Laforet, München 1953, S. 285ff.), S. 286f. mit Anm. 7; dort zahlreiche Nachweise aus Rechtsprechung und Schrifttum.

[42]) Auch hierzu und zum folgenden meine in der vorstehenden Anm. genannte Abhandlung; ferner — teilweise abweichend — Herbert Krüger, Rechtsverordnung und Verwaltungsanweisung (in: Rechtsprobleme in Staat und Kirche, Festgabe für Rud. Smend, Göttingen 1952, S. 211ff.); derselbe, Der Verwaltungsschutz im besonderen Gewaltverhältnis, NJW 1953 S. 1369ff.

vorhandene — positivrechtliche Ermächtigung zur Rechtssetzung vermißt. Meine Antwort auf die Frage nach dieser Ermächtigung lautet: Sie kann nur, aber auch unbedenklich, gewohnheitsrechtlich begründet werden. Daß die Verwaltung im besonderen Gewaltverhältnis normative Regelungen treffen, insbesondere die Voraussetzungen und Bedingungen anstaltlich gewährter Nutzung festsetzen kann, gilt seit jeher als Bestandteil ihres Hausrechts. Wenn diese Regelungen jetzt nicht mehr als rechtsfreie Verwaltungsinterna, sondern als Rechtssätze erkannt werden, so läßt diese andere rechtliche Qualifikation der Normen das gewohnheitsrechtliche Normsetzungsrecht als solches unberührt. Art. 80 Abs. 1 GG und die ihm korrespondierenden landesverfassungsrechtlichen Vorschriften können auf solche Rechtssetzung, auch analog, nicht angewandt werden. Die Grenze der gewohnheitsrechtlichen Ermächtigung wird durch den legitimen Zweck des besonderen Gewaltverhältnisses bestimmt.

Ein noch nicht befriedigend gelöstes Problem stellt dabei freilich die Grenzziehung zwischen Rechtsakten und rechtsfreien Akten dar. Nicht jede individuelle Anordnung im besonderen Gewaltverhältnis stellt einen Verwaltungsakt, nicht jede generelle Anordnung einen Rechtssatz dar. Ich halte nach wie vor — trotz Herbert Krügers jüngstem temperamentvollen Aufsatz[43]) — an der herkömmlichen Abgrenzung nach Außen- und Binnenfunktionen im Grundsatz fest und lehne nur die bisherige, rein formal und schematisch vorgenommene Grenzziehung ab[44]). Insbesondere halte ich es nicht für gerechtfertigt, eine aus der Natur der Sache abgeleitete Grenzziehung mit dem Prädikat „naturalistisch" zu bedenken; und erst recht ist es m.E. unmöglich, die Frage, ob ein Akt der Verwaltung als Rechtsakt anzusehen sei, danach zu beantworten, „ob im konkreten Fall prima facie Unrecht geschehen ist"[45]). Ob ein Verwaltungsakt rechtmäßig oder rechtswidrig ist, das festzustellen ist ja gerade Aufgabe der mit dem Rechtsschutz befaßten Gerichte, und die Verwaltungsakteigenschaft kann nicht von dem vorweggenommenen Ausgang dieser Prüfung abhängen! Eine Vertiefung dieser Frage, die allein ein Referat ausfüllen könnte, erscheint mir hier nicht möglich.

Dagegen muß noch kurz auf die Frage „Grundrechte und besonderes Gewaltverhältnis" eingegangen werden. Die oft gehörte Behauptung, die Grundrechte hätten im besonderen Gewaltverhältnis keine oder nur beschränkte Geltung, ist nachdrücklich abzulehnen. Die aus der Vorstaatlichkeit der Grundrechte oder jedenfalls des umfassenden Freiheitsrechts des Art. 2 I folgende Unverzichtbarkeit verbietet eine solche Annahme durchaus, ganz

---

[43]) NJW 1953 S. 1369ff.; vgl. die vorige Anm.

[44]) Dazu meine eingehenden Darlegungen in der Laforet-Festschrift S. 296ff.

[45]) So Krüger aaO. S. 1369 bzw. 1371.

abgesehen von den tönernen Füßen, auf denen die Verzichtstheorie wegen des durchgängigen Fehlens wirklicher Freiwilligkeit des Verzichts steht. Ich glaube aber, daß man das heißumstrittene Problem unnötig durch eine falsche Fragestellung verdunkelt hat. Es geht gar nicht darum, ob die Grundrechte im besonderen Gewaltverhältnis „gelten". Es handelt sich vielmehr nur darum, ob die sich aus einem besonderen Gewaltverhältnis ergebenden speziellen Bindungen und Pflichten einem grundrechtlich geschützten Verhalten entgegenstehen können, ob sie mithin das Berufen auf die Grundrechte zur Rechtfertigung eines dem Zweck des Gewaltverhältnisses zuwiderlaufenden Verhaltens als mißbräuchlich erscheinen lassen können. So formuliert möchte ich die Frage bejahen. Es ist das keineswegs nur eine andere Formulierung für eine „Einschränkung" der Grundrechte durch das besondere Gewaltverhältnis. Der Unterschied zeigt sich in der Sanktion. Ein grundrechtsgeschütztes, aber gewaltverhältniswidriges Verhalten kann seine Sanktion niemals durch zwangsweise Beschränkung der Grundrechte, sondern stets nur durch Reaktionen auf die Stellung des Zuwiderhandelnden im Gewaltverhältnis finden. — Daß damit die zahlreichen Einzelfragen, die sich aus den Konfliktsmöglichkeiten ergeben, noch nicht gelöst sind, ist mir klar. Mir lag nur daran, einen Hinweis auf die Richtung zu geben, in der die Lösungen m. E. gesucht werden müssen.

Eine Zwischenbemerkung, die ich mir an dieser Stelle gestatten darf: Wann ist eigentlich ein Gewaltverhältnis ein „besonderes"? Otto Mayer hatte durch die Zerlegung der öffentlichen Verwaltung in lauter öffentliche Anstalten auch die besonderen Gewaltverhältnisse üppig ins Kraut schießen lassen. Das wird heute mit Recht abgelehnt. Aber eine hinreichend eindeutige Grenzziehung zwischen allgemeinem und besonderem Gewaltverhältnis fehlt bis heute!

2. Die fiskalische Verwaltung ist ungeachtet ihrer privatrechtlichen Handlungsformen in weitem Umfange echte öffentliche Verwaltung. Die Verwaltung wird dadurch, daß sie sich des Privatrechts bedient, nicht selbst zum Privatmann und kann sich ihrer spezifischen Verantwortlichkeit gegenüber der Gemeinschaft nicht durch eine willkürliche Auswechslung der Rechtsformen (durch eine „Flucht aus der Hoheitsgewalt", wie Richard Naumann es auf unserer vorjährigen Tagung genannt hat)[46]) entziehen. Auch hier muß beachtet werden, daß alle öffentliche Verwaltung im Auftrage der Allgemeinheit und mit Mitteln der Allgemeinheit geführt wird, und daß sie sich daher wesensmäßig von einer äußerlich gleichartigen Tätigkeit eines Privatmannes durchaus unterscheidet (ein Gesichtspunkt, der z. T. in

[46]) VVDStRL Heft 11 S. 131.

der bundesgerichtlichen Judikatur, etwa zur Verkehrssicherungspflicht, ganz und gar vernachlässigt wird). Die entscheidende Frage ist, — das hat Günter Dürig richtig formuliert[47]) — ob und inwieweit die Grundrechte die Verwaltung auch in ihrem fiskalischen Tätigwerden binden; also, so muß man hinzusetzen: die privatrechtliche Handlungs- und Vertragsfreiheit vom öffentlichen Recht her einschränken. Ich möchte das, mindestens für den Gleichheitssatz, bejahen. Auch wenn man nicht so weit geht wie Nipperdey, im Gleichheitssatz ein durchgängiges, „über den staatlichen Bereich hinaus auch innerhalb der Gesellschaftsordnung wirksames Ordnungsprinzip" zu erblicken[48]), so verbietet es doch die Treuhandstellung der Verwaltung und die Gemeinsamkeit des letzten Zweckes aller ihrer Tätigkeit, hier Differenzierungen nach der oft recht willkürlich gewählten Form des Tätigwerdens zu machen. Nicht das Mittel, nicht die Form, sondern die Aufgabe und das Ziel des Verwaltungshandelns sind das die öffentliche Verwaltung Charakterisierende, und man kann daher den (auf die Einschränkung der Handlungsfreiheit der Verwaltung hinauslaufenden) grundrechtlichen Schutz des Einzelnen nicht von einem im Grunde nebensächlichen und zudem weithin willkürlich beeinflußbaren Umstande abhängig machen. Ich glaube nicht, daß dieser Auffassung der Art. 19 IV GG entgegensteht, weil — wie Dürig meint — aus dem dort verwendeten Begriff der „öffentlichen Gewalt" geschlossen werden müsse, daß die Grundrechte nur dem hoheitlich handelnden Staat gegenüber bestünden. Das Verständnis des Begriffes der öffentlichen Gewalt bedarf, wie gleich zu erörtern sein wird, selbst einer Korrektur. Übrigens erkennt Dürig die zunächst bestrittene Grundrechtsgeltung gegenüber der fiskalischen Verwaltung insofern doch wieder an, als er meint, die fiskalische Verwaltung müsse über die §§ 138, 242, 826 BGB mit einer „Aktualisierung der Grundrechte" (sic!) rechnen. Das erachte ich als widerspruchsvoll. Entweder gelten die Grundrechte auch für die fiskalische Verwaltung: dann bedürfen sie keiner Aktualisierung auf dem Umwege über bürgerlichrechtliche Normen. Oder sie gelten nicht: dann können sie auch über jene Normen nicht „aktualisiert" werden.

3. Daß die Form, in der Leistungen der öffentlichen Hand gewährt werden — privatrechtlich oder öffentlichrechtlich, und im letzteren Falle wieder entweder im Rahmen des allgemeinen oder aber eines besonderen Gewaltverhältnisses — m. E. von geringerer Bedeutung sein muß als man sie ihr gemeinhin beizulegen pflegt, sollte aus den vorangegangenen Ausführungen schon deutlich ge-

[47]) JZ 1953 S. 199.

[48]) So — speziell für Art. 3 Abs. 2 GG — in: Gleicher Lohn der Frau für gleiche Leistung (Rechtsgutachten, Köln 1951) S. 17.

worden sein. Das kardinale Problem aller Leistungsverwaltung ist aber das, woher die Verwaltung überhaupt die Berechtigung zu Leistungen nimmt und welchen Maßstab sie ihrer Verteilung zugrundezulegen hat; sofern nicht etwa, was aber nur zum geringeren Teil der Fall ist, eine spezialgesetzliche Grundlage und Regelung vorhanden ist. Die haushaltsrechtliche Ermächtigung allein wird, zumal ihr eine hinreichende Detailierung oft fehlt und ihr jedenfalls ein Maßstab für die Verteilung der Leistungen nicht zu entnehmen ist, kaum als ausreichend erachtet werden können. Daß der Grundsatz der Gesetzmäßigkeit der Verwaltung herkömmlich und auch positivrechtlich nur für die Eingriffsverwaltung gilt, mag bei dem früheren Vorherrschen der Eingriffsverwaltung als historische Erklärung dienen, bedeutet aber angesichts des eingetretenen Strukturwandels der Verwaltung keine echte Legitimation. Ich glaube, daß gerade hier die Staatszielbestimmungen der Rechtsstaatlichkeit und der Sozialstaatlichkeit fruchtbar gemacht werden können, indem sie als Ermächtigung, u.U. (und zwar vornehmlich in Verbindung mit anderen Verfassungsgrundsätzen wie dem Gleichheitssatz) auch als Verpflichtung, jedenfalls aber als maßstäbliche Begrenzung erachtet werden. Dadurch wird die notwendige Forderung an den Gesetzgeber, gerade auf dem Gebiet der Leistungsverwaltung — und zwar besonders auf dem der Subventionen — zu einer stärkeren normativen Durchdringung zu gelangen, nicht in ihrer Bedeutung gemindert. Gewissermaßen aushilfsweise vermögen hier aber Rechts- und Sozialstaatsprinzip auch unmittelbar Einiges zu leisten.

4. Einer besonderen Betrachtung bedarf in diesem Zusammenhang der Begriff der öffentlichen Gewalt. Auch er entstammt der Begriffswelt der Eingriffsverwaltung. Das zwingt aber nicht dazu, ihn auch heute noch ausschließlich im früheren Sinne zu verstehen und ihn allein auf obrigkeitliches Handeln in den Formen des Gebots, Verbots und der Erlaubnis (die ja nichts anderes ist als Aufhebung des generellen Verbots für den besonderen Fall) zu beschränken. Darauf, daß der Begriff der öffentlichen Gewalt, wie er in Art. 131 WRV verwandt wurde, bereits einen erheblichen Bedeutungswandel durch Einbeziehung der schlicht-hoheitlichen Verwaltung durchgemacht hat, mag nur kurz hingewiesen werden. Einer weiteren Sinnwandlung steht nichts entgegen. Gebot, Verbot und Erlaubnis waren die adäquaten Mittel staatlicher Machtäußerung in einem Staate, dessen Verwaltung vorzüglich Eingriffsverwaltung war. In einem Staat, in dem diese Macht sich weithin in Gestalt der Leistungsgewährung oder -verweigerung äußert, müssen auch diese Mittel als Äußerung „öffentlicher Gewalt" erachtet werden. Das gilt in besonderem Maße dort, wo die Verwaltung als Vergeber existenzwichtiger

Leistungen auftritt, oder wo sie rechtliche oder tatsächliche Monopole innehat, mögen die Leistungen auch in den Formen des Privatrechts dargeboten werden. Vor allem scheint mir hier eine Unterscheidung nach rechtlichen und bloß tatsächlichen Monopolen an dem Faktum der in beiden Fällen gleichen Machtlage vorbeizugehen. Dem kann auch nicht entgegengehalten werden, daß Monopolherrschaft ja auch im privatrechtlichen Bereich bestehen könne. Es besteht ein grundlegender und wesensmäßiger Unterschied, ob ein Unternehmen der Privatwirtschaft auf Grund eigener Wirtschaftstätigkeit eine beherrschende Monopolstellung erworben hat (also mit wirtschaftskonformen Mitteln), oder ob ein öffentliches Gemeinwesen eine solche Machtstellung auf Grund seiner auf dem Besteuerungsrecht und auf anderen hoheitlichen Befugnissen (also auf wirtschaftsfremden Maßnahmen) beruhenden spezifisch etatistischen Machtkonzentration besitzt.

Die Bedeutung eines solchen Sinnwandels der „öffentlichen Gewalt" beruht in der Unterstellung der sich jener neuartigen Machtmittel bedienenden Leistungsverwaltung unter die spezifischen Bindungen des öffentlichen Rechts, zumal unter den Gleichheitssatz und unter den Grundsatz der Verhältnismäßigkeit von Zweck und Mittel — letzterer vor allem wichtig im Hinblick auf die Beschränkung der oft mit der Leistungsgewährung verbundenen Auflagen und Bedingungen. Der dem Leistungsempfänger dadurch gewährte Schutz ist ungleich nachhaltiger als derjenige über die §§ 138, 242, 826 BGB.

Noch nicht befriedigend lösbar sind damit diejenigen Fälle, in denen das öffentliche Gemeinwesen seine Leistungen nicht unmittelbar gewährt, sondern zwischen sich und den Empfänger einen anderen Rechtsträger, meist des Privatrechts, zwischenschaltet (z. B. privatwirtschaftliche Kreditinstitute). Die rechtlichen Gestaltungsmöglichkeiten und die Abstufung des Einflusses der öffentlichen Hand auf die zwischengeschalteten Träger im allgemeinen sowie bei der Gewährung spezieller Leistungen im besonderen sind so mannigfaltig, daß hier eine generelle Grenzziehung zwischen dem, was noch zur „öffentlichen Gewalt" gerechnet werden kann, und dem, was nicht mehr darunter fällt, unmöglich ist. Auch wird sich kaum vermeiden lassen, daß hier Abhängigkeiten bestehen können, die nicht ohne weiteres ersichtlich sind, und daß damit öffentliche Macht in versteckter Form ausgeübt und möglicherweise mißbraucht wird. Nur eine weitgehende Publizität und Kontrolle der öffentlichen Haushaltsgebahrung vermag die darin liegenden Gefahren in etwa zu bannen, und es wäre eine dankbare Aufgabe, unser Haushaltsrecht einmal unter diesem Gesichtspunkt auf die Notwendigkeit einer Revision zu untersuchen.

5. Nicht verschweigen möchte ich, daß mir hinter der Frage des Sinnwandels der öffentlichen Gewalt ein viel weiterreichendes Problem zu stecken scheint, nämlich das der Abgrenzung zwischen öffentlichem und privatem Recht. Nicht nur der Begriff der öffentlichen Gewalt, sondern die ganze Subjektionstheorie sind von der Struktur der Eingriffsverwaltung her bestimmt. Weder die Unterscheidung von öffentlichem und privatem Recht überhaupt noch gar ihre Grenzziehung sind etwas Aprioristisches, sondern Hervorbringungen der jeweiligen positiven Rechtsordnung. Man kann daher nicht etwa fragen, ob eine bestimmte Grenzziehung richtig, sondern nur, ob sie in einer konkreten Situation zweckmäßig ist. Die verschiedenen in letzter Zeit gemachten Versuche, zu einer von der Subjektionstheorie abweichenden Grenzziehung zu gelangen[49]), scheinen mir ein Symptom dafür zu sein, daß die Subjektionstheorie den Bedürfnissen nicht mehr gerecht zu werden vermag. Wenn man an ihr festhält, so sollte man aber wenigstens anerkennen, daß ein Subjektionsverhältnis nicht nur dort besteht, wo mit Gebot und Verbot gearbeitet wird, sondern auch dort, wo der Einzelne anderen Formen spezifisch staatlicher Machtäußerung gegenübersteht und ihnen nicht weniger „unterworfen" ist als den klassischen Formen öffentlicher Gewalt. Ich kann diese Frage heute nicht vertiefen. Nur eines möchte ich dazu noch sagen: der fast zum Schlagwort gewordene Ruf nach der „Wiederherstellung des Privatrechts" darf die Einsicht nicht trüben, daß der Bürger bei einer Unterstellung seiner Rechtsbeziehungen zur öffentlichen Hand unter das öffentliche Recht in der Regel stärker geschützt ist als bei einer Unterstellung unter das Privatrecht. Insbesondere bedarf die von Bettermann[50]) vertretene These, ein Staat sei um so mehr Rechtsstaat, je größer der Herrschafts- und Wirkungsbereich des Privatrechts sei, und der rechtsstaatliche Weg zu sozialer Bindung und Verpflichtung des Einzelnen sei der über die soziale Gestaltung des Privatrechts, einer Einschränkung. Die These ist richtig, insofern sie besagen will (und das allein meint wohl Bettermann), der Staat solle sich unmittelbarer Eingriffe in die Sozialordnung durch Befehl und Zwang — und ich füge hinzu: auch durch andere Mittel staatlicher Machtäußerung — tunlichst enthalten, er solle zum Gläubiger der sozialen Verpflichtung in erster Linie nicht die Verwaltung, sondern den sozial Schwächeren selbst

[49]) Z.B. Hans J. Wolff, Der Unterschied zwischen öffentlichem und privatem Recht, AöR. Band 76, S. 205ff.; Eduard Bötticher, ZZP Band 65 S. 44ff. (wobei freilich zweifelhaft bleibt, ob Bötticher nur die Abgrenzung der Rechtswege oder auch der materiellrechtlichen Materien nach den von ihm entwickelten „finalen" Gesichtspunkten vornehmen will; gegen Böttichers Versuch: meine Ausführungen in ZZP Band 65 S. 35f.).

[50]) Grundfragen des Preisrechts f. Mieten u. Pachten (Tübingen 1952) S. 120f.

machen. Jene These wäre jedoch durchaus falsch verstanden und evident unrichtig, wenn man aus ihr folgern wollte, die Rechtsbeziehungen zwischen Staat und Einzelnem seien auch dort, wo die Verwaltung nun einmal unmittelbar sozialordnungsgestaltend tätig wird — und das wird in weitem Umfange nach wie vor notwendig sein, — dem Privatrecht zu unterstellen. Die Parole kann nur lauten: möglichst wenig staatlicher Zwang; wenn aber Zwang, dann auch unter den Bindungen des öffentlichen Rechts!

6. Mehr oder minder übergehen möchte ich den Fragenkomplex, der mit dem Rechtsverordnungsrecht der Exekutive zusammenhängt.

Die rechtsstaatlichen Gefahren, die in einer uferlosen Ausweitung dieses Rechts liegen, sind allgemein erkannt, und nicht nur das Grundgesetz in seinem Art. 80, sondern auch eine Anzahl einschlägiger Bestimmungen unserer Landesverfassungen haben diese Gefahren zu bannen versucht. Daß trotzdem noch eine Reihe von Fragen offen bleibt, verkenne ich nicht; das hat insbesondere die eingehende Erörterung dieses Fragenkreises auf der Weinheimer Tagung des Instituts zur Förderung öffentlicher Angelegenheiten am 1./2. 12. 1951 gezeigt[51]). Gerade im Hinblick auf diese eingehende Spezialbehandlung glaube ich mich hier aber kurz fassen zu sollen. Das Bestreben, einer Funktionsverlagerung von der Legislative auf die Exekutive, und damit einer Verschiebung der gewaltenteilenden Gewichte, durch strenge inhaltliche Bindung und Begrenzung des Verordnungsrechts entgegenzutreten, ist jedenfalls zu begrüßen und zu unterstützen, und zwar insbesondere durch eine durchgängig auf den Zweck dieser Bindung abstellende rechtsstaatliche Interpretation der einschlägigen, in ihrer Formulierung nicht immer eindeutigen Vorschriften[52]). Die Grenzen, die die quantitative Ausweisung der staatlichen Aufgaben einer Beschränkung des Normsetzungsrechts der Exekutive setzt, dürfen dabei freilich nicht übersehen werden.

7. Von aktuellerer Gefahr ist der Formenmißbrauch, durch den die Verwaltung selbst ihr Rechtsetzungsrecht teils auszuweiten, teils der gerichtlichen Kontrolle zu entziehen sucht, indem sie Normen, die inhaltlich Rechtssätze sind, als bloße Verwaltungsverordnungen deklariert. Unter dem Nationalsozialismus wurde dieser Brauch in aller Offenheit amtlich gefördert — vor allem in der Finanzverwaltung — und zwar mit dem ausgesprochenen Zweck einer Ausschaltung der Gerichts-

[51]) Die Berichte und Verhandlungen sind wiedergegeben in: Die Übertragung rechtssetzender Gewalt im Rechtsstaat, Frankfurt am Main 1952.

[52]) Beispielhaft: die Entscheidung des Bayer. VerfGH vom 24. 4. 1950 (VGHE n. F. Band 3 Teil II S. 28ff.; hier S. 44ff.).

kontrolle[53]). Aber auch heute ist er keineswegs ausgestorben, und die Wissenschaft hat durch eine falsche Grenzziehung zwischen Innen- und Außenfunktionen der Verwaltung ihren Beitrag dazu geleistet. Wir sind dieser Frage ja bereits bei der Erörterung des besonderen Gewaltverhältnisses im Hinblick auf den Charakter der Benutzungsordnungen begegnet; aber sie ist darüber hinaus von grundlegender Bedeutung für alle Arten von Verwaltungsverordnungen. Auch hier will ich mich jedoch kurz fassen — schon um meine Ausführungen an anderer Stelle[54]) nicht zu wiederholen. Es gilt zu erkennen, daß es für die Zurechnung einer Norm zu den Rechts- oder Verwaltungsverordnungen nicht darauf ankommen kann, in welcher Form und unter welcher Bezeichnung die Norm erlassen und an wen sie nominell adressiert ist, sondern allein darauf, welche Wirkungen sie auslöst, und ob sie durch diese Wirkungen in den Rechtskreis Dritter eingreift. Gültige Rechtsnormen sind die von der Verwaltung erlassenen Rechtssätze allerdings nur, wenn ihnen eine gesetzliche oder gewohnheitsrechtliche Ermächtigung zugrundeliegt und wenn die für Rechtssätze vorgeschriebene Verkündungsform eingehalten wurde. Außerhalb des besonderen Gewaltverhältnisses, für das eine gewohnheitsrechtliche Freistellung von gesetzlicher Ermächtigung und bestimmter Verkündungsform der das Gewaltverhältnis ausfüllenden Normen angenommen werden darf, führt das oft zur Ungültigkeit von Rechtssätzen, die fälschlich in der Form von Verwaltungsverordnungen erlassen wurden. Mit den besonderen Problemen, die sich hieraus ergeben, habe ich mich in der Laforet-Festschrift auseinandergesetzt.

8. Mit dem Ermessen und mit den unbestimmten Gesetzesbegriffen — ich sage bewußt nicht: unbestimmten Rechtsbegriffen, denn darin liegt bereits eine petitio principii — muß ich mich etwas eingehender befassen, und zwar vor allem wegen der unzulässigen Vereinfachungen, mit denen ein Teil unserer derzeitigen Judikatur wie auch des Schrifttums dieses Problem mehr umgeht als löst.

Eine weit verbreitete Meinung geht heute dahin, die Einräumung von Verwaltungsermessen und der Gebrauch unbestimmter Begriffe sei schlechthin rechtsstaatswidrig und daher tunlichst auszumerzen. Welche Verbreitung diese Ansicht sogar in den Kreisen der Verwaltung selbst gewonnen hat, mag aus der amtlichen Begründung der Bayer. Staatsregierung zum Entwurf eines Polizeiaufgabengesetzes[55]) ersehen werden. Dort heißt es unter AIII 2d

[53]) Vgl. z. B. den RdF-Erlaß vom 10. 6. 1940 (RStBl. 1940 S. 756), bes. Abschnitt III.

[54]) In der Laforet-Festschrift aaO.

[55]) Bayer. Landtag 2. Legislaturperiode Tagung 1953/54 Beilage 4660.

(S. 13), der Entwurf halte „eine Generalermächtigung der Polizei zum Handeln in der Form, wie dies durch § 14 des preußischen PVG geschehen ist, mit der heutigen Auffassung vom Rechtsstaat und der Gesetzmäßigkeit der Verwaltung nicht mehr für vereinbar, da die unbestimmten, heute so und morgen anders auslegbaren Begriffe ‚öffentliche Sicherheit und Ordnung' als Ermächtigungsnormen zu Eingriffen in die Freiheitssphäre des Staatsbürgers nicht geeignet erscheinen." Auf derselben Linie liegt die vor allem von der Rechtsprechung entwickelte Tendenz, die unbestimmten Gesetzesbegriffe unbesehen und unterschiedslos zu „Rechtsbegriffen" zu erklären, deren Auslegung — dagegen ist nichts zu erinnern —, aber auch deren Anwendung im vollen Umfange der gerichtlichen Überprüfung zugänglich sei. Daß hierüber noch nicht das letzte Wort gesprochen ist, zeigt übrigens eine Entscheidung des Bundesverwaltungsgerichts[56]), die sowohl die Frage der Unzumutbarkeit eines Zwangsmieters wegen zu erwartender Störungen des Hausfriedens wie auch die Frage der Notwendigkeit eines besonderen Arbeitszimmers als reine Ermessensfragen erklärt — erstaunlich nicht nur wegen dieses Ergebnisses, sondern vor allem wegen des Fehlens einer Auseinandersetzung mit der bisher durchweg entgegengesetzt entscheidenden Judikatur.

Es ist nun zuzugeben, daß jede Einräumung von Ermessen und jeder Gebrauch unbestimmter Begriffe einen Unsicherheitsfaktor darstellt. Auf der anderen Seite darf aber nicht übersehen werden, daß nur sie oft der Verwaltung die Anpassung an wechselnde Situationen ermöglichen und daß sie daher zur Gewährleistung der sozialen Aufgabe der Verwaltung unentbehrlich sein können. Auf dem Gebiete des Polizeirechts etwa stehe ich allen Versuchen, die Zuständigkeit der Polizei durch Spezialermächtigungen erschöpfend zu regeln, äußerst skeptisch gegenüber. Nach meinen bisherigen Erfahrungen sind Spezialermächtigungen nicht in der Lage, alle denkbaren Fälle notwendigen polizeilichen Handelns lückenlos zu erfassen; und die dann offenbleibenden Lücken führen entweder dazu, daß die Polizei resigniert, wo sie im Interesse der Gemeinschaft oder eines Einzelnen einschreiten müßte, oder daß sie die Spezialermächtigungen dehnt und mit rabulistischen Interpretationskünsten auf Fälle anwendet, die nach vernünftigen Sprachgebrauch nicht darunter fallen; das letztere ist die Situation des gegenwärtigen bayer. Polizeirechts. Ich kann nicht finden, daß damit der Rechtssicherheit und der Rechtsstaatlichkeit besser gedient sei als mit einer Generalermächtigung, deren Gefahren durch eine durchgängige gerichtliche Kontrolle

---

[56]) vom 12. 6. 1953, I B 12. 53.

durchaus gebannt werden können, wie die Rechtsprechung des Preuß. OVG zu § 10 II 17 ALR erwiesen hat[57]).

Man soll das Kind daher nicht mit dem Bade ausschütten. Es gibt sicher Gebiete, wo eine Einschränkung des Verwaltungsermessens gegenüber dem derzeitigen Zustande wünschenswert ist. Das gilt vor allem für weite Tätigkeitsbereiche der Leistungsverwaltung, z. B. das Subventionswesen, wo man wegen des völligen Fehlens normativer Regelung noch kaum von einem Ermessen, sondern eigentlich nur von Belieben oder Willkür sprechen kann. Andererseits ist ein Ermessensspielraum für die Verwaltung vielfach nicht zu entbehren, wenn man sie nicht lähmen und sie nicht zu ödem Schematismus und damit statt zu sozial wertender Gleichheit zu einer alles andere als sozialen Gleichmacherei zwingen will. Je vielfältiger die Zahl der gegeneinander abzuwägenden Interessen, je differenzierter die tatsächlichen Gegebenheiten als Voraussetzungen des Verwaltungshandelns, und je weniger voraussehbar damit die im Einzelfalle anzustellenden Denkoperationen sind, um so weniger läßt sich das Ermessen eliminieren. Es leuchtet ohne weiteres ein, daß die möglichen Fälle einer Gefährdung der öffentlichen Sicherheit und Ordnung und damit die Voraussetzungen polizeilicher Tätigkeit ungleich schwieriger im voraus bestimmbar sind als etwa die Voraussetzungen einer Steuerschuld, während wiederum die Möglichkeiten, unter denen die Billigkeit ein Abweichen von der normativen Regelung der Steuerschuld erfordert, sich der Voraussehbarkeit weithin entziehen, weshalb hier mit Recht dem Ermessen ein gewisser Spielraum eingeräumt ist.

Die ganze Ermessenslehre leidet weithin darunter, daß wir die verschiedenen Arten des Ermessens nicht genügend unterscheiden. Ich denke hier weniger an die früher (und z. T. auch heute noch) beliebte Gegenüberstellung von freiem und gebundenem Ermessen. Sie ist mißverständlich, da jedes Ermessen innerhalb bestimmter Grenzen frei ist, andernfalls es überhaupt nicht mehr Ermessen ist; und als andererseits kein Ermessen schlechthin frei, sondern immer nur frei innerhalb der Grenzen der Rechtsordnung, insbesondere also durch die Grundsätze der Gleichheit und Verhältnismäßigkeit gebunden ist. Es gibt hier nur Abstufungen nach dem Grade der Freiheit und Gebundenheit, keine prinzipielle Gegensätzlichkeit. Dagegen gibt es einen entscheidenden Unterschied nach dem Zweck der Einräumung des Ermessens. Es ist ein grundlegender Unterschied, ob einer Behörde die Wahl zwischen mehreren möglichen Entscheidungen deshalb eingeräumt ist, weil die möglichen Entscheidungen rechtlich gleich-

[57]) Ebenso Dürig, AöR Bd. 79 S. 80 Anm. 70; Hans J. Wolff, VVDStRL Heft 9 S. 174; Hans Peters, DÖV 1953 S. 386.

wertig sind; weil die Entscheidung also vom Standpunkte der Gerechtigkeit aus neutral ist, weil mithin reine Zweckmäßigkeitserwägungen für die Entscheidung bestimmend sein sollen (Beispiel: die durch die Bayer. Gemeindeverordnung von 1952 eröffnete Möglichkeit, berufsmäßige Gemeinderatsmitglieder zu bestellen oder aber davon abzusehen). Oder aber auf der anderen Seite, ob das Ermessen deshalb eingeräumt ist, weil die zu treffende Entscheidung zwar durchaus gerechtigkeitsbezogen ist, weil aber der Gesetzgeber sich wegen der Vielheit der im Einzelfalle gegeneinander abzuwägenden Gesichtspunkte nicht in der Lage sah, für alle vorkommenden Fälle im voraus eine detailierte Regelung zutreffen (Beispiel: Rahmensätze in Gebührenordnungen, Strafnormen u. dgl.). Im letzteren Falle hat man auch wohl von „arbiträrem" oder „richterlichem", im ersteren Falle von „Verwaltungsermessen" gesprochen, was aber darüber hinwegtäuschen könnte, daß beide Arten von Ermessen sowohl in der Verwaltung wie in der Rechtsprechung vorkommen.

Wieder etwas anderes ist es — und auch das wird unter den Sammelbegriff „Ermessen" gepackt — wenn der Behörde hinsichtlich der Beurteilung der Voraussetzungen ihres Handelns ein gewisser Spielraum eingeräumt wird. Hier handelt es sich nicht um die Entscheidung der Behörde darüber, ob und wie sie handeln will, sondern um die Erkenntnis, ob und wie sie überhaupt tätig werden darf oder muß. Gerade hier spielen die unbestimmten Gesetzesbegriffe eine große Rolle. Es ist eine unzulässige Vereinfachung der Problemstellung, wenn man heute oft argumentiert, die Frage, ob ein Bedürfnis für eine Gaststätte oder ob eine Gefahr für die öffentliche Sicherheit vorliege, könne nur mit Ja oder Nein beantwortet werden und sei daher niemals Ermessensfrage, sondern ausschließlich „Rechtsfrage" und als solche in vollem Umfange richterlicher Nachprüfung zugänglich. Dabei wird eben übersehen, daß unter dem Ermessensbegriff seit jeher ganz unterschiedliche Dinge segeln. Es kommt nicht nur darauf an, ob das Vorhandensein der normativen Voraussetzungen des Verwaltungshandelns theoretisch objektiv bestimmbar ist, sondern ebenso darauf, ob seine Ermittlung angesichts der beschränkten menschlichen Erkenntnismöglichkeiten auch praktisch mit hinreichender Sicherheit erfolgen kann. Wo das nicht der Fall ist, kann der für die Folgen ihres Handelns verantwortlichen Behörde ein gewisser Spielraum bei der Beurteilung der Handlungsvoraussetzungen nicht abgesprochen werden, und es ist weltfremder Dogmatismus, das als unrechtsstaatlich zu bezeichnen. Insbesondere dort, wo ein unbestimmter Begriff auf Zukunftserwartungen abstellt, deren Eintreffen stets nur mit einer gewissen Wahrscheinlichkeit, nie aber mit absoluter Sicherheit vorausgesagt werden kann, sowie dort, wo die Verantwortlichkeit einer Behörde auf deren besonderem Sachverstand gründet, darf man der Behörde den Spielraum wertender Beurteilung nicht völlig beschneiden. Ich möchte unter diesen Gesichtspunkten zwar Begriffe wie „Unterbelegung" einer Wohnung oder „Zumutbarkeit" eines Zwangsmieters für voll überprüfbare Rechtsbegriffe halten. Zweifelhaft ist es beim „Bedürfnis"[58]), und eindeutig ablehnen möchte ich es bei der „Gefahr" für die öffentliche Sicherheit und Ordnung. Sicher ist auch ein solcher Begriff daraufhin gerichtlich überprüfbar, ob die Behörde die Grenzen ihres Beurteilungsspielraums evident überschritten hat; aber eben auch nur darauf. Soll wirklich — es handelt sich um einen Fall aus meiner richterlichen Praxis — der Senat eines Verwaltungsgerichts die Polizeibehörde korrigieren können, wenn sie mit gewichtigen Argumenten den Bau einer Tankstelle an bestimmter Stelle für eine Verkehrsgefährdung erachtet, wenn dann im Prozeß eine Reihe namhafter Gutachter zu einander entgegengesetzten Ergebnissen gelangt, und wenn die Mitglieder des Senats selbst auf Grund einer Ortsbesichtigung mit knapper Mehrheit eine Verkehrsgefährdung nicht für gegeben erachten? Kann der Senat hier der sachverständigen Polizeibehörde die Verantwortung dafür abnehmen, wenn infolge seines Urteils die Tankstelle gebaut wird und sich alsbald ein tödlicher Verkehrsunfall ereignet? Ich glaube, mit Recht hat hier das Gericht, trotz seiner eigenen abweichenden Beurteilung der Gefahr und damit der Voraussetzungen polizeilichen Handelns, die Entscheidung der Behörde aufrechterhalten, weil es ihm bei einer subjektiv so verschiedenen Beurteilungsmöglichkeit nicht vertretbar erschien, der Behörde einen gewissen Spielraum bei der Beurteilung der Handlungsvoraussetzungen abzusprechen[59]). Ob man diesen Spielraum mit unter den Sammelbegriff „Ermessen" einreiht — etwa als „Beurteilungsermessen" im Gegensatz zum Handlungsermessen — oder wie immer man ihn sonst benennen will, ist im wesentlichen eine Geschmacksfrage[60]). Mir geht es hier nicht um die Terminologie, sondern um

[58]) Wozu zu bemerken ist, daß dieser Begriff in der Gesetzessprache in sehr verschiedener Bedeutung gebraucht wird, so daß auch eine einheitliche Entscheidung für oder gegen seine Eigenschaft als „Rechtsbegriff" nicht möglich sein dürfte.

[59]) Württ.-Bad. VGH, DVBl. 1950 S. 475ff.

[60]) Unterscheidungen in ähnlicher Richtung machen in jüngster Zeit besonders Flume (Steuerwesen und Rechtsordnung; Festgabe für Rud. Smend S. 59ff., bes. S. 97ff.) und Reuß (Das Ermessen, DVBl. 1953 S. 585ff.; Der unbestimmte Rechtsbegriff, ebendort S. 650ff.). Indessen bestehen Unterschiede zu meiner Auffassung, auf die hier im Einzelnen nicht eingegangen werden kann. Von Flume unterscheide ich mich besonders dadurch, daß dieser nur rechtlich irrelevante Betätigungen zum Handlungsermessen, alle an Rechtsmaßstäben orientierten Ermessensentscheidungen dagegen zum „Urteilsermessen" rechnen will. Zu Flume vgl. auch die Kritik von Friedr. Klein im Finanzarchiv n. F. Band 14 S. 1ff., hier besonders S. 14ff.

die Sache, und um die Aufdeckung des heute weit verbreiteten Irrtums, als erfordere die Rechtsstaatlichkeit eine volle gerichtliche Überprüfbarkeit der Anwendung aller unbestimmten Begriffe. Das würde notwendig zu einem Auseinanderreißen von Entscheidung und Verantwortung führen[61]), und das kann ich keinesfalls rechtsstaatlich finden.

9. Ganz besonderes Gewicht kommt im Rahmen unseres Themas dem Verhältnis zwischen objektivem und subjektivem Recht zu. Nicht nur unter rechtsstaatlichen, sondern auch unter sozialstaatlichen Gesichtspunkten ist es von entscheidender Bedeutung, in welchem Umfange rechtliche Begünstigungen des Einzelnen durch das objektive Recht zu subjektiven Rechten verdichtet sind. Ob der Leistungsempfänger dem leistungsverpflichteten Staat nur in der Position eines objektivrechtlich Begünstigten gegenübersteht und damit hinsichtlich des Leistungsempfangs von der Bereitwilligkeit und dem guten Funktionieren der leistungspflichtigen Verwaltung abhängig ist, oder ob er ihr als Fordernder mit einem Anspruch entgegentreten kann, das ist für seinen status socialis von allergrößter Wichtigkeit: und zwar heute in einem Zustande durchgängigen Angewiesenseins auf solche Leistungen mehr denn je.

Der Begriff des subjektiven öffentlichen Rechts ist seit jeher mit dogmatischen Konstruktionen und Streitfragen überlastet gewesen, und man hat daher verschiedentlich vorgeschlagen, ihn ganz über Bord zu werfen. Herr Scheuner schrieb mir kürzlich, je eher man dieses „Fossil" loswerden könne, desto besser; er glaube, daß der Begriff des Interesses dasselbe leisten könne. Die Begriffsbildung ist nun aber vorwiegend eine Zweckmäßigkeitsfrage; an der Sache selbst ändert sich durch eine Auswechslung von Begriffen nichts. Auch habe ich Bedenken, den dem öffent-

---

Reuß' Unterscheidung zwischen Urteils- (oder „kognitivem") und Handlungsermessen deckt sich weitgehend mit meiner im Text vorgenommenen Einteilung in Beurteilungs- und Handlungsermessen; dagegen vermag ich seinen Folgerungen in verschiedener Hinsicht, so vor allem bezüglich der von ihm behaupteten vollen richterlichen Überprüfbarkeit der unbestimmten Rechtsbegriffe, nicht beizupflichten. Richtig ist der Hinweis von Reuß (unter Bezugnahme auf Heinr. Triepel in der Festgabe für Wilh. Kahl, Tübingen 1923, S. 16), daß „Rechtsfrage" und „richterliche Unüberprüfbarkeit" sich nicht auszuschließen brauchen, weshalb mit der Qualifizierung eines unbestimmten Begriffs als „Rechts"-Begriff über den Umfang seiner richterlichen Überprüfbarkeit noch nichts gesagt ist. Unter Berücksichtigung dessen würde ich meinen Leitsatz 25 in Abs. 4 heute genauer wie folgt fassen: „Die ungenügende Differenzierung hat den Irrtum entstehen lassen, alle unbestimmten Gesetzesbegriffe seien unterschiedslos als „Rechtsbegriffe" in ihrer Anwendung voller richterlicher Überprüfung zugänglich".

[61]) Dieser Gesichtspunkt ist in der angeführten Entscheidung des Württ.-Bad. VGH besonders nachdrücklich herausgearbeitet; vgl. aaO. S. 476 (re.) und 477 (li.).

lichen und privaten Recht gemeinsamen Begriff des subjektiven Rechts ohne zwingenden Grund zu opfern. Richtig verstanden und im öffentlichen Recht von seiner historischen Verhaftung mit den iura quaesita und von seiner unfruchtbaren Gegenüberstellung zu den Freiheiten befreit, besagt er nichts anderes, als daß dem Träger eines Interesses die Willensmacht zur Durchsetzung dieses Interesses zusteht. Der Begriff des Interesses allein vermag den Begriff des subjektiven Rechts nicht zu ersetzen; denn gerade darum geht es ja, ob und unter welchen Voraussetzungen der Interessenträger jene Willensmacht besitzt. Natürlich kann man positivrechtlich bestimmen, daß jeder durch die öffentliche Gewalt in seinen Interessen Beeinträchtigte klagen könne; aber dann tut man nichts anderes, als daß man eben durch diese Klagebefugnis das Interesse zum Recht erhebt. Eine solche Bestimmung würde aber auch zu weit gehen. Die Rechtsordnung nimmt nicht jedes beliebige Interesse in Schutz; nur objektivrechtlich geschützte Interessen dürften daher in den Prozeßordnungen als rechtlich verfolgbar (und damit der Sache nach, gleichgültig ob man es so nennt oder nicht: zu subjektiven Rechten) erklärt werden. Eine solche Umschreibung des subjektiven Rechts in den Prozeßordnungen hielte ich in der Tat für zweckmäßig. Aber sie würde nur der Klarstellung dienen, an dem verfassungsrechtlich bereits bestehenden Zustande jedoch nichts ändern. Denn ich behaupte nicht mehr und nicht weniger, als daß schon jetzt alle durch das öffentliche Recht objektivrechtlich geschützten Interessen echte Berechtigungen des Begünstigten, subjektive Rechte im Sinne einer zustehenden Willensmacht, sind.

Diese Behauptung bedarf freilich einer Begründung. Soweit es sich um die Freiheiten vom Staate handelt, erscheint sie mir sehr einfach. In einem Staate, der sich zum Primat der Freiheit bekennt und in dem nicht das Freisein von staatlichem Zwange, sondern die staatliche Beschränkung der Freiheit einer besonderen Legitimation bedarf, kann die Freiheit niemals bloßer Reflex objektiven Rechts sein. Die vorgegebenen Rechte des Individuums bestimmen insoweit die Rechtsordnung, nicht die Rechtsordnung jene Rechte.

Schwieriger ist die Begründung bei den politischen und — was hier besonderes interessiert — bei den positiven oder sozialen Rechten, vornehmlich bei den Rechten auf staatliche Leistungen und Vergünstigungen. Natürlich steht es dem Verfassunggeber, und im Rahmen der Verfassung dem einfachen Gesetzgeber frei, zu bestimmen, welche objektivrechtlichen Begünstigungen er gewähren will. Es steht dem Gesetzgeber aber unter einer das Rechts- und Sozialstaatsprinzip zum Staatsziel erklärenden Verfassungsordnung nicht frei, solche objektivrechtlichen Begünstigungen, wenn er sie gewährt, nach seinem Belieben zu bloßen Reflexen objektiven Rechts zu erklären und ihnen den Rang echter Berechtigungen des Begünstigten, „subjektiver Rechte" in dem erst dargelegten Sinne, vorzuenthalten. Es genügt m. E. auch nicht, mit E. R. Huber[62]) zu sagen, in einem ausgeprägt entwickelten Rechtsstaat müsse „als Auslegungsregel gelten, daß die durch das objektive Recht gewährten Begünstigungen des Einzelnen im Zweifel den Charakter subjektiver öffentlicher Rechte" hätten[63]), das subjektive Recht sei daher „keine Ausnahme, sondern die Regel". Ich gehe noch weiter und behaupte, daß es einer freiheitlichen demokratischen Grundordnung überhaupt widerspricht, den Einzelnen in irgendwelchen seiner Beziehungen zur Staatsgewalt als bloßes Objekt der Rechtsordnung, als „Rechtsuntertan"[64]) zu betrachten, statt als eine zu aktiver Teilhabe an der Verwirklichung der Staats- und Rechtszwecke berufene, mit entsprechender Willensmacht ausgestattete Rechtsperson, als Rechts„subjekt"[65]). Die Versagung eines status activus et positivus, die Beschränkung auf eine bloße Objektstellung, ist insbesondere undemokratisch, soweit es sich um politische Mitwirkung handelt. Und sie ist unsozial, soweit die Teilhabe an staatlichen Leistungen in Frage steht, da gerade hier eine bloße Objektstellung die ohnehin bestehende Abhängigkeit des sozial bedürftigen Individuums vom Staate zu unerträglichen Ausmaßen steigern muß. Sie ist damit zugleich unrechtsstaatlich, weil sie der grundgesetzlich-rechtsstaatlichen Tendenz staatlicher Machtbeschränkung zuwiederläuft, und weil sie den als umfassend gedachten Rechtsschutz gegenüber der öffentlichen Gewalt (Art. 19 IV GG) auszuhöhlen geeignet ist. Gerade Art. 19 IV scheint mir eine Bestätigung dieser Ansicht zu bieten. Mag man auch sagen können, diese Vorschrift gewähre keine neuen Rechte, sondern setze bestehende Rechte voraus, so muß doch dafür, welche objektivrechtlichen Positionen als bestehende „Rechte" anzuerkennen sind, der rechtsstaatliche Sinnzusammenhang der Vorschrift und vor allem ihr ausgesprochener Zweck eines umfassenden und lückenlosen Rechtsschutzes herangezogen werden. Man braucht nur einmal die Gegenprobe zu machen und die These aufzustellen — Ernst Friesenhahn[66]) hat das in der Tat getan —, dem Gesetzgeber stehe es frei, nach seinem Ermessen objektivrechtlich gewährleisteten Vergünstigungen den Charakter subjektiver Berechtigungen vorzuenthalten; ja er könne das mittelbar

[62]) Wirtschaftsverwaltungsrecht, 2. Aufl. Band 1 (Tübingen 1953) S. 681, 684. Dem Werk sind im übrigen vorzügliche Hinweise zum Problem des subjektiven Recht zu entnehmen.

[63]) Sperrungen von mir.

[64]) E. R. Huber aaO. S. 678.

[65]) Hierzu und zum folgenden vgl. auch Bachof, Die verwaltungsgerichtliche Klage auf Vornahme einer Amtshandlung (Tübingen 1951), S. 84f., wo bereits ähnliche Gedankengänge entwickelt wurden.

[66]) Recht, Staat, Wirtschaft Band 2 (Stuttgart und Köln 1950) S. 263f.

gerade dadurch tun, daß er den Rechtsschutz ausdrücklich ausschließe. Wäre das richtig, so könnte die ganze Rechtswegklausel des Art. 19 IV, soweit es sich nicht um verfassungsrechtlich eingeräumte Rechte handelt, hintenherum aus den Angeln gehoben werden; und gleiches gilt für die Generalklauseln der Verwaltungsgerichtsgesetze. Ich kann mich zu einer derartigen Auslegung, die einen entscheidenden Einbruch in die Rechtsstaatlichkeit unserer öffentlichen Ordnung ermöglichen würde, nicht verstehen.

Damit leugne ich keineswegs die Möglichkeit bloßer Reflexe objektiven Rechts. Die bisherige Lehre von den sog. „Reflexrechten" (richtig: Rechtsreflexen)[67] leidet aber darunter, daß sie nicht genügend unterscheidet zwischen Reflexen, die sich als von der Rechtsordnung gewollte Begünstigungen, als gewollte Befriedigung eines Individualinteresses (ausschließlich oder auch nur neben der Befriedigung des Gemeininteresses) darstellen, und solchen Begünstigungen, die einem Individualinteresse rein tatsächlich, ungewollt und mehr oder minder zufällig zugutekommen, also ohne daß der objektivrechtlichen Norm die Absicht einer Begünstigung zugrundeliegt. Nur im ersten Falle sind die Rechtsreflexe heute als subjektive Berechtigungen anzuerkennen, im zweiten Falle selbstverständlich nicht[68]. Den unglücklichen Begriff des Reflexrechtes sollte man aber ganz ausmerzen. — Die besonderen Schwierigkeiten der Ermittlung subjektiver Berechtigungen des öffentlichen Rechts liegen darin begründet, daß oft nicht ohne weiteres zu erkennen ist, ob und welchem Individualinteresse eine Norm zu dienen bestimmt ist. Die Gemengelage von individuellem und Gemeininteresse im öffentlichen Recht macht diese Entscheidung ungleich schwieriger als in der Privatrechtsordnung, wo stets eine starke Vermutung für den Schutz individueller Interessen spricht, auch wenn die Norm äußerlich nicht als Ermächtigungsnorm, sondern als bloße Verpflichtungsnorm gestaltet ist. Diese Unterscheidung richtig zu treffen ist eine der wichtigsten Aufgaben der Verwaltungsgerichte.

Nur zur Vermeidung von Mißverständnissen sei noch bemerkt, daß ich keinen Widerspruch dieser meiner Ausführungen zu meinen Darlegungen über die Notwendigkeit der Einräumung von Ermessen sehe. Die Frage der Einräumung von Ermessen betrifft die Gestaltung des objektiven Rechts, nicht die subjektive Berechtigung. Der Gegensatz zum Ermessen ist nicht das subjektive Recht, sondern die objektivrechtliche Gebundenheit. Das subjek-

---

[67]) Wie sie schon Georg Jellinek, Allgemeine Staatslehre, 2. Aufl. (Berlin 1905) S. 407 zutreffend nennt — freilich im Gegensatz zu S. 388 und 404!

[68]) In der Sache zustimmend, wenn auch terminologisch abweichend: Forsthoff, Lehrbuch des Verwaltungsrechts Band 1 (3. Aufl. 1953) S. 161 mit Anm. 4.

tive Recht kann nie weiter gehen als die objektivrechtliche Gebundenheit. Es geht aber umgekehrt auch immer so weit, wie die Gebundenheit reicht, sofern die Bindung der Verwaltung zur Befriedigung oder zum Schutze eines Individualinteresses auferlegt ist. Soweit das Ermessen reicht, fehlt objektivrechtliche Gebundenheit und kann daher kein subjektives Recht bestehen. Da jedes Ermessen aber — bald enger, bald weiter — durch das objektive Recht begrenzt und insoweit „gebunden" ist, kann in diesem Umfange auch ein subjektives Recht, ein Recht auf Einhaltung der weiteren oder engeren Grenzen des Ermessens, der inneren und äußeren Ermessensbedingungen, bestehen. Das Verhältnis von subjektivem Recht und Ermessen wird gerade deshalb so oft mißverstanden, weil jenes Zwischenglied der objektivrechtlichen Gebundenheit übersehen wird. —

10. Fragen des Rechtsschutzsystems hier zu erörtern hätte für mich eine gewisse Versuchung bedeuten können, da ich mich damit auf ein Spezialgebiet meiner Arbeiten begeben hätte. Eben deswegen habe ich davon abgesehen, zumal ich dazu erst kürzlich an anderer Stelle einiges bemerkt habe[69]). In welch engem Zusammenhang sie mit dem Thema des Referats, und insbesondere mit der Rechtsstaatlichkeit, stehen, sollte eigentlich keiner Hervorhebung bedürfen[70]). Rechtsstaatlichkeit heißt zu einem ganz wesentlichen Teile: geordnetes, klares und übersichtliches, leicht zugängliches und mit größtmöglicher Beschleunigung zum Ziele führendes Verfahren. Ich bedauere es deshalb, daß die Zahl derjenigen Öffentlichrechtler, die sich intensiver mit Fragen des Verfahrensrechts, namentlich des Verfassungs- und Verwaltungsprozeßrechts befassen, immer noch relativ klein ist; fast als sei dieses Gebiet une quantité négligeable oder gar des Höhenfluges der in den Regionen des Staatsrechts geübten Geister unwürdig! Nichts wäre falscher als das. Gerade die Tatsache, daß unser Prozeßrecht im Verhältnis zu dem des Zivil- und Strafprozesses noch so unverhältnismäßig jung, unausgebildet und wenig durchforscht ist, erfordert erhöhte Bemühungen der Wissenschaft. Ich bekenne gern, daß ich diese Einsicht weit weniger irgendwelchen prinzipiellen Überlegungen als vielmehr den Erfahrungen meiner Richtertätigkeit verdanke. Je länger, je mehr festigt sich mir aber aus den Erfahrungen dieser Tätigkeit die Überzeugung, in welch unerhörtem Maße die Realisierung mate-

[69]) Der Rechtsschutz im öffentlichen Recht: gelöste und ungelöste Probleme. Versuch einer Bilanz. (DÖV 1953 S. 417ff.).

[70]) Auf die soziale Bedeutung von Gerichtsverfassung und -Verfahren hat kürzlich Eugen Schiffer (Ein Sofortprogramm für die deutsche Justiz, JZ 1953 S. 1ff., passim) nachdrücklich hingewiesen. Die Abhandlung bleibt als Mahnung beachtenswert, auch wenn man den Folgerungen nur zum Teil wird beipflichten können.

riellen Rechtes von der richtigen organisatorischen und prozessualen Gestaltung des Verfahrens abhängt, und welch verhängnisvolle Rolle hier Fehler und Mängel im System, ja oft schon ein einziges falsch gesetztes Wort in einer Prozeßordnung, spielen. Vergessen wir nicht, daß die zur Wahrung des Rechtsstaates — und auch des Sozialstaates — berufenen Beamten und Richter in dem Drange ihrer täglichen Arbeit ihre Weisheit nicht so sehr aus rechtstheoretischen Abhandlungen holen, sondern zunächst einmal aus dem positiven Gesetz und, was das rechtsstaatliche Verfahren betrifft, aus ihrer Prozeßordnung. Einer Verbesserung dieses positiven Rechts muß daher unser Bemühen gelten. Manches ist, nicht zuletzt auch durch die Arbeit der „Gemischten Kommission" der Zivilprozeßrechtslehrer und der Staatsrechtslehrer sowie ihrer Unterkommission, in dieser Richtung schon in die Wege geleitet; mehr bleibt noch zu tun!

Ich glaube, es bei diesen Bemerkungen zum Rechtsschutzsystem belassen zu sollen. Insbesondere würde eine Begründung meiner These von der mangelnden Adäquanz zwischen dem gegenwärtigen Prozeßrecht und der Leistungsverwaltung (Leitsatz 15e) ein weiteres Ausholen erfordern, das ich Ihnen mit Rücksicht auf die schon erhebliche Länge meines Berichts nicht mehr zumuten möchte.

VIII.

Damit habe ich denjenigen Fragenkomplex, den ich unter das Motto gestellt habe, es gelte die Staatsabhängigkeit des Einzelnen durch rechtliche Verfestigung seiner Beziehungen zum Staate, durch einen Ausbau dieser Beziehungen zu rechtlicher Teilhabe, zu mildern und erträglicher zu gestalten, in seinen mir am wichtigsten scheinenden Punkten umrissen. Ich glaube weder, damit *diesen* Fragenkomplex auch nur einigermaßen erschöpfend behandelt zu haben, noch glaube ich, daß zum *Gesamt*thema der verwaltungsrechtlichen Sicht des sozialen Rechtsstaats nicht noch sehr viel anderes zu sagen wäre. Aber irgendeine Auswahl mußte getroffen werden.

1. Zum Gesamtthema gehörte etwa noch die Erörterung des Systems *staatlicher Entschädigungsleistungen*, das mir in mancher Hinsicht den Erfordernissen eines sozialen Rechtsstaats nicht mehr voll zu entsprechen scheint. Wir haben ja in letzter Zeit vor allem durch die Rechtsprechung des BGH eine lebhafte Bewegung auf diesem Gebiet erlebt, und zwar besonders in der Richtung auf eine Annäherung der Haftung für schuldhafte, für schuldlos-rechtswidrige und für rechtmäßige Schädigung. Das meine ich jedoch weniger als vielmehr die mich an Hand von Fällen aus der Praxis z. Zt. bewegende Frage, ob die dem deutschen Recht eigentümliche Beschränkung öffentlichrechtlicher Entschädi-

gung auf Eingriffe in Rechte, ob also der in Ermangelung spezialgesetzlicher Vorschriften durchgreifende Grundsatz fehlender Entschädigungspflicht bei rechtmäßiger Schädigung bloßer Interessen und Chancen, in dieser Rigorosität aufrechterhalten werden kann; anderen Rechtsordnungen, etwa der französischen, ist die Unterscheidung, mindestens in der dem deutschen Recht eigenen Kraßheit, fremd. Die gewaltig gewachsene Intensität staatlicher Tätigkeit hat das Risiko solcher Schädigungen gleichfalls stark wachsen lassen, und ich vermag es nicht als billig und gerecht zu empfinden, wenn einerseits für jede Entziehung oder Beschränkung eines Rechtes von noch so geringem Wert Ersatz geleistet werden muß, andererseits aber durch staatliche Maßnahmen entschädigungslos vermögenswerte Interessen beeinträchtigt und dadurch Vermögenswerte selbst größten Ausmaßes über Nacht zum Verschwinden gebracht werden können, wie dies etwa den Inhabern realer Gewerbe durch die Einführung der Gewerbefreiheit in der amerikanischen Zone geschehen ist[71]). Die Rechtsprechung hat diese Unterscheidung seit jeher als unbillig empfunden und zur Vermeidung ungerecht erscheinender Ergebnisse in besonders krassen Fällen zu der (wohl unbewußten) List gegriffen, die als schutzwürdig empfundenen Interessen einfach in Rechte umzudeuten: Man denke an die Entschädigung der Straßenanlieger bei Einziehung oder Verlegung einer Straße. Es fragt sich daher, ob die bisherige Unterscheidung voll aufrechterhalten werden kann, und ob nicht insbesondere der Aufopferungsanspruch heute im Hinblick auf die Staatszielbestimmung des sozialen Rechtsstaats einer gewandelten Auslegung fähig und bedürftig ist. Aber ich möchte es bei dieser Andeutung bewenden lassen und das aufgezeigte Problem nur als Merkposten zum Thema gewertet wissen.

2. Und schließlich — das ist in meinem Leitsatz 10 berührt worden —: Für das Funktionieren einer rechtsstaatlichen Verwaltung, aber auch für die Erfüllung ihrer sozialen Aufgaben ist selbstverständlich die Organisation des öffentlichen Dienstes, sind also vorzüglich eine leistungsfähige und integre Beamtenschaft und ein auf dieses Ziel ausgerichtetes Beamtenrecht von allergrößter Bedeutung. Auf diese Zusammenhänge ist von berufener Seite oft hingewiesen worden[72]), und wenn ich mir nähere Aus-

---

[71]) Womit ich nicht dazu Stellung nehmen will, ob in diesem Vorgang nicht doch eine Beeinträchtigung der Rechte der Realgewerbeinhaber zu erblicken ist. Aber auch wenn das verneint werden müßte, wäre die Ablehnung einer Entschädigung für Vermögenseinbußen, die in einigen Fällen an die 100000,— DM und mehr betragen, offenbar unbillig und einem Rechtsstaat nicht adäquat.

[72]) Vgl. z.B. Werner Weber, Struktur und Aufgabe des Beamtentums (Staat und Selbstverwaltung in der Gegenwart S. 87ff.), besonders S. 94f., mit zahlreichen weiteren Nachweisen; Hans Peters in Recht, Staat, Wirtschaft Band 3 (Düsseldorf 1951) S. 74f.

führungen dazu erspare, so nicht wegen einer Unterschätzung ihrer Bedeutung, sondern gerade im Hinblick auf ihre besondere Evidenz sowie wiederum unter dem Zwange einer notwendigen Beschränkung und Auswahl. Auch das sei daher nur als Merkposten erwähnt. –

Damit bin ich am Ende meiner Ausführungen. Sicher habe ich Ihre Geduld schon über Gebühr in Anspruch genommen. Ich wage zu hoffen — diese Bemerkung sei mir als captatio benevolentiae zum Schlusse gestattet — daß Sie die Länge meiner Darlegungen nicht allein mir zur Schuld anrechnen, sondern daß Sie meinen Versuch, durch einen Hinweis auf die Weite des Themas eine Art von Entlastungsbeweis zu führen, nicht von vornherein als unzulässig noch als offenbar unbegründet zurückweisen werden.

Leitsätze des Mitberichterstatters über

Begriff und Wesen des sozialen Rechtsstaates

Der soziale Rechtsstaat in verwaltungsrechtlicher Sicht

I.

1. *Das GG hat nicht den sog. „bürgerlichen" Rechtsstaat restauriert. Der Rechtsstaat des GG ist der auf Verwirklichung und Sicherung der Gerechtigkeit zielende Staat; seine formalen Elemente dienen nur zur Gewährleistung dieses materialen Gehaltes.*

2. *Die Sozialstaatserklärung bedeutet Ermächtigung und Auftrag des Staates zur Gestaltung der Sozialordnung. Dieser Auftrag ist inhaltlich auf Herstellung und Wahrung sozialer Gerechtigkeit und auf Abhilfe sozialer Bedürftigkeit durch staatliche Daseinsvorsorge gerichtet.*

3. *Das Sozialstaatsprinzip ist außer in den Art. 20 und 28 GG auch in den Grundrechten, insbesondere in den Art. 1 I, 2 I, 2 II angesprochen. Weitere sozialordnungsbezogene Grundrechtsnormen sind z. B. Art. 3, 6, 9 III, 12, 14, 15.*

   Die Grundrechte müssen ihrerseits im Lichte der Sozialstaatserklärung gesehen und interpretiert werden; das gilt insbesondere für Art. 3 GG.

4. *Ermächtigung und Auftrag zur Sozialgestaltung sind primär an den Gesetzgeber gerichtet, für Verwaltung und Rechtsprechung sind sie Auslegungs- und Ermessensrichtlinien. Sie stellen beim Fehlen spezialgesetzlicher Regelungen zugleich die (einzige) positivrechtliche Ermächtigung für das Tätigwerden der Leistungsverwaltung dar (?); vgl. auch Leitsatz 20.*

5. *Rechtsstaat und Sozialstaat sind teils in der Ebene der Verfassung, teils in der unterverfassungsmäßigen Rechtsordnung realisierbar und realisiert. Das Schwergewicht des Rechtsstaats liegt im Verfassungsrecht, das des Sozialstaats im unterverfassungsmäßigen Recht.*

6. *Rechtsstaatliches und sozialstaatliches Prinzip sind nur in begrenztem Umfange antinomisch.*

   Der soziale Rechtsstaat beruht auf einem System des Ausgleichs. Er bedeutet eine Absage sowohl an die Allmacht des Gesetzgebers (auch auf sozialordnendem Gebiet) wie an die Bindungslosigkeit des Individuums und an die Autonomie der Sozialordnung.

7. *Ein Rangverhältnis kann nicht zwischen Freiheit und Sozialbindung, sondern nur zwischen Freiwilligkeit sozialverpflichteten Verhaltens und staatlichem Zwang hierzu aufgestellt werden. Der grundgesetzliche Akzent liegt auf der Freiwilligkeit. Eine umfassende Verplanung der Sozialordnung wäre grundgesetzwidrig.*

Das System des sozialen Rechtsstaats kann nur bei freiwilliger Übernahme sozialer Verantwortung funktionieren.

II.

8. *Der Ausbau ehrenamtlicher Verwaltung ist geeignet, der Verbreiterung sozialer Verantwortung dienstbar gemacht zu werden. Hier berühren sich soziales und demokratisches Prinzip.*

9. *Selbstverwaltung als mittelbare Staatsverwaltung verhält sich zum sozialen Rechtsstaat relativ neutral. Dezentralisation fördert aber zugleich ehrenamtliche Verwaltung, sie wirkt außerdem machtverteilend und damit freiheitsfördernd. Ohne starke Staatsaufsicht (Rechtsaufsicht) kann sie sich aber auch rechtsstaatsfeindlich auswirken.*

10. *Eine gute Organisation des öffentlichen Dienstes, vornehmlich eine leistungsfähige und integre Beamtenschaft und ein auf dieses Ziel ausgerichtetes Beamtenrecht, sind unabdingbare Voraussetzungen für die rechtsstaatliche Ausrichtung der Verwaltung und für die Erfüllung ihrer sozialen Aufgabe.*

III.

11. *Durch Art. 1 III GG ist der Verwaltung die Aufgabe unmittelbaren Verfassungsvollzugs gestellt; die Deckung der Eingriffsverwaltung durch das einfache Gesetz ist weithin entfallen. Darunter leidet die Rechtssicherheit, die sozialgestaltende Aktivität der Verwaltung kann gelähmt werden.*

12. *Die frühere Abschirmungsfunktion des einfachen Gesetzes muß und kann bis zu einem gewissen Grade wieder hergestellt werden:*

   a) durch Intensivierung des legislativen Verfassungsvollzuges;

   b) durch eine vornehmlich der Rechtsprechung obliegende Verdichtung von Verfassungsgrundsätzen zu konkreten Rechtssätzen (insbesondere durch Kombination mehrerer Verfassungsgrundsätze);

   c) durch eine „broad interpretation" der Verfassung.

IV.

13. Die Sicherungen der rechtsstaatlichen Verfassung entfalten nur beschränkte Wirkung
- *a) im besonderen Gewaltverhältnis;*
- *b) in der fiskalischen Verwaltung;*
- *c) in der Wohltaten gewährenden Verwaltung (Leistungsverwaltung).*

14. die hauptsächlichen Gründe dafür sind:
- *a) im besonderen Gewaltverhältnis: die Unterwerfungstheorie;*
- *b) in der fiskalischen Verwaltung: die angeblich uneingeschränkte Geltung des Grundsatzes der Vertragsfreiheit;*
- *c) in der Leistungsverwaltung: das weitgehende Fehlen gesetzlicher Gebote und Verbote über die Gewährung von Leistungen und Vergünstigungen; Gewährung wie Ablehnung scheinen daher keine Rechtsverletzung sein zu können.*

15. Dazu treten folgende allgemeine Gründe:
- *a) Verlagerung der Normsetzung von der Legislative zur Exekutive;*
- *b) Ersatz rechtssatzmäßiger Regelung durch „Verwaltungsverordnungen" (Entfallen der Rechtskontrolle!);*
- *c) Weitgehende Verwendung von Ermessensermächtigungen und unbestimmten Gesetzesbegriffen;*
- *d) Auseinanderfallen von objektivrechtlicher Verbindlichkeit und subjektivem Recht („Reflexrechte"!);*
- *e) Organisatorische und prozessuale Mängel im Rechtsschutz, u. a. mangelnde Adäquanz zwischen Leistungsverwaltung und Klagensystem.*

16. Demzufolge entspricht dem Zustande sozialer Bedürftigkeit und Abhängigkeit kein hinreichend gesicherter status positivus socialis. Eine besondere Gefahr liegt in der Begründung neuer Abhängigkeiten durch Mißbrauch der Leistungsgewährung (Auflagen und Bedingungen!).

V.

17. Der Lösungsversuch muß unter dem Leitmotiv stehen, die gesteigerte soziale Abhängigkeit des Einzelnen von der Verwaltung durch rechtliche Verfestigung dieser Beziehungen zu kompensieren und sie zu gesicherter Teilhabe auszugestalten.

18. Das besondere Gewaltverhältnis ist kein rechtsleerer Raum. Einzelakte im besonderen Gewaltverhältnis können Verwaltungsakte (i. S. von Rechtsakten), generelle Anordnungen können Rechtssätze sein. Für die Grenzziehung ist im Grundsatz an der Scheidung nach Außen- und Innenfunktionen der Verwaltung festzuhalten.

Grundrechte „gelten" auch im besonderen Gewaltverhältnis. Dessen besondere Bindungen können aber eine Berufung auf die Grundrechte als Mißbrauch erscheinen lassen.

19. *Auch die fiskalische Verwaltung ist öffentliche Verwaltung. Sie untersteht den Grundrechten, mindestens dem Gleichheitssatz (?). Die Vertragsfreiheit wird dadurch beschränkt.*

20. *Für die Leistungsverwaltung ist beim Fehlen spezieller Regelungen die Staatszielbestimmung des sozialen Rechtsstaats Ermächtigung, u. U. Verpflichtung, jedenfalls aber maßstäbliche Begrenzung.*

21. *Die „öffentliche Gewalt" entstammt der Begriffswelt der mit Gebot, Verbot und Erlaubnis arbeitenden Eingriffsverwaltung. Das Hinzutreten neuer Mittel staatlicher Machtäußerung in Gestalt der Leistungsgewährung und -verweigerung erfordert eine Erstreckung jenes Begriffs auch auf diese Mittel.*

Hinter dieser Frage steht das weitergehende Problem der zweckmäßigen Grenzziehung von öffentlichem und privatem Recht.

22. *Der Ruf nach „Wiederherstellung des Privatrechts" ist mißverständlich. Er ist berechtigt, soweit er möglichsten Verzicht auf Einsatz exekutivischer Machtmittel zur Regelung der Sozialbeziehungen fordert. Er wäre verfehlt, wenn aus ihm die Forderung auf Unterstellung der Beziehungen Staat — Individuum unter das Privatrecht entnommen werden müßte.*

23. *Beschränkung und inhaltliche Bindung des Verordnungsrechts der Exekutive sind durch eine auf den Zweck dieser Bindung abstellende, durchgängig rechtsstaatliche Interpretation der einschlägigen (nicht eindeutig formulierten) Verfassungsvorschriften zu fördern. Die quantitative Ausweitung der Staatsstätigkeit setzt einer Beschränkung der exekutivischen Normsetzung aber Grenzen.*

24. *Für die Unterscheidung von Rechts- und Verwaltungsverordnungen sind primär nicht Form, Bezeichnung und nominelle Adressierung, sondern Inhalt und Wirkungen maßgebend. Einem Formenmißbrauch ist entgegenzutreten.*

25. *Einräumung von Ermessen und Verwendung unbestimmter Gesetzesbegriffe sind unentbehrlich und bei Beschränkung auf die sachlich gebotenen Fälle nicht unrechtsstaatlich.*

Jedes Ermessen ist — bald weiter, bald enger — „gebunden". Auch freiestes Ermessen binden u. a. Gleichheit und Verhältnismäßigkeit.

Die Ermessenslehre wirft verschiedene Erscheinungen unter dem Ermessensbegriff zusammen. Beurteilungsermessen und

Handlungsermessen sind zu unterscheiden; beim Handlungsermessen muß weiter nach dem Grunde der Ermesseneinräumung differenziert werden.

Die ungenügende Differenzierung hat den Irrtum entstehen lassen, alle unbestimmten Gesetzesbegriffe seien unterschiedslos „reine Rechtsbegriffe" [73]).

26. *Objektivrechtlich gewährte und gewollte Begünstigungen des öffentlichen Rechts sind unter der Verfassungsordnung des GG subjektive öffentliche Rechte. Ungewollte (zufällige) Begünstigungen begründen keine Berechtigungen. Öffentliche „Reflexrechte" gibt es nicht. Der Begriff des (subjektiven öffentlichen) „Rechtes" sollte wegen seiner historischen Belastung in der Gesetzessprache vermieden und durch andere Ausdrücke umschrieben werden. Als wissenschaftlicher Begriff ist das subj.-öff. Recht schwer zu ersetzen, insbesondere nicht durch das „Interesse".*

27. *Die Zusammenhänge zwischen Rechtsstaatlichkeit, Sozialstaatlichkeit und Rechtsschutzsystem bedürfen stärkerer Beachtung. Organisatorische und prozessuale Fehler im Rechtsschutz beeinträchtigen nicht nur die Rechtsstaatlichkeit, sondern können auch die sozialgestaltende Tätigkeit der Verwaltung hemmen.*

VI.

28. *Die Staatszielbestimmung des sozialen Rechtsstaats erfordert eine Überprüfung herkömmlicher Auffassungen zu einer Reihe von Einzelfragen. So scheint z. B. das System staatlicher Entschädigungsleistungen, insbesondere die strikte Beschränkung öffentlichrechtlicher Entschädigung auf Eingriffe in Rechte, diesem Staatsziel nicht mehr voll zu entsprechen.*

---

[73]) Dieser Satz würde präziser lauten: „Die ungenügende Differenzierung hat den Irrtum entstehen lassen, alle unbestimmten Gesetzesbegriffe seien unterschiedslos als ‚Rechtsbegriffe' in ihrer Anwendung voller richterlicher Überprüfung zugänglich". Zur Begründung vgl. oben S. 71 Anm. 60.

3. Aussprache über:

Begriff und Wesen des sozialen Rechtsstaates

Abendroth-Marburg a. d. L.: Es fällt mir relativ schwer, nach dem ausgezeichneten Referat von Herrn Forsthoff zur verfassungsrechtlichen Seite des Problems und nach den Ausführungen von Herrn Bachof zur verwaltungsrechtlichen Seite des Problems die Diskussion zu eröffnen. Zumal es nicht ganz leicht ist, meinen Standpunkt nun unmittelbar in polemischer Anknüpfung an die beiden Referate vorzutragen, deren Thesen mir ja vorher unbekannt geblieben waren. Jedoch scheint es mir notwendig, von bestimmten Fragestellungen auszugehen, die jenseits der Fragestellung liegen, wie sie uns in den beiden Referaten so ausführlich und so durchdacht entwickelt worden ist. Wir müssen uns zunächst bewußt bleiben, daß das Moment des „sozialen Rechtsstaates" in beiden Formulierungen, in denen es im Grundgesetz erscheint, in einem Zusammenhang steht, der sich nicht auf die beiden Seiten der Sozialstaatlichkeit und der Rechtsstaatlichkeit beschränkt. Sowohl in Art. 20 Abs. 1 GG als auch in Art. 28 sind diese beiden Seiten unmittelbar verknüpft mit dem Moment der Demokratie. Der soziale Rechtsstaat ist demokratischer und sozialer Rechtsstaat und mir scheint, daß das Grundgesetz doch mit dieser Kennzeichnung der Dinge zum Ausdruck bringen wollte, daß in der Verbindung dieser drei Momente die das grundgesetzliche System tragende Rechtsgrundlage zu erblicken ist. Zweifellos handelt es sich gerade in dieser Verbindung nicht um einen Rechtssatz, der unmittelbarer Anwendung fähig wäre, sondern um einen Rechtsgrundsatz, auf den, weil er das grundgesetzliche Rechtssystem trägt, nun allerdings das rechtsstaatliche Denken des Grundgesetzes voll bezogen werden muß. Ein Rechtsgrundsatz dieser Art hat dann aber, wie mir scheint, höhere Bedeutung als es nach der ersten These und zum Teil auch nach der sechsten These Ernst Forsthoffs scheint. Die besondere Funktion von Rechtsgrundsätzen, wie sie in besonderer Schärfe und Klarheit das Grundgesetz in Art. 1 und eben in Art. 20 und 28 zum Ausdruck gebracht hat, ist es, das gesamte Grundgesetzsystem zu legimitieren und daher in dieser Wirkung auch zu durchdringen. Der Begriff der Sozialstaatlichkeit innerhalb dieser Einheit läßt sich daher von den anderen beiden mitwirkenden Momenten nicht isoliert verstehen. Dieser Begriff darf auch nicht ohne den konkreten Zusammenhang mit der sozialgeschichtlichen und politischen Situation interpretiert werden, die ihn geprägt hat. Ich möchte hier daran erinnern, daß diese Formulierung „sozialer Rechtsstaat" schon einmal in der Deutschen Staatsrechtslehre mit sehr deutlicher Akzentuierung vorgetragen worden ist, nämlich in aller Klarheit und mit durchaus polemischer Bedeutung in Hermann Hellers Schrift: Rechtsstaat oder Diktatur. Wir müssen uns bewußt bleiben, in welchem Zusammenhang damals diese Formulierung stand. Ernst Forsthoff hat an anderer Stelle, nämlich im allgemeinen Teil seines Verwaltungsrechts darauf hingewiesen, daß der liberale Rechtsstaat auf der Grundvorstellung beruhte, daß die Gestaltung der Wirtschafts- und Gesellschaftsordnung nicht durch den Staat zu erfolgen habe, sondern deshalb in den Grundzügen als gegeben vorausgesetzt werden solle, weil der Glaube herrschte, daß die Sozialordnung, die hier vorausgesetzt wurde, ihr Gerechtigkeitsmoment in sich selbst getragen habe. Doch das sei eine Vorstellung, die auch für die Staatsrechtslehre und ganz gewiß also auch für den Verfassungsgesetzgeber handgreiflich überwunden wurde durch die Erfahrungen der großen Krise nach 1929 und durch die Erfahrungen des totalitären Regimes. Der Gedanke der Sozialstaatlichkeit sollte demgegenüber schon damals nach Hermann Heller zum Ausdruck bringen, daß nunmehr die Sozialordnung und die wirtschaftlichen Grundlagen dieser Sozialordnung einer Umgestaltung unterworfen werden müßten, einer Umgestaltung, die auf einer veränderten, nämlich dieser Situation angepaßten, materiellen Inhaltserfüllung des Gedankens der materiellen Gerechtigkeit beruhen müsse. Mir scheint, daß das Grundgesetz in seiner Formulierung bewußt an diese Überlegungen angeknüpft hat, und daß deshalb diese Formulierung im Grundgesetz keineswegs auf der Vorstellung beruht hat, der Sozialstaat sei verwirklicht und damit eine rechtliche Gegebenheit, sondern umgekehrt auf der Vorstellung beruht hat, der Sozialstaat sei zu verwirklichen und daher noch eine Aufgabe der Rechtsordnung und also auch des Verfassungsrechts. Diese Überlegung führt uns zu weiteren Konsequenzen. Das Grundrechtssystem des Grundgesetzes hat — das war verständlich und in vielem auch berechtigt — die liberalen Grundrechte betont formuliert und die sozialen Grundrechte weitgehend ausgespart. Es hat das deshalb getan, weil der Parlamentarische Rat in der Überzeugung lebte, daß bei den liberalen Grundrechten an eine lange Tradition anknüpfend die unmittelbare situations-gerechte Durchsetzung aktuell möglich sei, während der Parlamentarische Rat sich hinsichtlich der Gestaltung der Sozialordnung keine Vorstellungen gebildet hatte, die klar genug waren, um die unmittelbare Formulierung sozialer Grundrechte eines status socialis activus der entfalteten modernen Demokratie voll zu ermöglichen. Zwar klingt dieser status socialis activus mehrfach an, aber er klingt eben nur an. Und im übrigen hat das grundrechtliche System des ersten Teiles lediglich Einfallstore eröffnet, um diese Aktivierungsaufgabe in Angriff nehmen zu können. Aber eben dadurch wird wieder deutlich, daß die Grundsatzformulierung „demokratischer und sozialer Rechtsstaat" keineswegs ein Sein bezeichnen sollte, sondern ein Sollen klar zum Ausdruck bringen wollte. Dadurch wird nun weiter klar, daß der Grundrechtsteil des Grundgesetzes, auch soweit er hergebrachte liberale Grundrechte, Grundrechte, um mit Herrn Forsthoff zu sprechen, der bloßen Ausgliederung formuliert, nicht als restaurative oder konservative Bestätigung der bestehenden Wirtschafts- und Gesellschaftsordnung gewertet werden darf, sondern daß umgekehrt auch hier der Gedanke durchdringt, daß es möglich und notwendig ist, den Wert, den diese liberalen Grundrechte zum Ausdruck bringen, in eine neu zu gestaltende Gesellschaftsordnung zu übertragen und zu übernehmen, die auch dem Wert der sozialen Gerechtigkeit als der weitgehend offen und ungelöst gebliebenen Gestaltungsaufgabe des Grundgesetzes entspricht. Das bedeutet weiter, daß sehr genau geprüft und überlegt werden muß, wieweit diese liberalen Grundrechte, zunächst als Ausgliederungsrechte gegenüber der Staatsgewalt formuliert und gedacht, nun, weil es sich um einen demokratischen und sozialen Rechtsstaat handelt, in Teilhaberechte umgedacht werden müssen, die gleichzeitig mit dem früheren bloßen Ausgliederungscharakter dieser Grundrechte — soweit notwendig und soweit möglich — versöhnt werden müssen. Von hier aus müssen wir uns darüber klar werden, daß zum Beispiel Art. 2, Art. 12, Art. 14 — im Art. 14 wie im Art. 2 ist es ausdrücklich zum Ausdruck gebracht — nicht lediglich im ausgliedernden Sinne Forsthoffs gedeutet werden dürfen, sondern daß umgekehrt hier das Einfallstor zur Umdeutung dieser Grundrechte in Teilhaberechte einer neu zu gliedernden Gesellschaft geöffnet worden ist. Das Grundgesetz bekennt sich also im Rechtsgrundsatz des sozialen und demokratischen Rechtsstaats zu der Möglichkeit, das überkommene Gedankengut des liberalen Rechtsstaates umzugestalten. Es verneint durch sein Bekenntnis zum demokratischen und sozialen Rechtsstaat sowohl die inhaltliche Entleerung des früheren liberalen Rechtsstaatsgedankens zum bloßen formalen Rechtsstaatsgedanken des Positivismus (Art. 1 Abs. 3) als die Versuchung, zu einer unkritischen, der konkreten sozialen Realität unangepaßten und undurchdachten Wiederbelebung des früheren liberalen Rechtsstaatsdenkens zurückzukehren. Es ist vielmehr darauf angelegt, den materiellen Rechtsstaatsgedanken der Demokratie, also vor allem den Gleichheitssatz und die Verbindung des Gleichheitssatzes mit dem Teilhabedenken im Selbstbestimmungsgedanken auf die Wirtschafts- und Sozialordnung auszudehnen und dadurch dem Sozialstaatsgedanken realen Inhalt zu verleihen. Und dabei ist es nun keineswegs so, daß das Grundgesetz lediglich darauf abstellt, ob die Inhaber solcher, sei es ökonomischer, sei es gesellschaftlicher Machtstellungen, die nicht demokratisch legitimiert werden können und die ihre Machtstellungen, wie wir alle wissen, ja auch in unmittelbare politische Machtstellungen übersetzen können, die erforderliche soziale Verantwortung erkennen lassen. Das Grundgesetz verbietet keineswegs dem Gesetzgeber — und auch nicht dem Verfassungsgesetzgeber bei eventuellen Änderungen des Grundgesetzes — durch Eingriff der im Staat demokratisch organisierten Gesellschaft die Inhaber derartiger Machtstellungen dem Willen der Gesellschaft zu unterwerfen. Dabei möchte ich vor dem Gedanken warnen, daß es apriori unmöglich sei, Verfassungssätze zu formulieren, die diesen Gedanken des Eingriffs in die bestehende Gesellschafts- und Wirtschaftsordnung zum Ausdruck bringen, wie Herr Forsthoff annimmt. Es ist durchaus möglich, in lapidarer Kürze Eingriffsmaßnahmen des demokratisch organisierten Staates in die Sozialstruktur und deren wirtschaftliche Grundlagen normativ konkret zu fassen, sobald nur die erforderliche Klarheit gewonnen ist über das, was gefaßt werden soll. Und so sehe ich darin, daß das Grundgesetz zu den wesentlichsten Fragen der Gestaltung des gesellschaftlichen Lebens über die konkrete Inhaltserfüllung des Gedankens des demokratischen und sozialen Rechtsstaats nichts ausgesagt hat, nicht etwa den Beweis dafür, daß man in Form von Verfassungsnormen nichts aussagen konnte — die Parallelentwicklung in Frankreich, in Italien zwingt ebensowenig zu dieser Annahme — sondern ich sehe darin vielmehr den Beweis dafür, daß die politischen Kräfte, die dies Grundgesetz und die die französische und die italienische Verfassung gestaltet haben, sich auf einheitliche Wertauffassungen weitgehend nicht einigen konnten. Wir müssen nun sehen, wo eigentlich der Widerspruch liegt, der diese konkrete verfassungsrechtliche Fassung des Rechtsgrundsatzes, zu dem sich die Verfassung bekennt, verhindert hat. Auch im Parlamentarischen Rat standen sich ebenso wie in der französischen Nationalversammlung, ebenso wie bei der Gestaltung der italienischen Verfassung, Kräfte einander gegenüber, die der Ansicht waren, daß rechtsstaatliche Sicherung der Individualsphäre mit einem mindestens potentiell allseitig planenden Wohlfahrtsstaat unvereinbar sei und daß deshalb Eingriffe in die Sozial- und Wirtschaftsordnung nur als im Grunde die bestehende Sozial- und Wirtschaftsordnung nicht umgestaltende, sondern ins Gleichgewicht bringende Einzelmaßnahmen gebilligt werden können und auf der anderen Seite Gruppen, die umgekehrt der Meinung waren, daß eine volle Umplanung der Wirtschafts- und Gesellschaftsordnung erforderlich sei und daß ein derart neu zu gestaltender sozialer Wohlfahrtsstaat auf die Dauer gesehen die einzige Möglichkeit materieller Inhaltserfüllung des demokratischen Rechtsstaatsgedankens bringe. Das Grundgesetz konnte in dieser Situation nur wenige Entscheidungen treffen. Es hat vielmehr diese inhaltliche Bestimmung des Rechtsgrundsatzes der demokratischen und sozialen Rechtsstaatlichkeit eben um dieser, wenn Sie so wollen, Kompromißlage willen, dem einfachen Gesetzgeber und evtl. dem Verfassungsänderungsverfahren überlassen. Was aber dieser Gedanke mindestens ausdrücken soll, ist daß eine Umgestaltung der Wirtschafts- und Gesellschaftsordnung in dieser Richtung, daß nämlich in rechtsstaatlicher Weise in der Wirtschafts- und Gesellschaftsordnung die demokratischen Strukturprinzipien und das demokratische Gerechtigkeitsdenken sich durchsetzen können, technisch möglich ist und objektiv mit rechtsstaatlichem Denken vereinbart werden kann. Das hat uns teilweise schon praktisch die Erfahrungswelt der englischen Entwicklung dargelegt. Ich möchte in dieser Richtung auf die Arbeiten Friedmanns, vor allen Dingen auf „Law and Social Change in Great Britain" hingewiesen haben. Ich möchte auch nicht vergessen, an die Arbeit von Angelopoulos über „Planisme et Progrès Social" zu erinnern. Damit wird deutlich, daß die Firmierung „demokratischer und sozialer Rechtsstaat" in der Verbindung des demokratischen und des sozialen Moments mit dem Rechtsstaatsmoment mindestens ein mögliches Programm zum Ausdruck bringt. Diese Firmierung ist durch Art. 79 Abs. 3 zu einem Rechtsgrundsatz von solchem Rang erhoben worden, daß er dem Verfassungsänderungsverfahren entzogen ist. Damit hat das Grundgesetz zum Ausdruck gebracht, daß es Wirtschafts- und Sozialordnung nicht wieder zu voller Autonomie gegenüber der politischen Ordnung zurückkehren lassen will und dem Gestaltungswillen des demokratischen Staates, der die Gesellschaft und ihre Träger zur Willens- und Wirkungseinheit zusammenfaßt, Raum geschaffen. Wie die Gestaltung nun im einzelnen verläuft, das allerdings hat das Grundgesetz nicht verfassungsrechtlich entschieden, aber es hat durch dieses Bekenntnis zum Ausdruck gebracht, daß diese Gestaltungsaufgabe, auch wenn sie als Gestaltungsaufgabe der bestehenden Gesellschafts- und Wirtschaftsordnung entgegengestellt wird, dem Staat nicht mehr entzogen werden darf, dem Staat, der selbst demokratischer Staat sein muß. Von hier aus gesehen, sind also dem Gedanken der Grundgesetzabänderung Schranken gezogen, Schranken in der Richtung, daß angesichts des Art. 79 Abs. 3 auch durch Grundgesetzänderung diese Gestaltungsmöglichkeit nicht wieder aufgehoben werden darf. Das ist die rechtliche Seite des Problems.

deren wir uns bewußt bleiben müssen. Dieser rechtlichen Seite steht eine konkrete, politische Seite gegenüber, in der deutlich wird, daß es nun Aufgabe der Wissenschaft von der Politik wird, zu untersuchen, in welcher Richtung derartige Gestaltungsaufgaben laufen können und in welcher Verflechtung die Sozialphilosophien, die hier zum Kampfe gegeneinander antreten, mit konkreten, sozialen Interessen der bestehenden, noch nicht demokratisierten Gesellschaft stehen, um von hier aus weiter zu überlegen, ob und in welcher Richtung wissenschaftliche Objektivierung sich über diese Interessengegensätze erheben und den politischen Kräften, die in der Demokratie in Erscheinung treten, Hilfe leisten kann.

Leitsätze des ersten Redners in der Aussprache Professor Dr. Abendroth

1. *Die Firmierung der Bundesrepublik Deutschland als „demokratischer und sozialer Bundesstaat" in Art. 20 GG wird durch die deutlichere Fassung des Art. 28 Abs. 1 Satz 1 als Rechtsgrundsatz erkennbar, der in den Begriff der verfassungsrechtlichen Ordnung einbezogen ist.*

   Der Rechtsgrundsatz, daß die Bundesrepublik Deutschland ein „demokratischer und sozialer Rechtsstaat" sei, wird durch Art. 79 Abs. 3 des Grundgesetzes dahin verstärkt, daß er als unverbrüchliche Grundlage der Verfassungsgestaltung der Möglichkeit der Verfassungsänderung entzogen ist.

2. *Die Verbindung der drei in dieser Formulierung enthaltenen Momente der Demokratie, der Sozialstaatlichkeit und der Rechtsstaatlichkeit bildet daher ein Strukturprinzip der verfassungsrechtlichen Ordnung, ohne jedoch einen positiven Rechtssatz darzustellen, weil ihr eine normgemäßes Verhalten ermöglichende Individualisierung fehlt.*

   Sie enthält gleichzeitig eine aktuell wirksame Auslegungsregel des geltenden Verfassungs- und Gesetzesrechts und eine Gestaltungsmaxime für die Fortentwicklung der Rechtsordnung und die Verwaltung der Bundesrepublik und der Länder.

3. *Der Begriff der Sozialstaatlichkeit innerhalb dieser Einheit läßt sich nicht von den beiden anderen mitwirkenden Momenten isoliert verstehen. Er ist ebensowenig ohne den konkreten Zusammenhang mit der sozialgeschichtlichen und politischen Situation interpretierbar, die ihn geprägt hat.*

   Während der liberale Rechtsstaat auf der Grundvorstellung beruht hat, daß die Gestaltung der Wirtschafts- und Gesellschaftsordnung nicht durch den Staat zu erfolgen habe, sondern in ihren Grundzügen als gegeben vorausgesetzt werden müsse, unterwirft der Sozialstaatsgedanke deren Gestaltung der durch den Staat und insbesondere seine Gesetzgebungsorgane repräsentierten demokratischen Selbstbestimmung des Volkes. Der Gedanke der Sozialstaatlichkeit ist die Konsequenz der Aufhebung des Glaubens an die immanente Gerechtigkeit der bestehenden Wirtschafts- und Gesellschaftsordnung.

4. *Die Formulierung des Sozialstaatsgedankens in Art. 20 und 28 GG hat deshalb die Funktion, zu verhüten, daß die Fixierung der Grundrechte im ersten Abschnitt des Grundgesetzes als restaurative oder konservative Bestätigung der bestehenden Wirtschafts- und Gesellschaftsordnung und deshalb als verfassungsrechtliche Schranke ihrer Veränderung mißdeutet wird. Sie hält bewußt die Möglichkeit offen, die durch das Grundgesetz garantierten Freiheitsrechte in Ausfüllung der in ihnen gegebenen immanenten Gestaltungsmöglichkeiten des Gesetzgebers in ein anderes System der Gesellschaftsordnung einzuordnen und durch soziale Grundrechte zu ergänzen.*

5. *Damit wird deutlich, daß Art. 2 (Recht auf freie Entfaltung der Persönlichkeit innerhalb der verfassungsmäßigen Ordnung und des Sittengesetzes), Art. 12 (Recht auf freie Wahl des Berufes, des Arbeitsplatzes und der Ausbildungsstätte) und Art. 14 (Gewährleistung des Eigentums und des Erbrechtes) nicht als Garantien der liberal-kapitalistischen Wirtschafts- und Gesellschaftsordnung gedeutet werden dürfen.*

   Andererseits erhalten hierdurch Art. 3 Abs. 1 (Gleichheitssatz), Art. 14 Abs. 1 Satz 2 (Bestimmung von Inhalt und Schranken des Eigentums und des Erbrechts durch das Gesetz) und Art. 15 (Vergesellschaftung) ihren konkreten Sinn.

6. *Das Grundgesetz bekennt sich also zu der Möglichkeit, das überkommene Gedankengut des liberalen Rechtsstaates umzugestalten. Es verneint durch sein Bekenntnis zum demokratischen und sozialen Rechtsstaat sowohl die inhaltliche Entleerung des früheren liberalen Rechtsstaatsgedankens zum bloßen formalen Rechtsstaatsgedanken des Positivismus, als auch die Versuchung, zu einer unkritischen Wiederbelebung der materiellen Rechtsstaatsidee zurückzukehren, wie sie im vorigen Jahrhundert entwickelt worden ist.*

   Es ist dagegen darauf angelegt, den materiellen Rechtsstaatsgedanken der Demokratie (also vor allem den Gleichheitssatz und den Selbstbestimmungsgedanken) auf die Wirtschafts- und Sozialordnung auszudehenen und dadurch dem Sozialstaatsgedanken realen Inhalt zu verleihen.

7. *Das Grundgesetz hat jedoch in den wesentlichsten Fragen der Gestaltung des gesellschaftlichen Lebens über die konkrete inhaltliche Ausfüllung des Gedankens des demokratischen und sozialen Rechtsstaats nichts ausgesagt, weil die politischen Kräfte, die es gestaltet haben, sich auf einheitliche Wertauffassungen noch nicht*

voll einigen konnten. Die Wertauffassungen, die in diesen Fragen miteinander ringen, sind nicht nur historisch und national, sondern auch durch den sozialen Standort ihrer Träger bestimmt und daher innerhalb der Bürger der Bundesrepublik divergierend.

Während auf der einen Seite die Unvereinbarkeit von rechtsstaatlicher Sicherung der Individualsphäre mit einem allseitig planenden Wohlfahrtsstaat behauptet wird und deshalb sozialstaatliche Eingriffe nur als Einzelmaßnahmen gebilligt werden, wird auf der anderen Seite ein die gesamte Gesellschaftsordnung und ihre wirtschaftlichen Grundlagen bewußt umgestaltender sozialer Wohlfahrtsstaat als einzige Möglichkeit materieller, inhaltlicher Erfüllung des demokratischen Rechtsstaatsgedankens angesehen.

Das Grundgesetz hat zwischen beiden Möglichkeiten keine endgültige Entscheidung getroffen. Es hat vielmehr diese inhaltliche Bestimmung dem einfachen Gesetzgeber und evtl. auch dem Verfassungsänderungsverfahren zugewiesen.

8. *Die Unabänderlichkeitsgarantie des Art. 79 Abs. 3 für den Rechtsgrundsatz des demokratischen und sozialen Rechtsstaates bewirkt jedoch, daß dem Gesetzgeber, gleichgültig, ob er die Verfassung ergänzt oder ändert oder sich als einfacher Gesetzgeber betätigt, das Recht genommen ist, dem demokratisch organisierten Staat die Möglichkeit zur Neugestaltung der Gesellschaft unter Beachtung der materiellen Momente der Demokratie (also des Gleichheitssatzes und des Gedankens der sich selbst bestimmenden Freiheit des Volkes) und des durch diese Grundsätze bestimmten Rechtsstaatsgedankens wieder zu nehmen.*

   Darüber hinaus bindet der Rechtsgrundsatz der sozialen und demokratischen Rechtsstaatlichkeit Exekutive und Rechtsprechung daran, bei der Interpretation der Normen des Grundgesetzes und der einfachen Gesetze den jeweils durch die Gesetzgebungsorgane des Staates bestimmten Stand der Verwirklichung dieses Rechtsgrundsatzes in ihrer gesamten Tätigkeit zu beachten.

Nipperdey-Köln: Ich darf zunächst Ihrer Vereinigung und Ihrem Vorsitzenden den verbindlichsten Dank aussprechen, daß Sie auch den Mitgliedern der Zivilrechtslehrervereinigung die Möglichkeit gegeben haben, hier Ihrer Tagung beizuwohnen und gestatten, das Wort zu ergreifen. Ich glaube, Sie sind mit mir der Meinung, daß die Zeiten vorüber sind, wo die einzelnen Sparten unserer Wissenschaft ein ganz getrenntes Leben führten. Die Rechtswissenschaft ist eine Einheit, und es ist gerade bei Themen, wie Sie sie hier behandeln und wie sie morgen und am Samstag auf der Zivilrechtslehrertagung in Schlangenbad behandelt werden, notwendig, daß Publizisten und Zivilisten zusammenarbeiten.

Ich möchte mich ganz kurz auf einige Bemerkungen zu dem Referat des Herr Kollegen Forsthoff beschränken. Seine Hauptthese geht dahin, daß die Formel vom sozialen Rechtsstaat keinen rechtsverbindlichen Charakter trage, keine Norm sei, weder Rechte noch Pflichten begründen könne. In Leitsatz 15 wird das zum Schlusse dahin formuliert: er ist kein Rechtsbegriff. Im Referat selbst hat Herr Forsthoff gesagt, er ist kein Rechtssatz. Hier scheint mir insofern bereits ein gewisser Widerspruch vorzuliegen, als Herr Forsthoff zugibt, daß das Bekenntnis des Grundgesetzes zum Sozialstaat für die Gesetzesauslegung verbindlich ist. Er hat im Leitsatz 14 eine allerdings vielleicht absichtlich etwas sehr elastische Formulierung gewählt: eine für die Gesetzesauslegung verbindliche Staatszielbestimmung. Ich sehe nicht recht ein, wo hier der Unterschied zu einer Norm liegen soll, denn eine Regel oder ein Satz, der für die Gesetzesauslegung verbindlich ist, ist eine Norm, ich verweise auf § 242 des BGB. Er hätte wohl also etwas vorsichtiger von einer, von seinem Standpunkt aus, abgeschwächten Norm sprechen müssen, einer Norm, von der er der Meinung ist, daß nicht etwa Gesetze an ihr auf ihre Verfassungsmäßigkeit gemessen und für verfassungswidrig erklärt werden dürfen. Aber wenn die Regel, wenn die Formel vom Sozialstaat für die Gesetzesauslegung Bedeutung hat, dann kann sie, wenn auch, vom Standpunkt Forsthoffs, nur in Verbindung mit anderen Vorschriften natürlich Rechte und Pflichten begründen, weil die Auslegung zu einem solchen Ergebnis führen kann. Und wenn ich die Herren an das Referat des Herrn Kollegen Ipsen zu Artikel 14 erinnern darf, in dem ja dem Begriff des sozialen Rechtsstaates in Verbindung mit der Auslegung und Begrenzung des Eigentumsbegriffs eine entscheidende Bedeutung beigemessen worden ist, so war Ipsen doch wohl auch, aber Herr Ipsen wird das besser selbst sagen können, der Meinung, daß es sich beim sozialen Rechtsstaat um eine Norm handelt. Und noch etwas in diesem Zusammenhang: Wenn der Referent den Grundsatz des sozialen Rechtsstaates als Auslegungsprinzip anerkennt, so sind natürlich dann gegen diese These von seinem Standpunkt aus genau die gleichen, für ihn entscheidenden Einwendungen zu machen, daß nämlich der Begriff zu unbestimmt, nicht prägnant, praktisch unbrauchbar sei. Denn diese Bedenken bestehen auch gegen einen Auslegungsgrundsatz und wenn F. am Schlusse die sehr erfreuliche Verbeugung, wenn ich so sagen darf, vor den Richtern gemacht hat, so kommen diese Richter natürlich, wenn sie den Gedanken des sozialen Rechtsstaates für die Auslegung verwenden sollen, gerade auch von F.'s Standpunkt der Unbestimmtheit des Satzes u. U. in eine etwas schwierige Lage. Wenn hier mehrfach auch in diesem Zusammenhang das Wort vom Programmsatz im Gegensatz zum aktuellen Rechtssatz gefallen ist, so möchte ich nur in Parenthese bitten, einmal auch dem folgenden Gedankengang nachzugehen. Der Programmsatz soll sich vom geltenden Rechtssatz dadurch unterscheiden, daß er kein unmittelbar anwendbares Recht ist, daß daher selbstverständlich auch bestehende Gesetze, die im Zeitpunkt des Inkrafttretens des Programmsatzes in der Welt sind, nicht an diesem Programm zu messen, daher zweifelsfrei rechtsgültig sind. Aber es taucht doch die Frage auf, was ist eigentlich mit neuen Gesetzen, die an einem solchen Programmsatz in einem, sagen wir einmal, sehr radikalen Sinne vorübergehen, die den Erfordernissen dieses Programmsatzes nicht Rechnung tragen? Muß hier nicht eine andere Auffassung einsetzen, als sie bisher meist vertreten worden ist? Müssen nicht neue Gesetze sich unter Umständen, vielleicht mit der Einschränkung, die Herr Bachof sehr eindrucksvoll vorgetragen hat, der „broad interpretation" des Programmsatzes der Verfassung, also einer sehr vorsichtigen Anwendung, eine Nachprüfung gefallen lassen?

Herr Forsthoff hat sehr mit Recht in seinem Leitsatz 3 darauf hingewiesen, daß unsere Frage nicht allein im Wege der Auslegung einzelner Verfassungsbestimmungen entschieden werden kann. Aber ich hatte dann doch namentlich von dem zweiten Teil des Referats, ebenso wie Herr Bachof, sehr stark den Eindruck, daß die Artikel 20 und 28 ziemlich isoliert ausgelegt worden sind, und daß das entscheidende Argument des Referats nur, um es zu wiederholen, darin bestand, daß der Begriff derartig unbestimmt und unvollziehbar sei, daß ihm umdeswillen der Charakter der Norm abgesprochen werden müsse. Demgegenüber bin ich der Meinung, daß gerade der Leitsatz 3 des Herrn Kollegen Forsthoff dazu führen muß, die Formel vom sozialen Rechtsstaat in engster Verbindung mit wichtigen andern Regeln, namentlich des ersten Teiles der Verfassung zu betrachten. Das gilt für Artikel 1 von der Würde des Menschen, Artikel 2 von der Entfaltungsfreiheit, für Art. 3, 6, 9, 12, 14 und 15. Wenn wir uns an den bekannten Streit um Artikel 12 Abs. 1 über die Bedeutung der Gewerbefreiheit im Sinne einer Berufswahl, Gewerbewahl erinnern, so ist es immerhin doch von erheblicher Bedeutung, daß die große Masse der deutschen Oberverwaltungsgerichte den Artikel 12 Abs. 1 durch den Artikel 2 mit seiner Formel von der verfassungsmäßigen Ordnung eingeschränkt haben und daß diese verfassungsmäßige Ordnung im Sinne gewisser entscheidender Hauptgrundsätze der Verfassung, zu denen vor allem auch der soziale Rechtsstaat gerechnet wurde, zu verstehen ist. Gerade aus dem Erfordernis des sozialen Rechtsstaats wurde die Notwendigkeit hergeleitet, die zu weite Fassung des Artikels 12 Abs. 1 im Interesse der Sicherheit, der öffentlichen Ordnung, der Sittlichkeit, der Gesundheit usw. einzuschränken. Ich stimme restlos zu dem Leitsatz 4 des Herrn Kollegen Forsthoff. Es ist der, in dem ich den Kardinalpunkt seines Referats sehe:

daß in der Tat der Rechtsstaat nach der Ordnung des Grundgesetzes der primäre und mit allen Rechtsgarantien ausgestattete Wert ist. Er ist als solcher schon, da er ein demokratischer Rechtsstaat ist, ein sozialer Rechtsstaat um dieser Rechtsstaatlichkeit willen. Aber auch hier bitte ich Herrn Kollegen Forsthoff, gerade von seinem Standpunkt aus, nicht zu verkennen — das scheint mir ein sehr wichtiger Gesichtspunkt zu sein — ,daß der Begriff des sozialen Rechtsstaats geradezu als eine Sicherung des Rechtsstaates, soweit es sich um individuelle Grundrechte handelt, angesehen werden muß. Denn wenn wir uns den Artikel 2 in seiner Bedeutung vergegenwärtigen, so dürfte doch heute bereits überwiegend anerkannt sein, daß der Artikel 2 einen schrankenlosen Interventionismus des Staates in das wirtschaftliche Leben nicht zuläßt, weil die Entfaltungsfreiheit des Einzelnen ihre Grenzen nur am Sittengesetz, den Rechten Dritter und der verfassungsmäßigen Ordnung in dem eben erwähnten Sinne findet. Es ist also nicht jeder Eingriff, jeder dirigistische Eingriff des Staates, wenn er nur eine gesetzliche Grundlage hat, verfassungsmäßig, sondern der Eingriff des Staates muß sich eine, allerdings auch wieder vorsichtige, Nachprüfung gefallen lassen, ob er mit Artikel 2 in Verbindung mit Artikel 20 I, 28 I 1 vereinbar ist. Das ist eine sehr wesentliche Einschränkung interventionistischer Maßnahmen, die also im Sinne des Herrn Referenten dem Rechtsstaat zugute kommt.

Nun noch ganz kurz zwei Gesichtspunkte zu dem Katalog der Grundrechte, die Herr Kollege Forsthoff aufgestellt hat. Er sprach von der einen Gruppe, den klassischen Grundrechten, die die Freiheit vom Staate verbürgen, von den Ausgrenzungen und stellt ihnen diejenigen gegenüber, die auf Teilhabe gerichtet sind, die also Ansprüche gegen den Staat gewähren. Hier scheint er mir aber im Leitsatz 8 wiederum eine zu enge und zu negative Formulierung zu vertreten, wenn er nur solche Teilhaberechte anerkennen will, die keiner Graduierung oder Differenzierung bedürfen, die also in seinem Sinne absolut konkretisiert und durchnormiert sind. Es ist das ungefähr, wenn ich recht sehe, derselbe Gedanke, den der unglückselige Vorlagebeschluß des Oberlandesgerichts Frankfurt vorgetragen hat, der mit dieser Begründung fehlender Rechtssicherheit dem Artikel 117 (und Art. 3 II) der Verfassung die unmittelbare Wirkung absprechen wollte. Der Bundesgerichtshof hat eine solche Argumentation mit Recht abgelehnt und im Normenkontrollverfahren steht ja eine Entscheidung des Bundesverfassungsgerichtes unmittelbar bevor. Denn die Gleichberechtigung der Geschlechter ist natürlich ein solches Grundrecht der Teilhabe, kein Grundrecht der Ausgrenzung. Man könnte also gegen den Grundsatz der Gleichberechtigung der Geschlechter nach Artikel 2 sehr ähnliche Einwendungen machen, wie sie Herr Forsthoff gegen die Unbestimmtheit des Begriffs des sozialen Rechtsstaats gemacht hat. Trotzdem besteht für mich kein Zweifel, daß Artikel 3 Abs. 2, seit dem 1. April geltendes Recht ist. Man könnte auch in diesem Zusammenhang auf Artikel 6 hinweisen, der ja in Verbindung mit der Gleichberechtigungsfrage viel zitiert worden ist, über den besonderen Schutz von Ehe und Familie. Ich könnte mir durchaus denken, daß die darin liegende Bestimmung eines Rechts auf Teilhabe genügt, um daraus, wie das auch schon in der Rechtsprechung geschehen ist, eine Reihe rechtlicher Konsequenzen auch dann zu ziehen, wenn etwa eines Tages das Familienrechtsgesetz, das nunmehr der neue Bundestag zu beschließen hat, wiederum unter dem Gesichtspunkt des Artikels 3 Abs. 2, d. h. an der Gleichberechtigung zu prüfen ist. Ich erinnere weiter an den bekannten Streit, zu dem ich mich selbst eingehend geäußert habe, über die Lohngleichheit der Frauen bei gleicher Arbeit und gleicher Leistung. Selbst wenn man entgegen meiner Meinung nur eine die Staatsgewalt bindende Bestimmung annimmt — der Grundsatz selbst ist nach der Entstehungsgeschichte im Artikel 3 enthalten — so ist jedenfalls eine genügende Konkretisierung des Teilhaberechts anzunehmen. Und nun noch folgendes: Ich hatte eigentlich erwartet, daß in der Diskussion über den sozialen Rechtsstaat die Frage, wenn vielleicht auch durchaus im negativen Sinne, etwas näher behandelt worden wäre, wieweit die Grundrechte, gerade vom Gesichtspunkt des sozialen Rechtsstaates aus, für den Rechtsverkehr unter den Rechtsgenossen Bedeutung haben. Inwieweit der soziale Rechtsstaat, wenn er in einzelnen, konkreten Grundrechten seine Gestaltung erfahren hat, auch Schutz gegen soziale Gewalten, also andere Gewalten als den Staat, gegen andere Rechtsgenossen, vielleicht auch dem Einzelnen Schutz gegen sich selbst, so gegen übertriebene Bindungen gewährleistet oder Teilhaberechte i. S. Forsthoffs gegen die Rechtsgenossen gewährt. Ich glaube, daß die publizistische Wissenschaft dieser Frage, obwohl ich weiß, daß sie zunächst weitgehend ablehnend gestimmt ist, etwas größere Aufmerksamkeit beimessen sollte, als es bisher geschehen ist. Dabei kommt es weniger, scheint mir, auf die konstruktive Begründung an als auf die Ergebnisse. Ich könnte mir also denken, daß dem Satz von der Würde des Menschen, die zu schützen und zu achten Verpflichtung aller staatlichen Gewalt ist (Art. 1), dem Satz von der freien Entfaltung der Persönlichkeit (Art. 2 Abs. 1), dann dem Satz von der Lohngleichheit, der aus Art. 3 Abs. 2 zu entwickeln ist, daß diesen Sätzen eine unmittelbare, verfassungsrechtliche Bedeutung auch für den Rechtsverkehr der Rechtsgenossen untereinander zuzumessen ist. Ich erinnere weiter an den Streit um Art. 5, ob nämlich durch die veränderte Fassung gegenüber dem Art. 118 der Weimarer Verfassung das Grundrecht der Meinungsfreiheit nur eine Ausgrenzung im Sinne von Forsthoff ist oder auch die Vertragsfreiheit und Handlungsfreiheit unter den Privaten beschränkt. Ich erinnere an Art. 9 Abs. 3 über das Koalitionsrecht, wo kein Zweifel sein kann, daß er auch die Verträge, die privaten Rechte bindet. Auch aus Art. 6 ergeben sich private Rechte. Es wäre auch daran zu erinnern, worauf Herbert Krüger hingewiesen hat, daß Art. 103 Abs. 2: Nulla poena sine lege (d. h. sein Vorläufer) schon in einer älteren Entscheidung des Reichsgerichts auf das private Vereinsrecht angewendet worden ist. Ist es nicht ein Erfordernis des sozialen Rechtsstaats, den ernsthaften Versuch zu machen, die Grundrechte daraufhin zu überprüfen, ob und inwieweit sie für den Privatrechtsverkehr Geltung haben? Dabei möchte ich ausdrücklich betonen, daß es keineswegs notwendig ist, daß die Bedeutung gegenüber der Staatsgewalt die gleiche ist wie für den Privatrechtsverkehr, es können sich hier Differenzierungen ergeben.

Und nun, meine Herren, noch ein letztes. Das Hauptargument Herrn Forsthoff's für seine skeptische Haltung war, wie ich glaube, die von ihm behauptete fehlende Prägnanz, die Unbestimmtheit, die Unvollziehbarkeit des Begriffs „Sozialer Rechtsstaat". Nun muß man gegenüber dieser Argumentation, die ja, wie jeder Kenner weiß, in der wissenschaftlichen Diskussion in zahlreichen Fällen eine Rolle spielt, wie schon gesagt, doch etwas vorsichtig sein. Wir müssen scharf die Frage der praktischen Schwierigkeiten unterscheiden von der zunächst theoretisch zu beurteilenden Frage, ob wir um solcher Schwierigkeiten willen die Rechtsqualität eines Begriffes leugnen sollen. Ich erinnere an § 242 des BGB., an die Formel vom wichtigen Grund, von der Nichtzumutbarkeit, von der Willkür, an die Frage, ob etwas reasonable oder unreasonable ist usw. Das sind ja alles Begriffe, die einer Prägnanz entbehren, die für eine gewisse Unvollziehbarkeit sprechen. Trotzdem ist noch niemand auf den Gedanken gekommen, ihnen den Rechtscharakter abzusprechen. Und vielleicht macht es sich Forsthoff in diesem Punkte etwas leicht, indem er sich einen Begriff des Sozialen zurecht macht, der mir doch etwas reichlich eng zu sein scheint. Seine These ging dahin, der Begriff des Sozialen könne eine doppelte Bedeutung haben, er könne polemisch gemeint sein, reichere Verteilung, Änderung bestehender Zustände zugunsten der wirtschaftlich Schwächeren oder ein Hinweis auf bestimmte, verwirklichte Institute. So verstanden wäre der Rechtsgehalt des Begriffes allerdings sehr zweifelhaft. Wir müssen aber zunächst nicht vom positiven Sinne des Begriffes, sondern von seiner Negation, vom Verbot ausgehen. Ich darf vielleicht daran erinnern, daß bei der Auslegung des gleichfalls elastischen Gleichheitsbegriffs des Art. 3 und früher der entsprechenden Vorschrift der

Weimarer Verfassung ebenfalls die negative Seite der Sache im Vordergrund steht. Es verstößt gegen das Gleichheitsprinzip, wenn eine Regelung gänzlich willkürlich ist oder sachfremd motiviert ist. Muß nicht der „soziale Rechtsstaat", unabhängig von der Bedeutung für die Auslegung, mindestens zunächst in dem Sinne hier als Norm infrage kommen, an der Gesetze auf ihre Verfassungsmäßigkeit nachzuprüfen sind, ob eine auf den ersten Blick völlig unsoziale Regelung getroffen wird? Wenn man etwa auf den Gedanken käme, ich gebe absichtlich ein theoretisches Kollegbeispiel, die Wucherbestimmungen schlechthin aufzuheben, wäre das nicht ein Gesetz, das dem Prinzip des sozialen Rechtsstaats widerspricht, bei dem wir also die Formulierung von Bachof heute früh wiederholen können, daß der gesunde Mensch sagt: Das geht einfach nicht? Es sollen nicht Gesetze gemacht werden, die völlig unsozial sind, die nicht dem notwendigen Schutz der wirtschaftlich Schwachen entsprechen. Dabei bin ich weit davon entfernt, etwa nun zu fordern, daß jedes Gesetz in dieser Richtung geprüft werde, es kann sich, wie gesagt, immer nur um gröbliche soziale Ungerechtigkeiten handeln. Weiterhin ist die notwendige Rücksichtnahme auf den Gedanken des sozialen Rechtsstaates eine immanente Schranke subjektiver Rechte, die geeignet ist, ihren Mißbrauch auszuschließen. Mein Ergebnis ist somit: Sozialer Rechtsstaat ein Rechtsbegriff, eine Norm, und zwar ein wichtiges Auslegungsprinzip, ein Element der verfassungsmäßigen Ordnung nach Art. 2, Abs. 1, eine Schranke für den Gesetzgeber, eine Begrenzung subjektiver Rechte. Ich halte daher die Forsthoff'schen Formulierungen für zu skeptisch und zu negativ und messe dem Begriff des sozialen Rechtsstaats im Einklang mit der Verfassung (Art. 20, 79 Abs. 3) eine erheblich größere Bedeutung bei, als das der Herr Referent getan hat.

Bühler — München: Sozialer Rechtsstaat — zunächst die Zusammenfügung zweier Begriffe, von denen jeder für sich wohl klingt — die aber am Ende doch nicht ganz zusammenstimmen, wie sowohl Forsthoff (vgl. seine Thesen IV, XII, XV) als Bachof (I 5) erkennen.

In keinem der Referate ist so recht klar eine Unterscheidung gemacht, die, wie mir scheint, uns in der Klärung ein ganzes Stück weiterbringen würde: die von Thoma schon in seiner Tübinger Antrittsrede von 1909 „Rechtsstaatsidee und Verwaltungsrechtswissenschaft" (erschienen dann im Jahrbuch des öffentlichen Rechts 1910 S. 196—218) herausgearbeitete:

> Rechtsstaat besagt etwas über die Form des staatlichen Vorgehens, er ist der Staat, der seine Beziehungen zu den Bürgern möglichst in allem rechtlich ordnet. So die bekannte Definition Fr. J. Stahls, noch eindeutiger die von Otto Mayer (Rechtsstaat der Staat des wohlgeordneten Verwaltungsrechts);

Schlagwortartige Kennzeichnungen, die über den Inhalt, die sachlichen Ziele der staatlichen Gesetzgebung etwas aussagen — dazu ist „Sozialstaat" zu rechnen — liegen also auf der anderen Ebene.

Würde man das streng und konsequent durchführen, dann wäre für die Aufklärung unseres Doppelbegriffs allerlei gewonnen. Leider ist es aber nicht ausgeschlossen, in den Ausdruck Rechtsstaat auch so etwas wie ein materielles Ziel hineinzulegen: Die liberale Epoche meinte damit den auf Rechtsetzung und Rechtspflege sich beschränkenden Staat, den man dann als Nachtwächterstaat karikierte. Auch die Wendung vom bürgerlichen Rechtsstaat deutet auf einen solchen materiellen Inhalt hin.

Aber man könnte sich doch auf den Standpunkt stellen, daß das unrichtige, politisch beeinflußte Deutungen sind, die wir Wissenschaftler nicht mitmachen. Ich meine, das sollten wir tun und insofern möchte ich also vorschlagen: Zurück zu Thoma!

Merk-Tübingen: Ich möchte nur zu wenigen Punkten das Wort ergreifen. Ich habe zunächst geistesgeschichtliche Bedenken dagegen, daß man versucht, das soziale Gedankengut und die sozialen Einrichtungen in ihren Ursprüngen ausschließlich von den Franzosen, insbesondere mit ihrer Losung von 1789: „Freiheit, Gleichheit und Brüderlichkeit" und ihren späteren Verfassungen, herzuleiten. Der auf die Aufklärungszeit zurückgehende einzeltümliche Ausgangspunkt dieser Losung wie auch der „Erklärung der Rechte des Menschen und des Bürgers" von 1789 darf nicht übersehen werden; so hat man denn damals im Anschlusse an Rousseau auch alle Verbände zwischen dem Einzelnen und dem Staate beseitigen wollen. Träger der Staatsumwälzung war das seit dem 17. Jahrhundert wirtschaftlich und geistig hochgekommene Bürgertum, das sich gegen die Vorrechte der Stände des Adels und der Geistlichkeit wendete. Ich möchte demgegenüber doch darauf hinweisen, daß schon das deutsche Recht des Mittelalters vor allen Dingen sozialrechtlich, genossenschaftlich und sozial, ausgestaltet war, wie dies namentlich Otto von Gierke in seinen Untersuchungen dargelegt hat. Wir finden den auf die Gemeinschaft ausgerichteten Gedanken des „gemeinen Besten" noch in der Zeit des unbeschränkten Fürstenstaats, mochte es auch in der Zeit der Aufklärung heißen: „Alles für das Volk, nichts durch das Volk". In der deutschen Aufklärungszeit des 18. Jahrhunderts haben Christian von Wolff und Joh. Steph. Pütter den Gedanken ausgesprochen, daß die Staatsgewalt der Obrigkeit nur zum Wohle der Allgemeinheit eingeräumt sei. Es konnten ja auch im alten Reich die Landesherren vor den obersten Reichsgerichten, dem Reichskammergericht und dem Reichshofrat, von ihren

Untertanen, auch den Ständen, wegen Mißbrauchs der Landeshoheit und wegen Eingriffs in wohlerworbene Rechte des Einzelnen belangt werden, selbst bei Gewährung eines unbeschränkten Rechts des Berufungsausschlusses noch im Falle der Rechtsverweigerung. Auch der Freiherr vom Stein hat bei der Wiederaufrichtung des preußischen Staates nach 1806, wie insbesondere auch in seiner Städteordnung von 1808, an alte deutsche genossenschaftliche Gedanken angeknüpft und auch in der von Bismarck entworfenen kaiserlichen Botschaft vom 17. November 1881, welche in bahnbrechender Weise die soziale Versicherung eingeleitet hat, ist auf den Genossenschaftsgedanken Bezug genommen; daß hierbei eine Anknüpfung an die Gedankengänge von 1789 stattgefunden hätte, wird nicht gesagt werden können. Es wird im übrigen auch niemand im Ernste behaupten wollen, daß in England die sozialen Einrichtungen — wie vor allem die älteren, die Gewerkschaften (Unterstützungsvereine usf.) und der Arbeitsschutz — auf französische Rechtsgedanken zurückzuführen seien. M. E. hängt der soziale Gedanke mit dem Gemeinschaftsgedanken und mit Sittlichkeitsvorstellungen eng zusammen. Volk und Staat sind ohne Gemeinschaftsgedanken irgend welcher Art überhaupt nicht denkbar. Wir gehen auch heute zwar von dem Gedanken des Eigenwerts der Persönlichkeit aus, aber ordnen sie in die Gemeinschaft — in engere Gemeinschaften: Familie, Betrieb, Beruf usf., und in weitere: Volk und Staat, und diese selbst wieder in die Gemeinschaft der Völker — in bestimmter Weise ein. Der soziale Gedanke im heutigen Sinne als Fürsorge und Schutz für die wirtschaftlich Schwächeren, zunächst vor allem für den sog. vierten Stand, hat sich erst im 19. Jahrhundert ergeben im Gefolge der Industrialisierung angesichts der Mißstände, die sich bei der rein liberalen Gestaltung des Wirtschafts- und Arbeitsrechts, wie sie seit Ende des 18. Jahrhunderts aufkam, ergaben, wo zwar die rechtliche Gleichheit zwischen Arbeitgebern und Arbeitnehmern hergestellt, jedoch die wirtschaftliche Ungleichheit nicht berücksichtigt war; aus einer Kritik des Liberalismus in seiner Einseitigkeit ist der soziale Gedanke wie auch die soziale Bewegung und der Sozialismus entstanden. Dabei ist gewiß auch die Einwirkung christlicher Gedankengänge mit dem Gebot der Menschenliebe nicht außer acht zu lassen. Mag auch das Wort „sozial" und „Sozialismus" auf die Franzosen, auf die Schüler von St. Simon in den dreißiger Jahren des 19. Jahrh., an den ja auch L. v. Stein mit seinem bekannten Werk über die Geschichte der sozialen Klassen in Frankreich angeknüpft hat, zurückführen, so wird man doch nicht behaupten können, daß wir die Sache von ihnen übernommen hätten.

Der zweite Punkt betrifft den Begriff des sozialen Rechtsstaats. Wenn das Bonner GG in den Art. 20 und 28 den Begriff des sozialen

Rechtsstaats gebraucht, so wird man ihn, zumal im Hinblick auf den verfassungsrechtlichen Schutz — Unabänderbarkeit der Grundsätze des Art. 20 nach Art. 79 Abs. 3 GG — nicht als jeder rechtlichen Bedeutung entbehrend hinstellen können. Vielmehr wird man entgegen Herrn Forsthoff (vgl. Leitsatz XV) darin einen verfassungsrechtlichen Grundsatz und Rechtsbegriff bindender Art erblicken müssen; ich sehe darin — im wesentlichen in Übereinstimmung mit Herrn Nipperdey — einen unbestimmten Rechtsbegriff, wie wir solche auch sonst vielfach im Recht, namentlich auch im Verwaltungsrecht, haben. Danach wird man eine Handlung, sei es des Staates oder eines Einzelnen, die schlechthin nicht mehr als sozial angesehen werden kann, als einen Verstoß gegen jene Bestimmungen ansehen müssen, gegen den im Wege Rechtens vorgegangen werden kann. Man kann also gegebenenfalls bis zu einem gewissen Grade im Wege der Auslegung im Einzelfalle in der Rechtsprechung und in der Verwaltung zu bestimmten Ergebnissen kommen, wie auch sonst bei unbestimmten Rechtsbegriffen (Treu und Glauben, gute Sitten usw.). Im übrigen wird es Sache des Gesetzgebers sein, die Folgerungen aus jenem verfassungsrechtlichen Grundsatz im Wege der Gesetzgebung auf den einzelnen Sachgebieten im Sinne einer näheren Ausgestaltung des bestehenden Verfassungsrechtssatzes zu ziehen, so insbesondere im Wirtschafts- und Arbeitsrecht wie auch im Fürsorgerecht. Sonst wird es vielfach nicht möglich sein, mit jenem allgemeinen Grundsatz, der nur eine allgemeine Richtlinie darstellt, und seiner Auslegung auszukommen, wenn nicht ein ganz offensichtlicher Verstoß vorliegt. Der Gesetzgeber hat sich beim Erlaß von Gesetzen jeweils zu überlegen, ob er mit seiner Regelung mit dem verfassungsrechtlichen Rechtsgrundsatz im Einklang steht. Das Gesagte gilt z. B. hinsichtlich der vorhin aufgeworfenen Frage der Schulgeldfreiheit an höheren Lehranstalten; da kann man kaum weiterkommen mit der Auslegung des Begriffs des sozialen Rechtsstaats. Ich gehe auch soweit, daß ich ein persönliches öffentliches Recht auf öffentliche Fürsorge (Armenfürsorge), das im GG jedenfalls nirgends festgelegt ist, nach der gegenwärtigen Rechtslage entsprechend dem überkommenen Rechtszustand nicht anerkennen kann im Gegensatz zur Rechtsprechung einzelner, auch oberster, Verwaltungsgerichte in den Ländern: diese Frage hat m. E. mit der Frage des sozialen Rechtsstaates unmittelbar nichts zu tun; ich halte auch die zur Begründung herangezogene Bestimmung des Art. 2 GG mit der Anerkennung des Rechts auf Leben und körperliche Unversehrtheit nicht für eine überzeugende Grundlage für diese Rechtssprechung, um darauf Rechtsansprüche auf Leistungen anderer Rechtspersonen, insbesondere auch von Trägern öffentlicher Verwaltung, zu stützen.

Es darf dazu auch erwähnt werden, daß bei der vor kurzem vorgenommenen Änderung der Fürsorgepflicht VO man keinen Anlaß genommen hat, hier eine Änderung im Sinne der Gewährung eines Rechtsanspruchs unter Beseitigung des bisher bestehenden Ermessens bundesgesetzlich auszusprechen. Freilich besteht ja nach der Fürs. Pfl. VO. eine Pflicht der Fürsorgeverbände, einen Hilfsbedürftigen gemäß dieser VO. nebst den Reichsgrundsätzen über Voraussetzung, Art und Maß der öffentlichen Fürsorge zu unterstützen, so daß ihm der notwendige Lebensunterhalt zu gewähren ist; aber der Pflicht braucht im Verwaltungsrecht bekanntlich nicht auf der Gegenseite unbedingt ein Recht eines Beteiligten zu entsprechen im Gegensatz zum bürgerlichen Recht, wo dies in aller Regel der Fall ist, von dem Falle der Auflage von Todes wegen insbesondere abgesehen. Anders ist die Rechtslage nur in den Bundesländern, in denen, wie es z. T. geschehen ist, landesrechtlich — insbesondere als Grundrecht in der Landesverfassung — ein Recht auf öffentliche Fürsorge ausdrücklich eingeräumt ist.

Ein dritter Punkt betrifft sodann die Frage des Verhältnisses des sozialen Rechtsstaates zum bürgerlichen Rechtsstaate. Der Gedanke des Rechtsstaates im überkommenen Sinne mit Grundrechten und Gewaltentrennung sowie einer bindenden Rechtsordnung im Verhältnis zwischen dem Staat als Inhaber hoheitlicher Gewalt und dem Einzelnen und der Gedanke des sozialen Rechtsstaats im besonderen ergänzen sich nach dem GG., wie mit Recht hervorgehoben worden ist. Zu der verfassungsmäßig gewährleisteten Anerkennung der Menschenwürde und den klassischen liberalen Grundrechten über Freiheit und Eigentum des Einzelnen, die freilich jetzt selbst auch nicht mehr einseitig einzeltümlich aufzufassen sind, sondern eine soziale Bezogenheit aufweisen, wie sich insbesondere aus Art. 2 Abs. 1 und Art. 14 Abs. 2 GG. ergibt, und der vor allem auch gerichtlich gewährleisteten Rechtsordnung im Sinne der Rechtssicherheit im Verhältnis zwischen der Staatsgewalt und dem Einzelnen als der Grundlage und dem Ausgangspunkt kommt mit dem „sozialen" Gehalt noch etwas Weiteres hinzu, das vor allem den Ausgleich von Belangen zwischen verschiedenen Schichten der Bevölkerung, wie insbesondere zwischen Besitz und Arbeit, aber auch zwischen anderen Schichten betrifft. Es handelt sich hier viel mehr um Belange, als um Rechte, und es läßt sich entsprechend der vorliegenden Aufgabe das ja vielfach nicht einfach in bestimmte Rechte und Grundrechte ausgestalten wie bei den klassischen Grundrechten der Einzelnen, wenn es freilich auch nicht ausgeschlossen ist, wie z. B. bei den Ansprüchen auf die Leistungen der Sozialversicherung und der — freilich schon ins Soziale übergehenden — wirtschaftlichen Vereinigungsfreiheit zur Erzielung besserer Wirtschafts- und Arbeitsbedingungen, auch zum Abschluß von Tarifverträgen usw. Es handelt sich hier, wie bereits bemerkt, nicht in erster Reihe um Rechte der Einzelnen, sondern vor allem um eine rechtspolitische Forderung, insbesondere an den Gesetzgeber, aber auch an die Verwaltung, nach einer Gestaltung der Ordnung der Gemeinschaft unter dem Gesichtspunkte eines sozialen Ausgleiches zwischen den Belangen der verschiedenen Schichten des Volkes zum Wohle der Allgemeinheit unter dem Gesichtspunkte der Billigkeit und Gerechtigkeit zur Erzielung einer sozialen Sicherheit und eines menschenwürdigen Daseins mit der Ermöglichung auch der Anteilnahme an den höchsten Kulturgütern der Nation und der Menschheit, sei es auf dem rechtlich freigegebenen Wege der Selbsthilfe, insbesondere durch wirtschaftlichen Zusammenschluß in Berufsverbände, oder auf dem Wege der Staatshilfe. Während sich im GG. nur vereinzelte soziale Grundrechtsbestimmungen finden, ist das in verschiedenen Landesverfassungen anders. Dies erklärt sich einmal wohl aus der vorläufigen Natur des GG, die hierin vor allem zutage tritt, und sodann, wie sich aus den Verhandlungen des Parlamentarischen Rats ergibt, aus den damals dort vorhandenen Parteiverhältnissen, indem zur Verhütung eines Zwiespalts zwischen den beiden Hauptparteien, den Christlichen Demokraten und den Sozialdemokraten, jene vor allem auf die Festlegung kultureller, diese auf die Festlegung sozialer Grundrechtsbestimmungen verzichteten.

Der vierte Punkt bezieht sich auf die Ausführungen des Herrn Bachof, der anscheinend allgemein oder weitgehend eine gewohnheitsrechtliche Grundlage für den Erlaß von Verwaltungsvorschriften, und damit ihre Rechtssatznatur, angenommen hat. Ich vermag dem nicht zu folgen. Die Rechtsgrundlage für die allgemeinen Verwaltungsvorschriften bildet ein besonderes Gewaltverhältnis, aber nicht eine Ermächtigung der gesetzgebenden Gewalt zum Erlaß von Rechtssätzen oder eine sonstige Rechtsquelle, d. h. hier das Gewohnheitsrecht. Wir können auf die klare Abgrenzung zwischen den Verwaltungsvorschriften mit der Wirkung nach innen und den Rechtssätzen, wie auch einer Rechtsverordnung, mit der Wirkung nach außen nicht verzichten, wie dies ja Herr Bachof auch in diesem Zusammenhange betont hat; das ist für die Rechtsmittel, vor allem für die verwaltungsgerichtliche Klage, von großer Bedeutung, soweit nichts besonderes bestimmt ist. Die allgemeine Verwaltungsvorschrift, nämlich die Behördeneinrichtungsvorschrift, die allgemeine Dienstvorschrift im Beamtenverhältnis und die Anstaltsordnung (z. B. Büchereiordnung, Friedhofsordnung, usw.) wollen und sollen ja nur Vorschriften für den inneren Bereich der Verwaltung sein, und keine rechtliche Regelung nach außen im Sinne der Abgrenzung des

Willensmachtkreises zwischen Rechtspersönlichkeiten; es können sich freilich daneben auch Rechtssätze mit Bezug auf das betreffende Sachgebiet finden in Gestalt von Gesetzen, Polizeiverordnungen, wie z. B. mit Bezug auf die Friedhöfe, oder von Rechtssatzungen, insbesondere von Gemeinden, auf Grund gesetzlicher Ermächtigung oder auch von Gewohnheitsrecht.

Was sodann die Frage der Geltung der Grundrechte in den besonderen Gewaltverhältnissen anbelangt, so wird man davon auszugehen haben, daß der Grundsatz der Anerkennung der Menschenwürde, wie sich aus Art. 1 GG unmittelbar ergibt, und gewisse Grundrechte unverzichtbar sind, wie das Recht auf Leben und körperliche Unversehrtheit nach Art. 2, auch für den Bereich der besonderen Gewaltverhältnisse; inwieweit dies sonst bezüglich der Grundrechte gilt, bedürfte noch näherer Untersuchung. Im übrigen aber können sich jedenfalls weitergehende Einschränkungen für den Einzelnen ergeben auf Grund seiner, ja freiwilligen, Unterwerfung unter ein solches besonderes Gewaltverhältnis — von den „Zwangsanstalten" hier abgesehen — gegenüber dem allgemeinen Gewaltverhältnis, wie es zwischen dem Staat und dem Einzelnen besteht. Die Grenzen des besonderen Gewaltverhältnisses werden aber auf alle Fälle gegeben durch den Verwaltungszweck des Gewaltverhältnisses, z. B. bei Unterrichts- und Krankenanstalten. Es wird gegebenenfalls Sache des Gesetzgebers sein, hier bestimmte Rechtsschranken vorzusehen, dann haben wir Rechtssätze, wie z. B. hinsichtlich des Beamtenverhältnisses in den Beamtengesetzen. Im übrigen bringt ja z. B. noch Art. 104 GG eine beachtliche Einschränkung bezüglich der Freiheitsberaubung eines Einzelnen durch das Erfordernis des richterlichen Ausspruchs.

Was weiter die allgemeinen Ermächtigungen der Polizei zur Abwehr von Gefahren für die öffentliche Sicherheit und Ordnung, wie sie z. B. in § 14 des Preußischen Polizeiverwaltungsgesetzes und in § 30 Bad. PStGB enthalten sind, angeht, so vermag ich mich nicht davon zu überzeugen, daß ein Anlaß besteht, hier eine Änderung an dem bisherigen deutschen Rechtszustand — etwa nach englischem Muster — vorzunehmen. Der Einzelne ist ja geschützt durch die Möglichkeit der Anfechtung von polizeilichen Verfügungen, insbesondere auch im verwaltungsgerichtlichen Wege, bei Verstößen gegen gesetzliche Vorschriften, wozu ja auch Ermessensmißbrauch und Ermessensüberschreitung, wie z. B. auch mit Bezug auf ein sogenanntes Übermaß, gehören, während die Frage der Zweckmäßigkeit freilich grundsätzlich nur der Nachprüfung im Verwaltungswege, aber nicht im gerichtlichen Wege, unterliegt. Zum Schutze der öffentlichen Sicherheit und Ordnung scheint mir z. Zt. jedenfalls für solche allgemeine Ermächtigungen der Polizei nach wie vor ein Bedürfnis vorhanden zu sein; gesetzliche Einzelermächtigungen zum polizeilichen Vorgehen würden den sich aus der Fülle des Lebens ergebenden Bedürfnissen, die im voraus nicht zu übersehen sind, nicht gerecht werden können.

Und nun noch etwas anderes. Es ist von Herrn Forsthoff von der Teilhabe an staatlichen Leistungen gesprochen worden (vgl. Leitsatz VIII), ob sie im Sinne eines Rechts ausgestaltet sein soll oder nicht. Jenes ist jedenfalls z. Zt. nicht allgemein der Fall. Rechtsansprüche können hier in Frage kommen, wenn ihrem Inhalt nach genau abgegrenzte Leistungen fest und in jedem Einzelfalle unter bestimmten Voraussetzungen zugedacht werden sollen. Es wird aber doch auch ein Bedürfnis anzuerkennen sein, daß die Träger öffentlicher Verwaltung nach bestimmten Richtungen nach pflichtgemäßem, auf die Wahrung öffentlicher Belange ausgerichtetem Ermessen nach Lage des Einzelfalles tätig werden sollen, wie z. B. — bis jetzt noch — bei der öffentlichen Fürsorge, bei Staatszuschüssen usf. im Gegensatz insbesondere zu den Ansprüchen aus der Sozialversicherung, den beamtenrechtlichen Ansprüchen, den Ansprüchen nach § 17 der Deutschen Gemeindeordnung und zu den öffentlich-rechtlichen Entschädigungsansprüchen. Man sollte nicht alles auf einen Leisten schlagen. Der Leitsatz Ziff. 26 Abs. 1 des Herrn Bachof ist mir zu unbestimmt und geht m. E. zu weit, wonach nach der Rechtsordnung gewährte und gewollte Begünstigungen des öffentlichen Rechts unter der Verfassungsordnung des GG persönliche öffentliche Rechte seien. Es wird vielmehr entsprechend dem Begriff des persönlichen öffentlichen Rechts zu fordern sein eine Willensmacht mit Bezug auf die Gewährung bestimmter Leistungen usw. gegenüber einem Träger öffentlicher Verwaltung, die dem Einzelnen zu seinem Vorteil für seinen Rechtsbereich eingeräumt ist. — Weiter ist dann davon gesprochen worden, daß eine öffentlich-rechtliche Entschädigung nicht nur bei Eingriffen in Rechte, sondern auch bei Eingriffen in Belange gewährt werden soll. Das scheint mir nicht unbedenklich und bedarf jedenfalls einer näheren Rechtfertigung. Es könnten hier überhaupt nur rechtliche Belange in Betracht kommen, während bloß wirtschaftliche Belange nicht genügen; z. B. könnten im Falle der Verlegung des Bahnhofs von der Mitte an den Rand einer Stadt die Eigentümer der in der Nähe des bisherigen Bahnhofs eingerichteten Gasthöfe nicht etwa Entschädigungsansprüche gegen den Staat wegen Minderung ihrer Einnahmen erheben: hier fehlt es im übrigen auch schon an dem Erfordernis eines unmittelbaren vermögensrechtlichen Schadens und eines Eingriffs in ein Recht, da ein Recht auf Belassung des Bahnhofs an der bisherigen Stelle nicht besteht. Im übrigen sei noch erwähnt, daß in einzelnen Verwaltungsgesetzen, wie z. B. in Baden, der Unterschied von rechtlichen Belangen und von Rechten nach bestimmter Richtung hin gemacht ist, indem zwar bei der Beeinträchtigung rechtlicher Belange die Beschwerde im Verwaltungswege, die verwaltungsrechtliche Klage dagegen grundsätzlich nur bei Eingriffen in Rechte erhoben werden kann. Die Gewährung von Entschädigungsansprüchen nicht nur bei der Verletzung von Rechten, sondern allgemein auch bei der Verletzung bloß rechtlicher Belange führt m. E. ins Uferlose; ich vermag ein genügendes Bedürfnis hierfür, zumal bei dem weiten Bereich der Grundrechte, nicht anzuerkennen. —

Zu Ziff. 26 Abs. 2 der Leitsätze des Herrn Bachof möchte ich endlich bemerken: Im Hinblick darauf, daß das BGB von „Personen“ und nicht von „Subjekten“ spricht, sollte man besser von „persönlichen“ öffentlichen und bürgerlichen Rechten, statt „subjektiven“ Rechten, sprechen; der Begriff selbst ist im übrigen m. E. unentbehrlich.

Schüle-Heidelberg: Begriff und Wesen des sozialen Rechtsstaates ist heute unser Thema. Dieses Thema wird in erster Linie abgeleitet aus einer bestimmten Verfassungsvorschrift, dem Art. 28 GG. Ich habe aber weder in den Referaten am heutigen Vormittag noch in den jetzigen Ausführungen zur Diskussion einen Hinweis auf den sozialen Bundesstaat gehört. In Art. 20 GG ist bekanntlich die Rede davon, daß die Bundesrepublik Deutschland ein demokratischer und sozialer Bundesstaat sei. Ich muß Ihnen gestehen, daß ich mir unter einem „sozialen Bundesstaat“ nichts Richtiges vorstellen kann. Denn der Begriff des Bundesstaates, also der inneren Organisation unseres Gesamtstaates, und der Begriff des Sozialen ist schlechterdings nicht miteinander zu verbinden. Das hat mich auf den Gedanken gebracht, zu überlegen, ob nicht auch in dem Art. 28 eine etwas merkwürdige Verkoppelung vorgekommen ist, ob man nicht die beiden Art. anders lesen muß, wobei ich mir darüber klar bin, daß man das ganze Problem nicht nur nach dem Wortlaut der Verfassung beurteilen kann — aber immerhin ist ja die Verfassung der Ausgangspunkt; und so würde ich sagen, Art. 20 besagt, daß die Bundesrepublik ein demokratischer Bundesstaat sein soll, und außerdem soll er ein sozialer Staat sein, aber: und außerdem! Entsprechendes gilt auch für den Art. 28. Hier knüpfen wir unser ganzes Thema an eine Formulierung, die an einem inneren Zwiespalt leidet, und zwar insofern, als an dieser Stelle von Bundes wegen bestimmt wird, wie die Verfassung der Länder grundsätzlich aussehen soll, während das soziale Moment doch mehr in die Bestimmung des Art. 20 gehört, wo es zwar drin steht, aber in einer unglücklichen Verquickung. Den Art. 28 verstehe ich daher folgendermaßen: die Grundsätze, nach denen die verfassungsmäßige Ordnung der Länder zu gestalten ist, sollen republikanisch, demokratisch, rechtsstaatlich und außerdem sozial sein. — Damit komme ich auf das, was Herr Kollege Forsthoff schon gesagt hat, nämlich daß der Begriff des Rechtsstaates einerseits und des Sozialstaates andererseits auseinander gehalten werden müssen, wenigstens im Ausgangspunkt. Daß hier gewisse Beziehungen vorhanden sind, ist klar, aber ich glaube, die Ausgangspunkte würden verfälscht werden, wenn man die beiden Dinge in dem einen Begriff, den wir heute als Thema gewählt haben, des sozialen Rechtsstaates, miteinander vermengt.

Das ist das eine, was ich sagen möchte. Das andere betrifft die bedeutsame Frage, die auch schon von meinen Vorrednern berührt worden ist, nämlich ob es sich bei dem Gebot, die Bundesrepublik solle ein sozialer Staat sein, um eine aktuell wirksame Rechtsnorm handelt oder etwa nicht. Ich stimme hier durchaus den Herren Kollegen Nipperdey und Bühler und, glaube ich, auch Ihnen (Prof. Merk) zu. Ich bin sehr wohl der Meinung, daß in Fällen äußerster unsozialer Gesetzgebung die Bestimmung, um die es sich hier handelt, eine Norm darstellt, an der die Verfassungsmäßigkeit eines Gesetzes nachgeprüft werden kann. Herr Nipperdey hat das Beispiel mit der Abschaffung des Wucherparagraphen genannt. Ich will ein anderes, theoretisch gewähltes, vielleicht etwas drastisches Beispiel anführen: angenommen, die Einkommensteuer würde nur erhoben werden bei Einkommen von bis zu 300 Mark monatlich; wer mehr verdient, habe keine Einkommensteuer zu zahlen. Jeder von uns würde sagen, das ist doch in höchstem Grade unsozial, und wenn dieser Staat seiner Verfassung nach ein sozialer Staat sein will, dann kann dieses Gezetz mit der Verfassung nicht im Einklang sein, dann ist es eben — jedenfalls nach meiner Meinung — verfassungswidrig.

Apelt-München: Ich möchte nur ein paar ganz kurze und ganz unsystematische Bemerkungen machen zu dem, was wir in den Referaten und der Diskussion bis jetzt gehört haben. Ich bin mit Herrn Kollegen Bühler auch der Meinung, daß die Begriffe ‚Sozialstaat und Rechtsstaat' noch der Klärung bedürfen, und zwar haben wir über den Begriff Sozialstaat ja sehr Wertvolles gehört von den Herren Referenten. Wir haben aber recht wenig gehört über den Begriff Rechtsstaat. Und es ist nicht so, meiner Ansicht nach, daß das ein unbedingt feststehender und wie der Herr Kollege Forsthoff gesagt hat, absoluter Bgriff wäre; sondern ich glaube, verschiedene Völker und verschiedene Zeiten haben sich unter dem Begriff Rechtsstaat, solange er existiert, etwas sehr Verschiedenes vorgestellt, und ich glaube auch nicht, daß wir damit zurecht kommen, wenn wir dem Vorschlag des Herrn Bühler folgen und uns einfach damit bescheiden, daß Rechtsstaat lediglich ein formaler Begriff sei. Man denke doch, daß wir heute wie auch nach unserem Verfassungsrecht sicherlich der Meinung sind, daß die wesentlichen Grundrechte Bestandteil unseres Rechtsstaates sind, und das ist ein materieller und nicht nur ein formaler Inhalt des Begriffs. Wir können uns doch wohl einen Rechtsstaat heute nicht mehr vorstellen ohne den Inhalt, daß der Mensch gewisse Grundrechte habe, daß die Würde seiner Persönlichkeit zu achten sei usw. Auf der anderen Seite aber haben wir ja auch gehört, daß andere Völker die Grundrechte nicht zum Bestandteil ihres Rechtsstaatsbegriffes gemacht haben. In Frankreich, das hat Herr Forsthoff ja auch schon ausgeführt und das ist sicher richtig, ist die allgemeine Meinung in der Theorie die, daß die in der Präambel der Verfassung stehenden Grundrechte so gut wie keine juristische Bedeutung haben und Robert Pelloux hat sich sehr bemüht, in einem großen Aufsatz in der Revue du droit public nachzuweisen, daß sie doch wenigstens eine „certaine valeur juridique" haben. Also, Sie sehen, daß man in Frankreich über die Bedeutung der Grundrechte und den Inhalt des Rechtsstaatsbegriffs zur Zeit anders denkt als bei uns. Daher werden wir doch wohl sagen müssen, der Begriff ‚Rechtsstaat' ist auch zeitgebunden und volksgebunden und bedarf für uns unbedingt heute einer neuen Klärung. Wir werden uns also bemühen müssen, gewisse Mindestanforderungen herauszuarbeiten, die erfüllt sein müssen, damit wir einen Staat als Rechtsstaat bezeichnen können. Weiteres möchte ich dazu jetzt nicht sagen, das würde zu weit führen. Ich möchte dann zu dem, was Herr Bachof gesagt hat, nur ganz kurz noch eine Bemerkung machen. Ich bin voll derselben Überzeugung, die er zum Ausdruck gebracht hat, daß für eine moderne Verwaltung der Ermessensbegriff unentbehrlich ist, daß die Verwaltung nach vielen Seiten hin einen Ermessensspielraum nötig hat, um ihre Aufgaben erfüllen zu können. Ich beklage es und halte es für falsch, wenn unsere Verwaltungsgerichte dazu gekommen sind, diesen Ermessensbegriff soweit einzuengen, wie es heute der Fall ist. Ich bin auch der Meinung, daß die sogenannten unbestimmten Gesetzesbegriffe keineswegs alle Rechtsbegriffe sein dürfen, sondern, daß ein ganz erheblicher Teil dieser Begriffe Ermessensbegriffe, zumindest in einem gewissen Umfang bleiben müssen. Sicherheit und Ordnung, aber auch öffentliches Interesse u. a. Begriffe müssen für die Verwaltung noch heute als höhere Ermessensbegriffe aufrechterhalten bleiben, und ich glaube, es ist auch heute eine rückläufige Tendenz offenkundig geworden, und ich rechne es dem neuen Bundesverwaltungsgericht hoch an, daß es offenbar diese Notwendigkeit richtig erkannt hat und jetzt damit beschäftigt ist, wieder der Verwaltung etwas mehr Spielraum zu lassen, und ich als alter Verwaltungspraktiker bin der Überzeugung, daß eine loyale Verwaltung diesen Spielraum unbedingt braucht.

Freiherr von der Heydte-Mainz: Nur eine kurze Bemerkung im Anschluß an das, was Herr Kollege Nipperdey gesagt hat.

Vielleicht kommen wir ein wenig weiter, wenn wir uns überlegen, welcher Art dieser Begriff „Sozial" in der Zusammensetzung „sozialer Rechtsstaat" ist. Handelt es sich hier um einen Ermessensbegriff im Sinn der bisherigen Terminologie, oder ist es ein „unbestimmter Begriff" im *engeren* Sinn — denn „unbestimmt" ist er zweifellos. Wie kann man ihn begrifflich und terminologisch einordnen? Ich glaube, man kommt am ehesten zu einem Ziel, wenn man ihn als verfassungsrechtlichen „Grenzbegriff" bezeichnet. Wir verstehen als Grenzbegriffe in diesem Sinn Begriffe, die ein Minimum ausdrücken — ein Minimum an Anforderungen, die an ein bestimmtes Gesetz oder an die Verfassung gestellt werden, damit sie noch als das bezeichnet werden kann, was der konkrete Begriff jeweils meint. Ein solcher Grenzbegriff ist etwa der Begriff der freiheitlich-demokratischen Grundordnung: Es kann konkret sehr schwer gesagt werden, was alles zur freiheitlich-demokratischen Grundordnung gehört, es ist aber sehr leicht — oder doch viel leichter zu sagen, wo die Grenze dieses Begriffs liegt, und dabei festzustellen: „Hier dieses oder dort jenes Minimum an Anforderungen muß an eine Normenordnung gestellt werden, damit sie noch als freiheitlich-demokratische Grundordnung bezeichnet werden kann." Ich glaube, daß wir auch beim sozialen Rechtsstaat einen derartigen Grenzbegriff vor uns haben, einen Begriff, dem ein Minimum an Forderungen zugrunde liegt, die ein Staat erfüllen muß, um noch als sozialer Rechtsstaat gelten zu können. Es ist verhältnismäßig leicht — wir haben dies an den Beispielen, die schon genannt worden sind, gesehen — festzustellen, wo diese Grenze des sozialen Rechtsstaats einwandfrei überschritten ist. Vor dieser Grenze liegt freilich eine graue Zone — ein Gefahrenraum, in dem man kaum mehr vom sozialen Rechtsstaat sprechen, aber andererseits das Überschreiten der Grenze noch nicht einwandfrei feststellen kann: Das Minimum scheint eben noch mit Müh und Not erreicht. Diese Gefahrenzone ist charakteristisch für den „Grenzbegriff" des Verfassungsrechts.

Krüger-Hamburg: Wenn ich meinen Gesamteindruck von dem Referat des Herrn Forsthoff in einem Satz zusammenfassen darf, so ist es der, daß von der Sozialstaatlichkeit eigentlich sehr wenig übrig geblieben ist. Ich will hier nicht untersuchen, ob dieses Ergebnis mit den einzelnen Bestimmungen und vor allem dem Gesamtzusammenhang des Grundgesetzes vereinbar ist. Ich will auch nicht die von unserem Schweizer Fachgenossen Hans Huber vertretene These prüfen, daß soziale Grundrechte mit liberalen Grundrechten in einer Verfassungsurkunde nicht zu vereinen sind. Ich möchte nur darauf hinweisen, daß mir der Weg, auf dem Herr F. die soziale Komponente des Grundgesetzes durch die Hintertür wieder einführt, — daß mir dieser Weg doch recht zweifelhaft zu sein scheint. Herr F. hat unter Polemik gegen den Vollständigkeitsanspruch des Verfassungsbegriffs gesagt, daß eine Verfassung nicht alles zu regeln brauche, was nach der sozialen Wirklichkeit der Regelung bedürfe. Sie könne sich vielmehr beschränken. Demgemäß habe sich unsere Verfassung auf das rechtsstaatliche Element beschränkt. Nach dem Willen des Herrn F. bleibt somit das Soziale außerhalb der geschriebenen Verfassung. Aber in welcher Eigenschaft? Ist es Ambiance im Sinne von Schindler oder ist es vielleicht sogar ungeschriebenes Verfassungsrecht, über das wir gute Worte zu Anfang der Ausführungen gehört haben? Diese Fragen hat das Referat nicht beantwortet. Die Auffassung des Herrn F. hat jedenfalls zur Folge, daß die Antinomie, die zwischen Sozialstaatlichkeit und Rechtsstaatlichkeit besteht, weiter durch diesen formalen Unterschied belastet wird. Schon diese Überlegung zeigt, daß die Sozialstaatrechtlichkeit doch etwas mehr sein muß als etwas juristisch nicht recht Qualifizierbares, daß sie doch etwas juristisches ist, und diese Auffassung ist ja auch in den bisherigen Diskussionsbemerkungen schon zum Ausdruck gekommen. Als was ist nun die Sozialstaatlichkeit anzusprechen? Herr F. hat sich bemüht, dem Begriff des Sozialen einen Inhalt abzugewinnen. Er hat mit Recht erklärt, es handelt sich um einen polemischen Begriff. Und wenn ich recht unterrichtet bin, hat Saint Simon, der den Begriff als erster verwendet hat, ihn in der Tat polemisch gegen die Güterverteilung angesetzt. Naturgemäß können wir als Juristen diese Antithese nicht ökonomisch, sondern müssen sie staatsrechtlich verstehen. Dazu möchte ich vielleicht etwas prononciert sagen, daß das „Sozial" des Grundgesetzes polemisch gegen „Rechtsstaat" gerichtet ist. Das klingt vielleicht zunächst überraschend, diese innere Dialektik ist aber m. E. genau so richtig für den Begriff des sozialen Rechtsstaates wie für den Begriff der sozialen Marktwirtschaft. Das bedeutet zunächst, daß man nicht das soziale Element dieses dialektischen Begriffes dadurch als verwirklicht ansehen kann, daß man den Rechtsstaat zur Perfektion bringt — wie ebenso die soziale Marktwirtschaft nicht eben deswegen schon soziale Marktwirtschaft ist, weil sie vollkommene Marktwirtschaft ist. Es bedeutet dies aber auch etwas Positives, nämlich daß man diese Komplexität oder diese Antinomie auch nach der Seite der Sozialstaatlichkeit hin mit Gewicht erfüllen muß, wenn man diesem ihrem Charakter gerecht werden will. Man darf sie keinesfalls nach einer Seite hin auflösen, wie es von Herrn F. zugunsten der Rechtsstaatlichkeit geschehen ist. Man muß vielmehr den Begriff des Sozialen, der offenbar zu kurz gekommen ist, mit einer solchen Gewichtigkeit erfüllen, daß er in der Auseinandersetzung mit dem Rechtsstaat standhalten kann. Selbst wenn das Grundgesetz selbst nicht das angemessene Kräfteverhältnis zwischen beiden Elementen hergestellt haben sollte, so kann es jedenfalls nicht Aufgabe des Verfassungsrechtlers sein, einen solchen Ansatz vollends zu beseitigen, er hat ihm vielmehr — und das scheint mir noch im Rahmen der legitimen Zuständigkeit eines Verfassungsrechtlers zu liegen — die gebotene Schwerkraft von sich aus zu verleihen. Ist dies richtig, dann bedeutet „sozialer Rechtsstaat" gerade in der Antithese zu bloßem Rechtsstaat und freier Marktwirtschaft, daß jeder Freiheit eine Bindung gegenüberstehen muß. Das ist das allgemeinste, was hiervon gesagt werden muß. Darüber hinaus ist sozialer Rechtsstaat, und zwar gerade in dieser Antinomie des Begriffs, eine Art von Staatszielbestimmung etwa in dem Sinn, daß das, was der Rechtsstaat und die Marktwirtschaft an sozialer Unordnung angerichtet haben und noch anrichten, von Staats und Verfassungs wegen wieder zu ordnen sei. Damit ist nicht etwa so etwas wie soziale Umschichtung gemeint. Denn man kann ja nur etwas umschichten, was geschichtet ist. Das Problem besteht vielmehr gerade darin, daß nichts geschichtet ist, sondern daß beinahe das Chaos herrscht, „Sozialer Rechtsstaat" bedeutet also den Auftrag, das soziale Chaos wieder zu ordnen, das im 19. Jahrhundert der rein liberale Rechtsstaat herbeigeführt hat. Ein solcher Auftrag ermangelt sicherlich nicht der Möglichkeit der Vollziehbarkeit, und als Staatszielbestimmung muß er vollzogen werden. In diesem Sinne müßte man m. E. doch die soziale Komponente zum rechtsstaatlichen Bestandteil unserer Verfassung mit Gehalt und mit Gewicht erfüllen. Diese Notwendigkeit besteht vor allem im Hinblick auf die Grundrechte. Im Grunde ist es heute nicht der Mißbrauch von Grundrechten, der den Bestand der Verfassung gefährden kann, sondern es ist ein Gebrauch, der einseitig das letzte an Freiheit und Gleichheit aus ihnen herausholt. Nicht zuletzt um der Eindämmung eines solchen Fehlgebrauchs der Grundrechte willen scheint es mir unbedingt notwendig, dem Element des Sozialen in dem komplexen Begriff des sozialen Rechtsstaates dasjenige juristische Gewicht zu geben, das ihm vom Grundgesetz zugedacht ist.

Pfeifer-Wien: Ich möchte mich auf 4 Punkte konzentrieren. Das Referat des Herrn Kollegen Forsthoff ist davon ausgegangen, daß das Primäre in der Verfassung der Rechtsstaat ist, und daß dieser Rechtsstaat dann durch verschiedene Adjektiva noch näher beschrieben und festgelegt ist. Diesen Ausgangspunkt halte ich für richtig.

Wenn man hier dann in der weiteren Diskussion insbes. den Rechtsstaat zu sehr auf das rein Formale beschränkt hat, so möchte ich dem widersprechen. Ich glaube, das Entscheidende für den Begriff eines wahren Rechtsstaates ist, daß in diesem Staate das Recht in jeder Stufe der Normsetzung und jeder Form der Vollziehung verwirklicht wird.

Insbesondere darf nicht übersehen werden, worauf in früheren Zeiten schon hingewiesen wurde, daß Gesetzesstaat und Rechtsstaat nicht identisch sind. Davon hat man vielleicht aus guten Gründen, weil gegenwärtig bei ihnen kein unmittelbarer Anlaß dazu gegeben ist, im Referat nicht weiter gesprochen. Aber es ist in vergangenen Perioden vorgekommen und kommt leider auch heute noch vor — ich denke da an gewisse Ausnahmegesetze meiner Heimat —, daß man zwar Gesetze hat, daß diese Gesetze aber mit dem Recht in schreiendem Widerspruch stehen können. Das setzt natürlich voraus, daß man einen Rechtsbegriff hat und gelten läßt, der vor dem positiven Gesetze steht. Wenn man sich über diesen Rechtsbegriff, der schon ins Philosophische hinüberreicht, Gedanken macht, so kann er wohl nur in der Weise charakterisiert werden, daß wir uns nicht etwas als Recht vorstellen und denken können, dem nicht auch der Begriff der Gerechtigkeit immanent ist. Nur dann, wenn sowohl die Gesetze als auch die Gesetzesanwender die Gerechtigkeit in sich haben und solche Gesetze dann gesetzestreu vollzogen werden, nur dann kann auch der Rechtsstaat Wirklichkeit sein. Es setzt also der Begriff des Rechtsstaates voraus, daß den Gesetzen des Staates die Gerechtigkeit innewohnt.

Jetzt kann ich mich freilich nicht mehr auf die Definition des Begriffes der Gerechtigkeit einlassen, weil es ein viel zu schweres und in der Wissenschaft überhaupt nicht einheitlich gelöstes Problem ist, aber so viel glaube ich andeuten zu können, daß es im Begriffe der austeilenden Gerechtigkeit liegt, daß das, was wir gerecht nennen, verhältnismäßig, angemessen und entsprechend sein muß, und daß insbesondere dort, wo es sich um Leistungen und ihre Bewertung handelt, naturgemäß dann auch für die gleiche Leistung der gleiche Lohn und für die gleiche Tat und Schuld die gleiche Strafe mitinbegriffen ist. Fassen wir Recht und Gerechtigkeit in diesem Sinne auf, so ist darin auch schon der Gleichheitssatz enthalten, den ein anderer Vorredner als nicht zum Rechtsstaat, sondern ausgesprochen zur Demokratie gehörend bezeichnet hat. Ich glaube, daß man unterscheiden müßte: Wenn wir im Sinne Ihres Grundgesetzes vom demokratischen Rechtsstaat sprechen, so ist das vor allem auf die politische Willensbildung bei der Gesetzgebung abgestellt. Denken wir aber an den Gleichheitssatz bei der Gesetzesanwendung, daß jederman vor dem Gesetze gleich sein soll, so ist dieser Grundsatz auch schon mit dem eben beschriebenen wahren Rechtsstaat gegeben.

Wenn ich nun einen Schritt zu dem sozialen Rechtsstaat weitergehe, von dem ja der eigentliche Gegenstand des heutigen Referates gehandelt hat, so glaube ich, daß auch hier ein Gerechtigkeitsbegriff zugrunde liegt, der aber hier in dem bestimmten Sinne der ausgleichenden Gerechtigkeit zu verstehen ist: das heißt —

so ist ja die ganze historische Entwicklung verlaufen —, daß denjenigen, die durch die Wirtschafts- und Gesellschaftsordnung oder durch ihre Konstitution dauernd benachteiligt sind oder die durch höhere Gewalt, durch Geschehnisse des Krieges, der Besetzung oder der Revolution um ihr Eigentum und um ihre Rechte gekommen sind, daß diesen irgendwie dauernd wirtschaftlich Benachteiligten und schuldlos Entrechteten vom Staate aus geholfen und das Fehlende gegeben werden soll, wie es am allerdeutlichsten bei Ihnen hier in dem so sehr zu begrüßenden Lastenausgleichsgesetz vor Augen tritt. Ich meine, ein Staat, der sich „sozialer Rechtsstaat" nennen, aber seine ganze Sozialpolitik ausschließlich nur darauf konzentrieren würde, etwa den unselbständig Arbeitenden möglichst viele Rechte zu sichern, auf der anderen Seite aber Hunderte und Tausende unberücksichtigt ließe, die durch ein persönlich unverschuldetes Schicksal in Not und Elend geraten sind, wäre in Wahrheit kein sozialer Rechtsstaat.

Ferner glaube ich, daß ,wenn Ihr Grundgesetz von einem „sozialen Rechtsstaat" an zwei Stellen spricht, damit schon mehr als eine bloße Theorie oder ein bloßes Programm gemeint ist, sondern ich glaube, daß man darin zumindest eine bestimmte und verpflichtende Richtlinie sowohl für den Gesetzgeber als auch für den Gesetzesanwender erblicken muß, für den Letzteren insbesondere dann, wenn er in dem Raume des freien Ermessens selbständige Willensentscheidungen zu treffen hat. Es handelt sich also um eine maßgebliche Richtlinie, die jedoch nicht bis zu der ins einzelne gehenden konkreten Norm ausgestaltet ist oder auch nur ausgestaltet werden könnte, weil zum Unterschied von den herkömmlichen Grund- und Freiheitsrechten, die im allgemeinen nur Beschränkungen für die Staatsgewalt enthalten, hier positive Leistungen vom Staate gefordert werden, um diese ausgleichende Gerechtigkeit zu verwirklichen, und weil diese positiven Leistungen eine Voraussetzung haben, daß nämlich die finanziellen Mittel da sind, um das, was wir als sozial gerecht empfinden, verwirklichen zu können. Hier durch die Verfassung für alle Fälle, die auftreten können, schon ganz konkrete Verhaltensregeln vorzuschreiben, ist unmöglich, weil die Leistungen mit der für die Zukunft unübersehbaren Finanzwirtschaft des Staates aufs engste verbunden sind.

Über den Begriff des freien Ermessens, der auch behandelt wurde, waren die Meinungen geteilt. Ich möchte mir als Österreicher erlauben, auf einen Punkt unserer Verfassung hinzuweisen, der 1946 neu gefaßt wurde und nunmehr das freie Ermessen umschreibt. Es heißt jetzt in Art. 130, Abs. 2 der österreichischen Bundesverfassung: „Rechtswidrigkeit liegt nicht vor, soweit die Gesetzgebung von einer bindenden Regelung des Verhaltens der Verwaltungsbehörde absieht und die Bestimmung dieses Verhaltens der Behörde selbst überläßt, die Behörde aber von diesem freien Ermessen im Sinne des Gesetzes Gebrauch gemacht hat." Aus dieser Umschreibung ersehen Sie, daß unser Verfassungsgesetzgeber freies Ermessen dann ausschließt, wenn der Gesetzgeber der Verwaltungsbehörde ein bestimmtes Verhalten bindend vorschreibt. Ist eine solche Vorschrift nicht vorhanden, sondern der Behörde das Selbstbestimmungsrecht eingeräumt, dann ist freies Ermessen gegeben.

Ich glaube, ich muß den 4. Punkt, über den ich sprechen wollte, „Objektives und subjektives Recht", fallen lassen, weil die Zeit es nicht mehr erlaubt.

Naumann-Hamburg: Nur wenige Bemerkungen möchte ich beitragen, wobei ich an das anknüpfen darf, was Herr Krüger ausgeführt hat. Wenn man sich insbesondere in die Lage der Verwaltungsgerichtsbarkeit versetzt, dann glaube ich, daß sich die Verwaltungsrichter etwas im Stich gelassen sehen durch die Ergebnisse, die die heutige Tagung zum Problem des sozialen Rechtsstaates bringt. Es ist übrigens entgegen der Meinung, die heute morgen wohl anklang, nicht so, daß die Verwaltungsrichter nicht auch zu den gedruckten Verhandlungen der Staatsrechtslehrer griffen, und zwar nicht nur die Verwaltungsrichter, die die Ehre haben, dieser Vereinigung anzugehören; deshalb wünschen sich die Verwaltungsrichter auch, daß die Tagungsberichte in einigermaßen angemessener Zeit erscheinen! Wenn nun die Verwaltungsrichter unseren heutigen Erörterungen hier entnehmen müssen, daß der soziale Rechtsstaat nicht als Rechtsbegriff existiert, dann werden sie, glaube ich, enttäuscht sein, und auch ich kann meine Enttäuschung darüber, daß man diese Auffassung vertreten muß, nicht verhehlen. Im einzelnen kann ich hier nicht Stellung nehmen. Vielleicht ist es überhaupt so, daß es sich beim „sozialen Rechtsstaat" mehr um ein Bekenntnis als um eine Erkenntnis handelt, und der Jurist kraft seines Berufes wenig Neigung hat, sich zu bekennen; seine Aufgabe ist zu erkennen. Indessen spielt dabei ein — wenn auch stilles — Bekenntnis oft eine nicht unerhebliche Rolle.

Ich darf kurz den Versuch machen, aus der ungeheueren Fülle von Lichtstrahlen, die Herr Bachof auf uns gerichtet hat, einige zu bündeln und auf zwei verwaltungsrechtlich besonders interessierende Fragen zu richten: Einmal, kann das sozialstaatliche Staatsziel mit unmittelbarer Wirkung Rechte oder gar Grundrechte einschränken oder begrenzen? Zweitens, kann das sozialstaatliche Staatsziel Rechte schaffen, wo bisher keine Rechte anerkannt waren? Die erste Frage kann hier nur wieder aufgeworfen werden; zur zweiten Frage möchte ich auf folgendes hinweisen: In der These 26 sagt Herr Bachof, objektivrechtlich gewährte und gewollte Begünstigungen des öffentlichen Rechts seien unter der Verfassungsordnung des Grundgesetzes — das soll doch wohl auch heißen: wegen des Staatsziels des sozialen Staates — subjektive öffentliche Rechte. Ungewollte, zufällige Begünstigungen begründeten keine Berechtigungen; öffentliche „Reflexrechte" gebe es nicht. Ich weiß nicht, ob die Praxis der Verwaltungsrechtsprechung damit arbeiten kann. Wenn ich auf die Niederungen des alltäglichen Rechts steigen darf: Nehmen wir an, ein Baustufenplan sehe vor, daß ein bestimmtes Stadtgebiet besonders geschütztes Wohngebiet ist, so daß dort keine Werkstätten oder ähnliche Betriebe genehmigt werden dürfen. Nun wird aber doch einmal, objektiv rechtswidrig, eine solche Genehmigung erteilt: Kann dann ein Villenbesitzer, der im Vertrauen auf den Baustufenplan seine Villa gebaut hat, ein Recht aus dieser Ordnung herleiten und gegen die erteilte Baugenehmigung vor dem Verwaltungsgericht erfolgreich klagen? Nehmen wir die These Nr. 26, dann wird es nach wie vor zweifelhaft sein, ob es sich hier um eine vom objektiven Recht gewährte und gewollte Begünstigung des öffentlichen Rechts zugunsten des Villeneigentümers handelt oder ob es sich wieder nur — in der alten Terminologie gesprochen — um einen günstigen Rechtsreflex aus dem Baustufenplan oder der Bauordnung handelt. Ich glaube also, man ist mit der Formulierung nicht wesentlich weitergekommen.

Zum Abs. 2 der These 26 aber noch ein anderes: Hier sagt Herr Bachof, der Begriff der subjektiven Rechte sollte wegen seiner historischen Belastung in der Gesetzessprache vermieden und anders umschrieben werden. Ich meine, das kann man nicht gut verlangen. Nur weil die Wissenschaft bisher mit dem Begriff des subjektiven Rechts kaum befriedigend hat fertig werden können, kann man dem Gesetzgeber nicht zumuten, einen doch so schlicht und einfach anmutenden Begriff wie den des Rechts im subjektiven Sinne zu vermeiden. Als wissenschaftlicher Begriff, das sagt auch Herr Bachof mit Recht, ist das subjektive öffentliche Recht sowieso schwer zu ersetzen, insbesondere nicht durch das „Interesse". Hierzu ein Hinweis vom Rechtsschutzproblem her, der diese These unterstreicht: seit langem geht bekanntlich der Streit darum, ob klagebefugt im Verwaltungsprozeß nur derjenige ist, der in subjektiven Rechten verletzt ist. Man hat z. T. geltend gemacht, bei der Unklarheit des Begriffes der subjektiven Rechte sei es untragbar, die Klagebefugnis vom Vorliegen eines subjektiven Rechts abhängig zu machen. Nun glaube ich zwar nicht, daß ein sozialer Gehalt der verfassungsrechtlichen Grundordnung dahin führen kann, jedes irgendwie in Erscheinung tretende Interesse des einzelnen zum subjektiven Recht erstarken zu lassen. Ich glaube aber, daß das Problem, ob nur derjenige klagen kann, der in einem subjektiven Recht verletzt ist, nicht immer richtig gesehen wird. Man muß trennen zwischen der Frage, ob jemand die Klage zulässigerweise erheben kann: dafür reicht es sicherlich aus, besonders unter Beachtung des sozialstaatlichen Zieles der Grundordnung, wenn jemand in seinen schutzwürdig erscheinenden Interessen betroffen ist. Dann kann er zulässigerweise klagen. Ob er aber Erfolg mit der Klage hat, ob seine Klage begründet,ob er zur Sache legitimiert, ob er aktiv legitimiert ist, das sollte nach wie vor davon abhängen, ob der Betreffende in einem subjektiven Recht betroffen, ob er in seinen Rechten verletzt ist. Man sollte daher nach wie vor wissenschaftlich daran arbeiten, vom Wesen oder vom Ziele des sozialen Rechtsstaates her den Begriff des subjektiven öffentlichen Rechts mit neuem Leben zu erfüllen. Dann braucht auch das bisherige System staatlicher Entschädigungsleistungen mit seiner Beschränkung auf Eingriffe in Rechte nicht in Zweifel gezogen werden (These 28).

Böhmert-Kiel: Ich will zurückkommen zu den Begriffen, die wir hier behandeln, Rechtsstaat und sozialer Rechtsstaat. Im 19. s. bedeutete Rechtsstaat ein doppeltes, erstens einen Staat, in dem durch eine Reihe von Einrichtungen z. B. Gewaltenteilung, Grundrechte, Selbstverwaltung, Verwaltungsgerichte, die Willkür des Staatsapparates gegenüber dem Einzelnen verhindert werden sollte, das war der Rechtsstaat im Sinne des politischen Liberalismus. Und dann gab es einen zweiten Begriff des Rechtsstaats: den Staat, in dem der Staatsapparat seine Tätigkeit auf die Aufrechterhaltung der Ordnung, auf die Gefahrenabwehr zu beschränken hatte, d. h. den Staat, der sich jeden Eingriffs in die als selbstverständlich vorausgesetzte private Wirtschaftsordnung mit selbständigem Unternehmertum zu enthalten hatte. Das war der Staat im Sinne des orthodoxen Wirtschaftsliberalismus, wie ihn Herr Kollege Bühler schon erwähnt hat. Von der zweiten Hälfte des 19. s. an wurde der Rechtsstaatsbegriff des orthodoxen Wirtschaftsliberalismus allmählich modifiziert durch Anerkennung der Daseinsvorsorge für die breiten Massen als einer berechtigten Staatsaufgabe. So trat nach Anerkennung der Notwendigkeiten der Sozialpolitik anstelle des manchersterlichen Nachtwächterstaats der „soziale Rechtsstaat" als Staatsideal eines geläuterten Wirtschaftsliberalismus. Beide Rechtsstaatsbegriffe, der politische und der wirtschaftliche im Sinne des geläuterten Wirtschaftsliberalismus liegen m. E. den Art. 20 und 28 zugrunde. Dabei hat man im Parlamentarischen Rat in dem Streben nach möglichst großer Kürze des Grundgesetzes gewissermaßen beide Rechtsstaatsbegriffe: den des politischen und den des geläuterten wirtschaftlichen Liberalismus übereinandergestülpt. Statt zu sagen, Deutschland soll „Rechtsstaat" (im politischen Sinn) und außerdem „sozialer Rechtsstaat" (im wirtschaftlichen Sinn) sein, hat man von dem doppelten Gebrauch des Ausdrucks „Rechtsstaat" abgesehen. Das Beiwort „sozial" modifiziert natürlich den ersteren Begriff des Rechtsstaats im Sinne des politischen Liberalismus nicht. Soweit der Rechtsstaat im Sinne des politischen Liberalismus als Staat gemeint ist, in dem der Staatsapparat nicht willkürlich verfahren darf, ist der Rechtsstaatsbegriff absolut. Darin stimme ich Herrn Forsthoff zu. Soweit der Rechtsstaat in den Art. 20 und 28 des GG als wirtschaftlicher Staatstyp gemeint ist, als „sozialer Rechtsstaat", ist er als der Staatstyp mit einer grundsätzlichen privaten Unternehmerschaft, die auf Grund sozialpolitischer Erfordernisse staatlichen Beschränkungen unterliegt, als verfassungsrechtlicher Begriff das Gegenstück des verfassungsgemäß abgelehnten sozialistischen Staates, jedenfalls in der Form eines Staats mit staatskapitalistischer Wirtschaftsordnung, in dem der politische Rechtsstaatsbegriff infolge der Staatsallmacht zur leeren Hülse werden muß. Selbst wenn man aber, wie etwa Herr Abendroth, jede rechtliche Verbindung zwischen den Worten „sozial" und Rechtsstaat im Art. 28 leugnet und damit das Wort „Rechtsstaat" auf den Begriff des Rechtsstaates im Sinne des politischen Liberalismus beschränkt, also in ihm nur einen Staat sieht, der kein Willkürstaat ist, kommt man zu dem gleichen Ergebnis, denn dann würden dem verfassungsmäßig bejahten selbständigen Typ des „Sozialstaates" die verfassungsmäßig abgelehnten Typen des sozialistischen im Sinne des staatskapitalistischen Staates einerseits und andererseits des manchesterlichen Nachtwächterstaates gegenüberstehen.

Jellinek-Heidelberg: Das Reichsleistungsgesetz enthält eine Bestimmung, die der Verwaltung so gut wie alle Machtvollkommenheit gibt, mit Ausnahme der zur Enteignung von Grundstücken. Diese Bestimmung hat der Bayerische Verfassungsgerichtshof in der Zeit vor Inkrafttreten des Bonner Grundgesetzes für verfassungswidrig und nicht mehr weitergeltend erklärt, weil nach der bayerischen Verfassung Bayern ein Rechtsstaat sei. Es erhebt sich die Frage, ob unter Umständen Gesetze, soweit sie unsozial sind, für ungültig erklärt werden können, da die Bundesrepublik nach dem Grundgesetz ein sozialer Bundesstaat sei. Ich kann Herrn Merk nicht beipflichten, daß es immer Sache des Gesetzgebers sei, zu bestimmen, was sozial ist. Andere Kollegen haben einige Grenzfälle erwähnt, bei denen man sicher sagen kann, daß sie nicht mehr sozial-staatlich geregelt sind. Herr von der Heydte hat mit Recht auf die Theorie dieses Problems hingewiesen. Es gibt nämlich gewisse Begriffe, die drei Sphären haben, eine Sphäre, bei der man sagen kann, daß etwas nicht mehr unter den Begriff fällt, eine Sphäre des möglichen Zweifels und eine Sphäre, bei der man sagen kann, etwas falle sicher unter den Begriff. Um ein bekanntes Beispiel aus der Rechtsprechung zu nehmen, bei dem drei Instanzen von einander abweichend entschieden haben: der Begriff Tagesanbruch. Sicher ist der Tag noch nicht angebrochen, solange es noch dunkel ist; sicher ist er angebrochen bei Sonnenaufgang; ob aber schon die Morgendämmerung oder die Tageshelle unter den Begriff des Tagesanbruchs fällt, ist zweifelhaft. Dies Beispiel erklärt uns auch vielleicht, warum Streit zwischen einer Reihe von Rednern und Herrn Forsthoff besteht, da nämlich Herr Forsthoff diese mittlere Sphäre der Unbestimmtheit im Auge hatte, während es doch gewisse Fälle der äußeren Sphäre gibt, wo man ganz sicher von einer unsozialen Gesetzgebung sprechen kann. Würde z.B. entgegen der neueren Rechtsprechung ein Gesetz erklären, der Hilfsbedürftige habe kein subjektives Recht auf Fürsorgeleistungen, so wäre dies ein unsoziales und daher verfassungswidriges Gesetz.

Nun zu drei Punkten des Vortrags von Herrn Bachof, dessen Bericht übrigens ein echter „Bachof" im vollen Sinne des Wortes war. Herr Bachof hat, wenn ich ihn richtig verstanden habe, sozusagen Abschied von der fiskalischen Verwaltung genommen. Aber es gibt doch sicher noch eine echte fiskalische Verwaltung, die sich ganz im Rahmen des Privatrechts bewegt. Man denke nur daran, daß der Staat ein durch Erbschaft auf ihn übergegangenes Haus besitzt und vermietet. Der Mietvertrag untersteht hier sicher durchaus dem Privatrecht und nicht dem öffentlichen Recht, und der Staat würde nicht mit der Behauptung gehört werden, er könne gewisse Ausbesserungen nicht vornehmen, weil die Haushaltsmittel erschöpft seien. — Dann hat Herr Bachof mit Recht darauf hingewiesen, daß man den Ermessensbegriff und die Ermessensentscheidungen nicht ganz beseitigen dürfe, und Herr Apelt hat dies noch mehr unterstrichen. Es gibt aber gewisse Ermessensbestimmungen in Gesetzen, die man als anstößig bezeichnen muß, bei denen sich dann aber die List der Vernunft durchsetzt, entweder durch Richterspruch oder durch Ausführungsbestimmungen, so daß dann doch wieder der Ermessensbegriff zu einem eindeutigen Begriffe wird. Ich denke da an die wirklich anstößige Bestimmung, daß, wenn ein Widerrufsbeamter die Altersgrenze erreicht, die Verwaltung freie Wahl hat, ob sie ihn entlassen oder in den Ruhestand versetzen will. Das ist eine anstößige, von den Verwaltungsgerichten glücklicherweise gemilderte Vorschrift. Ebenso würde die Vorschrift im Einkommensteuergesetz, daß bei gewissen literarischen Nebeneinnahmen ein Steuersatz von 10 bis 40 vom Hundert erhoben werden soll, anstößig sein, wenn nicht durch Ausführungsbestimmungen genaue Vorschriften erlassen worden wären, wie von diesem Ermessen Gebrauch gemacht werden soll. — Nun noch ein letztes über das subjektive Recht. Auf der Frankfurter Tagung des Deutschen Juristentages im Jahre 1950 wurde auch erörtert, ob man nicht eine Formel finden könne, die sich an § 823 Abs. 2 BGB anknüpfen ließe, daß nämlich erst dann ein subjektives Recht vorliege, wenn ein Gesetz den Schutz eines einzelnen bezwecke, und leider wurde dieser Vorschlag damals abgelehnt, obgleich man auf diese Weise manchen Grenzfall hätte richtig entscheiden können. Aber so weit kann man doch wohl nicht gehen wie Herr Bachof, und man muß Herrn Friesenhahn recht geben, daß der Gesetzgeber zumindest in gewissen Grenzen bestimmen kann, ob er ein subjektives Recht verleihen will oder nicht. Ich denke da an einen Fall, der das saarländische Oberverwaltungsgericht beschäftigt hat und gerade jetzt auch unseren Verwaltungsgerichtshof in Karlsruhe. Wie ist es mit dem Ausländer? Er untersteht der Ausländerpolizeiverordnung, die in der Hitlerzeit herauskam, in ihr wird genau gesagt, wann er ausgewiesen werden kann. Hat nun der Ausländer die Möglichkeit, wegen Nicht-Vorliegens der ihm entgegengehaltenen Tatsachen das Verwaltungsgericht anzurufen? Dies bedürfte noch einer genauen Untersuchung. Aber wenn man zu dem Ergebnis käme, der Ausländer sei grundsätzlich nur geduldet, dann hat er auch kein Recht auf Aufenthalt, und dies würde nicht passen zu den vielfach sehr begrüßenswerten Ausführungen von Herrn Bachof über das durchgängige Vorhandensein subjektiver Rechte bei Begünstigungen durch klare gesetzliche Bestimmungen.

Ipsen-Hamburg: Ich bedaure sehr — und bitte um Verständnis dafür —, daß ich zu den grundsätzlichen verfassungsrechtlichen Ausführungen des Herrn Kollegen Forsthoff hier nicht Stellung nehmen kann. Ich kann nur soviel sagen, daß ich mich in der geistigen Nähe von Herrn Krüger und Herrn Böhmert bewege, um meinen Standort damit allgemein zu skizzieren, und daß ich in meinem Göttinger Referat zu den Art. 14 und 15 GG etwa angedeutet habe, worin ich speziell die Zusammenhänge mit dem Problem des sozialen Rechtsstaats sehen möchte. Betonen darf ich nur soviel, daß ich in der Sozialstaatbestimmung jedenfalls eine Vorschrift normativen Charakters erkenne, worin mehrere Diskussionsredner sich einig wissen werden mit mir, und daß vor allen Dingen die Notwendigkeit, bestimmte Verfassungsgehalte innerlich zu verschränken und im Zusammenhang zu betrachten, die Brücke schlägt zum Gleichheitssatz, der hierzu auch bereits mehrfach angesprochen worden ist. Auf diesen Punkt darf ich meine folgende kurze Bemerkung beschränken.

Wenn Art. 1 Abs. 3 GG sagt, daß die nachfolgenden Grundrechte Rechtsprechung, Exekutive und Gesetzgebung binden, dann ist daraus bisher nahezu einhellig — wenn ich unseren verehrten Herrn Ehrenpräsidenten ausnehmen darf unter den Anwesenden — im Wege eines Kurzschlusses gefolgert worden, also sei nunmehr auch die bekannte Streitfrage über die Bindungskraft des Gleichheitssatzes gegenüber der Legislative de lege lata entschieden. Ich hoffe, Ihnen in Kürze darlegen zu können, daß ich dieser Auslegung des Gleichheitssatzes nicht folgen kann und es aus diesem Grunde auch für verfehlt halte, wenn heute in nahezu einhelliger Auffassung (auch durch die Rechtsprechung der höchsten Gerichte, auch des Bundesverfassungsgerichts) die bekannte Willkürüberprüfung des Gesetzgebers weithin übernommen worden ist, und dies unter einer Vernachlässigung derjenigen Gebote, die das Grundgesetz selbst in seinem Artikel 3 Abs. 3 und andernorts zu der Frage der Gleichheitsbindung der Legislative aufgestellt hat. An diesem Punkt sehe ich die Möglichkeit, die Sozialstaatklausel des GG in einer Weise fruchtbar und nutzbar zu machen, die, wie ich vermute, auch etwa Herrn Naumann für die Praxis der Verwaltungsgerichtsbarkeit befriedigen könnte, wenn nur von dieser Auslegungsmöglichkeit Gebrauch gemacht wird. Sie zielt nämlich dahin, diejenigen Differenzierungsmerkmale, die Art. 3 Abs. 3 des GG ausdrücklich aufzählt und nach deren Inhalt dem Gesetzgeber eine Differenzierung positiven oder negativen Inhalts ausdrücklich verwehrt ist, Merkmale also, die justiziabel sind, die der Richter messen und werten kann und die ihm viel mehr bieten als irgendwelche Willkürkategorien des Art. 3 Abs. 1, auch in den Dienst der Sozialstaatklausel zu stellen, und zwar unter ihnen insbesondere das Merkmal der „Herkunft", auf das ich hier die besondere Aufmerksamkeit lenken darf. Dieses Merkmal ist zwar im Art. 3 Abs. 3 in einem pleonastischen Zusammenhang mit dem Wörtchen „Heimat" verwertet, und man könnte meinen, vielleicht auch gestützt auf manche Äußerungen der Entstehungsgeschichte, daß das eben nur eine pleonastische Wiederholung desselben Lokalbegriffs sei: „Heimat und Herkunft". Ich glaube aber, daß die Sozialstaatklausel Veranlassung geben sollte, den Begriff „Herkunft" in einem sozialen Sinne zu verstehen, im Sinne einer Deutung des sozialen Standortes desjenigen, der in dieser Weise charakterisiert werden kann. Und dafür darf ich zwei kleine Beispiele geben.

Es heißt heute noch in einer Vorschrift des Genossenschaftsgesetzes aus dem vorigen Jahrhundert, einer Vorschrift, die zur Zeit bis Ende des Jahres suspendiert ist, die vermutlich aber Anfang des nächsten Jahres wieder in Kraft treten wird, daß alle Genossenschaften dieses Gesetzes durch ihre Satzung autonom bestimmen können, daß sie ihre Geschäftsbeziehungen auch über ihren eigenen Mitgliederkreis hinaus erweitern. Wenn aber diese Befugnis, die allen Genossenschaften im Sinne dieses Gesetzes zusteht, ausgeschlossen wird gegenüber den Konsumgenossenschaften, dann ist das nach meiner Auffassung eine Vorschrift eines Gesetzes, die mit dem Gleichheitssatz, Merkmal „Herkunft" Art. 3 Abs. 3, nicht vereinbar ist, wenn man den Begriff „Herkunft" in diesem sozialen Sinne versteht. Denn daß die Konsumgenossenschaften in diesem Sinne nach ihrer sozialen Struktur und Funktion gedeutet werden können, dürfte keinem Zweifel unterliegen. Das würde bedeuten, daß eine Anwendung dieser Vorschrift, die, wie die Entstehungsgeschichte beweist, unter ausgesprochenen Wettbewerbsgesichtspunkten von Handel und Handwerk in das Genossenschaftsgesetz hineingebracht worden ist, mit dem Gleichheitssatz des Art. 3 Abs. 3 nicht vereinbar und unter dem Gesichtspunkt „Herkunft" als unzulässige Diskriminierung weiterer Anwendung nicht zugänglich ist. Das ein mir im Augenblick aus praktischer Befassung mit diesen Dingen gerade geläufiges Beispiel einer solchen Deutung.

Und ein zweites darf ich nennen aus einer Entscheidung des Bundesverfassungsgerichts, in der es um die Frage ging, ob eine Vorschrift der Strafprozeßordnung mit dem Gleichheitssatz vereinbar ist, die für bestimmte strafprozessuale Verfahren eine Armenrechtsbewilligung untersagt oder ihre Versagung zuläßt, obwohl der davon Betroffene sich auf den Gleichheitssatz beruft. Das Bundesverfassungsgericht hat hier die weitere Anwendung dieser Vorschrift untersagt unter Berufung auf Art. 3 Abs. 1, und zwar mit Willkürerwägungen. Wenn man auf das Merkmal „Herkunft" abstellt und hier sieht, daß eine Rechtsschutzverkümmerung für unbemittelte Bevölkerungskreise in diesem Gebiet des Strafrechtsschutzes eintritt, indem eine Armenrechtsbewilligung unterbleibt, vermag man auf diese Weise eine faßbare, justiziable Bindung des Gesetzgebers durch den Gleichheitssatz festzustellen.

Diese beiden Beispiele mögen verdeutlichen, worauf es mir bei dieser Verbindung zwischen der Sozialstaatformel einerseits, der Praktikabilität des Gleichheitssatzes auf der anderen Seite ankam. Und wenn ich die Dinge zum Schluß in einen größeren Zusammenhang zurückführen darf, dann sehe ich (das Konsumgenossenschaftsbeispiel würde ich dafür geradezu klassisch nennen) hierin einen Weg, eine Unordnung der liberalen Zeit mit Hilfe einer sozialgestalteten Gleichheitswertung wieder in Ordnung zu bringen, um weitere soziale Ungerechtigkeiten zu verhindern, womit also das Wesen des Sozialstaates zwar nicht im Sinne einer Teilhabe, wohl aber im Sinne einer Verhinderung weiterer Ungerechtigkeit eine aktive und positive Bedeutung erlangt.

B a c h o f - Erlangen (Schlußwort)*): Es ist verschiedentlich in der Diskussion bemängelt worden, daß der B e g r i f f des „sozialen Rechtsstaates" nicht genügend klar herausgearbeitet worden sei.

*) Ein Teil des Schlußwortes mußte aus dem Gedächtnis rekonstruiert werden, da die Bandaufnahme zeitweise ausfiel.

Angesichts dieser mir nicht ganz unberechtigt erscheinenden Kritik bedauere ich es nun doch ganz besonders, daß es mir aus Zeitnot nicht möglich war, den ersten Teil meines Referates vorzutragen. Nachdem wir nun aber nicht nur ein, sondern mit Herrn Abendroths Diskussionsbeitrag fast noch ein vollständiges zweites verfassungsrechtliches Referat gehört haben, möchte ich nicht jetzt noch das alles nachtragen, was ich heute morgen streichen mußte; ich darf vielmehr insoweit auf meine Leitsätze 1—7 verweisen, aus denen einige Hinweise über meine Auffassung vom Begriff des sozialen Rechtsstaates zu entnehmen sind. Ganz summarisch möchte ich aber doch sagen, daß ich in der Sozialstaatserklärung ein Doppeltes sehe: nämlich einmal die Bejahung von Zuständigkeit, Ermächtigung, Auftrag des Staates zur Gestaltung der Sozialordnung, d. h. eine Abkehr vom „bürgerlichen" Rechtsstaat, der sich darauf beschränkte, allenfalls korrigierend aktuelle Notstände der Sozialordnung zu beseitigen, nicht aber grundsätzlich sozialordnungsgestaltend tätig zu werden. Diese grundsätzliche Bejahung sozialordnungsgestaltender Tätigkeit liegt hingegen in der Sozialstaatserklärung des GG inbegriffen (womit über das Ausmaß der zulässigen Sozialgestaltung noch nichts gesagt ist, welches seine Schranken insbesondere an den rechtsstaatlichen Verbürgungen findet). Und zweitens sehe ich in der Sozialstaatserklärung nicht nur eine Bejahung des „Ob" der staatlichen Zuständigkeit, sondern — in freilich begrenzterem Umfange — auch eine Beantwortung der Frage nach dem „Wie" dieser sozialgestaltenden Tätigkeit: sie ist nämlich gerichtet einmal auf Herstellung und Wahrung sozialer Gerechtigkeit im Verhältnis der Staatsbürger untereinander, und zum anderen auf Abhilfe sozialer Bedürftigkeit durch staatliche Daseinsvorsorge.

Zweifellos enthält — insofern pflichte ich Herrn Krüger bei — die adjektivische Ausschmückung des Rechtsstaatsbegriffs durch das Beiwort „sozial" einen gewissen polemischen Akzent. Wenn Herr Krüger jedoch meint, diese Polemik sei gegen „den Rechtsstaat" gerichtet, so glaube ich das nicht. Ich meine vielmehr, sie richte sich gegen nur gewisse Erscheinungsformen des Rechtsstaates: nämlich gegen das, was man — es wurde ja schon gesagt, das sei fast ein Schimpfwort — als „bürgerlichen" oder „liberalen" Rechtsstaat bezeichnet hat. Mag man auch mit Heinrich Triepel alle solchen adjektivischen Qualifizierungen als Beeinträchtigung des Absolutheitswertes Rechtsstaat beklagen, so fand doch der Grundgesetzgeber diesen Brauch (oder Mißbrauch) nun einmal vor. Man verband mit solchen Qualifizierungen einen ganz bestimmten Vorstellungsgehalt und war daran gewöhnt, „Rechtsstaat" und „bürgerlichen Rechtsstaat" vielfach einfach gleichgesetzt zu sehen. Ich glaube, daß gerade der Zusatz

„sozial" der Mißdeutung entgegentreten sollte, als seien die ja sehr stark ausgeprägten rechtsstaatlichen Verbürgungen des Grundgesetzes etwa in dem Sinne zu verstehen, daß hier einseitig der „bürgerliche" Rechtsstaat restauriert werde. Gerade eine solche Deutung, meine ich, wird durch die Bezeichnung „sozialer Rechtsstaat" verhindert, oder soll durch sie jedenfalls verhindert werden.

Sodann ist gesagt worden, daß die „Fülle der Lichtstrahlen" meines Referats — ich muß die Verantwortung für diese euphemistische Charakterisierung Herrn Naumann überlassen und wage zu hoffen, daß sie nicht nur ironisch gemeint war — einer Bündelung bedürfe. Diese Kritik ist berechtigt. Ich habe es selbst während des Vortrags als störend empfunden, daß infolge der rigorosen Streichung meiner Einleitung wie auch mancher weiteren verbindenden Ausführungen die Klammer mitunter gefehlt hat und sich die Mosaiksteine der Einzelprobleme dadurch nicht ganz zu dem mir vorschwebenden Gesamtbild zusammenfügen wollten. Deshalb habe ich die Bitte an den künftigen Vorstand, es im Interesse meiner Nachfolger bei der Zeitdisposition des ersten Tages so einzurichten, daß der Zweitreferent nicht erst nach 12 Uhr anfängt, zumal wenn wegen anderer Veranstaltungen pünktlich abgeschlossen werden muß. Wenn man infolge solcher Zeitnot erst während des Referates umfangreiche Kürzungen vornehmen muß, die eine ausgewogene Abstimmung der stehenbleibenden Partien aufeinander kaum möglich erscheinen lassen, dann entsteht leicht ein solches unzusammenhängendes Mosaikbild. — Worauf es mir in meiner verwaltungsrechtlichen Betrachtung bei allen scheinbar noch so speziellen Darlegungen entscheidend ankam, das war die Illustrierung zweier Kardinalprobleme: einmal des Problems unmittelbaren Verfassungsvollzuges durch die Verwaltung, und zum anderen des Problems der Lockerung rechtsstaatlicher Sicherungen der Verfassung gegenüber der Verwaltung und der daraus entspringenden Aufgabe, für eine Wiederverfestigung der rechtlichen Beziehungen zwischen Verwaltung und Individuum zu sorgen; und zwar besonders, aber nicht ausschließlich, auf dem Gebiet der Leistungsverwaltung. Ich glaube, daß vor allem mit der letztgenannten Aufgabe nicht nur ein rechtsstaatliches, sondern zugleich auch ein echtes sozialstaatliches Problem aufgezeigt ist, weil die soziale Abhängigkeit nur dann erträglich gemacht werden kann, wenn ihr eine Verfestigung jener Beziehungen zu rechtlicher Teilhabe entspricht. Daß dies Leitmotiv vielleicht bei der Erörterung der zahlreichen speziellen Fragestellungen etwas zu kurz gekommen ist, bitte ich wenigstens zu einem Teile den notwendig gewordenen Kürzungen zugute zu halten.

Wenn ich dann zu einigen Einzelpunkten etwas sagen darf — wobei ich mich auf solche Bemerkungen beschränke, die mein

Referat betrafen und außerdem angesichts der Fülle der Anregungen notwendig eine mehr oder minder willkürliche Auswahl treffen muß — so möchte ich zunächst zu dem, was Herr Nipperdey ausführte, folgendes bemerken: Auch ich bin der Ansicht, daß soziale Teilhaberechte doch in einem gewissen Umfange vollziehbar sind, und daß es, wenn man es mit Herrn Jellineks Worten sagen darf, hier nur „eine mittlere Sphäre der Ungewißheit" gibt, aber darüber und darunter eine äußere Sphäre, bei deren Beschreiten ein Verstoß gegen das Sozialstaatsprinzip sehr wohl mit hinreichender Deutlichkeit festgestellt werden kann. Was Herr Nipperdey speziell zu dem Teilhaberecht des Art. 3 Abs. 2 GG gesagt hat, das kann ich weitgehend unterschreiben; ich habe in ganz ähnlichem Sinne gerade im letzten Heft des Deutschen Verwaltungsblatts (DVBl. 1953 S. 601 ff.) zu dem bekannten von Herrn Nipperdey gerügten Beschluß des OLG Frankfurt Stellung genommen, in teilweiser Abweichung von den Ausführungen von Herrn Schneider zum gleichen Problem (NJW 1953 S. 889 ff.). — Inwieweit die Grundrechte und inwieweit das Sozial-Rechtsstaatsprinzip für die Rechtsverkehrsbeziehungen unter den Rechtsgenossen Bedeutung haben und auch hier aktualisiert werden können und müssen, das scheint mir in der Tat ein Problem zu sein, dem sich die Publizistik stärker zuwenden muß. Ich habe nur geglaubt, das im Rahmen meines speziell verwaltungsrechtlichen Referats nicht behandeln zu können.

Herr Bühler hat die Auffassung vertreten, man komme mit der Begriffsbestimmung des sozialen Rechtsstaats weiter, wenn man den Rechtsstaat ausschließlich oder jedenfalls vorwiegend auf die formalen Komponenten beziehe. Ich glaube in Übereinstimmung mit Herrn Apelt, das nicht tun zu können. Der Rechtsstaatsbegriff hat in den letzten Jahrzehnten eine wesentliche Wandlung im allgemeinen Bewußtsein durchgemacht, es sind weitgehend (wieder!) materiale Vorstellungen hineingenommen worden, und ich glaube nicht, daß man diese Entwicklung wieder zurückdrehen kann noch soll. Wenn man die Rechtsstaatlichkeit rein formal betrachtet, dann freilich bestehen zwischen Rechtsstaatlichkeit und Sozialstaatlichkeit erhebliche Antinomien. Wenn man hingegen den materialen Gehalt, den Gerechtigkeitsgehalt, den Gehalt insbesondere auch der iustitia distributiva — der austeilenden Gerechtigkeit, die ja auch die soziale Gerechtigkeit umfaßt — in den Rechtsstaatsbegriff mit hineinnimmt, dann sind Rechtsstaat und Sozialstaat zwar keineswegs aller Antinomien entkleidet, aber es beschränken sich diese Antinomien doch auf gewisse Teilgebiete.

Herr Apelt hat mit Recht bemerkt, daß ein angemessener Ermessensspielraum auch der modernen Verwaltung unentbehrlich sei, und Herr Jellinek hat dem beigepflichtet. Ich möchte freilich gerade die von mir zitierte Entscheidung des Bundesverwaltungsgerichts nicht als ein Musterbeispiel richtiger Zurückführung der Übertreibungen bewertet wissen, diese Entscheidung scheint mir nicht auf der richtigen Linie zu liegen. Im Grundsatz stimme ich aber Herrn Apelt durchaus zu, daß die etwas über das Ziel hinausgeschossene Judikatur hier auf eine mittlere Linie zurückfinden muß.

Herrn Naumann darf ich bitten, mich nicht mißzuverstehen, wenn ich heute morgen gesagt habe, die Verwaltungsrichter bezögen ihre Weisheit nicht in erster Linie aus unseren Verhandlungen und aus rechtsdogmatischen Abhandlungen. Ich würde meine eigene Vergangenheit als Verwaltungsrichter und auch meine gegenwärtige Tätigkeit als Richter am Bayerischen Verwaltungsgerichtshof verleugnen, wenn ich diese Auffassung extrem verstanden wissen wollte. Ich weiß sehr wohl, daß bei den Verwaltungsgerichten, und ganz besonders bei den oberen, das Bestreben nach wissenschaftlicher Fundierung in ausgeprägter Weise vorhanden ist. Aber es bleibt doch die Tatsache bestehen, daß der Richter, ebenso wie der Verwaltungsbeamte, sich im Drange der täglichen Arbeit in erster Linie auf das positive Gesetz verläßt und verlassen muß, und daß ihm daher klare und unmißverständliche Normen an die Hand gegeben werden sollten, die ihn nicht unnötig mit Auslegungsschwierigkeiten belasten. Mehr habe ich nicht sagen wollen.

Ein näheres Eingehen auf Herrn Naumanns Bedenken gegen meinen Leitsatz 26 muß ich mir leider versagen; das würde ein Referat für sich beanspruchen. Ich glaube, daß Herr Naumann und ich im Ergebnis garnicht so weit auseinandergehen. Die auch von mir betonten Schwierigkeiten der Feststellung, wann eine objektivrechtliche Begünstigung zufällig, wann von der Rechtsordnung gewollt ist, werden selbstverständlich durch eine Änderung der Terminologie nicht behoben. Den unklaren Begriff des „Reflexrechtes" halte ich jedoch nicht nur für entbehrlich, sondern darüber hinaus für ein Hindernis einer rechten Erfassung des Problems.

Herr Jellinek hat gemeint, ich hätte Abschied von der fiskalischen Verwaltung genommen. Das war nun freilich nicht meine Absicht. Auch ich würde in den von Herrn Jellinek gebrachten Beispielen durchaus eine rein privatrechtlich-fiskalische Betätigung der Verwaltung annehmen. Mir ging es nur darum, zu zeigen, daß in sehr vielen Fällen eine als „fiskalisch" qualifizierte Tätigkeit der Verwaltung, ungeachtet der Benutzung privatrechtlicher Gestaltungsformen, in Wirklichkeit unter Anwendung spezifisch staatlicher Machtüberlegenheit erfolgt, und daß sie dann auch Ausübung „öffentlicher Gewalt" darstellt und den spezifischen Bindungen des öffentlichen Rechts unterliegen muß. Mein Leitsatz 19 mag insoweit einer Einschränkung bedürftig sein; daß ich hier selbst noch manches als klärungsbedürftig erachte, habe ich durch das beigefügte Fragezeichen kenntlich machen wollen. Nicht wenig trägt übrigens wohl der mehrdeutige Begriff der „fiskalischen" Verwaltung zu Unklarheiten bei[1]).

Ob das Beispiel der Ausländerpolizeiverordnung geeignet ist, Grenzen der Gleichsetzung von objektivrechtlich gewollter Begünstigung und subjektivem Recht aufzuzeigen, ist mir zweifelhaft; das müßte ich noch gründlicher durchdenken. Vielleicht ließe sich daran denken, hier gewisse Schranken anzuerkennen, wenn es sich um Personen handelt, die nicht Rechtsgenossen des das objektive Recht setzenden Gemeinwesens sind, wie das beim Ausländer der Fall ist. Eine Notwendigkeit, wegen der etwaigen bloßen Duldung des Ausländers von meiner These abzugehen, vermag ich freilich vorerst noch nicht zu erkennen. Ob der Ausländer bloß geduldet oder aber vom objektiven Recht in seinem Inlandaufenthalt geschützt werden soll, das kann freilich der Gesetzgeber (im Rahmen der vorgegebenen Menschenrechte und der Verfassung) frei bestimmen. Aber wenn das Gesetz ihn schützt, dann ist nicht einzusehen, warum es diese Rechtsstellung nicht auch (als subjektives Recht) gegen sie mißachtende Vollzugsorgane sollte durchsetzen können. —

Damit, meine sehr verehrten Herren Kollegen, darf ich abschließen. Es bleibt noch, Ihnen für die Geduld zu danken, mit der Sie meinen mitunter sehr ins Detail gehenden Ausführungen gefolgt sind, und insbesondere allen Diskussionsrednern meinen herzlichen Dank für die zahlreichen Anregungen abzustatten, die sie mir gegeben haben.

Forsthoff-Heidelberg (Schlußwort):

Wenn mich auch Herr Ipsen freundlicherweise von der Zeitbegrenzung dispensiert hat, möchte ich doch Ihre Aufmerksamkeit nur noch kurz in Anspruch nehmen. Ich habe mit meinem Vortrag von dem Vorrecht des Redners vor dem Schriftsteller Gebrauch gemacht, eine These abzuhandeln und sich darauf zu beschränken, sie so deutlich, wie es ihm möglich ist, zu profilieren. Diese These kennzeichnet den Rechtsstaat als einen Staat, in dem bestimmte Formen, Verfahren und Methoden gelten und der dadurch in

[1]) Vgl. dazu neuerdings die beachtenswerten und klärenden Ausführungen von Siebert über „Privatrecht im Bereich öffentlicher Verwaltung" (Niedermeyer-Festschrift Göttingen 1953, S. 215ff., Referat auf der Tagung der Vereinigung der Zivilrechtslehrer in Schlangenbad am 17. 10. 1953). Ob freilich die terminologische Beschränkung des Begriffes der fiskalischen Verwaltung auf eine primär erwerbswirtschaftliche Betätigung sowie auf Hilfsgeschäfte der Verwaltung zweckmäßig ist, möchte ich bezweifeln. Den vielen Begriffsbedeutungen der „fiskalischen" Tätigkeit wird damit nur eine weitere hinzugefügt. Besser läßt man m. E. den unpräzisen Begriff ganz aus dem Spiel.

seinem Wesen gekennzeichnet ist. Sie gibt der Bundesrepublik als Rechtsstaat keinen spezifischen materiellen Gehalt, der im Grundgesetz einen juristisch greifbaren Ausdruck fände. Ich habe geglaubt, diese These in dieser Akzentuierung aussprechen zu dürfen. Denn ich bin, wie ich hoffe, durch etliche verwaltungsrechtliche Publikationen hinreichend gegen die Vermutung geschützt, als wollte ich das soziale Element in unserer Rechtsordnung irgendwie unterschätzen, verkleinern oder gar antasten. Vielleicht aber ist es nicht hinreichend genug zum Ausdruck gekommen, daß mir nichts ferner lag, als den Sozialstaat, den ich als eine juristische Realität bezeichnet habe, aus dem Recht und der Rechtsordnung zu verweisen. Mein Anliegen war und ist, und darin hat mich Herr Krüger vielleicht doch ein wenig mißverstanden, die Verbindung zwischen Rechtsstaat und Sozialstaat nicht weniger aufzuweisen als die bestehenden strukturellen Unterschiede. Diese Verbindung kann nun allerdings, und daran muß ich festhalten, nicht auf der verfassungsrechtlichen Ebene gefunden werden. Sie vollzieht sich im Rahmen von Gesetzgebung und Verwaltung.

Die Differenzen, die zwischen der Mehrzahl der Diskussionsredner und mir hervorgetreten sind, dürften in erster Linie auf eine unterschiedliche Grundeinstellung zum Thema zurückzuführen sein. Überwiegend war wohl der Gedanke bestimmend, daß es notwendig sei, den sozialstaatlichen Bestrebungen zu ihrem Recht zu verhelfen. Es ist gewiß nicht meine Absicht, dem entgegen zu treten, und soweit auf diese Weise übertrieben individualistische Ausdeutungen der Grundrechtsverbürgungen abgewiesen werden sollen, habe ich gegen die Berufung auf den Sozialstaat nicht das mindeste einzuwenden. Aber ich möchte vor dem Irrtum warnen, der vielleicht durch die gegenwärtigen politischen Zustände befördert wird, als sei der Rechtsstaat ein gesicherter Besitz, mit dem der Verfassungsinterpret sorglos und großzügig verfahren könne. Man verkennt das politische Gewichtsverhältnis zwischen Rechtsstaat und Sozialstaat, wenn man die ungeheure Macht der Impulse unterschätzt, welche den Sozialstaat tragen und seine weitere Perfektion anstreben. Was diesen Impulsen an verfassungsmäßiger Gewähr fehlt, gleichen sie durch die Kraft ihrer Dynamik mindestens aus.

So dankbar ich für die Anregungen bin, die ich in der Diskussion empfangen habe — ich glaube doch, an der strukturellen Unterscheidung des Rechtsstaats vom Sozialstaat in aller Strenge festhalten zu sollen. Dadurch sehe ich eine Vereinigung beider auf der Ebene der Verfassung ausgeschlossen. Ich kann gegen diese rechtsstaatliche Konzeption auch nicht die Berufung auf die Demokratie gelten lassen. Das demokratische Prinzip, wie es im Grundgesetz enthalten ist, ist ein Verfahrensprinzip, nach dem sich die

Staatswillensbildung zu vollziehen hat. Dieses Prinzip hat Grenzen, die in Art. 79 Abs 3 GG gezogen sind, aber es hat keinen materiellen Gehalt. Dieser Gehalt wird erst durch die Akte der Staatswillensbildung konkretisiert. Unabhängig von ihnen materiale demokratische Gehalte der Verfassung zu hypostasieren, halte ich nicht nur für unmöglich, sondern für schlechthin unzulässig.

Die Unmöglichkeit, sozialstaatliche Gehalte rechtsstaatlich zu verbürgen, ergibt sich aus der Struktur der rechtsstaatlichen Norm. Deshalb glaube ich nicht, daß die sozialstaatlichen Interpretationsverlegenheiten gegenüber rechtsstaatlichen Verfassungen, wie sie in der Bundesrepublik, in Frankreich und Italien bestehen, temporärer Natur sind und bei weiterem Durchdenken der Probleme überwunden werden könnten. Ich bleibe dessen gewärtig, eines besseren belehrt zu werden, aber ich kann mir nicht vorstellen, wie uns eine solche Belehrung zuteil werden könnte.

Daß ich die Sozialstaatsformel als Staatszielbestimmung gelten lasse, habe ich deutlich genug betont. Als solche hat sie für die Auslegung von Normen durchaus ihre Bedeutung. Herr Ipsen hat dazu Beispiele aus dem Bereiche des Gleichheitssatzes beigetragen.

Meine Bedenken, der Sozialstaatsformel einen selbständigen normativen Charakter zu geben, gründen nicht zuletzt in den immer bescheideneren Vorstellungen, die ich von dem Beruf des Juristen in dieser Zeit habe. Es ist nicht erst seit heute die Gefahr des Juristen, zumal des Verfassungsjuristen, daß er vorzeitig den Boden exakter Verfassungsexegese verläßt und sich moralischen, metaphysischen, theologischen und sonstigen Erwägungen hingibt. Würde man dem Wort „sozial" in Art. 28 GG unmittelbare normative Wirkung geben, so würde das dazu führen müssen, daß die Auslegung in das Gebiet der sozialen, ökonomischen und politischen Theorien übergreifen müßte. Ich sehe darin eine Verfehlung des Berufs des Juristen und eine Gefährdung der Autorität des Rechts. Deshalb habe ich grundsätzliche Bedenken dagegen, einen Verfassungsartikel ohne zwingende Gründe so zu verstehen, daß seine Auslegung notwendig in die unkontrollierbaren, weil subjektiven Vorstellungen Raum gebenden Weiten des politischen Kalküls einmünden muß. Diese zwingenden Gründe sind für Art. 20 und 28 GG nicht gegeben. Bescheiden wir uns deshalb dahin, nicht mehr aus der Verfassungsnorm herauszulesen, als sie evidentermaßen enthält.

Lassen Sie mich damit schließen. Wenn ich nur wenige der vielen Anregungen aufgegriffen habe, die in der Diskussion vorgetragen worden sind, dann sehen Sie bitte darin keine Bewertung, sondern halten Sie das meinem Bestreben zugute, diejenigen Argumente noch einmal hervorzuheben, die für meine Stellungnahme bestimmend waren.

III. Zweiter Beratungsgegenstand:

Die auswärtige Gewalt der Bundesrepublik

1. Bericht von Professor Dr. Wilhelm Grewe, Freiburg

I

Der Vorstand unserer Vereinigung hat mir ein Thema anvertraut, das in seinen verschiedenen Einzelaspekten im Laufe der letzten Jahre politisch und wissenschaftlich so viel und so heiß umstritten und erörtert worden ist, wie kaum ein anderes Problem unseres noch jungen Verfassungsrechts. Zahlreiche Kollegen haben sich gutachtlich oder publizistisch zu diesen Problemen geäußert, und ich habe eine außergewöhnliche Chance, Widerspruch zu erregen und in der Diskussion „zernichtet" zu werden. Wenn nicht die guten Absichten unseres Vorstandes über jeden Zweifel erhaben wären, könnte man in diesem ehrenvollen Auftrag geradezu ein Danaergeschenk sehen. Nachdem ich mich auf dieses Abenteuer eingelassen habe — dessen Gefahren mir erst im Laufe der Vorbereitung dieses Referates voll bewußt geworden sind — kann ich nur versuchen, mich mit Resignation und Gottvertrauen aus der Affäre zu ziehen.

Abgesehen von diesen mehr psychologischen Schwierigkeiten kommt eine ernste sachliche Schwierigkeit hinzu. Mein Thema unterscheidet sich von anderen Verhandlungsgegenständen unserer Tagungen dadurch, daß es kein mehr oder minder abgegrenztes Einzelproblem betrifft, sondern sozusagen ein ganzes Kapitel eines Staatsrechtslehrbuches ausmacht. (Maunz hat ihm z. B. in seinem Kurzlehrbuch ein ganzes Kapitel gewidmet.)

Ich halte es nicht für meine Aufgabe, Ihnen einen neuen Entwurf für ein solches Kapitel vorzutragen. Es dürfte fruchtbarer sein und dem Sinn unserer Tagungen besser entsprechen, wenn ich versuche, die Gesamtkonzeption des Grundgesetzes vom Aufbau und der Struktur der auswärtigen Gewalt herauszuarbeiten und Einzelprobleme nur in strenger Auswahl und nur insoweit zu vertiefen, als sie diese Gesamtkonzeption zu verdeutlichen geeignet sind. Ich muß daher um Nachsicht bitten, wenn ich andere Seiten des Themas nur mit ganz wenigen Strichen skizziere oder mich darauf beschränke, überhaupt nur Fragestellungen anzudeuten.

Dieser Plan wird sich in seinen Absichten und Konsequenzen am besten dadurch verdeutlichen lassen, daß ich kurz an die Hauptpunkte der traditionellen Problematik auf dem Gebiete der auswärtigen Gewalt erinnere, dann die Behandlung dieser traditionellen Fragen durch das Grundgesetz prüfe und schließlich die spezifisch neuartigen Fragestellungen und Probleme andeute, die unser heutiges Verfassungsrecht auf diesem Gebiete zu bewältigen hat.

Meine Aufgabe ähnelt in manchem derjenigen, die Ernst Wolgast 1923 in seiner umfassenden Abhandlung über „Die auswärtige Gewalt des Deutschen Reiches" in Angriff nahm[1]). Damals ging es um eine Bilanz der Veränderungen, welche die Weimarer Verfassung im Vergleich zur alten Reichsverfassung heraufgeführt hatte. Heute wird die Aufgabe dadurch kompliziert, daß unsere verfassungsrechtliche Ordnung immer noch Anomalien aufweist, die durch die Überreste des Besatzungsregimes und die unglückselige Teilung Deutschlands hervorgerufen sind.

II.

Bevor ich an die Ausführung des eben skizzierten Planes herangehe, darf ich einige begriffliche und systematische Ausgangspunkte festlegen.

Der Ausdruck „auswärtige Gewalt", der alternierend mit „auswärtige Verwaltung" oder „Verwaltung der auswärtigen Angelegenheiten" benutzt wird, ist in der deutschen Staatsrechtslehre seit langem eingebürgert. Wenn ich recht sehe, hat ihn zum ersten Male Albert Haenel in einer Überschrift seines „Deutschen Staatsrechts" (1890) gebraucht. Wie Mosler in seinem für unser Gesamtthema sehr wichtigen Beitrag über „Die völkerrechtliche Wirkung bundesstaatlicher Verfassungen" in der Thoma-Festschrift (1950, S. 149) mit Recht bemerkt hat, wird durch diesen Ausdruck zu Unrecht der Anschein erweckt, als ob die unter diesem Ausdruck zusammengefaßten Staatsaufgaben einen eigenen Platz in der Gewaltenteilungslehre hätten. Nun hat zwar Locke, der den Begriff der auswärtigen Gewalt zum ersten Male systematisch entwickelt hat, diesem von ihm so genannten „federative power" einen selbständigen Platz neben der Legislative und der Exekutive angewiesen. Aber er hat gleich hinzugefügt, daß Exekutive und föderative Gewalt, wiewohl inhaltlich von einander verschieden, doch praktisch in Bezug auf ihre Ausübung fast immer in einer Hand vereinigt seien. Man könne sie gar nicht verschiedenen Händen anvertrauen. Täte man es dennoch, so würde man die Machtmittel des Gemeinwesens verschiedenen Befehlen unterstellen und damit eine Maßnahme treffen, die früher oder später Verwirrung und Untergang herbeizuführen geeignet wäre. Montesquieu hat die auswärtige Gewalt von vornherein als einen Bestandteil der vollziehenden Gewalt angesehen; um diese Theorie zu stützen, bediente er sich der etwas doktrinären Kennzeichnung ihres In-

---

[1]) AöR. Bd. 44 (1923) S. 1 ff.

haltes als „Vollziehung von Völkerrechtssätzen", — was natürlich dem Wesen der auswärtigen Gewalt noch viel weniger gerecht wird, als die Kennzeichnung der Verwaltung als „Vollziehung von Gesetzen". Kein Zweifel jedenfalls, daß auch nach Montesquieus Auffassung die auswärtige Gewalt in die Hände des Königs als Haupt der Exekutive gehört. Nicht einmal in Bezug auf den Abschluß von Verträgen billigt er den gesetzgebenden Versammlungen einen Anteil an der auswärtigen Gewalt zu.

Von Anbeginn stand somit in der europäischen Staatstheorie fest, daß die auswärtige Gewalt zwar möglicherweise von anderen exekutiven Funktionen inhaltlich verschieden sei, aber jedenfalls doch ihrem ganzen Wesen nach in die Hände des Trägers der vollziehenden Gewalt gehöre und in enger Verbindung mit den übrigen Funktionen der Exekutive bleiben müsse.

Im Gegensatz zu den Behauptungen G. Jellineks, dem wir eine knappe, aber gleichwohl das Wesentliche erschöpfende Darstellung der „Geschichte des Rechts zum Abschluß der Staatenverträge" verdanken[2]), und anderer die sich auf ihn gestützt haben, ist auch Rousseau von dieser klassischen Linie nicht abgewichen.

Nach Jellinek soll es die Lehre Rousseaus gewesen sein, welche die Gestaltung der vertragschließenden Gewalt in der ersten französischen Revolutionsverfassung bestimmt hat. Danach könne die vertragsmäßige Bindung der Staatsgewalt nur durch die höchste Staatsgewalt geschehen und daher sei es nicht der Chef der Exekutive, sondern die Vertretung des souveränen Volkes, bei der das Recht des Vertragsschlusses ruhe. Belegstellen für diese angebliche Theorie Rousseaus werden nicht angegeben. Es dürfte solche Belegstellen auch garnicht geben, denn wo sich Rousseau überhaupt zu der Frage der auswärtigen Gewalt äußert, geschieht das in einem ganz anderen Sinne: Im 2. Kap. des II. Buches des „Contrat social" findet sich bereits die Bemerkung, daß der Friedensschluß — ebenso wie die Kriegserklärung — kein Souveränitätsakt sei, sondern nur ein Fall der Gesetzesanwendung. In den „Lettres écrites de la Montagne" (p. 11 Lettre VII) wird diese Bemerkung dahingehend erweitert und präzisiert, daß Bündnisse, Kriegserklärungen, Friedensverträge keine Souveränitätsakte, sondern „actes de gouvernement" seien. Die Ausübung der staatlichen Macht nach außen komme nicht dem Volke zu; die großen Maximen der Staatskunst seien nicht nach seinem Geschmack. In dieser Hinsicht solle es sich besser an die Regierenden halten, die in dieser Frage aufgeklärter seien und kein Interesse daran hätten, dem Wohle des Vaterlandes abträgliche Verträge nach außen abzuschließen. Für den einzelnen Bürger komme es auf die Beachtung der Gesetze im Innern an, auf den Schutz des Eigentums und auf die

---

[2]) Gesetz und Verordnung. 1887. I, Kap. X.

Sicherheit des einzelnen. Solange in dieser Hinsicht alles in Ordnung sei, solle man ruhig die Regierung mit dem Ausland verhandeln lassen. Die Römer seien sehr weise gewesen, wenn sie dem Senat eine große Machtfülle nach außen eingeräumt, ihn aber gezwungen hätten, innerhalb der Stadt auch den letzten Bürger zu respektieren.

Aus dieser erstaunlichen und für heutige Ohren aufreizend klingenden Bemerkung folgt, daß es nicht die Lehre Rousseaus, sondern allenfalls ein mißverstandener „Rousseauismus" war, der in jenen Bestimmungen der französischen Revolutionsverfassungen Gestalt gewonnen hatte, welche die auswärtige Gewalt zwischen Legislative und Exekutive zu verteilen oder gar der Legislative den maßgeblichen Einfluß bei ihrer Ausübung einzuräumen suchten, d. h. insbesondere den Verfassungen von 1791 und 1793.

Die konstitutionelle Theorie des 19. Jahrhunderts hat daran festgehalten, die auswärtige Gewalt als ein Element der Exekutivgewalt zu betrachten. Besonders pointiert hat, wie nicht anders zu erwarten, Hegel diese Auffassung vertreten. Im § 329 der Philosophie des Rechts heißt es darüber:

> „Seine Richtung nach außen hat der Staat darin, daß er ein individuelles Subjekt ist. Sein Verhältnis zu anderen fällt daher in die fürstliche Gewalt, der es deswegen allein und unmittelbar zukommt, die bewaffnete Macht zu befehligen, die Verhältnisse mit anderen Staaten durch Gesandte usw. zu unterhalten, Krieg und Frieden und andere Traktate zu schließen."

Im Zusatz 190 zu § 329 findet sich dazu die interessante Begründung:

> „Der Staat ist überdies nicht nur mit einem anderen im Verhältnis, sondern mit mehreren, und die Verwicklungen der Verhältnisse werden so delikat, daß sie nur von der Spitze aus behandelt werden können."

Auch Benjamin Constant, der am besten die konstitutionelle Theorie des frühen 19. Jahrhunderts repräsentiert, war der Meinung, daß die Befugnis, über völkerrechtliche Verträge zu entscheiden, eine gesetzgebende Versammlung nur in Verlegenheit setzen könne. Die Staaten verkehrten nun einmal durch ihre Regierungen miteinander und es sei immer ein odioser Beschluß, wenn eine gesetzgebende Versammlung einem von der Regierung bereits geschlossenen Vertrag die Zustimmung verweigere. Es fehle den Versammlungen auch die genügende Kenntnis der Tatsachen. Die Minister könnten die Versammlung unpopulär machen, indem sie ihr die Verantwortung für demütigende Vertragsbestimmungen zuschöben.

Auf der anderen Seite war Constant weit davon entfernt, die Notwendigkeit eines ausreichenden Schutzes der Verfassung gegen eine verfassungswidrige Handhabung der Vertragsgewalt zu verkennen. Der König, dem er die auswärtige Gewalt zuerkannte, sollte kein unumschränkt herrschender, sondern ein an die Gegenzeichnung seiner verantwortlichen Minister gebundener König sein. Soweit es sich um Verträge handelt, welche die innerstaatsrechtliche Ordnung berühren, läßt er keinen Zweifel darüber, daß die innerstaatlichen Ausführungsgesetze im ordentlichen Gesetzgebungsverfahren unter parlamentarischer Mitwirkung erlassen werden müßten. Wenn schon die Vertragsbestimmungen dem Ermessen der königlichen Gewalt anheimgegeben seien, könne die verfassungsmäßige Ordnung nicht bestehen, wenn die gleiche königliche Gewalt Bestimmungen für den Staat verbindlich machen könne, die sich auf die inneren Angelegenheiten beziehen.

In diesem Zusammenhang hat Constant eine Warnung formuliert, die uns aus den staatsrechtlichen Auseinandersetzungen der neueren Zeit, häufig auch auf das Bund-Länder-Verhältnis angewandt, wohl vertraut ist:

> „Ein abergläubischer König würde mit seinem Nachbarn Verträge schließen, um die religiöse Toleranz zu unterdrücken. Ein gegen die Pressefreiheit eingenommener König würde mit einem anderen einen Vertrag schließen, um die Schriftsteller den drückendsten Bestimmungen zu unterwerfen. Alle Verfassungsartikel könnten auf diese Weise ohne Diskussion mit einem Federstrich beseitigt werden. Der Despotismus und die Verfolgung würden sich in der Maske des Friedensvertrages wieder einschleichen und die Gesandten des Königs wären in Wahrheit die gesetzgebende Gewalt eines solchen Volkes"[3]).

In Übereinstimmung mit den Empfehlungen Constants, die im wesentlichen dem englischen Modell folgen, hat die französiche Charte von 1814 dem König die Vertragsgewalt ohne direkte Mitwirkung der Kammer zugestanden und deren Einfluß auf die Handhabung der Ministerverantwortlichkeit und die Verfügung über die innerstaatliche Ausführungsgesetzgebung beschränkt. Dem gleichen Muster folgt die Niederländische Verfassung von 1815, die Charte Louis Philipps von 1830 und die Verfassung des zweiten französischen Kaiserreiches von 1852. Die belgische Verfassung von 1831 hat diesem Modell ein neues Element hinzugefügt, indem sie für bestimmte Kategorien von Verträgen Zustimmung der Kammern erforderte, nämlich für Handelsverträge und solche Verträge, die dem Staate Lasten oder dem einzelnen Staatsbürger Verpflichtungen auferlegen. Art. 68 der bel-

---

[3]) Cours de politique constitutionelle, Chap. I. Collection complète des ouvrages, 1er Vol. p. 224.

gischen Verfassung war wiederum das Vorbild für den Art. 48 preuß. VU. und den Art. 11 der Bismarckschen Reichsverfassung (ebenso für die österreichische Verfassung). Im Anschluß an die eben genannten Verfassungsbestimmungen hat sich in der zweiten Hälfte des 19. Jahrhunderts die Streitfrage entwickelt, ob diese parlamentarische Zustimmung für die völkerrechtliche Gültigkeit oder nur für die innerstaatliche Vollziehbarkeit des Vertrages von Bedeutung sei. Im Unterschied zur belgischen Praxis, die in der Zustimmung der Kammern nur ein Erfordernis für die innerstaatliche Vollziehbarkeit des Vertrages sah, war diese Frage in Preußen sowohl wie im Deutschen Reich nach 1871 stark umstritten. Die herrschende Meinung folgte bis 1919 der von Gneist, v. Roenne, Laband, Meyer-Anschütz u. a. vertretenen Auffassung, daß die alleinige Repräsentanz des Staates nach außen durch den Souverän ein Grundsatz des konstitutionellen Staatsrechts sei. R. v. Gneist hat diese These in einem einer Kommission des preußischen Abgeordnetenhauses erstatteten Gutachten verfochten. E. v. Meier hat sie in seinem gründlichen Buch „Über den Abschluß von Staatsverträgen" (1874) zu widerlegen versucht[4]). Neben anderen stand R. v. Mohl auf seiner Seite. Organe der vertragsschließenden Gewalt sind nach dieser letzten Auffassung Kaiser, Bundesrat und Reichstag zusammen, nicht der Kaiser allein. In ähnlicher Weise hatten John Jay und Alexander Hamilton im „Federalist" eine aus Präsident und Senat zusammengesetzte treatymaking-power konstruiert, während Jefferson seine Ansicht in dem häufig zitierten Satz zusammenfaßte:

> „The transaction of buisiness with foreign nations is executive altogether."

Die grundsätzliche Frage nach dem Wesen und dem systematischen Ort der auswärtigen Gewalt im Gesamtzusammenhang der Funktionen und Gewalten des Staates trifft hier, wie sich zeigt, mit der ganz praktischen und bis zum heutigen Tage vielumstrittenen Frage zusammen, ob internationale Verträge völkerrechtliche Gültigkeit auch dann erlangen, wenn gewisse innerstaatsrechtliche Erfordernisse des Vertragsschlusses nicht erfüllt worden sind. Ich kann diese auch in der völkerrechtlichen Literatur viel erörterte Frage hier nicht eingehend untersuchen. In Kürze nur soviel: Nach 1919 setzte sich die (zweifellos auch vom Verfassungsausschuß geteilte) Ansicht durch, daß sich die Zustimmung des Reichstags zu Verträgen gemäß Art. 45, Abs. 3 Weim. RV. nicht nur auf die staatsrechtliche, sondern auch auf die völkerrechtliche Gültigkeit des Vertrages beziehe, daß die dem

[4]) Der Text des Gneistschen Gutachtens ist im Anhang des Buches von E. v. Meier abgedruckt.

Reichspräsidenten übertragene Vertretungsmacht dadurch beschränkt werde. Anschütz vertrat die Ansicht, daß die Zustimmung des Reichstages zwar nicht Bestandteil der Ratifikation, wohl aber Voraussetzung ihrer Gültigkeit sei[5]). In gleicher Weise scheint heute Maunz an dieser Auffassung festhalten zu wollen, wenn er sagt, der „Wille des Grundgesetzes scheine dahin gehen zu wollen", daß das Zustimmungsgesetz nicht nur für die Transformation, sondern schon für die Bindungswirkung des völkerrechtlichen Vertrages erforderlich sein solle[6]). Dabei wird jedoch wieder verkannt, daß der Wille des Grundgesetzes für die Frage der völkerrechtlichen Wirksamkeit eines internationalen Vertrages keineswegs allein maßgeblich ist.

Schon unter der Weimarer Verfassung hat E. Schmitz[7]) die von Anschütz u. a. vertretene herrschende Lehre ernster Kritik unterzogen. Neuerdings mehren sich — besonders bei denjenigen, die vom Völkerrecht her an das Problem herankommen — die der alten Lehre kritisch gegenüberstehenden Stimmen. Auch mir scheint es unabweisbar, die alte Lehre aufzugeben. Gegen sie spricht die klassische Lehre der europäischen Staatstheorie, daß die auswärtige Gewalt eine mit der Exekutive verbundene Funktion und die Zustimmung gar kein Akt der auswärtigen Gewalt im engeren Sinne ist. Gegen sie sprechen aber auch praktische Gesichtspunkte der völkerrechtlichen Verkehrssicherheit.

Ich darf diese einleitenden Ausführungen über die systematische Stellung der auswärtigen Gewalt abschließen mit einer Bezugnahme auf die Grundsätze, die das Bundesverfassungsgericht in seiner Entscheidung vom 29. 7. 1952 (über die deutsch-französischen Wirtschaftskommen) im Hinblick auf Wesen und Stellung der auswärtigen Gewalt formuliert hat und die m. E. volle Zustimmung verdienen: Die Führung der Außenpolitik gehöre zu dem Bereich der Regierung und Verwaltung, der in der parlamentarischen Demokratie der Exekutive übertragen sei, während dem Parlament die Rechtsetzung vorbehalten sei. Die Rechtsvermutung spreche stets für die Ausschließlichkeit der in Art. 65 GG statuierten Befugnisse des Bundeskanzlers und der Bundesregierung. Der Bundestag könne diese Funktion der Regierung nicht übernehmen, soweit ihm nicht ausdrücklich Regierungsaufgaben zugewiesen sind. In ganz bestimmten Grenzen habe Art. 59 Abs. 2 GG eine Ausnahmebefugnis der Legislative im Bereich der Exekutive begründet. Nur weil im Art. 59 Abs. 2 für die beiden dort bezeichneten Sonderfälle die Form des Gesetzes vorbehalten sei, könne die Legislative durch Mitwirkung in dieser

---

5) Die Verf. des Dt. Reiches, Kom., Art. 45, Nr. 7b.
6) Deutsches Staatsrecht, 2. Aufl. S. 209; 3. Aufl. S. 215.
7) ZaöR/V. 3 (1933), S. 360ff.

Form in die Tätigkeit der Exekutive eingreifen. Wörtlich: „Darüber hinaus hat Art. 59 Abs. 2 GG dem Bundestag kein Recht gegeben, in den Zuständigkeitsbereich der Regierung einzugreifen. Der Bundestag bleibt auf die allgemeinen verfassungsmäßigen Kontrollmöglichkeiten beschränkt. Er regiert und verwaltet nicht selbst, sondern er kontrolliert die Regierung. Mißbilligt er deren Politik, so kann er dem Bundeskanzler das Mißtrauen aussprechen (Art. 67 GG) und dadurch die Regierung stürzen. Er kann aber nicht selbst die Politik führen." (BVerfGE. 1 S. 372 [394]).

III.

Wenn ich mich nach diesen einleitenden Bemerkungen über die staatstheoretische Entwicklung des Begriffs der auswärtigen Gewalt der Ausführung des anfangs skizzierten Planes zuwenden darf, so wird es zweckmäßig sein, zunächst mit einigen Stichworten an die Hauptpunkte der traditionellen Problematik zu erinnern, die die auswärtige Gewalt dem deutschen Staatsrecht und seiner Wissenschaft dargeboten hat. Man wird diese Problematik im wesentlichen um drei Fragenkomplexe gruppieren können:

Es ging — erstens — um die Fragen, die sich aus der Verzahnung des nationalen mit dem internationalen Recht ergaben, um jene Probleme also, die vor allem durch das Stichwort „Transformation" bezeichnet werden; es ging — zweitens — um die Abgrenzung der Kompetenzen von Exekutive und Legislative auf dem Gebiete der auswärtigen Politik; und endlich — drittens — ging es um die Rechte der Gliedstaaten im Verhältnis zu den Rechten der Reichs- oder Bundesgewalt auf diesem Gebiete.

Es liegt nahe, an Hand dieser altvertrauten Probleme und Fragestellungen die neuen Bestimmungen des Grundgesetzes Revue passieren zu lassen und die Unterschiede und Übereinstimmungen zu notieren, die sich bei einem solchen Vergleich ergeben. Eine andere Möglichkeit des Vorgehens bestünde darin, die spezifisch neuartigen und modernen Probleme und Tendenzen aufzusuchen, die sich in jüngster Zeit im Bereiche der auswärtigen Gewalt ergeben haben, und ihren Niederschlag in den Bestimmungen des Grundgesetzes zu verfolgen. Diese Methode hätte den Vorzug, die besonderen Konzeptionen des Grundgesetzes und die eigentlich entscheidenden Fragestellungen unserer Zeit deutlicher in Erscheinung treten zu lassen. Beide Methoden, für sich allein angewandt, würden jedoch kein ganz vollständiges Bild der Problemlage ergeben. Im ersten Falle würden uns einige Fragen entgehen, die im Verfassungsrecht der Vergangenheit keine Vorläufer hatten. Im zweiten Falle würden einige Probleme vernachlässigt werden, die keineswegs besonders neuartig und modern, wohl aber immer noch von großer Wichtigkeit sind. Ich werde daher versuchen, die beiden Methoden zu kombinieren und beginne damit, zunächst ganz kurz die Probleme zu skizzieren, die das Thema „auswärtige Gewalt" unter neuartige Aspekte rücken:

1. Zu einem ersten spezifisch neuartigen Problemkreis rechne ich alle jene Konsequenzen, die sich aus den rückläufigen Tendenzen des nationalen Souveränitätsbegriffes ergeben. Oder positiv ausgedrückt: alle jene Tendenzen, die auf die Bildung einer stärker integrierten Staatengemeinschaft, auf die Bildung internationaler oder supranationaler Organe, auf internationale Gerichtsbarkeit und kollektive Sicherheit abzielen.

Sedes materiae für diese Probleme sind im Rahmen des Grundgesetzes die Art. 24 bis 26. Hier stellt sich vor allem die Frage nach dem Sinnzusammenhang, in den der vielumstrittene Art. 24 gehört, und nach der verfassungsrechtlichen Tragweite, die ihm demgemäß beizumessen ist. Hierher gehört weiterhin die Auslegung des Art. 25, der nach wohl einhelliger Meinung eine intensivere Verflechtung von nationalem und internationalem Recht bewirkt, als sein Vorgänger, der Art. 4 der Weimarer Verfassung. Hierher gehören schließlich auch die Konsequenzen, die sich aus dem Bekenntnis zum Gedanken der Ächtung des Angriffskrieges in Art. 26 für die auswärtige Gewalt der Bundesrepublik, z. B. auch für die Frage des ius belli ac pacis ergeben.

2. Ein zweiter, spezifisch moderner Problemkreis ergibt sich aus den Gewichtsverlagerungen im Gewaltensystem des modernen Staates, insbesondere aus den veränderten Aspekten, in die das Verhältnis von Exekutive und Legislative — nicht nur im Bereiche der auswärtigen Gewalt, sondern ganz allgemein — gerückt ist. Ich meine damit jenes seit den zwanziger Jahren in zunehmendem Maße bemerkbare und bemerkte Phänomen der Entwicklung des modernen Staates zu einem Verwaltungsstaat, das die parlamentarische Kontrolle der Verwaltung immer schwieriger und fragwürdiger gemacht hat und einen hohen englischen Richter schon 1929 veranlaßte, von einem „new despotism" zu sprechen[8]). Ich werde nachher noch an einigen konkreten Beispielen zeigen, wie sich auch im Bereiche der modernen zwischenstaatlichen Beziehungen ganz immanente und in der Natur der Sache wurzelnde Tendenzen zu einer schwer kontrollierbaren Verwaltungsomnipotenz entwickelt haben.

Sedes materiae für diese Problematik ist vor allem der Art. 59, der die Frage nach Umfang und Grenzen der parlamentarischen Zustimmungsbedürftigkeit von Verträgen und dem legitimen Anwendungsbereich von Verwaltungsabkommen beherrscht.

Indessen haben wir es im Verhältnis von Exekutive und Legislative nicht nur — und das kompliziert die Sachlage — mit diesem

[8]) Lord Hewart of Bury, The New Despotism. 1929.

in der Natur der Sache wurzelnden Expansions- und Emanzipationsdrang der Verwaltung zu tun, sondern zugleich mit einer starken gegenläufigen Tendenz, die ihre Wurzeln nicht in einer sachlich-technischen Zwangsläufigkeit hat, sondern vielmehr in ideologischen Bereichen: ich meine den entgegengesetzt gerichteten Expansionsdrang der Legislative, der von der legitimierenden Kraft des konsequenten und radikalen Demokratismus gespeist wird. Es handelt sich auch hierbei um eine bekannte Entwicklungslinie der heutigen Staatenwelt, an die ich nur zu erinnern brauche: Die demokratisch legitimierten gesetzgebenden Körperschaften verlieren oft das Gefühl und das Bewußtsein für die verfassungsmäßigen Schranken, die auch ihren Befugnissen im System des gewaltenteilenden Rechtsstaates gezogen sind. Sie halten sich für mehr oder minder selbstverständlich berechtigt, in den Kompetenzbereich der Exekutive oder womöglich gar der Justiz hineinzuwirken. Es gilt als selbstverständlich, daß man durch parlamentarische Resolutionen bindende Richtlinien der Außenpolitik festlegen und jeweils der Exekutive im konkreten Einzelfalle bindende Weisungen für die Führung der Außenpolitik erteilen könne. Die dominierende Stellung der Legislative im 1. französischen Verfassungsentwurf von 1946 oder in den sogenannten „volksdemokratischen" Verfassungen stellt nur den Endpunkt dieser Entwicklung dar, wobei die Allmacht der Legislative im Ost-Block-Bereich nur eine Fassade für die in Wirklichkeit beabsichtigte und verwirklichte Allmacht einer totalitären Einheitspartei ist. Für die allgemeine Tendenz, die sich überall abzeichnet, darf ich eine Äußerung eines bekannten amerikanischen Publizisten zitieren, der kürzlich die Gründe für das mangelhafte Funktionieren des parlamentarischen Systems in vielen europäischen Staaten auf die Formel bringen zu können glaubte, daß

> „die gesetzgebenden Körperschaften, die Parlamente, die ja dem Wähler am nächsten stehen, ihre Macht benutzen, um in die Prärogative der Exekutivgewalt, also der Regierungen, einzudringen und sie zu usurpieren. Da aber die Parlamente ein Land nicht regieren können, benutzen sie die usurpierte Macht, um die Regierungen am Regieren zu verhindern."

Der Urheber dieser Sätze steht nicht im Verdacht, ein Fürsprecher autoritärer Regierungsformen zu sein; er ist niemand anders als Walter Lippman[9]).

Es wäre nicht besonders schwierig, für diese Tendenz in der jüngsten Entwicklung der auswärtigen Angelegenheiten und ihrer Verwaltung Beispiele aus der deutschen Praxis beizubringen. Ich er-

---

[9]) Der Monat, 5. Jg. 1953, S. 541.

wähne hier nur den parlamentarischen Untersuchungsausschuß, der sich mit der Personalpolitik des Auswärtigen Amtes befaßte und sich keineswegs darauf beschränkte, gewisse Bedenken gegen einzelne Persönlichkeiten zu erheben, sondern sich ohne weiteres für berechtigt hielt, ganz konkrete und detaillierte personalpolitische Ratschläge zu geben. In den Vereinigten Staaten ist der Senator McCarthy soweit gegangen, in seiner Eigenschaft als Vorsitzender eines Senatsausschusses unmittelbar eine eigene selbständige Außenpolitik zu treiben, indem er nämlich durch die Schaffung eines Netzes von Abmachungen mit in- und ausländischen Reedereien, die er mit seinen bekannten Mitteln einzuschüchtern wußte, die amerikanische Embargopolitik gegenüber Rot-China über das vom State Department angestrebte Maß hinaus ausweitete.

Für das deutsche Verfassungsrecht ist sedes materiae für diese Problematik wiederum Art. 59, hier in Verbindung mit Art. 65 und allen jenen Verfassungsartikeln, die den Organen der auswärtigen Gewalt eine von parlamentarischer Mitwirkung freie Entscheidungsbefugnis geben.

Das Verhältnis von Art. 59 und 65 GG zueinander ist eines der Probleme, die in dem Verfassungsstreit um den Generalvertrag zur Debatte standen. In einer merkwürdigen Verkehrung der Fronten war es hier gerade die Opposition, die das verfassungsmäßige Recht des Bundeskanzlers, frei über die Richtlinien der Außenpolitik zu entscheiden, gegen das Recht des Bundestages verteidigte, einem Vertrage zuzustimmen, der diese Entscheidungsfreiheit einengte. Des Rätsels Lösung lag darin, daß die Opposition natürlich nicht für die Rechte des damaligen, sondern für die eines künftigen Bundeskanzlers stritt[10]).

Wenn von Gewichtsverlagerungen im staatlichen Gewaltensystem und dem veränderten Verhältnis von Legislative und Exekutive auf dem Gebiete der auswärtigen Gewalt die Rede ist, so wird unter dem vom Grundgesetz geschaffenen Verfassungssystem auch von der „dritten Gewalt" gesprochen werden müssen. Über die Aktualität und Tragweite dieses Problems brauche ich kein Wort zu verlieren, nachdem die Außenpolitik der Bundesregierung in den letzten zwei Jahren auf Schritt und Tritt ihren Blick nach Karlsruhe richten mußte. Die Ansatzpunkte für die außenpolitischen Kontrollfunktionen der Verfassungsgerichtsbarkeit liegen, wie sich in den letzten zwei Jahren gezeigt hat, vor allem im Art. 93 Abs. 1 Ziff. 2 GG, d. h. in der Normenkontrolle über ein Vertragsgesetz. Art. 100, Abs. 2 mit seinem beim Bundesverfassungsgericht konzentrierten richterlichen Prüfungsrecht in

[10]) Vgl. hierzu das im Auftrage der Bundesregierung erstattete Rechtsgutachten des Verfassers vom 1. 11. 1952 (Kampf um den Wehrbeitrag, 2, S. 719ff.).

Bezug auf die Vereinbarkeit von Bundesrecht und Völkerrecht hat demgegenüber wenig praktische Bedeutung erlangt.

So interessant und problemreich auch die neuen Beziehungen von Verfassungsjustiz und Außenpolitik sind, die das Grundgesetz eröffnet hat, so möchte ich mich doch in diesem Punkte auf eine bloße Erwähnung der Fragestellung beschränken. Jede Vertiefung würde sofort in ausgedehnte und komplizierte Zusammenhänge führen, die ich in dem Rahmen dieses ohnehin überlasteten Referates nicht mehr behandeln kann und deren Erörterung wohl auch besser einem Zeitpunkt vorbehalten bleibt, in dem die Frage der Westverträge nicht mehr vor dem Bundesverfassungsgericht anhängig ist.

3. Ein dritter, für unser heutiges deutsches Verfassungsrecht neuartiger — wenn auch wohl nur vorübergehend bedeutsamer — Problemkreis ist durch den unvollkommenen und provisorischen Charakter unserer gegenwärtigen staatlichen Ordnung bedingt.

Einen Teilkomplex aus diesem Bereiche möchte ich hier nur erwähnen, aber nicht weiter vertiefen: die Vorbehaltsrechte der Besatzungsmächte auf dem Gebiete der Außenpolitik. Zwar ist das Besatzungsstatut formell noch in Geltung, und mit ihm auch der Art. II c. Wenn ich darüber hinweggehe, so vernachlässige ich in der Tat ein Stück positiven Rechts auf dem Gebiete unserer auswärtigen Gewalt. Gleichwohl dürfte diese Vernachlässigung im Hinblick auf die im Flusse befindliche Ablösung des Besatzungsstatuts vertretbar sein.

Sinnvoller wäre es allenfalls, über die Auswirkungen des Bonner Vertrages auf dem Gebiete der auswärtigen Gewalt der Bundesrepublik zu sprechen. Freilich würde es sich dabei dann um Ausführungen über Vertragsbestimmungen handeln, die noch nicht positives Recht geworden sind. Ob sie in dieser Fassung jemals positives Recht werden, kann im Augenblick niemand sagen. Bei einer weiteren unabsehbaren Verzögerung der Ratifikation durch die anderen Vertragspartner könnte eines Tages der Zeitpunkt kommen, in dem es ein Anachronismus sein würde, diese vor nunmehr zwei Jahren ausgehandelten Verträge unverändert zu ratifizieren. — Was im übrigen in dem Streit über die Westverträge schon gesagt worden ist, möchte ich nicht wiederholen. Ich darf mich daher mit einem Hinweis auf mehrere Publikationen begnügen, in denen ich versucht habe, das Maß der außenpolitischen Handlungsfreiheit zu definieren, das wir durch die Verträge zurückgewinnen[11]).

[11]) Kutscher-Grewe, Bonner Vertrag und Zusatzverträge. 1953, S. 3 bis 24. Grewe: Von der Kapitulation zum Deutschlandvertrag. Außenpolitik, 1952, Heft 7, S. 414ff.

Aber damit sind die Probleme dieses dritten Kreises noch nicht erschöpft. Es kommen vielmehr zwei andere, miteinander korrespondierende Fragestellungen hinzu:

Erstens die Frage, ob sich aus dem in Art. 146 GG zum Ausdruck gebrachten vorläufigen Charakter des Grundgesetzes Beschränkungen der auswärtigen Gewalt der Bundesrepublik herleiten lassen — wie es die Opposition in ihren neueren Schriftsätzen zum Verfassungsstreit über die West-Verträge mehrfach versucht hat, und zwar vor allem mit dem Argument, die vertragliche Eingliederung der Bundesrepublik in eine unauflösliche staatliche Integration sei unstatthaft, weil damit die vom Grundgesetz gewollte Einheit des deutschen Staates durch Einbeziehung eines Teils in eine derartige Verbindung aufgelöst werden würde.

Zweitens und im engsten Zusammenhang damit (wenn nicht überhaupt im Verhältnis der Identität) die weitere Frage, ob die Bundesrepublik Verträge abschließen kann, welche den künftigen gesamtdeutschen Staat über die Geltungsdauer des Grundgesetzes hinaus binden. Diese Frage ist vor allem im Zusammenhang mit dem EVG-Vertrag, mit Art. 7 des Generalvertrages und Art. 103 des Satzungsentwurfes für eine Europäische Gemeinschaft erörtert worden — während sie bei dem Vertrag über die Montan-Union merkwürdigerweise wenig Beachtung gefunden hat.

Auch in diesen beiden Punkten werde ich mich damit begnügen, die Fragestellungen erwähnt zu haben. Ihre Vertiefung würde den Rahmen dieses Referates sprengen und uns zudem wieder in das Dickicht des großen Verfassungsstreites über die Verträge zurückführen[12]).

IV.

1. Ich kehre daher jetzt zu dem zuerst berührten Problemkreis zurück, der mit dem Stichwort „Tendenz zu einer stärker integrierten Staatengemeinschaft" bezeichnet werden könnte.

Wir werden uns darüber einig sein, daß es sich dabei nicht um „Weltregierung", „One World"-Ideen und ähnliche vague Zukunftsvorstellungen handeln kann; daß es sich vielmehr um einen sehr viel konkreteren Vorgang handelt, der sich sowohl im Geistigen wie im Tatsächlichen vollzieht: In unserer durch die technische Vervollkommnung der Kommunikations- und Kriegsmittel räumlich verengten Welt hat sich auch der souveräne, relativ isolierte und autonome Nationalstaat als eine altmodische und zu enge

[12]) Von zwei entgegengesetzten Standpunkten sind beide Fragen jüngst noch eingehend behandelt worden: von Scheuner in seinem letzten, im Auftrage der Bundesregierung erstatteten Rechtsgutachten vom August 1953 und von Abendroth in einem Aufsatz über „Die völkerrechtliche Situation Deutschlands" („Außenpolitik", 4. Jg. 1953, S. 645 ff.).

Lebensform erwiesen. Im Spiel der internationalen Machtpolitik behaupten sich mehr und mehr nur noch jene Nationalstaaten, die nach Bevölkerungszahl und Gebietsumfang Staatswesen von kontinentalen oder nahezu kontinentalen Ausmaßen bilden, wie etwa die Vereinigten Staaten, China, Indien. Andere Staatswesen, die sich behaupten können, haben den Rahmen des Nationalstaates längst überschritten; die Sowjetunion ist längst kein Nationalstaat im herkömmlichen Sinne mehr. Englands Machtstellung beruht immer noch auf seinem auch heute noch bedeutenden Kolonialbesitz und seiner führenden Stellung im Commonwealth, und ein Verlust der afrikanischen und indochinesischen Besitzungen wäre auch für Frankreichs weltpolitische Rolle sicher von entscheidender Bedeutung.

Selbst die Vereinigten Staaten und die Sowjetunion fühlen das Bedürfnis, sich in größere Zusammenschlüsse kollektiver Sicherheit einzufügen und jede Isolierung zu vermeiden. Natürlich ist nicht zu verkennen, daß die Neigung zu stärkerer internationaler politischer, technischer, ökonomischer Integration sehr erhebliche Gradunterschiede aufweist. Die Sowjetunion ist, wie die Kompromiß-Formel von Yalta über den Beschlußfassungs-Modus im Sicherheitsrat bewiesen hat, niemals zu sehr weitgehenden Souveränitätsverzichten bereit gewesen. Und in den Vereinigten Staaten gibt es heute eine stark rückläufige Stimmungswelle, die von dem Bewußtsein getragen wird, daß man 1945 schon viel zu weit gegangen sei. Für die Staaten mittlerer und noch geringerer Größe und Rangstufe bleibt jedoch für eine absehbare Zukunft der eherne Zwang zur internationalen Integration bestehen. Kein europäisches Land westlich des Eisernen Vorhangs wird sein Heil künftig noch in nationaler Isolierung suchen können, wenn wir von ganz besonders gelagerten Fällen wie etwa dem der Schweiz absehen.

Ich glaube, damit keine parteipolitisch verengte Konzeption vorzutragen. Denn auch diejenigen politischen Gruppen in Deutschland, die der sog. „klein-europäischen" Integrationspolitik opponieren, sind überwiegend doch der Meinung, daß Deutschland einer Eingliederung in größere internationale Gemeinschaften, sei es in die NATO, sei es mindestens in die UN bedarf. Ich kann mir auch schwer vorstellen, daß in diesem Kreise der Feststellung widersprochen werden könnte, daß der Parlamentarische Rat 1949 in seiner ganz überwiegenden Mehrheit von der Notwendigkeit einer solchen Eingliederung Deutschlands in über-nationale Zusammenhänge überzeugt und durchdrungen war. Kann man bestreiten, daß die Präambel des GG, daß das Bekenntnis zu kollektiver Sicherheit und internationaler Schiedsgerichtsbarkeit, zur unverbrüchlichen Geltung des Völkerrechts, zur Ächtung des Angriffskrieges —

daß alles dieses dem Willen zum Aufbau und zur Eingliederung in eine höher organisierte friedliche Völkergemeinschaft entsprang?

a) Ich kann nicht umhin, auch den Artikel 24 Abs. 1 GG in diesem Sinnzusammenhang zu sehen und empfinde es als ein tragisches Verhängnis unserer gegenwärtigen staatsrechtswissenschaftlichen Situation, daß ein konkreter politischer Streit diesen ganz offenbaren Sinnzusammenhang zu verdunkeln droht. Als eine solche Verdunkelung empfinde ich z. B. die Theorie, daß Artikel 24 Abs. 1 nur darauf abziele, die Übertragung von Hoheitsrechten der normalen treaty-making power des Bundespräsidenten zu entziehen.

Ich kann und will hier nicht mit Einzelargumenten aus der Entstehungsgeschichte oder anderen für die Interpretation bedeutsamen Zusammenhängen aufwarten, sondern beschränke mich auf die Feststellung, daß der Sinnzusammenhang des Art. 24 Abs. 1 jedenfalls solche Interpretationen verbietet, die aus dieser Vorschrift eine Erschwerung für die Übertragung von Hoheitsrechten herauslesen wollen.

Es läßt sich allenfalls die Ansicht diskutieren, daß Artikel 24 Abs. 1 eine bloße „declaration of policy" ohne konkrete verfassungsrechtliche Auswirkungen darstelle. Ich möchte keineswegs verhehlen, daß ich ursprünglich, d. h. im Jahre 1949, zu denjenigen gehört habe, die dieser Ansicht zuneigten. In diesem Sinne habe ich mich in einer 1949 noch kurz vor dem Inkrafttreten des Grundgesetzes in der „Deutschen Rechtszeitschrift" erschienenen Aufsatzserie — wenn auch nur sehr beiläufig in einem Relativsatz — geäußert[13]). Herr Kollege Klein hat mich in einem seiner Gutachten darauf festgenagelt, — was sein gutes Recht war[14]). Aber es dürfte auch mein gutes Recht sein, diesen Nagel wieder aus meinem Fleische herauszuziehen und zu bekennen, daß ich aus dem großen „Gutachtenkrieg" — offenbar der modernen Form jenes „Bücherkrieges", wie ihn die Gelehrten in den Zeiten von Grotius und Selden führten — etwas gelernt habe. Es scheint mir nach allem, was in den Auseinandersetzungen über Artikel 24 vorgebracht worden ist, daß wir es bei dem Artikel 24 Abs. 1 eben doch nicht nur mit einer bloßen „declaration of policy" von geringer rechtlicher Tragweite zu tun haben, sondern mit einer Verfassungsbestimmung von ganz konkreter und präziser rechtlicher Bedeutung; mit einer Verfassungsbestimmung, die einen spezifisch modernen Bestandteil der auswärtigen Gewalt konstituiert, nämlich eine besonders geartete Integrationsgewalt, die neben die normale treaty-making power tritt. Eine solche Integrationsgewalt ist nur die technisch-verfassungsrechtliche Konsequenz der

---

[13]) DRZ 1949 S. 315.

[14]) Rechtsgutachten im Aufträge der Niedersächsischen Landesregierung erstattet am 31. Okt. 1952. (Kampf um den Wehrbeitrag, 2, S. 465).

Tatsache, daß sich die zwischenstaatlichen Beziehungen differenziert haben und daß wir in eine Zeit eintreten, in der es zwischen den bundesstaatlichen Bund-Länder-Beziehungen und den internationalen Beziehungen zwischen souveränen Staaten im Sinne des traditionellen Völkerrechts eine dritte, besonders geartete Kategorie von Beziehungen zwischen den Mitgliedstaaten einer integrierten Staatengemeinschaft mit supra-nationalen Organen gibt. Der Verschmelzungsprozeß, in den die Mitgliedstaaten einer solchen Gemeinschaft eintreten, bringt verfassungsrechtliche und völkerrechtliche Probleme besonderer Art hervor, denen Artikel 24 Abs. 1 GG Rechnung zu tragen bestimmt ist.

Das Problem schien einen Augenblick lang schon in den Vereinigten Staaten akut zu werden, als es um die Verschmelzung amerikanischer Streitkräfte mit den Streitkräften anderer Mitgliedstaaten des Nordatlantik-Paktes unter einem gemeinsamen atlantischen Oberkommando ging und nunmehr entschieden werden mußte, ob der Präsident mit der Eingliederung amerikanischer Streitkräfte in die vereinte Armee der NATO-Staaten über seine verfassungsmäßigen Rechte hinausgegangen sei. Auf der Jahrestagung 1951 der American Society of International Law hat der Rechtsberater des State Department, Adrian Fisher, ohne Widerspruch zu finden, dargelegt, daß der Präsident im Rahmen seiner verfassungsmäßigen Befugnisse als commander-in-chief zu dieser Eingliederung befugt gewesen sei, und daß er damit nicht weitergegangen sei, als Präsident McKinley im Jahre 1900, der damals 5000 amerikanische Soldaten im Boxeraufstand dem Kommando des Grafen Waldersee als Oberbefehlshaber der internationalen Expeditionsstreitkräfte unterstellte. Ob diese beiden Fälle wirklich einander gleichgestellt werden können, ist naturgemäß fraglich. Jedenfalls ist das Problem der Beteiligung amerikanischer Streitkräfte an einer integrierten NATO-Armee in den Vereinigten Staaten nicht weiter vertieft, sondern noch mit den traditionellen Rechtsformen des amerikanischen Verfassungsrechts gelöst worden.

Schwieriger stellte sich die Problemlage im Hinblick auf die europäische Armee in Belgien und den Niederlanden dar. Die Artikel 187 und 188 (bzw. 194/195) der niederländischen Verfassung schreiben vor, daß die Wehrpflicht nur zur Aufrechterhaltung der Unabhängigkeit des Staates und zur Verteidigung des Staatsgebietes besteht, und daß die Land- und Seestreitkräfte den Interessen des niederländischen Staates dienen. Im Hinblick darauf, daß Streitkräfte der europäischen Armee der gemeinsamen Verteidigung aller Mitgliedstaaten dienen, war die Frage nach der Vereinbarkeit des EVG-Vertrages mit den genannten Verfassungsartikeln aufgetaucht. Die Niederländische Regierung brachte in den Verhandlungen der zweiten Kammer über den EVG-Vertrag im Juli 1953 selbst gewisse Zweifel über die Vereinbarkeit einiger Vertragsbestimmungen mit der Verfassung zum Ausdruck, wenngleich sie nicht bereit war, genau zu präzisieren, um welche Bestimmungen es sich ihrer Ansicht nach handele. Man hat die Gelegenheit der am 22. Juni 1953 durchgeführten Verfassungsänderung benutzt, um diesen Zweifeln zu begegnen. Dabei ist in das niederländische Verfassungsrecht eine Integrationskompetenz eingebaut worden, die starke Ähnlichkeiten mit dem Artikel 24 Abs. 1 GG aufweist. Es handelt sich vor allem um die Artikel 63 und 67 Abs. 1 der (geänderten) niederländischen Verfassung.

Bevor ich auf den Inhalt dieser neuen Bestimmungen eingehe, darf ich einige Bemerkungen über die Bedeutung dieser Verfassungsänderung vom Juni ds. Js. vorausschicken[14a]). Die Abänderung der niederländischen Verfassung unterliegt ganz besonderen Erschwerungen. Verfassungsändernde Gesetze bedürfen zunächst der Zustimmung der Generalstaaten mit einfacher Mehrheit. Sodann muß das Parlament aufgelöst werden und nach erfolgter Neuwahl müssen beide Kammern des neuen Parlaments mit Zwei-Drittel-Mehrheit zustimmen. Wegen dieser Erschwerungen hat sich der Brauch herausgebildet, daß verfassungsändernde Gesetze jeweils nur am Ende einer ausgehenden und dann noch einmal zu Beginn der nächstfolgenden Legislaturperiode eingebracht werden. In gewissen Zeitabständen überprüft eine besondere Staatskommission den Verfassungstext im Hinblick darauf, ob etwa veränderte Umstände eine Revision bestimmter Vorschriften angezeigt erscheinen lassen. Gerade die für die auswärtige Gewalt wesentlichen Verfassungsbestimmungen waren schon vor dem Kriege kritisiert worden. Seit dem April 1950 — also längst vor dem Beginn der Verhandlungen über die Europa-Armee — befaßte sich eine solche Kommission mit der Revision dieser Vorschriften. Schon daraus ergibt sich, daß es sich keineswegs um eine von aktuellen politischen Gesichtspunkten diktierte Verfassungsänderung handelte, die man ad hoc in die Wege geleitet hätte. Es handelte sich vielmehr um eine aus grundsätzlichen verfassungspolitischen Erwägungen entsprungene langfristige Reform der auswärtigen Gewalt. Sieben weitere Änderungsvorschläge auf anderen Gebieten des Verfassungsrechts, z. B. die Erweiterung der zweiten Kammer von 100 auf 150 Sitze, fielen infolge von Meinungsverschiedenheiten der Parteien und Hemmnissen des parlamentarischen Verfahrens unter den Tisch. Aus diesem Charakter der Verfassungsänderung ergibt sich bereits, daß es sich um einen weittragenden und umfassenden Versuch zur Revision und Anpassung der sämtlichen Verfassungsvorschriften

14a) Vgl. jetzt auch E. Zimmermann, ZaöRV. 15 (1953) S. 165 ff.

über die auswärtige Gewalt an die Erfordernisse der Gegenwart unter Berücksichtigung der Erfahrungen der Vergangenheit handelte. Wir werden daher auch in anderen Zusammenhängen noch auf diese niederländische Verfassungs-Revision zurückzukommen haben.

Artikel 67 Abs. 1 bestimmt:

> „Durch oder auf Grund eines Vertrages können Befugnisse der Gesetzgebung, Verwaltung und Rechtsprechung auf völkerrechtliche Organisationen übertragen werden".

Wie aus der Begründung hervorgeht, ist bei diesen völkerrechtlichen Organisationen sowohl an zwischenstaatliche Organisationen herkömmlicher Art als auch an Körperschaften supranationalen Charakters gedacht. Auch läßt die Begründung keinen Zweifel daran, daß man der bloßen Übertragung von Hoheitsrechten als solcher keinen verfassungsändernden Charakter beimißt. Andrerseits gibt es nach Auffassung der niederländischen Regierung Verfassungsvorschriften, die nicht nur für den innerstaatlichen Bereich bestimmt sind, sondern auch bei der inhaltlichen Gestaltung internationaler Verträge beachtet werden müssen, wie z. B. die Grundrechte. Macht nun ein Integrationsvertrag die Änderung solcher an sich bindender Verfassungsbestimmungen unvermeidlich, so soll doch in diesem Falle nicht das normale, stark erschwerte Änderungsverfahren erforderlich sein, sondern es soll ein besonderes Verfahren ausreichend sein, daß nur die Zustimmung einer Zwei-Drittel-Mehrheit der Generalstaaten — ohne die zuvor geschilderten weiteren Erschwerungen — fordert.

Der einschlägige neue Artikel 63 lautet:

> „Wenn die Entwicklung der internationalen Rechtsordnung es erfordert, kann in einem Vertrage von Bestimmungen der Verfassung abgewichen werden. In diesem Falle erfolgt die Zustimmung zu dem Vertrag nur durch eine Entscheidung der Generalstaaten mit zwei Dritteln der abgegebenen Stimmen in jeder der Kammern".

Diese Beispiele aus dem niederländischen Verfassungsrecht dürften beweisen, daß die Deutung des Artikels 24 Abs. 1 GG als Grundlage einer besonderen verfassungsrechtlichen Integrationskompetenz keine künstliche Konstruktion ist, sondern einem allgemeinen Entwicklungsgesetz des gegenwärtigen Verfassungsrechts der europäischen Staaten folgt.

Auch die Entwicklung in Belgien scheint das zu bestätigen. Hier hatte der Conseil d'État in einem Gutachten vom 12. 1. 1953 eine Reihe von Vertragsbestimmungen aufgeführt, die seiner Auffassung nach mit der Verfassung unvereinbar waren. Nicht die Übertragung von Hoheitsrechten überhaupt, wohl aber das Ausmaß der Übertragungen, die der EVG-Vertrag vorsieht, veranlaßten ihn zu der Feststellung, daß eine Verfassungsänderung unumgänglich sei. Vier hervorragende belgische Juristen, Dor, Ganshof van der Meersch, de Visscher und Mast, haben in diesem Zusammenhang auf das Vorbild des Artikels 24 Abs. 1 GG und der niederländischen Verfassungsrevision hingewiesen und haben die Regelung des GG im Vergleich zur französischen und italienischen Verfassung als besonders fortschrittlich hervorgehoben. Sie schlagen die Einführung einer neuen Generalklausel in die Verfassung vor, welche die Übertragung von Souveränitätsrechten an übernationale Instanzen gestattet. Dabei denken auch sie an ein Verfahren, das dem einfachen Gesetzgebungsverfahren gegenüber besondere Qualifikationen aufweist, ohne die auch in Belgien sehr stark erschwerten Bedingungen der Verfassungsänderung erfüllen zu müssen.

Die belgische Entwicklung ist noch im Flusse und wird sicherlich noch in nächster Zeit wesentliche Fortschritte machen. Dabei ist zu erwarten, daß auch Belgien in seine Verfassung neue Bestimmungen einführen wird, die dem entsprechen, was wir hier „Integrationsgewalt" genannt haben.

Die konkreten Folgerungen, die sich aus der Einordnung des Artikels 24 Abs. 1 in diesen weiteren Sinnzusammenhang ergeben, können hier nicht im einzelnen aufgeführt werden. Sie können jedenfalls nur dazu führen, das Gewicht und die zentrale Bedeutung dieser Vorschrift zu unterstreichen. Sie lassen nur die Annahme zu, daß Artikel 24 Abs. 1 die Übertragung wesentlicher Hoheitsrechte im Auge hat, die man früher als mit der Souveränität eines völkerrechtlich vollberechtigten Staates unvereinbar angesehen hätte. Daß er einen Weg zur Übertragung der Staatsgewalt im Ganzen biete, ist von niemandem behauptet worden. Eben damit würde auch wieder jener eigentümliche Zwischenbereich der supra-nationalen Gemeinschaftsbildung verlassen, den zu organisieren die Integrationsgewalt vor allem bestimmt ist.

b) Aus dem gleichen Streben nach einer stärker integrierten und höher organisierten Staatengemeinschaft, aus dem heraus der Artikel 24 Abs. 1 zu verstehen ist, stammt auch die neue Formulierung des Artikel 25 GG.

Ich möchte mich hier nicht auf den alten Theorienstreit im Zusammenhang mit der Lehre von den verschiedenen Rechtskreisen, auf Erörterungen über Sinn und Unsinn der sogenannten „dualistischen" oder „pluralistischen" Theorien einerseits, der „monistischen" Theorie vom „Primat des Völkerrechts" andererseits einlassen. Die Formulierung des Artikel 25 hat diesem Theorienstreit kein Ende bereitet. Wichtiger als eine abermalige Verfolgung dieser ausgefahrenen Bahnen scheint es zu sein, den

Artikel 25 in die gleiche Perspektive zu rücken, die eben schon für den Blick auf Artikel 24 bestimmend war. In diesem Sinne ist vor allem hervorzuheben, daß nach einhelliger Meinung Absicht und Wirkung des Artikel 25 auf eine Verstärkung der Tendenzen hinauslaufen, die schon Hugo Preuss bei der Formulierung des Artikel 4 Weimarer Verfassung geleitet hatten, ohne daß der von ihm beabsichtigte Effekt damals praktisch erreicht wurde. Auch darüber besteht im wesentlichen Einigkeit, daß die durch den Artikel 25 bewirkten Neuerungen vor allem darin bestehen, daß die in das Bundesrecht aufgenommenen allgemeinen Regeln des Völkerrechts nicht von der Bundesrepublik selbst anerkannt sein müssen, und daß ferner die Aufnahme in das Bundesrecht nicht nur mit dem Range einfachen Gesetzesrechtes erfolgt, sondern mit einem höheren Range, so daß diese Regeln jedenfalls nicht durch einfaches Bundes- oder Landesgesetz ihrer innerstaatlichen Wirksamkeit beraubt werden können. Ein gewisses Zögern herrscht gegenüber der Frage, ob die rezipierten Normen des Völkerrechts höheren Rang auch dem Verfassungsrecht des Bundes gegenüber besitzen und auch im Wege verfassungsändernder Gesetzgebung nicht wieder sollen eliminiert werden können. Gegenüber der von dem Abgeordneten v. Brentano im Hauptausschuß des Parlamentarischen Rates geäußerten Ansicht, daß das Völkerrecht auch dem Bundesverfassungsrecht vorgehe[15]), hat Stoedter[16]) schon 1949 gewisse Zweifel angemeldet. v. Mangoldt[17]) hat Ipsen[18]) darin zugestimmt, daß sich der Vorrang des Völkerrechts am Grundgesetz selbst breche. Menzel[19]) meint, daß eine dem Völkerrecht widersprechende Rechtsnorm rechtsgültig nur dann erlassen werden könne, wenn zuvor im Wege der Verfassungsänderung die Sperrklausel des Artikel 25 beseitigt sei. Maunz[20]) nimmt an, daß die allgemeinen Regeln des Völkerrechts als Rechtssätze höchster Geltungskraft, d. h. mit Vorrang auch vor Verfassungsrecht rezipiert werden. Ich glaube, daß diese Konsequenz des Artikel 25 unabweisbar ist, möchte mich aber hier auf diese Frage nicht näher einlassen, weil sie keine sehr große praktische Bedeutung haben dürfte. Überhaupt ist mit Recht davor gewarnt worden, die praktische Bedeutung des Artikel 25 zu überschätzen. Die wichtigste Konsequenz des Artikel 25 dürfte bei der Frage liegen, ob er auf einem indirekten Wege etwa auch für das völkerrechtliche Vertragsrecht Wirkungen äußert, obgleich sich der Text selbst auf das Vertragsrecht nicht bezieht — jedenfalls nicht auf

15) 57. Sitzung d. Hauptausschusses v. 5. 5. 1949 (Sten.Ber. S. 749).
16) DÖV. 1949, S. 266.
17) Kommentar GG Art. 25 Nr. 3, S. 169.
18) DVerw. 1949 S. 490.
19) Bonner Kommentar, Art. 25 S. 5ff.
20) Deutsches Staatsrecht, 2. Aufl. S. 209.

solches Vertragsrecht, das keine allgemeinen Regeln des Völkerrechts kodifiziert. Von größerer praktischer Bedeutung ist mit anderen Worten die Frage, welchen Rang die auf dem Wege der speziellen Transformation durch parlamentarisches Zustimmungsgesetz zum Bestandteil des Bundesrechts gemachten Vertragsbestimmungen erlangen; ob also die Bestimmungen eines parlamentarisch genehmigten und ordnungsmäßig ratifizierten Staatsvertrages durch ein später ergehendes einfaches Bundesgesetz ihrer innerstaatlichen Wirksamkeit beraubt werden können. Mir scheint, daß F. Münch Zustimmung verdient, wenn er in seinem Aufsatz „Droit international et droit interne d'après la constitution de Bonn“[21]) meint, daß dieser Artikel 25 auch jene allgemeine Regel des Völkerrechts einschließt, nach der die bindende Kraft eines Vertrages nicht durch einen Akt der Gesetzgebung oder der innerstaatlichen Verwaltung beseitigt werden kann. Man wird in der Tat davon auszugehen haben, daß die Bestimmungen eines den Bund verpflichtenden internationalen Vertrages solange nicht durch einfaches Gesetz ihrer innerstaatlichen Wirksamkeit beraubt werden können, als dieser Vertrag nicht durch ordnungsmäßige Kündigung oder auf einem anderen völkerrechtsgemäßen Wege seiner völkerrechtlichen Bindungskraft beraubt ist.

Die vorhin schon erwähnte umfassende Revision der niederländischen Verfassung vom Juni dieses Jahres hat übrigens eine neue Vorschrift eingeführt, die auf die Sicherung des gleichen Ergebnisses abzielt; im Art. 65 heißt es:

> „Innerhalb des Königreiches geltende gesetzliche Vorschriften finden keine Anwendung, wenn sie nicht in Übereinstimmung stehen mit Verträgen, die — sei es vor oder nach dem Zustandekommen der Vorschriften, — gemäß Artikel 66 bekannt gemacht worden sind“.

Aus dieser Formulierung ergibt sich, daß nicht nur solche Gesetzesbestimmungen den Vorschriften eines Vertrages weichen müssen, die vor seinem Abschluß bestanden haben. Vielmehr sind auch solche Gesetze kraftlos, die nach dem Zustandekommen des Vertrages eine von seinem Inhalt abweichende Regelung treffen. Anders als für die Vereinigten Staaten besteht demnach für die Niederlande keine Möglichkeit mehr, durch einen Akt der einfachen Gesetzgebung über bestehende Vertragsvorschriften hinwegzugehen.

Die Artikel 26 und 28 der französischen Verfassung von 1946 weisen in die gleiche Richtung. Auf eine nähere Analyse dieser Bestimmungen muß ich verzichten, insbesondere auch auf eine Vertiefung der im Artikel 26 geregelten, eng mit dem Transformationsproblem zusammenhängenden Frage jener Verträge, die man

[21]) Revue int. française du droit des gens, 1950, p. 14.

im amerikanischen Sprachgebrauch „self-executing" nennt. Im Zusammenhang mit den Angriffen, die von gewissen amerikanischen Kreisen seit geraumer Zeit gegen das System der treaty-making power nach der amerikanischen Verfassung gerichtet werden — insbesondere gegen die „supreme law of the land-clause" und gegen die self-executing treaties — ist dieser ganze Fragenkomplex auf breiter verfassungsvergleichender Grundlage auf der Jahresversammlung 1951 der American Society of International Law von Lawrence Preuss, Professor an der University of Michigan, behandelt worden. Auf diesen in den Proceedings der Gesellschaft abgedruckten Vortrag darf ich hier verweisen[22]).

c) Aus dem Streben nach einer stärker integrierten internationalen Staatengemeinschaft ist schließlich auch der Artikel 26 GG geboren, der Handlungen für verfassungswidrig erklärt, die geeignet sind und in der Absicht vorgenommen werden, die Führung eines Angriffskrieges vorzubereiten.

Diese Vorschrift ist von unmittelbarer Bedeutung für einen Kernbestandteil der auswärtigen Gewalt, nämlich für das jus belli ac pacis, das im Gegensatz zur Weimarer Verfassung und ihrem Artikel 45 Abs. 2 im Grundgesetz keine ausdrückliche Erwähnung gefunden hat.

Man braucht nicht viel Worte darüber zu verlieren, warum es nicht erwähnt worden ist — im Jahre 1949. Schwieriger ist die Frage, welche Folgerungen aus dem Schweigen des Grundgesetzes zu ziehen sind. Die Väter des Grundgesetzes werden nicht so naiv gewesen sein, anzunehmen, daß ein waffenloser Staat nicht in kriegerische Verwicklungen gestürzt werden könnte und daß ihn die Fragen von Krieg und Frieden nichts angingen. Für den Realismus des Parlamentarischen Rates spricht immerhin die Tatsache, daß man die Worte „Führung eines Krieges" im ursprünglichen Entwurf durch die Worte „Führung eines Angriffskrieges" ersetzt hat[23]).

Jedenfalls stellt sich die Frage, ob das Grundgesetz hier eine Lücke aufweist, und wenn ja, ob und wie sie gefüllt werden könnte.

Ich möchte unsere Diskussionen nach Möglichkeit nicht mit der Streitfrage belasten, ob der Parlamentarische Rat die Wehrhoheit stillschweigend vorausgesetzt hat und ob Vorschriften wie die Artikel 4, 24 Abs. 2 und 26 als ausdrückliche Bestätigungen dieser stillschweigenden Voraussetzung aufgefaßt werden dürfen. Auswärtige Gewalt und Wehrgewalt stehen zwar in einem engen und nur schwer zu trennenden Zusammenhang. Doch bietet uns die

---

[22]) The Execution of Treaty Obligations through international law — System of the U.S. and of some Other Countries. 45th Annual Meeting, 1951, 82ff.

[23]) v. Mangoldt, Kommentar GG Art. 26 S. 171.

auswärtige Gewalt der Bundesrepublik schon so viel Diskussionsstoff, daß es mir im Interesse einer vernünftigen Diskussionsökonomie unserer Tagung geboten scheint, die Frage der Wehrhoheit soweit wie möglich auszuklammern. Ich kann jedoch nicht über die auswärtige Gewalt sprechen, ohne das ius belli ac pacis zu erwähnen, das nun einmal seit Locke und Montesquieu als ein Kernbestandteil dieser Gewalt gegolten hat.

Es muß also wohl oder übel ein Wort darüber gesagt werden, wie das Schweigen des Grundgesetzes zu dieser Frage zu deuten ist.

Die Problemlage ist eine durchaus andere als bei der Wehrhoheit. Dort konnte darüber gestritten werden, ob man im Hinblick auf die Entstehungsgeschichte des Art. 73 Abs. 1 unter die „auswärtigen Angelegenheiten" auch den „Schutz des Bundes nach außen" zu rechnen habe, wie ein später wieder fallen gelassener Formulierungsvorschlag ausdrücklich sagen wollte. In bezug auf das ius belli ac pacis kann dagegen nicht zweifelhaft sein, daß es in den Bereich der „auswärtigen Angelegenheiten" im Sinne des Art. 73 Abs. 1 fällt — daß insoweit, als es in den Formen der Gesetzgebung oder des Vertragsschlusses auszuüben ist, ausdrücklich dem Bunde und darüber hinaus sogar bestimmten Bundesorganen zugewiesene Kompetenzen vorliegen und die Lehre von den ungeschriebenen Bundeskompetenzen nicht bemüht zu werden braucht.

Relativ einfach scheint die Antwort in bezug auf jenen Teil der Fragestellung zu sein, der den Friedensschluß betrifft. Der Friede kann immer nur durch eine Vereinbarung der beiden Kriegführenden zustandekommen, gleichgültig, welche Form diese Vereinbarung tragen mag. Eine solche Vereinbarung ist immer ein Vertrag, der die politischen Beziehungen des Bundes regelt; der Friedensschluß kann daher nur in den Formen des Art. 59 Abs. 2 erfolgen, d. h. durch einen Vertrag, dem die gesetzgebenden Körperschaften zugestimmt haben. Die auf den Wortlaut des Artikels 45 Abs. 2 Weimarer Verfassung gestützte Theorie, daß Friedensverträge nicht an die Schranken der Verfassung gebunden seien, findet im Grundgesetz keine ausdrückliche Stütze.

Soweit der Kriegszustand nicht durch einen förmlichen Friedensvertrag beendet wird, kommt nur ein Akt der Gesetzgebung in Frage, für den sich die Zuständigkeit der gesetzgebenden Körperschaften des Bundes aus Art. 73 Ziff. 1 ergibt. Demnach kann jedenfalls im Hinblick auf den Friedensschluß von einer „Lücke" im Grundgesetz nicht die Rede sein.

Problematisch ist eigentlich nur die Frage der Erklärung des Kriegszustandes. Aber auch hier lassen sich zum mindesten enge Grenzen der praktischen Bedeutung der Frage feststellen.

Denn wenn die Verfassungen in neuerer Zeit bestrebt waren, das Recht der Kriegserklärung dem Parlament vorzubehalten, so geschah dies doch im Hinblick auf Situationen, in denen man glaubte, daß sie noch die Möglichkeit einer Wahl zwischen Krieg und Frieden offen ließen.

Eben dieser Entscheidungsspielraum ist jedoch durch die neuere Entwicklung des Völkerrechts und durch den Artikel 26 GG außerordentlich stark eingeengt worden. Scheuner hat der Ansicht Ausdruck gegeben, daß es sich angesichts des Artikels 26 GG überhaupt erübrige, über die Kriegserklärung etwas auszusagen. In der Verteidigung werde der Kriegszustand durch ein Handeln des Gegners, das eine als Krieg zu qualifizierende Gewalthandlung darstelle, faktisch hergestellt[24]).

Bei der Prüfung dieser These empfiehlt es sich, im Auge zu behalten, daß das ius belli ac pacis auch im System der Weimarer Verfassung nur teilweise durch ausdrückliche Verfassungsvorschriften den gesetzgebenden Körperschaften vorbehalten war. Die faktische Einstellung der Feindseligkeiten, das Recht zum Abschluß eines Waffenstillstandes (im präzisen Sinne des Begriffes, der keine politischen Abmachungen deckt), die Abgabe einer Neutralitätserklärung, die Ausübung des unmittelbaren Selbstverteidigungsrechts im Falle eines flagranten Angriffs waren immer unbestrittene Befugnisse der Reichsexekutive, die sich teils aus dem Recht des militärischen Oberbefehls, teils aus ihren ungeschriebenen Zuständigkeiten auf dem Gebiete der auswärtigen Gewalt ergaben. Daß diese Fragen auch im Grundgesetz nicht ausdrücklich geregelt worden sind, wird man kaum als eine Verfassungslücke bezeichnen können. Die Tatbestände, die für einen ausdrücklichen verfassungsmäßigen Vorbehalt zugunsten der gesetzgebenden Körperschaften in Frage gekommen wären, lassen sich wie folgt aufgliedern:

1. Das Recht der (konstitutiven) Kriegserklärung, durch die die Feindseligkeiten eröffnet werden. Dieses Recht ist wegen Art. 26 gegenstandslos.
2. Das Recht der (deklaratorischen) Kriegserklärung nach Ausbruch der Feindseligkeiten durch einen Angriff von außen.
3. Das Recht der Kriegserklärung zum Zwecke der kollektiven Selbstverteidigung im Falle eines unprovozierten Angriffs auf einen dritten Staat.
4. Das Recht der Kriegserklärung zum Zwecke der Erfüllung einer internationalen Sanktionsverpflichtung.

Was den 4. Tatbestand anlangt, so ist stark umstritten, ob es etwa im Falle einer vom Sicherheitsrat angeordneten Sanktion

---

[24]) Kampf um den Wehrbeitrag, 2 S. 117.

überhaupt einer Kriegserklärung der einzelnen Mitgliedstaaten der UN bedarf. Solange die Bundesrepublik kein Mitglied der UN ist, bestand für das Grundgesetz jedenfalls keine zwingende Veranlassung, diesen Fall zu regeln. Die eigentlich fraglichen Tatbestände bleiben somit die Fälle 2 und 3. Was den 2. Fall anlangt, so wird man sagen dürfen, daß der bloß noch deklaratorischen Kriegserklärung nach Beginn der Feindseligkeiten nicht mehr die entscheidende politische Tragweite innewohnt, die eine Beteiligung der gesetzgebenden Körperschaften ganz unerläßlich erscheinen ließe. In diesem Zusammenhang ist wiederum eine Verfassungsänderung interessant, die bei Gelegenheit der schon mehrfach erwähnten niederländischen Verfassungsrevision im Juni 1953 vorgenommen wurde. Der bis dahin im Art. 59 enthaltene Satz, daß der König ohne die vorherige Zustimmung der Generalstaaten keinen Krieg erklären dürfe, ist nämlich durch den Zusatz ergänzt worden: „Die Zustimmung ist nicht erforderlich, wenn eine Beratung mit den Generalstaaten infolge eines praktisch bestehenden Kriegszustandes nicht möglich erschien.“ Wenngleich sich darin natürlich in erster Linie die Erfahrung eines Landes ausspricht, dessen König und dessen Regierung vor einem plötzlich einbrechenden Feinde ins Exil entweichen mußte, so trägt doch dieser Zusatz zugleich auch der Tatsache Rechnung, daß die rein deklaratorische Kriegserklärung im Grunde ein politisch und im System der Gewaltenteilung uninteressant gewordener Tatbestand ist, den man unter bestimmten Umständen getrost der Exekutive überlassen kann.

Es bleibt demnach nur ein einziger Tatbestand übrig, der noch eine gewisse Breite des politischen Ermessensspielraumes offen läßt: nämlich die Kriegserklärung zum Zwecke der kollektiven Selbstverteidigung im Falle eines unprovozierten Angriffes auf einen dritten Staat. Ob sich der Parlamentarische Rat darüber im Klaren gewesen ist, läßt sich aus den Protokollen jedenfalls nicht entnehmen. Der Tatbestand dürfte immerhin noch wichtig genug sein, um de lege ferenda eine Verfassungsergänzung unerläßlich zu machen, die einen Vorbehalt zugunsten der gesetzgebenden Körperschaften ähnlich dem Artikel 45 Abs. 2 der Weimarer Verfassung wieder einführt. Für die Zwischenzeit glaube ich, nicht weit von der Lösung entfernt zu sein, die Herr Kollege Menzel zu diesem Punkte vortragen wird.

2. Wenden wir uns nunmehr in dieser Analyse zu dem zweiten Problemkreis zurück, der vorhin beim Aufriß der Probleme nur umschrieben wurde: Spannungen, Reibungen, Konfliktsmöglichkeiten, die sich in moderner Zeit zwischen Exekutive und Legislative auf dem Gebiet der auswärtigen Gewalt ergeben haben oder ergeben können.

Ich hatte schon erwähnt, daß sich im Bereiche der auswärtigen ebenso wie der allgemeinen inneren Verwaltung gewisse in der Natur der Sache liegende Schwierigkeiten entwickelt haben, die eine wirksame parlamentarische Kontrolle der Verwaltung behindern. Ich darf das mit konkreten Beispielen belegen. Das im Artikel 59 Abs. 2 festgelegte Kontroll- und Einflußrecht des Parlaments mit seinem Zustimmungserfordernis für zwei verschiedene Kategorien von Verträgen soll einem doppelten Zwecke dienen: es sollen einmal diejenigen Verträge erfaßt werden, die in einem ganz spezifischen Sinne von politischer Bedeutung sind, weil sie die Art, das Maß, die funktionelle oder institutionelle Gestaltung der politischen Beziehungen der Bundesrepublik zu anderen Staaten unmittelbar zum Gegenstand haben. Zum anderen aber sollen solche Verträge erfaßt werden, deren Umwandlung in innerstaatliches Recht nur auf dem Wege der Gesetzgebung erfolgen kann und deren innerstaatliche Vollziehbarkeit daher vor der international verpflichtenden Ratifikation sichergestellt werden muß.

Die Wandlungen in der Struktur der zwischenstaatlichen Handels-, Wirtschafts- und Finanzbeziehungen haben es nun mit sich gebracht, daß in neuerer Zeit die große Masse der internationalen Abkommen auf diesen Gebieten immer mehr aus dem Rahmen der parlamentarischen Zustimmungsbedürftigkeit herausfällt.

Handelsverträge im klassischen Sinne des Wortes hatten immer dem parlamentarischen Zustimmungserfordernis unterlegen, weil sie sich auf Gegenstände der Gesetzgebung bezogen. (Auch Artikel 45 Abs. 3 der Weimarer Verfassung kannte ja dieses gleiche Kriterium der Zustimmungsbedürftigkeit von Verträgen ebenso wie davor auch Artikel 11 Abs. 3 der alten Reichsverfassung.)

Der klassische Typus von Handelsverträgen, wie man sie — meist langfristig — bis 1930 abzuschließen pflegte, arbeitete in erster Linie mit zollpolitischen Mitteln und forderte zum Zwecke der innerstaatlichen Vollziehung daher regelmäßig eine Änderung der Zollgesetzgebung. Die Änderung des Zolltarifs oder die Einführung eines neuen Tarifs oder der Meistbegünstigung, ferner Bestimmungen über Urheberrecht, Niederlassungsfreiheit, kleinen Grenzverkehr, — alles dieses konnte nur durch Akte der Gesetzgebung innerstaatlich wirksam gemacht werden.

Seitdem sich die Mittel der Beeinflussung und Lenkung des zwischenstaatlichen Warenaustausches geändert haben, hat sich auch die Struktur der zwischenstaatlichen Abmachungen auf diesen Gebieten grundlegend gewandelt. An die Stelle der „Handelsverträge" des klassischen Typs sind in wachsendem Maße „Waren- und Zahlungsabkommen" getreten, die mit dem Mittel der Devisenzuteilung operieren. In jedem Lande mit staatlicher Devisenbewirtschaftung ist die Einfuhr von der Devisenzuteilung abhängig; der Umfang der Zuteilung entscheidet darüber, ob und inwieweit eine Ware eingeführt werden kann. Über die Devisenzuteilung aber entscheiden fast überall die Verwaltungsbehörden kraft ihrer eigenen Befugnisse, ohne daß es eines Tätigwerdens des Gesetzgebers bedarf. Daher kann man sich im zwischenstaatlichen Verkehr mit Waren- und Zahlungsabkommen begnügen, die ihrer juristischen Natur nach Regierungs- oder Verwaltungsabkommen sind und keiner Zustimmung der gesetzgebenden Körperschaften bedürfen. Abkommen dieser Art können sich inhaltlich auf die Verpflichtung beider Partner beschränken, dafür zu sorgen, daß die devisentechnischen Voraussetzungen für die Einfuhr der vereinbarten Warenkontingente herbeigeführt werden. Diesen Verpflichtungen können die beiderseitigen Verwaltungsbehörden kraft der ihnen zustehenden Ermächtigungen durch Verwaltungsanordnung oder Rechtsverordnung nachkommen.

Im vergangenen Jahre hatte das Bundesverfassungsgericht zu entscheiden, ob das deutsch-französische Handels- und Zahlungsabkommen vom 10. 2. 1950 dem Bundestag zur Zustimmung hätte vorgelegt werden müssen, wie die sozialdemokratische Bundestagsfraktion behauptet hatte. Zugleich wurde generell die Feststellung begehrt, daß sogenannte Wirtschaftsabkommen, welche die Handels- und Zahlungsbeziehungen zwischen der Bundesrepublik Deutschland und einem anderen Staat im wesentlichen regeln, insbesondere Ein- und Ausfuhrkontingente festsetzen, zustimmungsbedürftige Verträge im Sinne des Artikel 59 Abs. 2 GG sind[24a]).

Mit Recht hat sich das Bundesverfassungsgericht nicht auf eine solche abstrakte Fragestellung eingelassen. Auch für den konkreten Fall des deutsch-französischen Wirtschaftsabkommens kam es jedoch zu dem Ergebnis, daß dieses Abkommen keines der beiden Kriterien erfülle, die Artikel 59 Abs. 2 GG zum Maßstab der parlamentarischen Zustimmungsbedürftigkeit von Verträgen macht. Die Entscheidung enthält eine Reihe von grundsätzlich wichtigen Gesichtspunkten zur Auslegung des Artikel 59 und gehört neben der Entscheidung über das Petersberg-Abkommen und der Entscheidung über den Kehler Hafenvertrag zu den grundlegenden Äußerungen des Bundesverfassungsgerichts über das Wesen, den Inhalt und die Grenzen der auswärtigen Gewalt[25]).

Sie ist aber vor allem auch deswegen so bedeutsam, weil es hier um die aktuellen Zentralprobleme der treaty-making power ging. Die Emanzipation der Exekutive von der parlamentarischen Kontrolle hatte nicht nur das Mißfallen der Opposition erregt. Sie

---

[24a]) BVerfGE. Bd. 1 S. 372 ff.

[25]) Zu diesen drei Entscheidungen vgl. jetzt auch Menzel, AöR. 79. Bd. (1954) S. 326 ff.

wurde bis weit in die Kreise der Regierungsparteien hinein als höchst unbefriedigend empfunden. Ausdruck dieses Mißvergnügens waren mehrere Beschlüsse des Rechtsausschusses des Bundestags und des Ausschusses für Außenhandelsfragen, die sich in ihrer Mehrheit auf den Standpunkt stellten, daß auch kurzfristige Wirtschaftsabkommen die Zustimmung des Bundestags erforderten. Um die Kontrolle über die Außenhandelspolitik zurückzugewinnen, schlug der Ausschuß für Außenhandelsfragen der Bundesregierung die Einsetzung eines aus neun von ihm zu ernennenden Mitgliedern und ihren Stellvertretern bestehenden parlamentarischen Beirates für handelspolitische Fragen vor (ein Vorschlag, der am 18. 7. 1950 akzeptiert wurde[26]). Der Beirat sollte die Aufgabe haben, die Bundesregierung beim Abschluß handelspolitischer Vereinbarungen zu beraten und als Bindeglied zwischen der handelspolitischen Arbeit der Bundesregierung und der parlamentarischen Arbeit dafür zu sorgen, daß die Auffassungen des Parlaments über die Gestaltung der allgemeinen politischen und wirtschaftlichen Geschehnisse auch auf dem Gebiet der Außenhandelspolitik zur Geltung kommen. Die Bundesregierung sollte ihrerseits den Beirat über alle Geschehnisse auf dem Gebiete handelspolitischer Vereinbarungen auf dem laufenden halten und ihm Gelegenheit geben, zu der Frage Stellung zu nehmen, ob eine handelspolitische Vereinbarung zustimmungsbedürftig im Sinne des Artikel 59 Abs. 2 GG ist.

Die strittige Rechtsfrage sollte und konnte mit der Einigung über diesen Beirat nicht aus der Welt geschafft werden. Wie das Bundesverfassungsgericht in seiner Entscheidung vom 29. 7. 1952 festgestellt hat, handelte es sich bei dieser Absprache über den Beirat nicht um einen Verzicht des Bundestages auf seine Kompetenz, der gar nicht möglich gewesen wäre, sondern um eine vorläufige und jederzeit widerrufliche Regelung, die die Rechte und Pflichten des Bundestages nicht berührt. Nicht einmal die Austragung der Streitfrage vor dem Bundesverfassungsgericht wurde durch die Vereinbarung ausgeschlossen. Die Einsetzung des Beirats bleibt jedoch ein interessantes Experiment im Bereiche der Bemühungen, neue Verbindungsglieder zwischen der undurchsichtig und schwer kontrollierbar gewordenen Verwaltung einerseits und den infolgedessen ohnmächtig gewordenen parlamentarischen Kontrollorganen andererseits zu schaffen.

Da sich alle Beteiligten jedoch von Anfang an darüber klar waren, daß dieser Parlamentarische Beirat die eigentlichen Probleme nicht hinfällig machen würde, strebte die Opposition eine

[26]) Der Beirat ist seit dem 8. 9. 50 tätig. Er ist auf Grund eines Beschlusses des Bundesrates vom 10. 11. 50 (39. Sitzung, Protokoll S. 747) durch vier Vertreter des Bundesrates erweitert worden.

gerichtliche Klärung durch das Bundesverfassungsgericht an und suchte nun, diese neuartigen Waren- und Zahlungsabkommen als „Verträge, welche die politischen Beziehungen des Bundes regeln", zu erweisen und sie auf diese Weise gemäß Artikel 59 Abs. 2 Satz 1 GG der parlamentarischen Kontrolle zu unterwerfen. Auch diesen Versuch hat das Bundesverfassungsgericht — wiederum mit Recht — zurückgewiesen. Es hat dabei einige Präzisierungen zum Begriff des „Vertrages, der politische Beziehungen des Bundes regelt", gegeben, auf die mit wenigen Worten näher eingegangen werden muß.

Das Bundesverfassungsgericht geht davon aus, daß ein Staatsvertrag noch nicht dadurch zu einem Vertrage im Sinne des Artikel 59 Abs. 2 S. 1, erste Alternative, wird, daß er sich ganz allgemein mit öffentlichen Angelegenheiten, dem Gemeinwohl oder den Staatsgeschäften befaßt. Hinzukommen müsse vielmehr, daß die Existenz des Staates, seine territoriale Integrität, seine Unabhängigkeit, seine Stellung oder sein maßgebliches Gewicht in der Staatengemeinschaft durch den Vertrag selbst berührt werden. Namentlich Verträge, die darauf gerichtet sind, die Machtstellung eines Staates anderen Staaten gegenüber zu behaupten, zu befestigen oder zu erweitern, seien als „politische Verträge" in diesem Sinne zu betrachten. Dazu gehörten vor allem Bündnisse, Garantiepakte, Abkommen über politische Zusammenarbeit, Friedens-, Nichtangriffs- und Abrüstungsverträge, Schiedsverträge und ähnliche Verträge. — Ob ein Vertrag in diesem Sinne ein politischer sei, könne nur im Einzelfall unter Berücksichtigung der besonderen Umstände und der konkreten politischen Situation der Bundesrepublik und ihrer Vertragspartner festgestellt werden.

Ich kann mich von diesen Thesen des Bundesverfassungsgerichts schon deswegen nicht distanzieren, weil sie mit den Thesen übereinstimmen, die ich als Rechtsbeistand des Bundeswirtschaftsministeriums in meinem Plaidoyer in diesem Verfahren vorgetragen habe. Ich habe auch heute keine Einwendungen gegen diese Ausgangspunkte zu erheben, sondern beschränke mich darauf, einige Konsequenzen dieses Standpunktes hervorzuheben und weiterzudenken. Was das Bundesverfassungsgericht verhütet hat — und was m. E. verhütet werden mußte — war eine weitere Ausweitung des Begriffes des politischen Vertrages. Zurückgewiesen werden mußte die von der Antragstellerin vorgetragene These, daß ein Vertrag zur Regelung politischer Beziehungen schon dann vorliege, „wenn ein Abkommen substanziell geeignet und bestimmt ist, den politischen Ort der Bundesrepublik Deutschland im Kreise der übrigen Staaten mitfestzulegen", daß es dafür gar nicht erheblich sei, ob ein einzelnes Abkommen Bestimmungen dieser Bedeutung enthalte, sondern vielmehr geprüft werden müsse, ob nicht eine Vielzahl solcher inhaltlich zunächst unpolitischer Verträge, die mit einer bestimmten Staatengruppe — etwa einer westeuropäischen — planmäßig und systematisch abgeschlossen werden, als Ganzes eine politische Option, eine Wahl und Festlegung des politischen Ortes der Bundesrepublik bedeuten.

Natürlich ist es richtig, daß ein einseitig nach der einen oder anderen Seite orientiertes Handelsvertragssystem die außenpolitische Bewegungsfreiheit unter Umständen einengen kann. Das ist dann nicht die Folge eines einzelnen, kurzfristigen und hinsichtlich des Austauschvolumens ganz normal begrenzten Handels- und Zahlungsabkommens, sondern es ist allenfalls die Folge eines allgemeinen außenpolitischen Planes, der diesem System zugrunde liegt. Ein einzelnes, außenpolitisch belangloses Handelsabkommen kann aber nicht deswegen zu einem zustimmungsbedürftigen Vertrag nach Artikel 59 Abs. 2 gestempelt werden, weil es eine Maßnahme ist, die infolge einer bestimmten außenpolitischen Konzeption getroffen wird. Die allgemeine politische Konzeption einer Regierung kann nach dem System des Grundgesetzes nur mit anderen Mitteln angegriffen werden, nämlich mit einem parlamentarischen Mißtrauensvotum und dem Sturz der Regierung. Die Bekämpfung einer allgemeinen außenpolitischen Konzeption auf dem Wege der Ausweitung des Begriffes der politischen Verträge im Sinne von Artikel 59, Abs. 2 S. 1 begegnet folgenden Bedenken:

Erstens. Sie schafft eine erhebliche Rechtsunsicherheit, weil es kaum ein Abkommen geben wird, das nicht wegen seines Inhalts, wegen des Vertragspartners, wegen des größeren Zusammenhangs, in den es unter Umständen eingeordnet werden kann, als politisch bedeutsam hingestellt werden kann. Wenn sich die Bundesregierung nicht von vornherein darauf einläßt, die große Mehrheit aller internationalen Verträge als „politisch" anzusehen, wird sie stets mit einer auf Artikel 59, Abs. 2 S. 1 gestützten Klage rechnen müssen. Geht sie jedoch dazu über, dem Parlament im weiteren Umfange Verträge zur Genehmigung vorzulegen, so würde sie eine praktisch unhaltbare Lage herbeiführen.

Zweitens. Es wird von allen Beteiligten — insbesondere auch vom Rechtsausschuß des Bundestages selbst — anerkannt, daß es zu einer untragbaren Arbeitsüberlastung des Bundestages und einer ebenso unerträglichen Verzögerung der Vertragsabschlüsse führen würde, wenn sich der Bundestag mit jedem der zahlreichen, oft kurzfristigen Handelsabkommen befassen müßte.

Die Empfehlung, das Parlament solle gemäß Artikel 80 GG der Bundesregierung eine beschränkte Ermächtigung zur Inkraftsetzung von Handelsabkommen durch Rechtsverordnung erteilen, ist aus verfassungsrechtlichen Gründen unausführbar. Ich muß mich aus zeitlichen Gründen hier darauf beschränken, auf die

Entscheidung des Bundesverfassungsgerichtes zu verweisen und dazu zu bemerken, daß ich die Gegenargumente von Haas im Archiv des öffentlichen Rechts, 78. Bd., 1953, S. 381 ff. („Abschluß und Ratifikation internationaler Verträge") nicht für stichhaltig halte.

Drittens. Die Einreihung der Waren- und Zahlungsabkommen in die Kategorie der politischen Verträge hat auch noch andere gewichtige Nachteile: der betont technisch-neutrale Charakter dieser Abkommen, der eine wesentliche Vorbedingung für ihre rasche Verhandlung und Inkraftsetzung ist, würde durch diese Qualifikation gerade wieder in Zweifel gezogen werden. — So ist z. B. behauptet worden, daß das deutsch-französische Wirtschaftsabkommen schon deswegen ein Politikum darstelle, weil es in einem Zusatzprotokoll auch das Saargebiet einbezogen habe. Natürlich hatte das Bundeswirtschaftsministerium nicht im entferntesten die Absicht, die häufig genug formulierten Vorbehalte der Bundesregierung in bezug auf das Saargebiet in irgendeiner Weise in Frage zu stellen oder abzuschwächen. Es ist eine absurde Idee, zu verlangen, daß ein solcher Vorbehalt bei jeder mehr oder minder passenden Gelegenheit immer wieder vorgebracht werden müßte und daß jedes Waren- und Zahlungsabkommen ein geeigneter Anlaß für eine hochpolitische Saardebatte im Bundestag sei. Der deutschen Außenhandelspolitik könnte mit einer solchen Praxis nur schwerster Schaden zugefügt werden.

Es ist daher nur zu begrüßen, daß das Bundesverfassungsgericht den Begriff der „Verträge zur Regelung politischer Beziehungen" vernünftig abgegrenzt und einer uferlosen Ausweitung vorgebeugt hat. Wenn die Entwicklung der modernen Außenhandelstechnik Anlaß zu Besorgnissen im Hinblick auf die Wirksamkeit der parlamentarischen Kontrolle bietet, so wäre eine Auslegung des Artikel 59 Abs. 2, die den Begriff der „Verträge zur Regelung politischer Beziehungen" aufweichen und über Gebühr ausdehnen würde, jedenfalls kein geeignetes Mittel, um diesen Besorgnissen zu begegnen. Das Institut des parlamentarischen Beirates dürfte dem gegenüber schon ein wesentlich besseres Mittel sein, um zu brauchbaren praktischen Ergebnissen zu gelangen.

Selbstverständlich ist in keiner Weise zu verkennen, daß eine bedenkenlose Expansion der Anwendung von Regierungs- und Verwaltungsabkommen eine nicht minder problematische Entwicklung darstellen würde. Die Praxis der amerikanischen Exekutive könnte in dieser Beziehung als lehrreiches und warnendes Beispiel dienen. Seit langem haben die amerikanischen Präsidenten sich der Formen des Regierungs- und Verwaltungsabkommens bedient, um sich der lästigen Kontrolle zu entziehen, die bereits ein Drittel des Senats über die Vertragspolitik der Regierung ausüben kann. Das Ergebnis ist eine Reaktion, die jetzt ihren Ausdruck vor allem in dem sogenannten „Bricker-Amendment" gefunden hat, über das ich kürzlich berichtet habe[27]). Wenn diese Bestrebungen zur Revision der amerikanischen Verfassung einen berechtigten Kern haben, dann ist dies die Hypertrophie der Verwaltungsabkommen, die sich seit langem in der amerikanischen Regierungspraxis beobachten läßt. Die Annahme des Bricker-Amendments würde allerdings wohl das Kind mit dem Bade ausschütten und die Handhabung der amerikanischen Außenpolitik sowohl wie der unpolitischen Auslandsbeziehungen außerordentlichen Erschwerungen aussetzen. Eine solche Entwicklung wäre dann das Resultat des Versäumnisses, rechtzeitig ein ausgewogenes und modernen zwischenstaatlichen Beziehungen entsprechendes Verhältnis zwischen Exekutive und Legislative auf dem Gebiete der auswärtigen Angelegenheiten herzustellen — eine Aufgabe, die auch uns mit allem Ernst gestellt ist.

Auch die niederländische Verfassungsrevision vom Juni dieses Jahres ist an diese Aufgabe herangegangen und hat versucht, eine neue Abgrenzung für die Einfluß- und Kontrollrechte der Legislative in bezug auf die treaty-making power zu finden. Ob die gefundene Lösung im ganzen glücklich oder nachahmenswert ist, muß hier dahingestellt bleiben. Neben einzelnen Regelungen, die bedenklich erscheinen, stehen jedoch auch Gedanken, die de lege ferenda sehr erwägenswert sind und die auf jeden Fall in das traditionelle Schema der europäischen Verfassungen einige neue Elemente hereintragen.

Die wichtigste Neuerung der niederländischen Verfassungsänderung besteht in der Einführung des generellen Zustimmungserfordernisses für grundsätzlich alle Verträge, in der Schaffung des Instituts der stillschweigenden Zustimmung des Parlaments durch Fristablauf und in der Aufstellung eines Katalogs der ganz oder unter bestimmten Umständen zustimmungsfreien Verträge.

Es handelt sich demnach um ein dem Artikel 59 genau entgegengesetztes System: während Artikel 59 Abs. 2 von dem Grundsatz der Nicht-Zustimmungsbedürftigkeit ausgeht und als Ausnahmen von dieser Regel die Fälle des Zustimmungserfordernisses ausdrücklich aufführt, geht das niederländische Verfassungsrecht nunmehr von dem Grundsatz der allgemeinen Zustimmungsbedürftigkeit der Verträge aus und legt die Fälle der zustimmungsfreien Verträge als Ausnahmen fest.

Nach Artikel 60b gibt es vier solche Fälle:

1. Verträge, zu deren Abschluß die Regierung bereits gesetzlich ermächtigt ist;

2. Verträge, die ausschließlich die Ausführung eines Vertrages betreffen, der die Zustimmung bereits erhalten hat, soweit die

[27]) AöR. 79. Bd. 1953 S. 122ff.

Generalstaaten keinen diesbezüglichen Vorbehalt angebracht haben;

3. Verträge, die dem Königreich keine erheblichen geldlichen Verpflichtungen auferlegen und die nur für längstens ein Jahr geschlossen sind;

4. Verträge, bei denen in außergewöhnlichen Fällen dringender Art die Belange des Königreichs fordern, daß der Vertrag unverzüglich in Kraft tritt.

Der Tatbestand der 4. Gruppe war heftig umstritten und ist durch die Absätze 2 und 3 des gleichen Artikels einer höchst differenzierten Kompromißlösung zugeführt worden: Verträge dieser Art müssen dem anderen Vertragspartner gegenüber grundsätzlich mit dem Vorbehalt ihres Außerkrafttretens im Falle der Zustimmungsverweigerung geschlossen werden. Dies gilt jedoch dann wieder nicht, „wenn die Belange des Königreiches sich entschieden dagegen richten". In diesem Falle muß der Vertrag nur „baldmöglichst" den Generalstaaten vorgelegt werden (d. h. wenn die Staatsinteressen es zulassen), und er muß, wenn die Zustimmung verweigert wird, beendigt werden, sobald dies nach den Bestimmungen des Vertrags zulässig ist.

Ob die Umkehrung des Regel-Ausnahme-Verhältnisses besonders glücklich ist, kann wohl mit guten Gründen bezweifelt werden. Das gleiche gilt für die Enumerierung der Ausnahmefälle und insbesondere für die ebenso komplizierte wie dehnbare Kompromißformel im 4. Falle. Interessant und erwägenswert scheint mir dagegen das Institut des vereinfachten Zustimmungsverfahrens durch Fristablauf nach Artikel 60a, das dem Bedürfnis nach beschleunigter Verabschiedung mancher Verträge Rechnung trägt, ohne die Rechte des Parlaments zu verkürzen: denn die Entscheidung darüber, ob ein Vertrag eine parlamentarische Behandlung erfahren soll oder nicht, ist ja nach diesem System in die Hände des Parlaments selbst gelegt. Selbstverständlich bleibt es der Regierung unbenommen, den Wunsch auf parlamentarische Behandlung des Vertrages bei der Vorlage zum Ausdruck zu bringen, wenn ihr dies aus politischen Gründen angezeigt erscheint.

Die Einführung dieses vereinfachten Zustimmungsverfahrens, die auch unter dem System des Artikel 59 Abs. 2 GG möglich wäre, scheint mir sehr erwägenswert zu sein. Sie könnte die so häufig unter starkem Zeitdruck stehende Exekutive von mancher Versuchung befreien, einen Vertrag als Verwaltungsabkommen aufzuziehen, der eigentlich nicht in der Form des Verwaltungsabkommens geschlossen werden dürfte. Das Parlament dagegen könnte häufig der praktischen Vernunft Raum geben und auf parlamentarische Behandlung verzichten, wenn es dabei nicht befürchten müßte, seine Rechte zu präjudizieren.

Mit dieser Anregung muß ich den Gedankengang, der sich mit der Expansion der Exekutive, mit der Erscheinungsform des „Verwaltungsstaates" im Bereich der auswärtigen Beziehungen befaßte, abbrechen. Auch die korrespondierende Expansionstendenz der Legislative kann hier nicht mehr eingehend untersucht werden. Wir würden dabei naturgemäß auf die gleichen Fragen stoßen, die sich schon aus dem Blickwinkel der sich ausbreitenden Exekutive ergeben haben. Auch muß ich darauf verzichten, die Frage zu erörtern, ob sich aus dem Artikel 59 Abs. 2 ein System der Abgrenzung von Verträgen im allgemeinen und Verwaltungsabkommen gewinnen läßt. Nach meiner Ansicht ist das nicht der Fall. Der letzte Satz von Artikel 59 Abs. 2 gewinnt vor allen Dingen im Hinblick auf die Rolle des Bundesrates Bedeutung und wird daher im Zusammenhang Bund—Länder noch einmal zu berühren sein.

3. Ich wende mich nunmehr im einzelnen dem im deutschen Staatsrecht traditionell bedeutsamen Problemkreis der auswärtigen Gewalt zu, nämlich dem Verhältnis von Bund und Ländern. Bei der Verteilung der auswärtigen Kompetenzen zwischen Bund und Ländern ist das GG von den Grundlinien der Weimarer Verfassung nicht allzuweit abgewichen. Indessen ergeben sich doch einige Abweichungen, Neuerungen, zum mindesten Zweifelsfragen im Hinblick darauf, ob das GG in dem einen oder anderen Punkte dem Modell der Weimarer Verfassung gefolgt ist. Das ist um so selbstverständlicher, als wir es z. T. mit neuen Formulierungen zu tun haben, weil ferner im Gesamtgefüge der föderativen Ordnung nicht unerhebliche Gewichtsverlagerungen vorgenommen worden sind und schließlich so neuartige Bestimmungen wie etwa der Artikel 24 auch für das Verhältnis von Bund und Ländern von erheblicher Tragweite sein müssen.

Die für das Verhältnis von Bund und Ländern auf dem Gebiete der auswärtigen Beziehungen maßgeblichen Vorschriften hat das GG in Artikel 32 und 73 Z. 1 getroffen. Dieser Satz muß mit besonderer Betonung an den Anfang gestellt werden, nachdem Maunz[28]) den Versuch unternommen hat, die im Artikel 32 zugunsten der grundsätzlichen Bundes-Kompetenz in auswärtigen Angelegenheiten getroffene Entscheidung durch eine eigentümliche Verknüpfung von Artikel 32 und Artikel 59 abzuschwächen. Ich bin der Meinung, daß ihn sein Bestreben, die Rechte der Länder zu wahren, bei dieser Konstruktion in die Irre geführt hat und daß der Versuch, den Artikel 59 zur Interpretation des Artikel 32 heranzuziehen und ihn zu einer Kompetenznorm für das Verhältnis des Bundes zu den Ländern zu machen, von vornherein ein Versuch am untauglichen Objekt sein mußte.

---

[28]) Deutsches Staatsrecht, 2. Aufl. 1952 S. 209ff. (inzwischen, in diesem Punkte unverändert, 3. Aufl. S. 215ff.).

Das GG hat die Verteilung der Kompetenzen zwischen Bund und Ländern in erster Linie in jenem Abschnitt II getroffen, in dem auch der Artikel 32 steht, und der ausdrücklich die Überschrift trägt: „Der Bund und die Länder". Artikel 59 steht dagegen im V. Abschnitt, der die Stellung des Bundespräsidenten regelt. Man kann einwenden, daß das GG nicht immer streng systematisch verfahren sei und daß der Artikel 59 dafür das beste Beispiel bilde, weil nämlich hier im Zusammenhang mit den außenpolitischen Kompetenzen des Bundespräsidenten korrespondierende Kompetenzen von Bundestag und Bundesrat geregelt seien. Wenn man annehmen wollte, daß der Verfassungsgeber hier noch souveräner über seine eigene Systematik hinweggegangen sei und zugleich eine Kompetenzregelung für das Verhältnis Bund—Länder getroffen hätte, so bedürfte diese These doch wohl einer sehr gewichtigen Begründung. Die Maunzsche Begründung scheint mir dazu nicht ausreichend zu sein. Maunz will aus Artikel 59 Abs. 2 herauslesen, daß hier „einzelne Arten von Verträgen dem Bunde vorbehalten" worden seien, nämlich Verträge, welche die politischen Beziehungen des Bundes regeln oder sich auf Gegenstände der Bundesgesetzgebung beziehen. Daraus folgert er in Verbindung mit Artikel 30, daß die Länder für alle Verträge zuständig seien, die nicht in diesen Vorbehalt zugunsten des Bundes fallen. Schon bei der Auslegung des Artikel 45 der Weimarer Verfassung hat jedoch Einigkeit darüber bestanden, daß der dort entsprechend gebrauchte Ausdruck „Reichsgesetzgebung" nicht als Gegenbegriff zu „Landesgesetzgebung" gemeint war, sondern vielmehr den Gegensatz von Gesetzgebung und Verwaltung im Auge hatte (Anschütz, Artikel 45, Anm. 7a). v. Mangoldt, Menzel und Giese sind in ihren Kommentaren dieser Auffassung auch für Artikel 59 GG gefolgt, und die Entstehungsgeschichte des Artikel 59 gibt ihnen Recht. Nur durch eine Unachtsamkeit des Allgemeinen Redaktionsausschusses blieb ein Änderungsantrag unberücksichtigt, der den Ausdruck „Bundesgesetzgebung" durch „Gesetzgebung" schlechthin ersetzen wollte. Kurz, weder unter dem nahezu gleichlautenden Text der Weimarer Verfassung noch im Hinblick auf Wortlaut, Stellung und Bedeutung des Artikel 59 ist bisher jemand auf die Idee gekommen, daß der Absatz 2 dem Bunde bestimmte Vertragskategorien habe vorbehalten wollen, die anderenfalls in die Zuständigkeit der Länder fallen würden.

Auch Nawiasky geht davon aus, daß in jedem Bundesstaat die Beziehungen zu auswärtigen Staaten in erster Linie Sache des Bundes sind. Ganz klar und eindeutig vertritt auch er die Auffassung, daß die Länder nur insoweit von unmittelbaren Beziehungen zu auswärtigen Staaten nicht ganz ausgeschlossen sind, als sie durch Artikel 32, Abs. 3 ermächtigt werden, „mit Zustimmung der Bundesregierung Verträge zu schließen, soweit ihnen die Zuständigkeit zur Gesetzgebung zukommt"[29]).

Die von Maunz behauptete Umkehrung der Zuständigkeitsvermutung im Vergleich zum deutschen Staatsrecht von 1871 und 1919 findet demnach weder im Text, noch in der Entstehungsgeschichte, noch in der Literatur zur Auslegung des GG eine ausreichende Stütze. Ebensowenig besteht daher auch die von ihm behauptete Beschränkung der Vertragsgewalt des Bundes auf Verträge, welche die politischen Beziehungen des Bundes regeln, auf Verträge, die sich auf Gegenstände der Bundesgesetzgebung beziehen (wobei dieser Begriff hier als Komplementärbegriff zu „Landesgesetzgebung" verstanden wird) sowie auf Verwaltungsabkommen, die auf dem Gebiete der Verwaltungszuständigkeit des Bundes liegen.

Damit ist natürlich die Frage nach Umfang und Grenzen der Vertragsgewalt des Bundes noch nicht positiv beantwortet.

Wenn schon aus Artikel 59 Abs. 2 GG kein Prinzip für die Abgrenzung der Kompetenzen zwischen Bund und Ländern gewonnen werden kann, so fragt es sich doch, ob etwa aus allgemeinen, dem GG zugrundeliegenden bundesstaatlichen Prinzipien die Grenzen der Vertragsgewalt von Bund und Ländern sich aus der Abgrenzung der legislativen Zuständigkeiten ergeben. Von dieser Annahme war in der Tat das Staatsrecht des Kaiserreiches ausgegangen. Unter der Weimarer Verfassung meldeten sich bereits Zweifel an dieser damals noch überwiegend vertretenen Auffassung. Während Heckel[30]) und Kraus[31]) dieser Auffassung insoweit weiterhin folgten, als sie annahmen, daß die internationalen Vertragskompetenzen des Reiches ihre Schranke an den Gebieten der ausschließlichen Landesgesetzgebungs-Kompetenzen finde, bejahte Hatschek, gestützt auf Artikel 6 Ziff. 1 Weimarer Verfassung eine Vertragsgewalt des Reiches auch auf diesen Gebieten[32]).

Kraus hat in einem 1952 veröffentlichten Aufsatz über „Kulturabkommen der deutschen Länder mit auswärtigen Staaten" auch für das heutige Staatsrecht an seiner Auffassung festgehalten[33]). Auch Mosler scheint daran festhalten zu wollen[34]), während v. Mangoldt[35]) und Menzel[36]) diesen Grundsatz offenbar nicht mehr für gültig halten. Besonders eindeutig dagegen hat sich

[29]) Die Grundgedanken des Grundgesetzes für die Bundesrepublik Deutschland. 1950. S. 132.
[30]) AöR. 45. Bd. 1924 S. 209ff.
[31]) Hdb. d. dt. StR., II, S. 347.
[32]) Deutsches u. Preuß. Staatsrecht, II, 1922, S. 446.
[33]) Arch.VR. 1952 S. 414ff.
[34]) Festschrift R. Thoma, (1950) S. 150.
[35]) Kommentar GG Artikel 32, S. 202.
[36]) Bonner Kommentar, Artikel 59, Anm. II, 6.

Scheuner[37]) ausgesprochen, ebenso vor ihm schon Kaufmann[38]) im Bundesrat.

In der Tat wird man nicht übersehen können, daß der Parlamentarische Rat in der 3. Lesung des Hauptausschusses ganz bewußt die im Sinne des alten Abgrenzungsprinzips gefaßte Formulierung des Herrenchiemsee-Berichts (Artikel 41: „Die Zuständigkeit, Verträge mit auswärtigen Staaten zu schließen, richtet sich nach der Zuständigkeit zur Gesetzgebung") aufgegeben hat und zwar gerade deswegen, weil der Abgeordnete v. Mangoldt bemängelt hatte, daß der Bund nach diesem System von wichtigen Vertragsmaterien ausgeschlossen sei. Scheuner hat sich dahingehend geäußert, daß in diesem Beschluß eine Wandlung der verfassungsrechtlichen Lage zu sehen sei und daß die Zuständigkeit zum Abschluß von Staatsverträgen seitdem nicht mehr an die Verteilung der legislativen Kompetenzen zwischen Bund und Ländern gebunden sei; daß sich die Bundesrepublik vielmehr jenem System der treaty-making power genähert habe, das auch in anderen Bundesstaaten wie z. B. USA., Australien und der Schweiz angewendet werde.

Selbst wenn dies richtig wäre, wären damit noch nicht alle Seiten der Problematik erschöpft. Es bleibt nämlich dann immer noch die Frage offen, wem die innerstaatliche gesetzgeberische Vollziehung eines Vertrages obliegen soll, den der Bund auf einem Gebiete geschlossen hat, auf dem ihm eine ursprüngliche gesetzgeberische Kompetenz nicht zukommt.

Die Bestimmungen des GG lassen drei immerhin diskutable Lösungsmöglichkeiten zu:

1. Die Vertragsgewalt von Bund und Ländern folgt der Gesetzgebungszuständigkeit — mit der Folge, daß der Bund auf den Gebieten ausschließlicher Landes-Zuständigkeit keine Verträge schließen kann. Ein einheitlicher Vertrag mit dem Ausland wäre allerdings insoweit möglich, als die Länder dem Bunde ihre Vertragsschließungskompetenz übertragen. Sie müßten dabei zugleich dem Bunde gegenüber die Gewähr übernehmen, daß sie den Vertrag innerstaatlich zur Ausführung bringen werden.

2. Die internationale Vertragsgewalt des Bundes ist an die Kompetenzgrenzen gegenüber den Ländern nicht gebunden. Sie erstreckt sich vielmehr auf alle Gebiete der Bundes- sowohl wie der Landes-Kompetenz. Die gemäß Artikel 32 Abs. 3 bestehende Vertragskompetenz der Länder erlischt, sobald und soweit der Bund von seinem Vertragsrecht Gebrauch gemacht hat.

---

[37]) Gutachten v. 18. 8. 1952 (Kampf um den Wehrbeitrag, 2, S. 152 f.).
[38]) Bundesrat Sondersitzung vom 15. 6. 1951, Sitzgsber. S. 21.

Der Bund ist jedoch nicht befugt, die innerstaatliche Durchführungsgesetzgebung auf solchen Gebieten selbst zu erlassen, auf denen er nicht ohnehin eine gesetzgeberische Zuständigkeit besitzt. Wenn er sich nicht in geeigneter Weise der Mitwirkung der Länder versichert, kann es zu „hinkenden Verträgen" kommen, die den Bund nach außen dem anderen Vertragspartner gegenüber verpflichten, ohne daß er die innerstaatliche Durchführung gewährleisten kann.

3. Die Vertragsgewalt des Bundes ist nicht nur von der gesetzgeberischen Kompetenzverteilung unabhängig, sondern sie impliziert zugleich die Befugnis des Bundes, die erforderliche Ausführungsgesetzgebung vorzunehmen.

Alle drei Lösungen haben Vertreter gefunden.

Die Praxis des Auswärtigen Amtes neigt dazu, den Weg der zweiten Lösung zu beschreiten, d. h. von der Annahme auszugehen, daß das System des GG darauf angelegt ist, die internationale Vertragsschließungskompetenz des Bundes von der innerstaatlichen gesetzgeberischen Durchführungskompetenz zu trennen und dem Bunde zwar eine durch föderative Kompetenzschranken nicht beengte internationale Vertragsgewalt zuzubilligen, ihm die komplementäre Gesetzgebungsbefugnis aber zu verweigern.

Beim gegenwärtigen Stande der Diskussion scheint mir das ein Kurs zu sein, der den Gesichtspunkten der Praxis am besten Rechnung trägt. Er gibt dem Bunde eine gewisse vertragspolitische Handlungsfreiheit, ohne die verfassungsrechtlich strittigen Fragen auf die Spitze zu treiben. Die Aufgabe der alten These, daß der Bund auf dem Gebiete ausschließlicher Landeszuständigkeit keine Verträge schließen könne, scheint mir nach Wortlaut, Entstehungsgeschichte und ratio legis der einschlägigen GG-Bestimmungen gerechtfertigt und geboten zu sein. Man wird in der Tat aus der Preisgabe der Formulierung des Artikel 41 Herrenchiemsee-Bericht folgern dürfen, daß der Verfassunggeber die darin enthaltenen Kompetenzschranken für die Vertragsgewalt des Bundes niederlegen wollte — eine Absicht, die im Hinblick auf die neuere Entwicklung der zwischenstaatlich-völkerrechtlichen Beziehungen vollauf verständlich und gerechtfertigt ist. Denn wir stehen ja doch vor der Tatsache, daß die Praxis im wachsenden Maße dazu übergegangen ist, durch internationale Verträge solche Fragen aufzugreifen und zu regeln, die keineswegs nur die Beziehungen von Staat zu Staat betreffen, sondern das Verhältnis zwischen Staaten und ihren eigenen einzelnen Bürgern, — Fragen also, die noch vor nicht allzu langer Zeit ausschließlich im Wege der nationalen Gesetzgebung geregelt wurden. Kennzeichnend dafür sind die zahlreichen Versuche, internationale Menschenrechtskonventionen zu schließen, die sich nicht nur auf die klassischen bürgerlichen

Freiheitsrechte erstrecken, sondern auch wirtschaftliche, soziale und kulturelle Grundrechte einschließen. Die im Rahmen der UN vorbereitete Konvention über wirtschaftliche, soziale und kulturelle Grundrechte bezieht sich auf ein weites Feld arbeitsrechtlicher und sozialpolitischer Fragen, die seit 30 Jahren die Domäne der Internationalen Arbeitsorganisation waren. Auch Erziehungs- und Gesundheitswesen sind in diese Tendenz hineingezogen worden. Wäre der Bund in seiner Vertragsgewalt auf die Gebiete seiner gesetzgeberischen Zuständigkeit beschränkt, so wäre er kaum in der Lage, sich an derartigen internationalen Vertragsprojekten zu beteiligen. Eine Vertragsgewalt, die sich darauf erstreckte, würde ihm fehlen, weil er keine gesetzgeberischen Zuständigkeiten auf diesem Gebiete hat. Ein Vertragsschluß, zu dem von Fall zu Fall die vorherige Zustimmung aller Länder eingeholt werden müßte, würde in der Praxis auf unüberwindliche Schwierigkeiten stoßen und die außenpolitische Handlungsfähigkeit des Bundes in unerträglicher Weise beeinträchtigen.

Demgegenüber könnte eingewendet werden, daß solche Schwierigkeiten auch dann auftreten könnten, wenn der Bund zwar die internationale Abschlußkompetenz, nicht aber die innerstaatliche Durchführungskompetenz besitze. Dieser Einwand läßt zwar den erheblichen graduellen Unterschied unberücksichtigt, der sich daraus ergibt, daß in diesem Falle der Bund zunächst einmal aus eigener Initiative und im eigenen Namen die Verhandlungen führen und abschließen könnte. Er bleibt aber noch gewichtig genug, um Anlaß zur Prüfung der Frage zu geben, ob nicht doch die dritte der oben skizzierten Lösungen in Erwägung gezogen werden kann, d. h. ob nicht dem Bunde über die internationale Vertragskompetenz hinaus auch die komplementäre innerstaatliche Durchführungskompetenz auf den umstrittenen Gebieten zugesprochen werden kann oder zugesprochen werden muß.

In der Tat hat bereits Scheuner die These vertreten, daß der Bund aus Artikel 32 Abs. 1 GG nicht nur die Befugnis zum Abschluß, sondern nach Artikel 73, Ziff. 1 auch das Recht gewinnt, Ausführungsgesetze zu Gegenständen zu erlassen, die er durch den Abschluß eines Vertrages zum Gegenstand auswärtiger Beziehungen gemacht hat. Eine solche Auslegung sei auch deshalb logisch, weil der Bund anderen Staaten gegenüber für das Verhalten seiner Glieder einstehen müsse. Soweit er also in der Lage sei, Verträge abzuschließen, könne er nicht darauf angewiesen sein, ihre Ausführung der Gesetzgebung der Länder anheimzugeben. Es müsse ihm selbst dann auch die Befugnis zur Ausführung zustehen. Sie lasse sich aus einer dementsprechenden Auslegung der ausschließlichen Zuständigkeit über auswärtige Angelegenheiten begründen. Insoweit bestehe hier im Hinblick auf

Artikel 32 III eine konkurrierende Vertragszuständigkeit zwischen Bund und Ländern[39]).

Die Bedenken, die gegen diese Thesen erhoben werden könnten, liegen auf der Hand: eine von zentralistischen Tendenzen getragene Bundesgewalt könnte u.U. auf dem Wege über die treaty-making power den verfassungsmäßigen Zuständigkeitsbereich der Länder aushöhlen. Dieses Bedenken würde dadurch nicht entkräftet, daß man die Vertragsgewalt des Bundes auf solche Gegenstände beschränkte, die im internationalen Verkehr üblicherweise Gegenstand von Staatsverträgen zu sein pflegen. Denn gerade der Kreis dieser Gegenstände ist ja gegenwärtig stark im Flusse und schwer zu bestimmen.

Die Probleme, um die es hier geht, sind auch dem ausländischen Bundesstaatsrecht wohl vertraut, und sie sind in der ausländischen Literatur häufig erörtert worden. Ich verweise hier vor allem auf die knappe, klare und aufschlußreiche Darstellung des Oxforder Professors für Government and Public Administration, K. C. Wheare in seinem Buche „Federal Government"[40]) sowie auf den Aufsatz des dänischen Staats- und Völkerrechtslehrers, Professors an der Universität Aarhus, Max Sörensen, über „Federal States and the International Protection of Human Rights"[41]). Auch Giacometti hat sich in seiner Bearbeitung des „Schweizer Bundesstaatsrechts" von Fleiner (S. 811) ausführlich mit der Frage befaßt. Er kommt in der Frage des Umfangs der eigentlichen Vertragsgewalt des Bundes zu dem Ergebnis, daß der Bund gemäß Artikel 8 und 9 Schweizer Bundesverfassung zur Regelung jeder Materie durch Staatsvertrag befugt sei, gleichgültig ob ihm das Gesetzgebungsrecht zustehe oder nicht. Gleich den Bundesgesetzen müßten sich die Staatsverträge des Bundes allerdings im Rahmen der Bundesverfassung halten, d. h. sie dürften z. B. nicht die Freiheitsrechte beeinträchtigen. Wenngleich Giacometti in dieser Hauptfrage zugunsten einer umfassenden und nicht auf die bundeseigenen Gesetzgebungszuständigkeiten beschränkten Vertragskompetenz des Bundes entscheidet, so will er doch den weiteren Schritt nicht tun und dem Bunde nicht die Befugnis zugestehen, die zur Ausführung der Staatsverträge notwendigen Gesetze zu erlassen[42]).

Während Giacometti somit einen Standpunkt einnimmt, der ungefähr dem vorhin geschilderten der Praxis des deutschen Auswärtigen Amtes entspricht, ist W. Burckhardt in seinem großen

[39]) Gutachten v. 18. 8. 52 (Kampf um den Wehrbeitrag, 2, S. 153).

[40]) 1951. IV, ch. IX.

[41]) AJIL. 1952 S. 195ff.

[42]) S. 813. Vgl. auch S. 814: „Ansonst könnte er über den Umweg des Staatsvertrages in Mißachtung der bundesverfassungsmäßigen kantonalen Gesetzgebungskompetenz legiferieren. Die Eidgenossenschaft darf vielmehr diesbezüglich nur auf Grund eines eigenen Gesetzgebungsrechts tätig werden. Wenn die Staatsverträge, die der gesetzgeberischen Ausführung bedürfen, solche Gegenstände betreffen, die in die kantonale Gesetzgebungskompetenz

Kommentar zur schweizerischen Bundesverfassung schon 1931 einen erheblichen Schritt weitergegangen:

> „Wenn der Bund Verträge schließt, die zu ihrer Ausführung gesetzgeberischer Erlasse bedürfen, ist er auch verantwortlich dafür, daß die Gesetze erlassen werden; und wenn er dafür verantwortlich ist, muß er auch die Mittel haben, sie entstehen zu lassen[43])".

In vielen Fällen, meint Burckhardt, könne der Bund die Gesetzgebung den normalerweise zuständigen Kantonen überlassen; sie seien ja, ebenso wie der Bund, verpflichtet, das ihrige zur Ausführung des Vertrages zu tun. Wenn aber die Kantone dieser Pflicht nicht nachkämen, müsse der Bund die erforderlichen Bestimmungen treffen können, — ähnlich wie wenn ein Kanton die erforderlichen Ausführungsbestimmungen zu einem Bundesgesetz nicht erläßt. Weiterhin gebe es Fälle, in denen der Bund von vornherein die Ausführungsbestimmungen zu erlassen befugt sein müsse: wenn nämlich eine einheitliche Ordnung getroffen werden müsse oder die Kantone sonst nicht in der Lage seien, sie rechtzeitig oder richtig zu treffen. Eine Revision der Bundesverfassung sei dazu nicht notwendig, denn die einmal eingegangene völkerrechtliche Pflicht müsse erfüllt werden. Zwar werde der Bund gut tun, sich vorher durch Verfassungsrevision die Gesetzgebungskompetenz zu verschaffen, es könnten aber internationale Interessen den sofortigen Abschluß verlangen. Noch eine andere sehr charakteristische Formulierung Burckhardts, wonach der landesrechtliche Gesichtspunkt nicht über den völkerrechtlichen gestellt werden darf, möchte ich wörtlich zitieren:

> „Zuerst muß man auf den Bestand des Schweizerhauses bedacht sein, und erst in zweiter Linie kann man daran denken, es wohnlich einzurichten. Wer für den Bestand in der Gemeinschaft der anderen Staaten zu sorgen hat — und das ist der Bund — muß auch der inneren Kompetenzeinteilung vorgreifen können; das ist unvermeidlich, und das will auch die Bundesverfassung, indem sie die Wahrung der äußeren Interessen in die Hand des Bundes legt ... In der Behauptung gegenüber den anderen macht sich die Einheit des Staates gebieterisch geltend; aber wo die internationalen Interessen es nicht gebieten, soll der Bund die Grenzen seiner internen Kompetenz einhalten". (S. 91.)

Ein Blick auf die schweizerische Staatspraxis zeigt, daß sie durchaus einheitlich in der Bejahung einer Vertragskompetenz des Bundes über alle Gegenstände auch der kantonalen Gesetzgebungs-

---

fallen, so muß infolgedessen der Bund vorher seine Gesetzgebungsbefugnisse auf dem Wege der Verfassungsrevision begründen".

[43]) 3. Aufl. S. 90.

kompetenz ist. Schwankend ist sie dagegen in der Frage, wieweit eine vorherige Verfassungsrevision erforderlich ist, um zur Ausführung eines Vertrages in die kantonale Gesetzgebungskompetenz eingreifen zu können.

Was die Praxis der großen angelsächsischen Bundesstaaten anlangt, so spricht sie überwiegend, nämlich in den USA. und Australien, dem Bunde nicht nur eine umfassende, über die eigene Gesetzgebungskompetenz hinausgehende Vertragsgewalt zu, sondern billigt ihm auch das Recht zu, die zur Durchführung eines Vertrages erforderliche Gesetzgebung selbst vorzunehmen. In den Vereinigten Staaten hat das die berühmte und gerade in jüngster Zeit immer wieder viel diskutierte Entscheidung des Supreme Court im Falle Missouri vs. Holland (1920) gezeigt. Aber auch ältere Entscheidungen wiesen in diese Richtung. Besonders bemerkenswert ist die Entscheidung Geoffrey vs. Riggs (1890), in der Justice Field den Versuch unternahm, gewisse letzte immanente Schranken der treaty-making power zu umschreiben, indem er ausführte:

> „Die Vertragsgewalt, so wie sie in der Verfassung zum Ausdruck kommt, ist dem Wortlaut nach unbeschränkt, mit Ausnahme jener Einschränkungen, die sich in dieser Urkunde selbst gegen die Handlungsbefugnis der Regierung und ihrer einzelnen nachgeordneten Organe finden, und jener weiteren Einschränkungen, die sich aus der Natur der Regierung selbst und der Natur der Einzelstaaten ergeben. Es wird nicht behauptet werden, daß sie so weit geht, zu erlauben, was die Verfassung verbietet, oder einen Wechsel der Regierungsform des Bundes oder eines Gliedstaates oder die Abtretung eines Gliedstaates ohne dessen Einwilligung zu gestatten. Aber abgesehen von diesen Ausnahmen, läßt sich keine Schranke für die Gegenstände entdecken, die (durch die treaty-making power des Bundes) geregelt werden können, soweit sie eine Angelegenheit berühren, die wirklich Gegenstand der Verhandlungen mit einem ausländischen Staat ist."

Wheare, der dieser Entscheidung ausdrücklich zustimmt, hebt hervor, daß die Vertragsgewalt des Bundes demgemäß der Due process of law-Klausel und dem Grundsatz der Gewaltenteilung unterworfen bleibt (S. 182).

Ganz ähnlich ist die verfassungsrechtliche Lage in Australien. Die Verfassung des Commonwealth of Australia gibt dem Commonwealth-Parlament die Befugnis zur Gesetzgebung in bezug auf auswärtige Angelegenheiten. Eine Entscheidung des High Court of Australia aus dem Jahre 1936 (Rex v. Burgess, ex parte Henry, 55 C. L. R. 608) hat ausgesprochen, daß darin die Befugnis liege, Verträge zur Ausführung zu bringen, und daß sie so weit gehe, Gegenstände in die Kompetenz des Commonwealth-Parlament zu ziehen, die ohne einen Vertragsschluß außerhalb seiner Kompetenz liegen würden. Es besteht demnach kaum ein Zweifel, daß in Australien das Commonwealth-Parlament die Befugnis hat, die zur Ausführung eines von der Commonwealth-Regierung geschlossenen Vertrages erforderlichen Gesetze zu erlassen.

Die Argumentation der australischen High Court-Entscheidung ist insofern besonders interessant, als sie über ein Argument hinweggeht, das in den staatsrechtlichen Auseinandersetzungen in Deutschland häufig zu hören ist: Daß es nämlich ein Leitgedanke unseres Verfassungsrechts sei, daß einem zur Vertretung nach außen befugten Organ durch diese Vertretungsbefugnisse nicht mehr Kompetenzen im innerstaatlichen Bereich zuwachsen könnten, als es bei einer rein innerstaatlichen Maßnahme haben würde. Ebenso wie sich Bundespräsident und Bundesregierung nicht auf dem Umwege über die Vertragsgewalt zum Gesetzgeber machen dürften, ebenso wenig dürfe sich der Bund auf dem Umwege über die Vertragsgewalt Befugnisse anmaßen, die nach der Verfassung den Ländern vorbehalten sein sollen. Die australische Entscheidung könnte uns veranlassen, dieses Argument kritisch unter die Lupe zu nehmen. Mir scheint, daß es einer kritischen Prüfung nicht standhält. Was für das Verhältnis von Exekutive und Legislative zueinander gilt, kann im Bereiche der auswärtigen Gewalt nicht ohne weiteres auf das Verhältnis von Bund und Ländern übertragen werden. Es ist ein Fundamentalprinzip jedes Bundesstaates, ja weitgehend überhaupt die raison d'être einer bundesstaatlichen Ordnung, daß die auswärtigen Angelegenheiten einheitlich wahrgenommen werden und in der Hand der Bundeszentralgewalt liegen. Viele föderative Verfassungen versperren daher den Gliedstaaten überhaupt jeden unmittelbaren Verkehr und jede unmittelbare Vertragsbeziehung mit dem Ausland. Der völkerrechtliche Verkehr fordert gebieterisch, daß diejenige Instanz, die internationale Verpflichtungen eingeht, auch in der Lage ist, für die Erfüllung dieser Verpflichtungen einzustehen. Der Bundespräsident, der allein die völkerrechtliche Verpflichtung nach außen eingeht, erlangt durch das in Artikel 59 Abs. 2 GG vorgesehene Verfahren Sicherheit für die innerstaatliche Erfüllung dieser Verpflichtung. Ein entsprechendes Verfahren besteht im Verhältnis zu den Ländern nicht — und es kann auch gar nicht bestehen. Es mag für eine Regierung schwierig sein, sich mit dem Parlament über einen Vertrag zu einigen. Aber sie hat es doch jedenfalls nur mit einem Partner zu tun, und eine Einigung liegt jedenfalls technisch im Bereiche des Möglichen. Eine Einigung mit neun oder mehr verschiedenen Landesregierungen ist zwar theoretisch ebenfalls nicht ausgeschlossen, praktisch jedoch so schwierig, daß ein solches Verfahren die außenpolitische Handlungsfähigkeit eines Staates auf das schwerste beeinträchtigen müßte.

Sehr leicht kann ein Bundesstaat in die mißliche Lage kommen, in die Kanada in den Jahren 1935—37 geraten ist, als die Dominionregierung drei Konventionen mit der internationalen Arbeitsorganisation ratifizierte, die die Arbeitszeit in industriellen Unternehmungen und die Schaffung eines Verfahrens zur Festsetzung von Mindestlöhnen zum Inhalt hatten. Nach kanadischem Verfassungsrecht waren das Gegenstände, die in die gesetzgeberische Zuständigkeit der Provinzen fielen. Durch eine Entscheidung des Judicial Committee of the Privy Council wurde 1937 festgestellt, daß dem Dominion-Parlament keine Befugnis zustehe, durch seine eigene Gesetzgebung die Konventionen innerstaatlich zu vollziehen. Da die Provinzparlamente ihrerseits nicht dazu bereit waren, geriet die kanadische Regierung mit der Erfüllung ihrer vertraglichen Verpflichtungen in Verzug und kam in peinliche Verlegenheit.

Mit Recht ist die Entscheidung des Judicial Committee of the Privy Council vielfach kritisiert worden. Man wies darauf hin, daß es absurd sei, einer Bundeszentralregierung die Befugnis zur Eingehung vertraglicher Verpflichtungen zu geben, wenn man ihr nicht gleichzeitig die Befugnis einräume, die Verpflichtungen aus eigenen Kräften zu erfüllen. Ein lächerliches und gefährliches Ergebnis sei es jedenfalls, daß derjenige Teil, der die gesetzgeberischen Befugnisse habe, keinen internationalen Status habe, während der andere Teil, der den internationalen Status habe, keine gesetzgeberischen Machtbefugnisse besitze[44]).

Vielleicht werden wir nicht ganz so rasch in die gleiche Sackgasse geraten können wie Kanada. Denn im Hinblick auf das System des GG wird man annehmen müssen, daß die Länder verfassungsrechtlich verpflichtet sind, die zu einem vom Bunde geschlossenen Vertrage erforderlichen Ausführungsgesetze zu erlassen. Sollten sie dieser Verpflichtung nicht nachkommen, so würde der Artikel 37 GG eingreifen, und der Bund würde die erforderlichen gesetzgeberischen Akte notfalls im Wege der Ersatzvornahme erlassen können — wenn auch nur mit Zustimmung des Bundesrates.

Die Ergebnisse sind daher, mag man die Kompetenz zur legislativen Durchführung eines Vertrages von vornherein dem Bunde zubilligen oder mag man sie zunächst den Ländern vorbehalten, nicht so sehr weit voneinander entfernt. Ich habe lange gezögert, ob ich in meine Leitsätze die These aufnehmen sollte, daß der Bund selbst die Befugnis habe, die Ausführungsgesetze zu erlassen. Denn wenn ich auch zu dieser Auffassung neige und glaube, daß wir nicht ängstlicher zu sein brauchten, als man es in der Schweiz,

[44]) Norman Mackenzie, Brit. Yearbook of Int. Law, XVIII, 1937, S. 174f.

in den Vereinigten Staaten und in Australien ist, so leugne ich doch nicht, daß sich auch für die gegenteilige Auffassung gewichtige Gründe geltend machen lassen. Es handelt sich um eine Frage, die letzten Endes von schwierigen verfassungspolitischen und verfassungssystematischen Abwägungen abhängig ist. Voll ausgebildete föderative Verfassungen können sich im völkerrechtlichen Verkehr als schwerwiegende Behinderungen der außenpolitischen Aktionsfähigkeit erweisen. Es kommt dann darauf an, ob man den Wert der föderativen Ordnung so hoch einschätzt, daß man bereit ist, diese Nachteile in Kauf zu nehmen — oder ob man umgekehrt die Fähigkeit des Bundes, im völkerrechtlichen Verkehr als voll handlungs-, verpflichtungs- und erfüllungsfähige Einheit aufzutreten, für ein so hohes Gut hält, daß man bereit ist, gewisse Beschränkungen der föderativen Eigenrechte der Länder in Kauf zu nehmen. Mir scheint, daß das GG darauf angelegt ist, der Einheit und Wirksamkeit der auswärtigen Gewalt des Bundes den Vorrang einzuräumen.

Eine weitere Vertiefung dieser Fragen ist hier nicht mehr möglich. Insbesondere muß ich mir hier auch ersparen, zum Problem der Verwaltungsabkommen Stellung zu nehmen, das ich in meinen Leitsätzen angedeutet habe. Die Praxis steht hier laufend vor sehr schwierigen Fragen, — im Augenblick gerade vor der Frage, ob ein Verwaltungsabkommen mit Österreich über die Beförderung von Bundesgrenzschutzpolizisten und bayerischen Landespolizisten über die österreichischen Gebietszipfel, die in das bayerische Landesgebiet hineinragen, als ein Verwaltungsabkommen des Bundes oder des Landes Bayern oder als ein gemeinsames Verwaltungsabkommen von Bund und Bayern mit Österreich geschlossen werden soll.

Doch konnte dieses Referat ohnehin nur einen Ausschnitt bilden und viele Fragen nur sehr leicht anrühren. Es eignet sich daher auch nicht für ein effektvolles Schlußwort. Ich darf daher mit der Bemerkung schließen, daß trotz der ausgedehnten Auseinandersetzungen, die im Zusammenhang mit dem Streit um die Westverträge geführt worden sind, noch genügend Stoff für weitere Diskussionen über das Thema der auswärtigen Gewalt übrig geblieben ist, und zwar nicht nur unausgetragene Kontroversen, sondern auch zahlreiche Fragen, die noch gar nicht ernstlich vertieft worden sind. Die Praxis wird hier, wenn ich das aus persönlich gewonnenen Eindrücken sagen darf, für eine Wegleitung durch die deutsche Staatsrechtswissenschaft sehr dankbar sein[45]).

[45]) H. Moslers Abhandlung „Die auswärtige Gewalt im Verfassungssystem der Bundesrepublik Deutschland" in der Festschrift für C. Bilfinger (Beiträge zum ausländischen öffentlichen Recht und Völkerrecht, H. 29, 1954, S. 243—299) ist mir erst nach dem Abschluß dieses Manuskripts und der Korrekturen bekannt geworden.

Leitsätze des Berichterstatters über:

Die auswärtige Gewalt der Bundesrepublik

I.

Die Stellung der auswärtigen Gewalt im Verfassungssystem:

1. *Der Tradition der europäischen Staatstheorie und Verfassungsentwicklung entspricht es, die auswärtige Gewalt als eine Staatsfunktion zu betrachten, die ihrem Inhalt nach von anderen Funktionen der Exekutive zu unterscheiden ist, die aber ihrem Wesen nach dem Träger der vollziehenden Gewalt gebührt und in enger Verbindung mit den übrigen Funktionen der Exekutive bleiben muß.*
2. *Auch das Grundgesetz folgt dieser Konzeption. Abgesehen von der allgemeinen verfassungsmäßigen Regierungskontrolle durch das Parlament räumt es der Legislative in Art. 59 Abs. 2 nur ausnahmsweise und in bestimmten Grenzen besondere Kontrollbefugnisse beim Abschluß internationaler Verträge ein.*
3. *Die Zustimmung der gesetzgebenden Körperschaften nach Art. 59 Abs. 2 GG ist kein Akt der auswärtigen Gewalt; sie ist eine interne staatsrechtliche Ermächtigung zur Ratifikation des Vertrages.*
4. *Die völkerrechtliche Gültigkeit eines ordnungsmäßig ratifizierten Vertrages, dem die verfassungsmäßig erforderliche Zustimmung der gesetzgebenden Körperschaften fehlt, bestimmt sich nach völkerrechtlichen Gesichtspunkten. Diese können zur Bejahung der völkerrechtlichen Gültigkeit führen.*

II.

Traditionelle Hauptprobleme der auswärtigen Gewalt:

1. *Verzahnung des nationalen mit dem internationalen Recht („Transformation").*
2. *Abgrenzung der Kompetenzen von Exekutive und Legislative (Kontrolle der treaty-making power und des ius belli ac pacis).*
3. *Abgrenzung der Kompetenzen von Reich und Ländern (Vertragsgewalt und Gesandtschaftsrecht der Länder; Einfluß des Bundes- (bzw. Reichs-)Rates auf die auswärtige Politik).*

III.

Hauptpunkte der heutigen Problematik:

1. *Tendenzen zu stärkerer internationaler Integration und ihre Auswirkungen im Bereich der auswärtigen Gewalt. (Entwicklung einer besonderen „Integrationsgewalt" neben der normalen treaty-making power, verstärkte Transformationsklauseln, verfassungsmäßige Bindung der auswärtigen Politik an die Prinzipien der internationalen Zusammenarbeit und Verständigung, der friedlichen Streitschlichtung und der kollektiven Sicherheit.)*
2. *Auswirkung von Gewichtsverlagerungen im Gewaltensystem des modernen Staates.*
   - a) *Im Verhältnis von Exekutive und Legislative (Tendenzen zum Verwaltungsstaat, Erschwerung der parlamentarischen Kontrolle von Vertragsschlüssen, Hypertrophie der Verwaltungsabkommen; Expansionsdrang der Legislative: Einmischung in die Personalpolitik des Auswärtigen Dienstes, in internationale Verhandlungen und in die Führung der Geschäfte der auswärtigen Verwaltung.)*
   - b) *Im Verhältnis zwischen auswärtiger Gewalt und „Dritter Gewalt" (justizförmige Normenkontrolle in bezug auf Vertragsgesetze, richterliches Prüfungsrecht im Hinblick auf die Übereinstimmung von Gesetzen mit den Regeln des Völkerrechts).*
3. *Probleme, die sich aus dem unvollkommenen Charakter der heutigen deutschen Staatsordnung ergeben (Vorbehaltsgebiete des Besatzungsstatuts, Auswirkungen des Deutschlandvertrages; Frage, ob sich aus dem provisorischen Charakter der Bundesrepublik Beschränkungen der auswärtigen Gewalt ergeben und ob die Bundesrepublik Verträge schließen kann, die das künftige wiedervereinigte Deutschland binden; Probleme, die sich aus dem Schweigen des Grundgesetzes in der Frage des ius belli ac pacis ergeben.)*

IV.

Ausführung einiger Einzelprobleme:

1. *Internationale Integration*
   - a) *Für die Mehrheit der modernen Staaten besteht ein unausweichlicher Zwang zur internationalen Integration.*

     Art. 24 ist der Einsicht in diese Zwangsläufigkeit entsprungen und soll ihr Rechnung tragen.

     Daher ist jede Auslegung des Art. 24 verfehlt, die auf eine Erschwerung der Übertragung von Hoheitsrechten hinausläuft.

Art. 24 Abs. 1 ist vielmehr Grundlage einer besonders gearteten Integrationsgewalt, die als ein spezifisch modernes Element der auswärtigen Gewalt neben die treaty-making power getreten ist.

b) Auch Art. 25 GG soll der Entwicklung einer stärker integrierten Staatengemeinschaft dienen.

Er verleiht den allgemeinen Regeln des Völkerrechts Vorrang vor allen innerstaatlichen Rechtssätzen.

Aus Art. 25 folgt, daß die Bestimmungen eines den Bund verpflichtenden internationalen Vertrages solange nicht durch einfaches Gesetz ihrer innerstaatlichen Wirksamkeit beraubt werden können, als dieser Vertrag nicht durch ordnungsmäßige Kündigung oder auf einem anderen völkerrechtsgemäßen Weg seiner völkerrechtlichen Bindungskraft beraubt ist.

c) Art. 26 enthält eine verfassungsmäßige Beschränkung des ius belli, die den Entscheidungsspielraum der Organe der auswärtigen Gewalt stark reduziert. Gleichwohl ist de lege ferenda eine dem Artikel 45 Abs. 2 Weim. Verfassung entsprechende Verfassungsergänzung unerläßlich.

Ein förmlicher Friedensvertrag ist gemäß Art. 59 Abs. 2 zu schließen.

Soweit ein bestehender Kriegszustand nicht durch einen förmlichen Friedensvertrag beendet wird, kommt nur ein Akt der Gesetzgebung in Frage, für den sich die Zuständigkeit der gesetzgebenden Körperschaften des Bundes aus Art. 73 Ziff. 1 ergibt.

2. Gewichtsverlagerungen im Verhältnis zwischen Exekutive und Legislative:

a) Die moderne Entwicklung der zwischenstaatlichen Beziehungen hat neuartige Hindernisse für eine wirksame parlamentarische Kontrolle der auswärtigen Beziehungen geschaffen.

Eine extensive Auslegung des Artikels 59 Abs. 2 GG ist kein geeignetes Mittel, um diesen Hindernissen zu begegnen.

Eine bessere Lösung könnte sich auf dem mit der Errichtung des Handelspolitischen Beirats des Bundestages beschrittenen Wege ergeben.

b) Die Aufgabe besteht darin, ein ausgewogenes und modernen zwischenstaatlichen Beziehungen entsprechendes Verhältnis exekutiver und legislativer Zuständigkeiten zu finden.

Das in Artikel 59 Abs. 2 festgelegte Kontrollrecht des Parlaments darf weder durch eine übermäßige Ausweitung des Begriffes des Politischen über seine eigentlichen Grenzen hinaus erstreckt werden, noch darf es durch eine mißbräuchliche Verwendung der Formen des Regierungs- oder Verwaltungsabkommens verkümmert werden.

c) *De lege ferenda erwägenswert ist, die Einführung des vereinfachten Zustimmungsverfahrens durch Fristablauf nach dem Muster des neuen Artikels 60a der Niederländischen Verfassung.*

3. *Die vom Grundgesetz geschaffene Ordnung des Verhältnisses von Bund und Ländern im Bereiche der auswärtigen Gewalt.*

a) *Sedes materiae der Kompetenzverteilung zwischen Bund und Ländern im Bereiche der auswärtigen Gewalt sind die Artikel 32 und 73, Ziff. 1 GG. Dagegen enthält Artikel 59 Abs. II GG keine dieses Verhältnis betreffenden Kompetenznormen. Verfehlt ist daher der Versuch, die Vertragsgewalt des Bundes auf die in Art. 59 Abs. II umschriebenen Vertragskategorien zu beschränken und aus Art. 30 eine Zuständigkeitsvermutung zugunsten der Länder in Bezug auf alle übrigen Vertragskategorien herzuleiten.*

b) *Das dem Deutschen Staatsrecht nach 1871 und nach 1919 zugrundeliegende und vom Herrenchiemsee-Bericht wieder aufgenommene Prinzip, daß sich die Vertragsgewalt von Bund und Ländern nach ihrer Gesetzgebungszuständigkeit richtet, ist vom Grundgesetz bewußt aufgegeben worden. Der Bund kann demnach Verträge und Verwaltungsabkommen mit auswärtigen Staaten auch auf solchen Gebieten schließen, auf denen ihm eine gesetzgeberische Zuständigkeit nicht verliehen worden ist.*

c) *Durch den Abschluß eines internationalen Vertrages wird der Vertragsgegenstand zu einer „auswärtigen Angelegenheit" im Sinne des Art. 73 Ziff. 1 GG. Der Bund ist daher befugt, die zur Ausführung eines solchen Vertrages erforderlichen Gesetze auch dann selbst zu erlassen, wenn es sich ursprünglich um Gegenstände der ausschließlichen Landeszuständigkeit handelte.*

d) *Verwaltungsabkommen, welche die landeseigene oder die Auftragsverwaltung der Länder berühren, bedürfen der Mitwirkung des Bundesrates (Art. 59 Abs. 2 S. 2 in Verbindung mit Art. 84 Abs. 2 und 85 Abs. 2 GG).*

e) *Gemäß Art. 32 Abs. 3 GG verbleibt den Ländern die Befugnis, mit Zustimmung der Bundesregierung mit auswärtigen Staaten Verträge abzuschließen, soweit sie allein oder in Konkurrenz mit dem Bunde für die Gesetzgebung zuständig sind. Diese Befugnis erlischt, soweit der Bund von seiner Vertragsgewalt Gebrauch macht. Die Bundesregierung kann die in Art. 32 Abs. 3 vorgesehene Zustimmung verweigern, wenn sie beabsichtigt, selbst über den gleichen Gegenstand einen Vertrag zu schließen, wenn sie gegen den Inhalt des von einem Lande in Aussicht genommenen Vertrages Bedenken hat oder wenn sie den Abschluß eines Vertrages über den betreffenden Gegenstand überhaupt für inopportun hält. Justiziabel wäre nur eine offenkundig willkürliche Verweigerung der Zustimmung.*

Die Zustimmung der Bundesregierung zum Abschluß eines Vertrages durch ein Land ist kein Akt der auswärtigen Gewalt. Eine Mitwirkung des Bundestages ist vom Grundgesetz in diesem Falle nicht vorgesehen.

f) Auch zum Abschluß von Verwaltungsabkommen bleiben die Länder in Analogie zu der in Art. 32 Abs. 3 getroffenen Regelung auf den Gebieten ihrer Verwaltungszuständigkeit befugt. Sie bedürfen zum Abschluß solcher Abkommen wiederum der Zustimmung der Bundesregierung.

Die auswärtige Gewalt der Bundesrepublik

2. Mitbericht von Professor Dr. Eberhard Menzel, Hamburg

Nach dem so umfassenden und gedankenreichen Referat von Herrn Grewe fällt es mir natürlich schwer, eine ebenso intensive wie extensive Deutung der Problematik um „Bund und Auswärtige Gewalt" zu geben. Da sich eine „Realteilung" des Themas nicht hat durchführen lassen, obliegt mir nun die etwas heikle Aufgabe, sowohl zu den Thesen von Herrn Grewe Stellung zu nehmen, als auch zu versuchen, in kleinere Lücken vorzustoßen, die seine Darstellung noch gelassen hat.

Um den notwendigerweise etwas bruchstückhaften Charakter eines solchen Unterfangens ein wenig abzumildern, möchte ich die zu behandelnden Fragen den drei Problemkomplexen zuordnen, die — wie ich glaube — zur Zeit am dringendsten der Klärung bedürfen.

I. Die drei Grundprobleme

Im deutschen Bereich hat die Frage nach dem Wesen und den Funktionen der Auswärtigen Gewalt neuerdings ihren sichtbaren Niederschlag zunächst in dem scharfen und auf so hohem Niveau geführten Kampf um den Wehrbeitrag gefunden, bei dem es um die Probleme des Integrationsrechtes ging (Art. 24 GG). Im Schatten dieser Auseinandersetzungen ist aber auch ein Streit darüber entstanden, wann und unter welchen Umständen die von der Bundesrepublik geschlossenen völkerrechtlichen Verträge der parlamentarischen Zustimmung bedürfen (Art. 59, Abs. 2 GG). Und als weiteres Problem steht bereits im Hintergrund die Auswirkung der föderativen Struktur der Bundesrepublik auf die Ausübung der Auswärtigen Gewalt (Art. 32 GG).

Drei Gesichtspunkte sind es also, die in der Bundesrepublik zu der gegenwärtigen Fragestellung geführt haben:

1. Das Verhältnis der Exekutive zur Legislative (verfassungsstrukturelles Problem).

2. Die Kompetenzverteilung zwischen Bund und Ländern in ihrer Auswirkung auf die Auswärtige Gewalt (föderativrechtliches Problem).

3. Die Einwirkung des europäischen Integrationsrechtes auf die verfassungsrechtliche Ordnung (integrationsrechtliches Problem).

Nichts kennzeichnet nun deutlicher die Bedeutung dieser Problematik als die Tatsache, daß das Bundesverfassungsgericht in allen drei Bereichen um richtungsweisende Entscheidungen angegangen wurde. So hatte es sich bereits zu beschäftigen mit dem verfassungsstrukturellen Problem (Exekutive — Legislative) in den Zwischenentscheidungen zum Wehrbeitrag-Fall[1]) sowie in den Urteilen über das Petersberg-Abkommen vom 22. 11. 1949[2]), die deutsch-französischen Wirtschaftsabkommen vom 10. 2. 1950[3]). und das Kehler Hafen-Abkommen vom 19. 10. 1951[4]). Das Bundesverfassungsgericht beschäftigte sich ferner mit dem föderativrechtlichen Problem (Bund — Länder) im Urteil über das Kehler Hafen-Abkommen und mit dem integrationsrechtlichen Problem (Übertragung von Hoheitsrechten) in dem noch nicht abgeschlossenen Verfahren über den Wehrbeitrag.

Vergleicht man hiermit die Tätigkeit des Reichsgerichts oder des Staatsgerichtshofes für das Deutsche Reich der Weimarer Zeit, so wird deutlich, daß nunmehr diese Fragen der Auswärtigen Gewalt in den Vordergrund gerückt und zu einem zentralen Problem des Verfassungsrechts geworden sind.

2. Die Parallelentwicklung in den Vereinigten Staaten

Doch bei dem stetigen Zusammenwachsen der westlichen Welt erscheint es angebracht, die deutsche Problematik nicht in ihrer nationalen Vereinzelung zu betrachten, sondern sie im Zusammenhang etwa mit den amerikanischen Vorgängen zu sehen. Deshalb sei einleitend kurz auf diese Parallelität der Fragestellungen eingegangen:

Das Schwergewicht liegt auch in den Vereinigten Staaten auf dem Gebiet der Gewaltenteilung. Problematisch ist die Ausübung der Auswärtigen Gewalt durch den Präsidenten hier vor allem dadurch geworden, daß er durch die allzu häufige Inanspruchnahme des Mittels der „executive agreements" das Mitwirkungsrecht des Kongresses, insbesondere des Senats, praktisch völlig ausgehöhlt hat. Dies gilt nicht nur für die Kriegszeit, sondern auch für die Zeit nach 1945.

Die Reaktion auf diese Verlagerung der Befugnisse zugunsten der Exekutive stellen die gegenwärtigen Kämpfe um das sogenannte Bricker-Amendment und die Reformvorschläge des Stan-

---

[1]) Beschluß des 1. Senats v. 15. 5. 1952 — 1 BvQ 6/52 — BVerfGE Bd. 1 S. 282; Urteil des 1. Senats v. 30. 7. 1952. — 1 BvF 1/52 — BVerfGE Bd. 1 S. 394.

[2]) Urteil des 2. Senats v. 29. 7. 1952 — 2 BvE 3/51 — BVerfGE Bd. 1 S. 353.

[3]) Urteil des 2. Senats v. 29. 7. 1952 — 2 BvE 2/51 — BVerfGE Bd. 1 S. 373.

[4]) Urteil des 2. Senats v. 30. 6. 1953 — 2 BvE 1/52 — BVerfGE Bd. 2.

ding Committee on Peace and Law through United Nations der American Bar Association dar[5]). Auch der Supreme Court hat sich mehrfach mit diesen Fragen auseinandergesetzt[6]).

Aber auch der föderativrechtliche Gesichtspunkt hat in den Vereinigten Staaten Anlaß zu heftigen Fehden und widersprechenden Entscheidungen gegeben. Das zähe Festhalten an den staterights einerseits und die im modernen Staat notwendige Zusammenfassung und einheitliche Lenkung der Außenbeziehungen sind Gegenstand bedeutsamer Entscheidungen des Supreme Court geworden[7]). Hierbei wurde klar ausgesprochen — und dies kennzeichnet eine Neuorientierung der föderalistischen Struktur —, daß die Kompetenzverteilung zwischen Bund und Einzelstaaten eigentlich nur für den innerstaatlichen Bereich gilt. Nur hier gilt das Prinzip, daß den Einzelstaaten die Regelung für alle Fragen zusteht, die nicht ausdrücklich oder im Wege der implied powers dem Bund vorbehalten sind. Für die Außenbeziehungen und damit für die Wahrnehmung der Auswärtigen Gewalt ist demgegenüber der Grundsatz entwickelt worden, daß die Bundesgewalt Verträge auch über Fragen schließen kann, die den Einzelstaaten vorbehalten sind, und daß dann auch innerstaatliche Vollzugsgesetze nicht an die sonst geltende Kompetenzverteilung gebunden sind. Man sieht: Es ist genau das gleiche Problem, das auch im deutschen Verfassungsrecht mit immer größerer Schärfe hervortritt.

Den Übergang von den föderativrechtlichen zu den integrationsrechtlichen Problemen bildet die Tatsache, daß die Vereinigten Staaten die Unterzeichnung z. B. des Kulturabkommens von 1936 im Rahmen der pan-amerikanischen Bestrebungen mit der Begründung abgelehnt haben, daß es sich um Zuständigkeiten handle, die in die Kompetenz der Gliedstaaten fallen und infolgedessen nicht Gegenstand eines von der Bundesstaatsgewalt abzuschließenden Vertrages sein könnten[8]). Sonst bietet allerdings die Integrationsform der Organisation der Amerikanischen Staaten (OAS) — die Bezeichnung Pan-American Union wird nur auf die Verwaltungskörperschaft, nicht aber auf den Verband als solchen angewendet — wenig Probleme. Dies rührt aber daher, daß diese pan-amerikanische Integration auf Veranlassung der Vereinigten Staaten, ihres urprünglichen Pro-

[5]) Vgl. hierzu die Dokumente und ihre Begründungen in den Reports dieses Kommittees v. 1.9.1950, 1.9.1951, 1.2.1952 und 1.9.1952 (als Einzelschriften veröffentlicht).

[6]) z. B. United States v. Belmont, 301 U.S. 324 (1937); United States v. Pink, 315 US. 203 (1942).

[7]) z. B. United States v. Curtiss-Wright Export Corporation, 299 US. 304, Missouri v. Holland, 252 US. 416, (1930).

[8]) Vgl. Vermerk bei der Unterzeichnung der Convention concerning peaceful orientation of public instruction vom 23. 12. 1936.

motors, nach dem 1. Weltkrieg abgestoppt wurde. Man hat es also nunmehr mit einer „abgebrochenen" Integration zu tun, d. h. mit einem Verband, der seine ursprüngliche Integrationstendenz aufgegeben hat. Aus diesem Grunde ergeben sich keine Schwierigkeiten integrationsrechtlicher Art mehr im Hinblick auf die kontinentalamerikanische Situation.

Wenn man jedoch den Begriff der Integration nicht auf den politisch-organisatorischen Zusammenschluß beschränkt, sondern ihn weiter faßt und z. B. die Bemühungen der Vereinten Nationen um die Schaffung eines ius commune einbezieht („mittelbare Integration"), so stehen wir sofort vor einer Fülle von Problemen in den Vereinigten Staaten. So haben sich lebhafte Auseinandersetzungen an die Frage geknüpft, welche Rechtsfolgen einer evtl. amerikanischen Zustimmung zur Menschenrechtserklärung der Vereinten Nationen zukomme, wobei auch den Gerichten völlig klar war, daß wegen der fehlenden Staatskonvention eine rechtliche Bindung noch gar nicht eingetreten ist. Die Anwendung wurde jedoch auf allgemeine Erwägung gestützt. So war z. B. in der ersten Entscheidung im Falle Fuji v. State of California[9]) behauptet worden, daß damit automatisch die den Grundstückserwerb für Japaner verbietenden oder jedenfalls einschränkenden Gesetze in Wegfall gekommen seien, eine Entscheidung, die revolutionierende Wirkung hätte haben können, wenn es bei ihr verblieben wäre[10]). Ähnliche Auseinandersetzungen ergeben sich hinsichtlich des Genocid-Abkommens und der Frage, ob es der Exekutive gestattet sein könne, durch einfache Zustimmungserklärung ohne Mitwirkung des Kongresses derartige Verpflichtungen auf sich zu nehmen. Auch hier stellte sich also in aller Klarheit die Frage: Kann durch das Eingehen derartiger Verpflichtungen unmittelbar eine materielle Änderung des innerstaatlichen Rechts vorgenommen werden, und zwar ohne Befragung der sonst für die Regelung zuständigen parlamentarischen Körperschaften, d. h. unter Ausschluß der ordentlichen oder möglicherweise sogar verfassungsändernden Gsetzgebung.

Schon diese Beispiele zeigen, daß sich in den Vereinigten Staaten heute auf den gleichen drei Ebenen — der Gewaltenteilung, der Föderativstruktur und des Integrationsrechtes — ähnliche Probleme ergeben wie in der Bundesrepublik[11]).

---

[9]) Sei Fuji v. State California, 217 P 2nd, 481 (1950) sowie 218 P 2nd 595 (1950).

[10]) Der kalifornische Supreme Court hat eine Änderung der Begründung vorgenommen und damit zunächst den Streit beendet (242 P 2nd, 617).

[11]) Ausführlich zu diesen amerikanischen Vorgängen: Menzel, Gegenwartsprobleme der Auswärtigen Gewalt in den Vereinigten Staaten, Festschrift für Herbert Kraus, 1954, S. 468ff. Hier insbesondere auch weitere Darlegungen zur Frage der „mittelbaren Integration".

Diese Tatsache legt die Vermutung nahe, daß wir in einer allgemeinen Entwicklung stehen, die eine Neuorientierung auf dem Gebiet der Auswärtigen Gewalt verlangt. Die bisherigen Regelungen scheinen für den modernen Staat angesichts der Intensivierung der zwischenstaatlichen Beziehungen, der verschiedenartigen Integrationsversuche und der ideologischen Forderungen — z. B. nach „Demokratisierung" — nicht mehr ausreichend zu sein. Die allgemeine Unsicherheit auf dem Gebiet der Auswärtigen Gewalt macht daher eine Überprüfung vor allem des dogmatischen Ausgangspunktes — nämlich der Stellung dieser Gewalt zu den anderen staatlichen Gewalten — erforderlich. Diesen Fragen sei der erste Abschnitt der folgenden Ausführungen gewidmet.

I.

Das verfassungsstrukturelle Problem: Das Verhältnis der Auswärtigen Gewalt zu den anderen Gewalten

Die Bestimmungen über die Auswärtige Gewalt im Bonner Grundgesetz haben einen recht traditionellen Charakter. Sie gehen auf Anschauungen zurück, die im 19. Jahrhundert ausgeprägt wurden und sind nur in diesem Rahmen zu verstehen. Es fragt sich aber, ob dieser Ausgangspunkt heute noch zu einer richtigen Erfassung des Wesens und der Funktionen der Auswärtigen Gewalt führen kann.

Ohne dem Irrtum verfallen zu wollen, daß moderne Fragestellungen nur durch ein Studium ab ovo beantwortet werden können, sei hier ausnahmsweise der Rückgriff auf eine ältere Zeit gestattet. Es wird sich hier nämlich zeigen, daß etwa bei den Begründern der modernen Gewaltenteilungslehre — bei John Locke und Montesquieu — die Auswärtige Gewalt eine ganz andere und, wie mir scheint, wirklichkeitsnähere Einschätzung erfahren hat.

1. Die Auswärtige Gewalt bei Locke und Montesquieu.

John Locke geht in seinen „Two Treatises on Government" (1690) davon aus[12]), daß der Einzelmensch sich zwar im Staate selbst als Individualist bewege, im Verhältnis zu anderen Staaten jedoch nur in seiner Eigenschaft als Angehöriger jenes fremden „body", jener ausländischen „society", gewertet werde. Infolgedessen sei

> „the whole community.. one body in the state of nature, in respect of all other states or persons out of the community".

---

[12]) John Locke, Two Treatises on Government (1690), hier zitiert nach der 7. Auflage, London 1772, §§ 145ff., S. 294ff.

Die Beziehungen zwischen diesen communities werden — so führt er weiter aus — von der federative power geregelt. Ihr stünden für die Regelung des innerstaatlichen Bereiches die „executive power" und die „legislative power" gegenüber. Dabei umfaßt diese federative power nicht nur die Entscheidung über Krieg und Frieden sowie das eigentliche Bündnisrecht, sondern auch

> „all transactions with all persons and communities without the common-wealth".

Locke kommt also zu einer deutlichen Scheidung in zwei Rechtskreise: dem der nach innen bezogenen Regelungen (executive und legislative power) und dem der nach außen wirkenden (federative power). Dabei wird ausdrücklich und mehrfach betont, daß es sich um „really distinct powers" handle.

Freilich verkennt Locke auch nicht die praktischen Schwierigkeiten, die sich aus dieser Sicht ergeben. Diese federative power bleibt abstrakt, weil sie sich nicht in einer bestimmten politischen Körperschaft einer gesonderten Behörde konkretisiert. Während die Exekutivgewalt im König und die Legislativgewalt im Parlament ihren sichtbaren Ausdruck finden, besteht eine solche Möglichkeit für die federative power nicht. Außerdem bleibt der König schon aus Gründen der Staatsrepräsentanz der Exekutive immer besonders verbunden. Hinzu kommt noch, daß der verhältnismäßig einfach strukturierte Staat der damaligen Zeit als Gegengewicht gegen das Parlament auf einer Zusammenfassung aller nicht-legislativen Machtausübung besteht und einen Dualismus ablehnt. :

> „It is almost impracticable to place the force of the commonwealth in distinct, and not subordinate hands; or that the executive and federative power should be placed in persons, that might act seperately, whereby the force of the public would be under different commands: which would be apt some time or other to cause disorder and ruin."

Wenn sich also aus diesen Erwägungen auch praktisch die Ausübung der federative und der executive power in einer Hand vereinigt, so ist doch entscheidend, daß diese beiden Gewalten dogmatisch zwei völlig verschiedene Rechtskreise bilden, die auch unter ganz unterschiedlichen Gesichtspunkten behandelt sein wollen, wofür Locke interessante Beispiele gibt.

Bei Montesquieu erfährt diese Gewaltenteilungslehre nun eine Umwandlung. Er führt die richterliche Gewalt ein und muß daher — um bei der aus der Antike übernommenen magischen Dreizahl bleiben zu können —, eine Kumulierung der „federative" und der „executive" power im Lockeschen Sinn vornehmen. Beides fließt nunmehr in der „puissance exécutrice" zusammen. Immerhin gibt Montesquieu — wohl wissend um die Wichtigkeit der auswärtigen Beziehungen — der „federative power" terminologisch den Vorrang. Im 6. Kapitel des 11. Buches seines „De l'Esprit des Lois" (1748) zählt er die drei Gewalten folgendermaßen auf[13]:

> „La puissance législative, la puissance exécutrice des choses qui dépendent du droit des gens, et la puissance exécutrice de celles qui dépendent du droit civil"[14].

Dieser Ausdruck „ausführende Gewalt hinsichtlich der vom Völkerrecht abhängenden Angelegenheiten" ist die klare Anerkennung der Sonderstellung der nach außen hin, d. h. an die anderen Staaten gerichteten Staatsakte. Auch hier schimmert die Vorstellung von der Scheidung in den innerstaatlichen und den außerstaatlichen Rechtskreis durch.

Allerdings — und damit tritt eine Entwicklung ein, die die klare Erkenntnis vom Wesen der auswärtigen Gewalt zu trüben beginnt — verliert Montesquieu in späteren Ausführungen diese eindeutige Scheidung der innerstaatlichen und außerstaatlichen Funktionen wieder aus den Augen und bezeichnet die Aufgabe der puissance exécutrice dann etwas verschwommen mit „exécuter les résolutions publiques".

2. Die weitere Entwicklung im 19. Jahrhundert

Der Hintergrund für diese Haltung Montesquieus ist sehr deutlich und wird in der Entwicklung des 19. Jahrhunderts noch deutlicher: Die Gewaltenteilung ist das Instrument zur Zerstörung der feudalistisch-absolutistischen Staatsgewalt. Durch das Aufbrechen der bisher einheitlichen und deshalb in der Hand des absoluten Monarchen besonders gefährlichen Staatsgewalt soll den Forderungen des Aufklärungszeitalters entsprechend der einzelne Bürger von seiner reinen Objektivstellung emanzipiert werden. Damit erhält die Gewaltenteilungslehre einen ausgesprochen innerstaatlich-bürgerrechtlichen Akzent. Das Gebiet der auswärtigen Beziehungen spielt in diesem Kampf eine nur nebensächliche Rolle und bleibt daher der Prärogative des Monarchen erhalten. Erst die französische Revolution stellt neue Theorien über die Auswärtige Gewalt auf.

Der Konstitutionalismus beläßt die Ausübung der Auswärtigen Gewalt sowie — innerlich damit zusammenhängend — den militärischen Oberbefehl beim Monarchen. Dies stellt den Preis dafür dar, daß der König in den Fragen der innerstaatlich-bürger-

---

[13]) Zitate entnommen den Oeuvres de Monsieur de Montesquieu, Nouvelle Edition, Tome Premier, Amsterdam-Leipsick, 1758, S. 207/8.

[14]) Der Ausdruck „droit civil" bedeutet hier nicht „bürgerliches Recht" im Gegensatz etwa zu „öffentlichem Recht", sondern damit ist „staatliches" oder „internes" Recht im Gegensatz zu Völkerrecht gemeint.

rechtlichen Ordnung nunmehr seine Entscheidungsgewalt zunächst mit den Ständen und später mit der Volksvertretung — dem Parlament — zu teilen hatte.

Die Auswärtige Gewalt bleibt daher dogmatisch gesehen immer ein Fremdkörper in dem traditionellen und nun ausgesprochen innerstaatlich ausgerichteten Dreigewalten-System. Sie nimmt eine geradezu mystische Sonderstellung ein, die auch nicht dadurch an Klarheit gewinnt, daß man sie gelegentlich als eine vierte Gewalt bezeichnet, im übrigen aber an dem Dreiteilungs-Schema festhält. Ausdruck dieser verfassungsrechtlichen Verlegenheit ist die Tatsache, daß die meisten Verfassungsurkunden die Bestimmungen über die Ausübung der Auswärtigen Gewalt im Gegensatz zu der kapitelmäßig geschlossenen Regelung für Gesetzgebung, Rechtsprechung und Verwaltung nicht als eine Einheit behandeln, sondern die entsprechenden Vorschriften über die verschiedensten Abschnitte der Verfassung verstreuen. An diesem Mangel leiden insbesondere die deutschen Verfassungen. Diese Feststellung gilt — wenn dies vorgreifend bemerkt werden darf — auch für das Bonner Grundgesetz.

Erst verhältnismäßig spät setzt für das Gebiet der Auswärtigen Gewalt ein „Demokratisierungsprozeß" ein, soweit dieses Schlagwort abkürzungshalber hier in Anwendung gebracht werden kann.

Die zunächst dem Monarchen verbliebenen und dann allgemein auf die Exekutive übergegangenen Befugnisse zur Ausübung der Auswärtigen Gewalt werden im Verlauf dieser „Demokratisierung" langsam aber stetig zugunsten der Legislative eingeschränkt: Die Volksvertretung wird — wenigstens ausnahmsweise — zum Mitträger der Auswärtigen Gewalt. So wird ihm z. B. die Alleinentscheidung über Krieg und Frieden genommen (Zustimmung des Bundesrates, später auch des Reichstages — gem. Ges. v. 28. 10. 1918 gemäß Art. 11 der RV von 1871, „Gesetz" gemäß Art. 45 der WRV). Ferner wird das Vertragsabschlußrecht der Exekutive zugunsten der Mitwirkung der Legislative eingeschränkt: Schon die Verfassung von 1849 bestimmte in § 77, daß Bündnisse und Verträge in den besonders bezeichneten Fällen nur unter Mitwirkung des Reichstages wirksam zustande kommen können. Hierzu zählt § 102 Ziff. 5—7 auf: Handels-, Schiffahrts- und Auslieferungsverträge, „soweit sie das Reich belasten", Verträge über Zollausschlüsse usw. sowie über Gebietsveränderungen. Die preußische Verfassung von 1850 schrieb vor (Art. 48), daß Handelsverträge oder solche, die „den Staat belasten oder einzelnen Staatsbürgern Verpflichtungen auferlegen", der Zustimmung der Kammern bedürfen. Die RV von 1871 verlangte, daß „Friedensverträge sowie diejenigen Verträge mit fremden Staaten, welche sich auf die Gegenstände der Reichsgesetzgebung beziehen, nur mit Zustimmung des Bundesrats und des Reichstages wirksam werden (einschl. Änderung nach dem Gesetz v. 28. 10. 1918). Die WRV v. 1919 bestätigte (Art. 78), daß Gebietsveränderungen nur noch auf gesetzgeberischem Weg erfolgen dürfen, entzog den Abschluß von Bündnissen der alleinigen Dipositionsgewalt der Exekutive (Art. 45) und verlangte für Verträge, die sich auf Gegenstände der Reichsgesetzgebung beziehen, die Zustimmung des Reichstags.

3. Die Regelung nach dem Bonner Grundgesetz

Die Regelung des Grundgesetzes bringt in der Frage der Auswärtigen Gewalt jedenfalls in dem, was ausdrücklich hierzu bestimmt wurde, keinerlei Überraschungen, denn der Zuständigkeitsbereich des Parlaments verändert sich nur in einem sehr geringen Umfang: Unverändert bleibt die Bestimmung, daß Verträge, die sich auf Gegenstände der Bundes-(früher Reichs-)Zuständigkeit beziehen, der Zustimmung des Bundestags bedürfen. Unverändert ist auch die Regelung, daß Verwaltungsabkommen ohne parlamentarische Genehmigung abgeschlossen werden dürfen, womit sich freilich die — hier nicht zu behandelnde — Streitfrage erhebt, wo die Abgrenzung zwischen einem Vertrag und einem solchen Abkommen liegt und insbesondere, wer diese Entscheidung in letzter Instanz vornimmt[15]). Eine kleine Änderung — ein winziger Schritt vorwärts in der „Demokratisierungstendenz" — stellt die Tatsache dar, daß nun nicht mehr nur „Bündnisse", sondern „politische Verträge" der Entscheidung des Parlaments unterliegen. Aus dieser Formulierung ist dann — wie noch gleich zu zeigen sein wird — der Streit darüber entstanden, ob dieser Begriff eng oder weit auszulegen ist. Da aus dem Begriff „politisch" keine klare inhaltliche Abgrenzung zu gewinnen ist, kann die Lösung also nicht im Wege der Wortinterpretation gewonnen werden. Sie ergibt sich vielmehr aus den verfassungsrechtlichen Grundvorstellungen über das Ausgewogensein der Zuständigkeiten zwischen Exekutive und Legislative und trägt damit intentionellen Charakter: Es kommt so zu einem Ringen zwischen einer exekutivfreundlichen und einer legislativfreundlichen Auffassung.

15) Vgl. hierzu Grewe, AöR. Bd. 77 (1951/52) S. 371. Wenn Grewe hierbei genauere Angaben der Kommentatoren des Art. 59 GG über die Frage der Zulässigkeit von Verwaltungsabkommen vermißt, so hat dieses vorläufige Schweigen seinen guten Grund in der noch nicht gesicherten Handhabung der Praxis in solchen Fällen. Es darf wohl als durchaus berechtigte und sinnvolle Zurückhaltung der Autoren betrachtet werden, wenn derart verantwortungsvolle Festlegungen nicht auf Grund rein theoretischer Erwägungen vorgenommen werden, zumal der Blick in die ausländische Praxis völlig unterschiedliche Lösungen zeigt. Die 2. Auflage der Kommentare wird dagegen Angaben zu dieser Frage enthalten können.

Von größerer Bedeutung als die positiven Äußerungen des Grundgesetzes über die Auswärtige Gewalt sind die Auslassungen, d. h. die bewußte Nichtregelung der in dieses Gebiet fallenden Tatbestände.

Ungeregelt ist z. B. die Frage der Gebietsveränderungen. Nach Art. 78 der WRV war hierzu Gesetzesform vorgeschrieben. Daß entgegen den ursprünglichen Entwürfen diese Frage im GG nicht ausdrücklich behandelt wurde, ergab sich aus der politischen Situation zur Zeit der Beratungen des Parlamentarischen Rates. Diese Tatsache verbietet daher auch den Umkehrschluß, also die Behauptung, daß nunmehr die Exekutive allein verfügungsberechtigt sei, weil entgegen der Lösung der WRV v. 1919 das Erfordernis der parlamentarischen Zustimmung im Bonner Grundgesetz keine Erwähnung mehr gefunden habe.

Noch größere praktische Bedeutung hat die Auslassung einer Kriegs- und Friedens-Klausel. Auch dies ist aus der konkreten politischen Situation bei Abschluß der Verfassungsberatungen nur zu verständlich. In einer Zeit der strengen Entmilitarisierungsgesetzgebung und des Verbotes deutscher bewaffneter Streitkräfte war eine solche Klausel nicht nur praktisch gegenstandslos, sondern hätte nur zu sehr unliebsamen politischen Auseinandersetzungen geführt. Es kann auch nicht daran gezweifelt werden, daß die Besatzungsmächte einer solchen Bestimmung ihre Zustimmung versagt hätten.

Nachdem nun aber die Besatzungspolitik — insbesondere die amerikanische — das völlig entgegengesetzte Ziel, nämlich eine beschränkte deutsche Wiederaufrüstung verfolgt, entsteht hier ein echtes Verfassungsproblem. Die Tatsache, daß die im Rahmen der Europäischen Verteidigungsgemeinschaft in Aussicht genommenen deutschen Kontingente keine Nationalarmee im traditionellen Sinne bilden, sondern ihr Einsatz von der Entscheidung anderer Mächte abhängt, beseitigt diese verfassungsrechtliche Problematik keineswegs. Diese Feststellung bedarf indes der näheren Erläuterung:

4. Sonderfrage: Entscheidung über Krieg und Frieden

Geht man von dem Inkrafttreten des EVG-Vertrages aus, so liegt die Entscheidung über den Einsatz der neugebildeten deutschen Einheiten keineswegs allein bei der Bundesrepublik. Andererseits ist die Mitwirkung der Bundesrepublik aber auch nicht ausgeschlossen. Bei der vorgesehenen Koppelung des EVG-Systems mit dem Nato-System wird die Entscheidung über den Waffeneinsatz — und damit über Krieg oder Nichtkrieg — durch übereinstimmenden Beschluß des Atlantikrates und des Ministerrates der EVG getroffen[16]). Für eine solche Entscheidung gilt das Erfordernis der allseitigen Zustimmung[17]). Die Bundesrepublik ist zwar nicht im Atlantikrat, wohl aber im Ministerausschuß der EVG vertreten. Hier kann also eine Entscheidung über den bewaffneten Einsatz nur wirksam werden, wenn auch der Vertreter der Bundesrepublik zustimmt. Dieser deutsche Vertreter ist entweder der Bundeskanzler selbst oder der Außenminister bzw. Wehrminister. Nun bestimmt aber der Bundeskanzler gemäß Art. 65 GG die „Richtlinien der Politik". Er braucht also — wenigstens theoretisch — nicht einmal das Kabinett zu befragen. Die Entscheidung über Krieg und Frieden könnte also — sehr grob gesagt — von ihm „im Alleingang" getroffen werden, da eine Mitentscheidung oder gar Alleinentscheidung der Legislative wie unter der RV v. 1871 oder der WRV vom GG nicht vorgesehen ist.

Alle Feststellungen, daß es sich im Rahmen der EVG nur um eine Kollektivaktion handeln kann und deshalb ganz neue Voraussetzungen vorliegen, vermögen an der Tatsache nichts zu ändern, daß der deutsche Vertreter im Ministerrat der EVG das entscheidende „Ja" oder „Nein" auszusprechen hat und daß es hiervon abhängt, ob die deutschen Soldaten zu Felde ziehen oder nicht. Man wird gut daran tun, sich durch die komplizierten internationalen Regelungen nicht den Blick für diese Tatsache trüben zu lassen.

Es bleibt also dabei: Das Grundgesetz hat für die Entscheidung über Krieg und Frieden keine ausdrückliche Regelung getroffen. Insofern ist in der rechtsstaatlichen Sicherung dieser schwerwiegen-

---

[16]) Vgl. Artikel 123 § 1 des EVG-Vertrages:

„§ 1. Bei schwerem und dringendem Notstand werden die Befugnisse, die notwendig sind, um der Lage zu begegnen, bis auf weiteres vom Rat übernommen oder von ihm auf Organe der Gemeinschaft oder andere geeignete Stellen übertragen; die Befugnisse sind durch die allgemeine Aufgabe der Gemeinschaft begrenzt und haben der Verwirklichung der Ziele der Gemeinschaft zu dienen; die Entscheidung des Rates erfolgt einstimmig.

Der schwere und dringende Notstand ergibt sich entweder aus Lagen, wie sie in Artikel 2 § 3, im Vertrag zwischen den Mitgliedstaaten und dem Vereinigten Königreich vom heutigen Tage, im Zusatzprotokoll über Beistandsverpflichtungen zwischen den Mitgliedstaaten der Europäischen Verteidigungsgemeinschaft und den Teilnehmerstaaten des Nordatlantikpaktes vorgesehen sind, oder er wird durch einstimmige Erklärung des Rates festgestellt".

Vgl. aber auch

„§ 3. Der Einsatz der Europäischen Verteidigungsstreitkräfte zur Abwehr einer Angriffshandlung wird durch diesen Artikel nicht berührt".

[17]) Die in Art. 123 vorgesehene „einstimmige Entscheidung" bzw. „Erklärung" ist im Zusammenhang mit Art. 43 § 3 zu verstehen: „Soweit der Vertrag eine einstimmige Zustimmung oder Entscheidung des Rates vorsieht, sind hierzu die Stimmen aller im Rate anwesenden oder vertretenen Mitgliedstaaten erforderlich; Stimmenthaltungen stehen der Zustimmung oder der Entscheidung nicht entgegen".

den Äußerung der Auswärtigen Gewalt ein Rückschritt gegenüber den früheren Verfassungen zu verzeichnen. Natürlich war es nicht der Wille des Verfassungsgesetzgebers, diese Entscheidung der Kompetenz der Legislative zu entziehen und sie allein der Zuständigkeit der Exekutive zu unterstellen. Davon kann deshalb keine Rede sein, weil z. Zt. des Inkrafttretens des Grundgesetzes keine deutschen Streitkräfte vorhanden waren, die in entsprechender Weise hätten eingesetzt werden können.

Da nun aber — immer das Inkrafttreten des EVG-Vertrages unterstellt — die Bildung deutscher Einheiten vorgesehen ist, erhebt sich auch die verfassungsrechtliche Frage der Zuständigkeit für die Entscheidung über Krieg und Frieden.

Diese Entscheidung wird auch keineswegs durch Art. 26 GG überflüssig. Diese in ihrer Auswirkung vielfach nicht genügend beachtete Vorschrift verbietet zwar den Angriffskrieg, erlaubt dagegen die Teilnahme an einer Kollektivaktion etwa der Vereinten Nationen und gestattet auch den Verteidigungskrieg. Damit bleibt in der Verteidigungssituation der nötige Spielraum für eine Entscheidung über die Teilnahme an Gegenmaßnahmen bei einem Angriff auf die EVG-Staaten.

Beim Fehlen einer ausdrücklichen Vorschrift über die Zuständigkeit für die Krieg-Frieden-Entscheidung im GG eröffnen sich nun mehrere Wege:

a) Es läßt sich m. E. mit gutem Grund argumentieren, daß die Beteiligung des Parlaments in dieser entscheidenden Frage fester Bestandteil deutschen Verfassungsgewohnheitsrechts geworden ist, wofür die entsprechenden Regelungen der Verfassungen von 1871 (Art. 11) und 1919 (Art. 45) einen klaren Hinweis geben. Es könnte auch verfassungsvergleichend darauf hingewiesen werden, daß die modernen Verfassungen die Entscheidung über Krieg und Frieden dem Parlament vorzubehalten pflegen oder mindestens die Mitwirkung der gesetzgebenden Körperschaften dabei vorsehen.

b) Natürlich bleibt als verfassungsrechtlich klarste Lösung die auch von Herrn Grewe vorgeschlagene ausdrückliche Ergänzung des Grundgesetzes. Allerdings wird hierbei zu prüfen sein, welche politische Auswirkung ein solcher mit verfassungsändernder Mehrheit (Art. 79) zu fassender Beschluß im Ausland haben würde. Er könnte leicht zu Beunruhigungen Anlaß geben. Wenn man jedoch diese Anregung zur Verfassungsergänzung aufzunehmen gedenkt, so wäre eine entsprechende Ergänzung im Rahmen des Art. 26 wohl am zweckmäßigsten. Dadurch würde klargestellt, daß kein dem Nichtangriffsverbot dieser Bestimmung widersprechendes Kriegsführungsrecht in Anspruch genommen wird.

c) Als weitere Lösung wäre auch daran zu denken, eine entsprechende Klausel in das Zustimmungsgesetz zum EVG-Vertrag aufzunehmen. Damit würde klargestellt, daß ein Kriegsführungsrecht nur im Rahmen der EVG-Verpflichtungen in Anspruch genommen wird. Diese Lösung würde unliebsame Mißdeutungen von ausländischer Seite ausschließen und doch die verfassungsrechtlich notwendige Regelung bringen.

Diese notwendigerweise nur sehr skizzenhaften Bemerkungen zu a) — c) müssen in diesem Rahmen genügen. Sie zeigen immerhin, daß in der Frage der Zuständigkeit von Exekutive und Legislative im Bereich der Auswärtigen Gewalt noch keineswegs die dringend erforderliche Klarheit herrscht. Daß der Verfassungsgesetzgeber von 1949 hierfür nicht verantwortlich gemacht werden kann, wurde bereits dargetan. Das enthebt aber die Exekutive und Legislative von heute nicht der Verpflichtung, für eine entsprechende Klarstellung Sorge zu tragen[18]).

5. Sonderfrage: Zuständigkeit von Exekutive und Legislative bei den „politischen Verträgen" im Sinne des Art. 59 Abs. 2 GG.

Zweifel über die Abgrenzung der Kompetenzen von Exekutive und Legislative im Bereich der Auswärtigen Gewalt sind aber nicht nur durch das Fehlen einer Krieg-Friedens-Klausel im GG entstanden, sondern auch durch die Auslegung des Begriffes „politische Verträge" in Art. 59 Abs. 2. Hierbei ist klar: Eine enge Auslegung schränkt die Mitwirkung der Legislative ein und ermöglicht es also der Exekutive, diese schwerwiegenden Entscheidungen allein zu treffen; eine weite Auslegung verstärkt dagegen das parlamentarische Mitwirkungsrecht und führt insoweit zu einer anderen Abgrenzung der gegenseitigen Befugnisse. Diese Problematik sei im Folgenden — schon aus Zeitgründen unter Beiseitelassen der entsprechenden Erörterungen im Schrifttum — an Hand der einschlägigen Entscheidungen des Bundesverfassungsgerichts aufgezeigt.

Es handelt sich hierbei um folgende Urteile:

a) Deutsch-französische Wirtschaftsabkommen vom 10. 2. 1950
Urteil des 2. Senats vom 29. 7. 1952 — 2BvE 2/51

b) Petersberger Abkommen
Urteil des 2. Senats vom 29. 7. 1952 — 2 BvE 3/51

c) Kehler Hafen-Abkommen
Urteil des 2. Senats vom 30. 6. 1953 — 2 BvE 1/52

Für die Stellungnahme des Bundesverfassungsgerichts ist zunächst kennzeichnend, daß es eine Entscheidung darüber ablehnte — wie im Falle der Deutsch-französischen Wirtschaftsabkommen beantragt war —, was generell unter einem „poli-

[18]) Das inzwischen verkündete Wehrergänzungsgesetz enthält bedauerlicherweise keine entsprechende Vorschrift.

tischen" Vertrag zu verstehen sei und ob Wirtschaftsabkommen grundsätzlich darunter fallen. Diese zweifellos weise Beschränkung des Bundesverfassungsgerichts auf die Beurteilung des konkreten Einzelfalles eröffnet die Möglichkeit weiterer Differenzierungen.

Im übrigen läßt das Bundesverfassungsgericht aber sehr deutlich die Tendenz erkennen, den Wirkungsbereich der Legislative einzuschränken. Diese Exekutivfreundlichkeit zeigt sich in allen drei Fällen:

a) in der Entscheidung über die Deutsch-französischen Wirtschaftsabkommen[19]) hat das Gericht die Kennzeichnung als „politischen Vertrag" abgelehnt, weil der Zweck dieser Vereinbarungen nicht primär auf „die Existenz des Staates, seine territoriale Integrität, seine Unabhängigkeit, seine Stellung oder sein Gewicht unter den Staaten oder die Ordnung der Staatsgemeinschaft" gerichtet sei. Es genüge nicht — so heißt es in der Entscheidung —, wenn damit nur „eine sekundäre, vielleicht sogar ungewollte und unerwartete Auswirkung auf diese Beziehungen" erfolge. Wenn ein Vertrag nur deshalb politische Bedeutung erlange, weil er „innerstaatliche Auswirkungen auf ihre innerpolitischen, wirtschaftlichen oder sozialen Verhältnisse hat, so wird er dadurch noch nicht zum politischen im Sinne des Art. 59 Abs. 2".

Allerdings wird hierbei vorsichtig angemerkt, „der politische Charakter eines solchen Vertrages sei dann anzunehmen, wenn die ‚Vertragspartner' durch den Abschluß eines Handelsvertrages ihre Volkswirtschaft ergänzen wollen, um ihre gemeinsame wirtschaftliche Stellung im Wettbewerb der Staaten zu stärken", wobei es dann mit offensichtlicher Freude am Wortspiel weiter heißt: „In einem solchen Falle können die an sich unpolitischen Markt-Beziehungen zu politischen ‚Macht-Beziehungen' werden".

Von dieser Ausnahme abgesehen, wird also der politische Charakter der Handelsverträge und hier der deutsch-französischen Wirtschaftsabkommen verneint.

b) Zum gleichen Ergebnis, wenn auch mit anderer Begründung, kommt das Gericht im Falle des Petersberg-Abkommens[20]).

Hier wird zwar der Vertragscharakter ebenso wie die völkerrechtliche Natur dieser Vereinbarung durchaus zugegeben, dann aber festgestellt, daß es sich nicht um eine gegenseitige Übernahme von Verpflichtungen zwischen der Bundesrepublik einerseits und Großbritannien, den Vereinigten Staaten und Frankreich andererseits handle, sondern um einen Vertrag mit dem „Kollektivorgan der Besatzungsmächte", der Alliierten Hohen Kommission. Daraus wird gefolgert, daß hier ein besonderes Vertragsverhältnis

[19]) BVerfGE Bd. 1 S. 372ff.
[20]) BVerfGE Bd. 1 S. 351ff.

vorliege, das nicht als üblicher „politischer Vertrag" gewertet werden könne, zumal die Bundesrepublik in der Abschlußentscheidung nicht völlig freie Hand gehabt habe. Außerdem seien ausschließlich besatzungsrechtliche Fragen Gegenstand der Vereinbarungen, also Probleme, die „das Verhältnis der Bundesrepublik zu den auswärtigen Staaten" nicht berührten. Der etwas formalistische Hintergrund dieser Entscheidung wird sichtbar in dem Zusatz:

> „Anders läge der Fall, wenn die Alliierten Hohen Kommissare von ihren Heimatstaaten bevollmächtigt gewesen wären, für sie als Einzelstaaten zu handeln".

Das Ergebnis ist also auch hier die Ablehnung des politischen Charakters des Abkommens.

c) In der Entscheidung über das Kehler Hafen-Abkommen[21]) wird ausgeführt, „daß die Vereinbarung nach Inhalt und Zweck darauf abziele, die wirtschaftlichen Beziehungen zwischen den Rheinhäfen Straßburg und Kehl zu ordnen und den Wettbewerb dieser beiden gegenüberliegenden Häfen, allerdings nur zugunsten Straßburgs, zu vermeiden". Nach Auffassung des 2. Senats regelt der Vertrag aber „die politischen Beziehungen" zwischen der Bundesrepublik und Frankreich nicht unmittelbar. Dies könne nur durch „einen Vertrag zwischen der Bundesrepublik Deutschland und der Französischen Republik geschehen", wobei sich das Gericht noch der Frage der verdeckten Vertretung zuwandte und sie ablehnte.

Auch hier wird das Bestreben offenbar, durch die enge Auslegung des Begriffs der „politischen Verträge" der Exekutive die Bewegungsfreiheit zu sichern und das Mitwirkungsrecht der Legislative zu beschränken.

Abschließend läßt sich feststellen: es ist sicher kein Zufall, daß das Bundesverfassungsgericht in allen drei Fällen die Alleinzuständigkeit der Exekutive bejaht hat. Die grundlegende Vorstellung ist hier ganz offensichtlich die, daß die Ausübung der Auswärtigen Gewalt grundsätzlich einen Exekutivakt darstellt und daß die Mitwirkung der Legislative nur als Ausnahme zu betrachten ist[22]). Nur so erklärt sich die durch die restriktive Auslegung des Begriffs „politische Verträge" in Erscheinung tretende Tendenz des Bundesverfassungsgerichts, den Bereich der Exekutive vor Interventionen durch die Legislative zu schützen[23]).

---

[21]) BVerfGE Bd. 2 S. 347ff.

[22]) Diese Einstellung des Bundesverfassungsgerichts kommt besonders scharf in dem Satz zum Ausdruck: „Art. 59 Abs. 2 durchbricht das Gewaltenteilungssystem insofern, als hier die Legislative in den Bereich der Exekutive übergreift" (BVerfGE Bd. 1 S. 369).

[23]) Eine ausführlichere Analyse und Würdigung der Entscheidungen des Bundesverfassungsgerichts findet sich in der nach dem vorstehenden Referat

6. Die Auswärtige Gewalt als eine „Kombinierte Gewalt"

Es erhebt sich aber die Frage, ob diese in den Entscheidungen des Bundesverfassungsgerichts zum Ausdruck kommende Auffassung richtig ist. Werden hier nicht Vorstellungen von der Gewaltenteilung offenbar, die noch allzu deutlich den Stempel des 19. Jahrhunderts aufweisen und der heutigen Zeit nicht mehr entsprechen? Können wir wirklich feststellen, daß nach dem geltenden Verfassungsrecht die Wahrnehmung der auswärtigen Angelegenheiten — und damit des entscheidenden Bereichs der Außenpolitik — nur mit Ausnahme der in Art. 59 Abs. 2 genannten Fälle eine ausschließliche Angelegenheit der Exekutive sei? Gewiß: nach dem Wortlaut des Grundgesetzes scheint dies der Fall zu sein. Aber stimmt hier der Wortlaut des Grundgesetzes mit der Verfassungswirklichkeit überein?

Um die Alternative scharf zu präzisieren: Ist die Auswärtige Gewalt nach dem für die Bundesrepublik maßgeblichen Verfassungsrecht — dem geschriebenen wie dem ungeschriebenen —

a) eine Aufgabe nur der Exekutive mit Ausnahme der in Art. 59 Abs. 2 genannten Fälle der Mitbeteiligung der Legislative („politische Verträge" und solche, „die sich auf Gegenstände der Bundesgesetzgebung beziehen")? Oder aber

b) stellt sie sich als eine „kombinierte" Gewalt dar, die teils von der Exekutive, teils von der Legislative ausgeübt wird?

Das Bundesverfassungsgericht geht von der ersten Auffassung aus, die wohl auch von der zur Zeit noch überwiegenden Meinung geteilt wird. Ich vermag mich dieser Ansicht jedoch nicht anzuschließen und neige daher der zweiten Alternative zu („kombinierte" Gewalt).

Zur Begründung sei auf folgendes hingewiesen:

1) Die meisten Normalverfassungen[24]) weisen gerade die für das Leben der Nation besonders wichtigen Entscheidungen — Krieg und Frieden, Bündnisse, Gebietsveränderungen, meist sogar alle Verträge (so auch die amerikanische Verfassung von 1787) — der Legislative zu. Für die Frage, wo das Schwergewicht in der

abgefaßten Darstellung: Menzel, Die Auswärtige Gewalt der Bundesrepublik in der Deutung des Bundesverfassungsgerichts, AöR Bd. 79 (1954) S. 326 ff.

[24]) Als solche kann gerade für die Fragen der Auswärtigen Gewalt das Bonner Grundgesetz nicht betrachtet werden. Eine Kriegs-Friedens-Klausel fehlt auf Grund der bei der Verfassunggebung maßgeblichen politischen Verhältnisse (Entmilitarisierung, Besatzungsstatut). Ebenso konnte keine Gebietsveränderungsklausel Aufnahme finden, weil die Festlegung der Grenzen dem Friedensvertrag vorbehalten blieb und neben diesem und der von den Alliierten vorgenommenen Beschränkung auf die Grenzen vom 31. 12. 1937 kein Raum für Gebietsveränderungen zu bestehen schien.

Ausübung der Auswärtigen Gewalt liegt, kommt es nicht auf den Träger der täglichen Routinearbeit, sondern darauf an, wer die qualitativ schwerwiegendsten Entscheidungen zu fällen hat. Für diese Verträge ist aber dem Parlament offensichtlich eine Suprematie eingeräumt worden.

2) Eine genauere Prüfung zeigt, daß die hierbei vom Parlament zu entfaltende Tätigkeit keineswegs in allen Fällen nur als eine Art „Genehmigung" aufzufassen ist („Zustimmung" und „Mitwirkung" beim Vertragsabschluß in der Terminologie des Grundgesetzes). Bei der Entscheidung z. B. über Krieg und Frieden geht es um mehr als eine bloße „Genehmigung" im technischen Sinn. Die eigentliche Entscheidung wird nämlich von der Legislative getroffen, während der Exekutive nur die technische Vorbereitung dieser Entscheidung und späterhin die Ausführung des vom Parlament gefaßten Beschlusses zukommt.

Hierbei ist allerdings zuzugeben, daß dies nur bei den außenpolitischen Grundentscheidungen zutrifft, nicht aber bei allen Verträgen. Bei bestimmten Vertragsgruppen kann es sich in der Tat nur um eine „Genehmigung" im technischen Sinn handeln. Kennzeichnend hierfür ist die Tatsache, daß der Exekutive in diesen Fällen ein Spielraum bleibt, zum mindesten hinsichtlich der zeitlichen Inkraftsetzung. Die Zustimmung der Legislative ist hier — aber auch nur hier — also lediglich eine Ermächtigung. Immerhin zeigt diese Prüfung, daß es auf jeden Fall einen Bereich der hochpolitischen Akte gibt, bei denen die eigentliche Entscheidung der Legislative zukommt. In diesen Fällen steht die Exekutive zu ihr im Verhältnis einer angewiesenen Behörde.

3) Schließlich ist noch darauf hinzuweisen, daß die Legislative im Bereich der auswärtigen Politik außerdem noch in einem Rahmen tätig wird, der im Grundgesetz keine Erwähnung findet: Es handelt sich um die sogenannten Entschließungen des Bundestages zu außenpolitischen Fragen. Es sei erinnert an die Beschlüsse über die Saarpolitik und die Wiedervereinigung von Ost- und Westdeutschland. In diesen Fällen hat sich das Parlament in sehr präziser Form zu der von der Exekutive einzunehmenden Haltung geäußert. Es fragt sich also, welcher juristische Gehalt derartigen Beschlüssen der Legislative innewohnt.

Man wird ihnen offensichtlich nicht gerecht mit dem Erklärungsversuch, daß sich die Exekutive hier des Parlaments als eines Demonstrationsorgans bediene, um in besonders feierlicher Weise Erklärungen über die einzuschlagende Politik oder die Beurteilung außenpolitischer Vorgänge abzugeben. Dies deckt bestenfalls nur den einen Teil der Fälle, nämlich die sogenannten Regierungserklärungen vor dem Bundestag[25]). Hier handelt es sich in der Tat um Akte der Exekutive, die diese Eigenschaft auch vor dem Forum des Parlaments nicht verlieren.

Diesen Regierungserklärungen stehen aber die sogenannten Entschließungen des Bundestages gegenüber. Hier trifft — teilweise auf Grund einer vorher abgegebenen Regierungserklärung — der Bundestag selbst die Entscheidung. Dies geht aus der Tatsache hervor, daß die Bundesregierung „aufgefordert wird", näher bezeichnete Schritte zu unternehmen, oder sie wird „ersucht", bestimmte Handlungen vorzunehmen[26]). Dies kann doch nichts anderes bedeuten, als daß hier der Bundestag außenpolitische Entscheidungen fällt, deren Ausführung die Exekutive zu übernehmen hat. Da es sich hier keineswegs um allgemein-programmatische Anweisungen handelt, sondern auch um sehr konkrete Maßnahmen, übt der Bundestag hier Funktionen der Auswärtigen Gewalt aus. Man wird nicht fehlgehen in der Annahme, daß insofern sogar eine Einschränkung des Rechtes des Bundeskanzlers vorliegt, die Richtlinien der Politik zu bestimmen (Art. 65). Bei grundsätzlichem Nichtausführen oder gar Zuwiderhandeln gegen die vom Bundestag in dieser Form ergangenen Festlegungen über die Führung der auswärtigen Angelegenheiten steht im Hintergrund die Durchsetzungsmöglichkeit auf dem Wege des Mißtrauensvotums[27]).

Diese drei Mitwirkungsformen — Abschluß von Verträgen in Gesetzesform (Art. 24, 59), Entscheidung über „hochpolitische Akte" und Einflußnahme auf die Außenpolitik durch die sogenannten „Entschließungen des Bundestages" — zeigen m. E. sehr deutlich, daß das Parlament in einem viel höheren Maße an der Ausübung der Auswärtigen Gewalt beteiligt ist, als es der Wortlaut des Grundgesetzes erkennen läßt. Gerade unter dem Gesichtspunkt des qualitativen Schwergewichts der Entschei-

---

[25]) Vgl. z. B. über die Abhaltung gesamtdeutscher Wahlen vom 27. September 1951, Erklärung der Bundesregierung vor dem deutschen Bundestag vom 17. Juni 1953, Regierungserklärung des Bundeskanzlers vor dem deutschen Bundestag vom 1. Juli 1953 (Wiedervereinigung Deutschlands), abgedruckt z. B. in „Dokumente zu den Bemühungen der Bundesregierung und des Bundestages um die Wiedervereinigung Deutschlands in Frieden und Freiheit", herausgegeben vom Auswärtigen Amt, 1953 S. 16, 66, 72. Hierbei wechselt ohne klar ersichtlichen Grund die Bezeichnung: Erklärungen der Bundesregierung, Erklärung des Bundeskanzlers, Regierungserklärung des Bundeskanzlers.

[26]) So z. B. die Entschließungen des Bundestages vom 14. September 1950, 9. März 1951, 10. Juni 1953, 1. Juli 1953, veröffentlicht in „Dokumente" aaO. S. 7, 13, 65, 73.

[27]) In diesem Zusammenhang darf daran erinnert werden, daß z. B. nach der Verfassungspraxis der Vereinigten Staaten die parlamentarische Entscheidung über Krieg und Frieden in der Form eines „gemeinsamen Beschlusses" („Joint Resolution") ergeht.

dungen erscheint die Mitwirkung der parlamentarischen Körperschaften keineswegs als zweitrangig oder exzeptionell. Man wird deshalb m. E. nicht umhin können, die aus dem 19. Jahrhundert stammende Vorstellung aufzugeben, daß die Ausübung der Auswärtigen Gewalt lediglich eine Angelegenheit der Exekutive sei, die nur geringe und eng zu interpretierende Ausnahmen zugunsten der Legislative zulasse. Es wird vielmehr festzustellen sein, daß die Eigenart der Auswärtigen Gewalt im modernen Staat gerade darin besteht, daß sie zwei Funktionsträger hat — die Exekutive und die Legislative — und sich mithin als eine „kombinierte Gewalt" darstellt.

Diese Auffassung steht allerdings im schroffen Gegensatz zu der Ansicht von Herrn Grewe. Er erwähnt als Akte der Auswärtigen Gewalt weder die Entscheidungen des Bundestages über „hochpolitische Fragen" noch die Entschließungen des Parlaments auf dem Feld der auswärtigen Beziehungen. Er schließt die Legislative völlig von der Ausübung der Auswärtigen Gewalt aus. Dabei geht er so weit, daß er selbst der parlamentarischen Zustimmung nach Art. 59 Abs. 2 ausdrücklich den Charakter eines Aktes der Auswärtigen Gewalt abspricht:

> „Abgesehen von der allgemeinen verfassungsmäßigen Regierungskontrolle durch das Parlament räumt es (das Grundgesetz; d. V.) der Legislative in Art. 59, II nur ausnahmsweise und in bestimmten Grenzen besondere Kontrollbefugnisse beim Abschluß internationaler Verträge ein.
>
> Die Zustimmung der gesetzgebenden Körperschaften nach Art. 59, II GG ist kein Akt der Auswärtigen Gewalt; sie ist eine interne staatsrechtliche Ermächtigung zur Ratifikation des Vertrages"[28]).

Gegen diese Ansicht von Herrn Grewe sprechen aber m. E. folgende Überlegungen: Wenn ein sogenanntes Zustimmungsgesetz („Ratifikationsgesetz") im Bundestag beraten wird, so wird doch darüber entschieden, ob der entsprechende Vertrag abgeschlossen werden soll oder nicht. Die Fragestellung lautet in einem solchen Fall ganz eindeutig: „Sollen die auswärtigen Beziehungen der Bundesrepublik im Sinne dieses Vertrages ausgestaltet werden?". Hierüber, oder zum mindesten in erster Linie hierüber, soll Beschluß gefaßt werden. Die Frage der innerstaatlichen Durchführung spielt demgegenüber nur eine sekundäre Rolle. Sie kann mit der primären Fragestellung verknüpft sein, doch ist dies keineswegs notwendig. Die Behauptung von Herrn Grewe, es handle sich bei der Entscheidung über ein Zustimmungsgesetz nicht um einen Akt der Auswärtigen Gewalt, sondern nur

[28]) Aus Abschnitt I der bei der Erstattung des Referates verteilten Inhaltszusammenstellung („Thesen").

um eine „interne staatsrechtliche Ermächtigung", ist daher m. E. zu eng und zu formalistisch. Wenn z. B. ein Friedensvertrag im Parlament zur Diskussion steht, so geht es doch um die Entscheidung, ob dessen Bestimmungen annehmbar erscheinen oder nicht; dies ist doch zweifellos eine der wichtigsten materiellen Entscheidungen, die auf dem Gebiet der Auswärtigen Gewalt überhaupt getroffen werden können. Es ist nicht einzusehen, warum derartige Stellungnahmen des Parlaments aus dem Bereich der Auswärtigen Gewalt ausgeklammert werden sollen.

Diese Einstellung von Herrn Grewe erklärt sich wohl nur aus dem dogmatischen Bestreben, die Ausübung der Auswärtigen Gewalt ausschließlich der Exekutive vorzubehalten. Hierin geht er noch weit über die schon recht konservative Haltung des Bundesverfassungsgerichts hinaus, das „als Ausnahme" wenigstens ein Tätigwerden des Parlaments im Bereich der Auswärtigen Gewalt zuläßt[29]). Die von Herrn Grewe noch hierüber hinaus vorgenommene weitere Beschränkung in der Zuständigkeit der Volksvertretung dürfte nicht nur auf Grund der gegenwärtigen Verfassungslage unberechtigt, sondern auch im Hinblick auf die zukünftige Entwicklung nicht ungefährlich sein.

Im übrigen wird bei dieser Ausschließung des Parlaments von der Ausübung der Auswärtigen Gewalt übersehen, daß der höchstrangige Gesetzgeber, nämlich der Verfassungsgesetzgeber, bindende Anweisungen im Bereich der Auswärtigen Gewalt erlassen hat: Es handelt sich um den Art. 26 (Friedenssicherungs-Klausel). Diese Vorschrift bindet die Exekutive wie die Legislative. Sie beschränkt z. B. die politische Ermessensfreiheit des Bundeskanzlers bei der Bestimmung der Richtlinien der Politik (Art. 65), und sie beherrscht auch die Maßnahmen des Art. 24 (Einordnung in ein System der kollektiven Sicherheit) in dem Sinne, daß nur eine Eingliederung in ein „Defensiv"-System, nicht aber der Beitritt zu einer Offensiv-Allianz statthaft ist. Es ist daher kennzeichnend, daß meine vorsichtig andeutenden Bemerkungen im „Bonner Kommentar"[30]) in dieser Richtung von Herrn Grewe

[29]) Vgl. BVerfGE Bd. 1 S. 369 und Bd. 2 S. 379

[30]) Vgl. Kommentierung zu Art. 24: Abschn. II Ziffer 4 (S. 9):: „Obwohl schon der Begriff der kollektiven Sicherheit in sich schließt, daß es sich um ein Mittel der Friedenssicherung handeln muß, wird diese Forderung durch jenen Zusatz nochmals unterstrichen. Damit soll die Einordnung in ein System vermieden werden, das weniger der Friedenssicherung dient als vielmehr Allianzcharakter trägt. Nur der Zugehörigkeit zu einem solchen Friedenssicherungssystem, nicht aber zu einem irgendwie gearteten Bündnissystem soll für den Fall einer damit verbundenen Verfassungsänderung die antizipierte Zustimmung erteilt werden. Hieraus folgt auch, daß der Friedenssicherungscharakter des kollektiven Sicherheitssystems stets erhalten bleiben muß; tritt hierin nach dem Beitritt der BRepD. ein Wandel ein, so ergibt sich u. U. die Notwendigkeit, die Frage der weiteren Zugehörigkeit einer Prüfung zu unterziehen".

nicht richtig verstanden wurden. Er hat demgegenüber verschiedentlich festgestellt[31]), daß eine solche Beschränkung in der Entscheidung über den Beitritt zu einem solchen Kollektivsystem nicht gegeben sei. Die Antwort aber ist: Sie ergibt sich aus Art. 26, der sich somit als ein Akt des Verfassungsgesetzgebers im Bereich der Auswärtigen Gewalt darstellt.

Zeigt sich also, daß selbst der Verfassungsgesetzgeber auf dem Gebiet der Auswärtigen Gewalt bindende Vorschriften erlassen hat, so ist umso weniger einzusehen, warum nicht auch der einfache Gesetzgeber in dem im Grundgesetz vorgeschriebenen Rahmen echte Akte der Auswärtigen Gewalt vollziehen kann.

Die diese Möglichkeit verneinende Konzeption von Herrn Grewe verkennt m. E. die gegenwärtige Rechtslage oder zieht aus ihr nicht die richtigen Folgerungen. Diese extrem-traditionelle Auffassung steht noch zu sehr im Schatten der Exekutivfreundlichkeit, um nicht zu sagen der Verwaltungsstaatlichkeit.

Andere Staaten haben die Stellung des Parlaments im Rahmen der Auswärtigen Gewalt früher und klarer erkannt. Sie verfügen daher auch über gegenwartsnähere Verfassungsbestimmungen. Dies sei hier nur am Beispiel der Schweiz gezeigt: Die auf Ziffer 5 und 6 des Art. 85 der Bundesverfassung gestützten Befugnisse der Bundesversammlung[32]) werden sogar als „Beschränkung der völkerrechtlichen Vertretungsbefugnis des Bundesrates"[33]) — also der Regierung — angesehen. Die Bundesversammlung — also das Parlament — besitzt nämlich „als Volks- und Ständevertretung, die die Politik des Landes zu bestimmen hat, das letzte Entscheidungsrecht bei Gefährdung der Existenz der Eidgenossenschaft von außen". Das Parlament ist sogar „oberster Kriegsherr", womit ihm auch die „endgültige Verfügung über das Bundesheer für Zwecke des Aktivdienstes" zusteht. Selbst Akte im diplomatischen Verkehr, wie Erlaß einer Neutralitätserklärung, Stellung eines Ultimatums oder Abbruch der diplomatischen Beziehungen können von ihm vollzogen werden[34]).

---

[31]) Grewe z.B. in AöR, Bd. 78 (1952/53) S. 246: „Die These, daß aus den Worten „zur Wahrung des Friedens" eine Einschränkung auf bestimmte Systeme kollektiver Sicherheit entnommen werden müsse, läßt sich nicht aufrechterhalten".

[32]) Art. 85: „Die Gegenstände, welche in den Geschäftsbereich beider Räte fallen, sind insbesondere folgende: .... 5. Bündnisse und Verträge mit dem Auslande .... 6. Maßregeln für die äußere Sicherheit, für Behauptung der Unabhängigkeit und Neutralität der Schweiz, Kriegserklärungen und Friedensschlüsse .... 9. Verfügungen über das Bundesheer".

[33]) Fleiner-Giacometti, Schweizerisches Bundesstaatsrecht, 1949, S. 522, dort auch S. 522/23 die weiteren Zitate.

[34]) Vgl. Hafter, Der Einfluß der Bundesversammlung auf die Verwaltung der auswärtigen Angelegenheiten, 1931, S. 44.

Wer vermag angesichts solcher Regelungen zu leugnen, daß hier das Parlament Auswärtige Gewalt im echten Sinne ausübt?

Schon diese wenigen Feststellungen zeigen, daß das Bewußtsein von der Entscheidungsgewalt des Parlaments in auswärtigen Angelegenheiten in anderen Staaten stärker entwickelt ist als in Deutschland.

Es sei abschließend noch betont: Faktisch übte und übt auch heute das deutsche Parlament weitgehende Befugnisse in diesem Bereich auch jenseits des Art. 59, Abs. 2 aus. Sie haben jedoch nur zu einem geringen Teil Niederschlag im Grundgesetz gefunden. Insofern ist die verfassungsrechtliche Fixierung lückenhaft. Diese Tatsache ist mit die Ursache dafür, daß in der Theorie dem Parlament hinsichtlich der Ausübung der Auswärtigen Gewalt eine Eckensteherrolle zugeschrieben wird, die es gar nicht spielt. Es erscheint daher zweckmäßig, auch dogmatisch eine verbindende Brücke zwischen Verfassungstheorie und Verfassungspraxis zu schlagen, was m. E. in der Konzeption von der „kombinierten Gewalt" am besten zum Ausdruck kommen würde.

II.

Das föderativrechtliche Problem.

Die zweite große Problemgruppe des Komplexes „Bund und Auswärtige Gewalt" erwächst aus dem bundesstaatlichen Charakter der Bundesrepublik. Es ist also zu fragen, welche Auswirkungen die föderative Struktur auf die Ausübung der Auswärtigen Gewalt hat.

Hierzu darf einleitend festgestellt werden, daß es in der Staatenpraxis keine einheitliche Regelung für das Verhältnis von Bundesstaat zu Auswärtiger Gewalt gibt. Es bestehen vielmehr zwei große Gruppen: Die erste Gruppe von Bundesstaaten negiert jede Teilnahme der Gliedstaaten am völkerrechtlichen Verkehr und inhibiert verfassungsrechtlich jede unmittelbare Beziehung der Gliedstaaten zu den auswärtigen Mächten. Dies trifft z. B. für die südamerikanischen Bundesstaaten sowie für Mexico und Jugoslawien zu, ebenfalls in der Verfassungspraxis für die Vereinigten Staaten. Die zweite Gruppe von Bundesstaaten läßt dagegen in beschränktem Umfang eine Völkerrechtssubjektivität der Gliedstaaten zu. Diese werden ermächtigt, ausnahmsweise unmittelbar mit fremden Staaten völkerrechtliche Verträge zu schließen. Zu dieser Gruppe der besonders föderativfreundlichen Gestaltungen zählen die Regelungen z. B. für die Schweiz und die Bundesrepublik. Man muß sich also darüber im Klaren sein, daß die gegenwärtige deutsche Lösung einen recht extremen Fall darstellt, was für die Auslegung bei Zweifelsfragen nicht ohne Bedeutung ist.

Gemäß dieser Unterscheidung ergeben sich für die Einwirkung des föderativen Staatsaufbaues auf die Ausübung der Auswärtigen Gewalt folgende zwei Problemegruppen:

1. die unmittelbare Einwirkung der föderativen Struktur:
   Hier handelt es sich um die Frage der Völkerrechtssubjektivität der Gliedstaaten (Vertragsabschlußrecht). Sie kommt nur in Betracht bei den extrem- föderativen Staaten (Bundesrepublik, Schweiz).
2. die mittelbare Einwirkung der föderativen Struktur:
   Hier handelt es sich um die Frage, ob und inwieweit durch die Ausübung der Auswärtigen Gewalt die innerstaatliche Kompetenzverteilung zwischen Gesamtstaat und Gliedstaaten eine Veränderung erfährt. Dieses Problem erhebt sich bei beiden Gruppen von Bundesstaaten, tritt also auch dort in Erscheinung, wo — wie etwa in den Vereinigten Staaten — eine Völkerrechtssubjektivität der Gliedstaaten nicht gegeben ist.

Diese beiden Einwirkungsformen seien nunmehr für die Bundesrepublik geprüft, wobei gelegentliche rechtsvergleichende Hinweise das Verständnis erleichtern mögen.

1. Die unmittelbare Einwirkung der föderativen Struktur auf die Ausübung der Auswärtigen Gewalt.

Die Grundfrage lautet hier: In welchem Ausmaß besitzen die Länder der Bundesrepublik eine wenn auch nur beschränkte Völkerrechtssubjektivität? Dies läßt sich nach Art. 32 Abs. 2 und 3 leicht dahingehend beantworten, daß ihnen aus dem ganzen Bereich der Auswärtigen Gewalt nur ein beschränktes Vertragsabschlußrecht zusteht. Eine darüber hinausgehende Befugnis zur allgemeinen Wahrnehmung der Auswärtigen Gewalt besitzen die Länder nicht. Insbesondere haben sie kein aktives oder passives Gesandtschaftsrecht[35]), kein eigenes Konsularwesen usw. Da nach Art. 32 Abs. 1 die Wahrnehmung der auswärtigen Beziehungen zur Bundesangelegenheit erklärt wurde, muß die sich auf das Vertragsabschlußrecht der Länder beziehende Vorschrift des Art. 32 Abs. 3 eng ausgelegt werden.

Im übrigen zeigt Art. 32 eine klare Präponderanz der Bundesgewalt. Es wird nicht nur der Grundsatz betont, daß die

[35]) Das Gesandtschaftsrecht gegenüber dem Heiligen Stuhl wird davon nicht betroffen. Es herrscht wohl Einigkeit darüber, daß er nicht als „auswärtiger Staat" zu betrachten ist. Das Recht zum Abschluß von Länderkonkordaten untersteht daher auch nicht den Regelungen des Art. 32.

Pflege der auswärtigen Beziehungen grundsätzlich zur Bundeszuständigkeit gehört, sondern ferner bestimmt, daß bei den ausnahmsweise zugelassenen Länderverträgen die Zustimmung der Bundesregierung erforderlich ist. Umgekehrt haben aber die Länder bei Bundesverträgen, die ihr Interesse berühren, lediglich das Recht darauf, „gehört" zu werden. Ein entscheidendes Gewicht kommt ihrer Stellungnahme also nicht zu. Hier zeigt sich also eine durch die Natur der Sache gegebene Ungleichheit bei der gegenseitigen Wahrung der Bundes- und Länderinteressen.

Die Regelung des Art. 32 Abs. 2 und 3 läßt aber einige Fragen offen, deren Beantwortung notwendig erscheint:

a) Es ist zu fragen, ob den Ländern im Rahmen des Art. 32 Abs. 3 über das Erfordernis der Zustimmung der Bundesregierung hinaus noch Beschränkungen auferlegt sind, insbesondere, ob dieses beschränkte Vertragsabschlußrecht nur für bestimmte Typen von Verträgen gilt. Hierzu ist im Schrifttum die Ansicht vertreten worden, daß ihnen der Abschluß von politischen Verträgen untersagt sei[36]). Begründet wird diese Meinung mit einer Bezugnahme auf Art. 59 Abs. 2. Aus der Tatsache, daß hier die politischen Verträge und diejenigen, die sich auf Gegenstände der Bundesgesetzgebung beziehen, als Ausfluß der dem Bund zustehenden Auswärtigen Gewalt gekennzeichnet sind, wird gefolgert, daß insofern eine Betätigung der Länder entfallen müsse. Diese Auffassung ist aber m. E. irrig. Sie verkennt, daß in Art. 59 Abs. 2 nur die Frage zu regeln war, welche Verträge der Zustimmung des Bundestages usw. bedürfen. Präzisiert wird also nur das Verhältnis Exekutive und Legislative auf der Bundesebene. Diese Vorschrift hat jedoch nicht die Absicht, die Kompetenzverteilung zwischen Bund und Ländern auf dem Gebiet des Vertragsrechts festzulegen. Infolgedessen kann in der Bestimmung des Art. 59 Abs. 2 keine gegenständliche Beschränkung des Länder-Vertragsabschlußrechts des Inhalts gesehen werden, daß politische Verträge nicht auch von den Ländern — freilich unter der Voraussetzung der Zustimmung der Bundesregierung — geschlossen werden dürfen. Bezeichnend ist auch, daß das Bundesverfassungsgericht in der Entscheidung über das Kehler Hafen-Abkommen[37]) diese Theorie des Ausschlusses von politischen Länderverträgen nicht einmal erwähnt, geschweige denn ihr zugestimmt hat. Demnach können die Länder über Fragen, die in ihre Gesetzgebungszuständigkeit fallen, auch dann Verträge schließen, wenn diese sich als „politische Verträge" nach den für Art. 59 Abs. 2 geltenden Auslegungsregeln darstellen würden.

---

[36]) Vgl. hierzu Herbert Krüger, Auswärtige Verwaltung, Sammlung „Die Verwaltung", Heft 38 (o. J.) S. 7f.

[37]) Urteil des 2. Senats vom 30. 6. 1953. — 2 BvE 1/52 —.

b) Ungeregelt ist auch die Frage, in welcher Form sich der Abschluß der Länderverträge zu vollziehen hat. Insbesondere nimmt das Grundgesetz nicht wie die Verfassung der Schweiz[38]) zu der Frage Stellung, ob die Länder sich bei der Ausübung ihres Rechtes zum Vertragsabschluß eigener Organe bedienen können oder ob sie die Organe des Bundes dafür in Anspruch zu nehmen haben. Das Schweigen des Grundgesetzes wird man wohl dahin auszulegen haben, daß den Ländern die Wahl der Organe freisteht: Sie können sich ihrer eigenen Organe bedienen oder auch Bundesorgane in Anspruch nehmen. Im letzteren Falle entsteht dann die verfassungsmäßig seltene Situation, daß die Länder Bundesorganen Weisungen erteilen können. In Übereinstimmung mit der im Schrifttum vertretenen Auffassung[39]) hat auch die Länderpraxis in den bisher seltenen Fällen des Vertragsabschlusses mit fremden Staaten[40]) sowohl die Verhandlungen als auch den eigentlichen Abschluß der Verträge durch eigene Organe vorgenommen.

c) Die Frage der parlamentarischen Zustimmung zu diesen Länderverträgen richtet sich naturgemäß nach dem für die Länder geltenden Verfassungsrecht. Soweit die Länderverfassungen hierüber Vorschriften enthalten[41]), bleiben sie in Kraft und sind nicht etwa durch den zeitlich meist später liegenden Erlaß des Grundgesetzes außer Kraft getreten. Die nach Art. 59 Abs. 2 für das Verhältnis von Exekutive und Legislative geltenden Grundsätze sind nicht ohne weiteres auf die Länderebene übertragbar. Auch die Frage, ob ein entsprechender Zustimmungsbeschluß des Länderparlaments genügt, oder die Form eines Zu-

[38]) Vgl. Art. 10: „Der amtliche Verkehr zwischen Kantonen und auswärtigen Staatsregierungen, sowie ihren Stellvertretern, findet durch Vermittlung des Bundesrates statt".

[39]) Vgl. Krüger, aaO. Mosler, Festschrift für Richard Thoma, 1950, Die völkerrechtliche Wirkung bundesstaatlicher Verfassungen.

[40]) Außer dem Kehler Hafen-Abkommen handelt es sich vor allem um den „Staatsvertrag zwischen der Landesregierung von Rheinland-Pfalz und der Großherzoglich-Luxemburgischen Regierung über die Errichtung einer Wasserkraftanlage an der Sauer bei Rosport-Ralingen" v. 12. 7. 1950, vgl. Gesetz und Verordnungsblatt der Landesregierung Rheinland-Pfalz, 1950, Nr. 35 S. 239, sowie um einen Staatsvertrag über die Österreich-Bayerischen Kraftwerke AG, der von einem durch den Bayerischen Ministerpräsidenten bevollmächtigten Vertreter unterzeichnet wurde. Ein Abkommen über das Donaukraftwerk Jochenstein (Bundesregierung oder Freistaat Bayern und Österreich) ist in Vorbereitung.

[41]) Vgl. Baden Art. 99, Bayern Art. 72 Abs. 2, Hamburg Art. 43, Hessen Art. 103, Niedersachsen Art. 26, Nordrhein-Westfalen Art. 66, Rheinland-Pfalz Art. 101, Schleswig-Holstein Art. 25, Württemberg-Baden Art. 73. Teilweise wird ganz allgemein für Staatsverträge die Zustimmung des Landtags für erforderlich gehalten, teilweise nur, soweit sich der Vertrag auf Gegenstände der Gesetzgebung bezieht oder eines Durchführungsgesetzes bedarf oder Bewilligungen aus Haushaltsmitteln notwendig sind usw.

stimmungsgesetzes notwendig ist, regelt sich ausschließlich nach Länderrecht. Wo Vorschriften über die Beteiligung der Legislative überhaupt fehlen, wird die Konzeption der „kombinierten" Gewalt für die Regelung der auswärtigen Beziehungen in Betracht zu ziehen sein.

d) Das Kehler Hafen-Abkommen hat in diesem Zusammenhang noch eine andere Frage aufgeworfen, die wenigstens der Andeutung bedarf: Wie wäre die Rechtslage, wenn nicht nur auf französischer Seite, sondern auch auf deutscher Seite eine öffentlich-rechtliche Körperschaft als Vertragspartner aufgetreten wäre? Man denke hier an Wasserwirtschaftsverbände oder an Gemeinden im Grenzgebiet (Konstanz hinsichtlich des Tägermooses). Die Regelung des Art. 32 deckt diese Fälle nicht, da hier nur von Verträgen der Länder gesprochen wird. Man wird aber anzunehmen haben, daß auch Verträge dieser Art, soweit sie sich nicht ohnehin auf eine bundesgesetzliche oder bundesexekutive Ermächtigung stützen, dem Zustimmungserfordernis der Bundesregierung unterliegen. Anderenfalls bestünde die Gefahr[42]), daß diese Möglichkeit ausgenutzt würde, um Regelungen durchzusetzen, die auf der Ebene von Bundesrepublik zu auswärtigem Staat entweder wegen Nichtzustimmung der parlamentarischen Körperschaften oder aus einem sonstigen Grund nicht verwirklicht werden konnten. Doch sei damit dieses Problem nur angedeutet, da eine endgültige Lösung eine genauere Analyse der sich hier bietenden Möglichkeiten voraussetzen würde, die in diesem Zusammenhang schon aus Zeitgründen nicht vorgenommen werden kann.

Abschließend kann also zu der unmittelbaren Einwirkung der föderativen Gewalt auf dem Gebiet der Auswärtigen Gewalt festgestellt werden: Sie zeigt sich in dem nur ausnahmsweise gewährten und durch das Zustimmungserfordernis beschränkten Vertragschließungsrecht der Länder im Sinne des Art. 32. Eine gegenständliche Beschränkung — etwa auf nicht-politische Verträge —

---

[42]) Überhaupt bleibt noch die Frage zu klären, inwieweit Länderverträge zur Umgehung des nach Art. 59 Abs. 2 vorgeschriebenen Verfahrens abgeschlossen werden können. Würde die Bundesexekutive zur Vermeidung einer Entscheidung des Bundestages entsprechende Verträge durch die Länder abschließen lassen, dann käme auf der parlamentarischen Seite nicht der Bundestag, sondern das jeweilige Landesparlament als mitbeteiligte Legislative in Frage. Unterschiedliche Mehrheitsverhältnisse in den Parlamenten des Bundes und der Länder könnten u. U. einen solchen Weg ratsam erscheinen lassen. Ob einer solchen Maßnahme Rechtsbedenken wegen der Umgehung des Bundestages entgegenstehen, soll hier nicht entschieden werden. Ebensowenig kann hier erörtert werden, ob ein Schweigen der Landesverfassung dazu führen kann, daß die Landesexekutive unter Ausschluß des Bundes- und Landesparlaments Verträge rechtsgültig abschließen kann.

tritt hier nicht ein. Ferner besteht für die Länder die Möglichkeit, sich ihrer eigenen oder der Bundesorgane für den Abschluß eines solchen Vertrages zu bedienen (Gegensatz Schweiz: nur Bundesorgane). Die Beteiligung der Legislative und das sonstige Verfahren richten sich nach der Landesverfassung, wobei eine Übertragung der für die Bundesebene gegebenen Grundsätze des Art. 59 Abs. 2 nicht möglich ist. Bei entsprechenden Lücken im Gesetz wird auf die Grundauffassung von dem kombinierten Charakter der Auswärtigen Gewalt zurückzugreifen sein.

2. Die mittelbare Einwirkung der föderativen Struktur auf die Ausübung der Auswärtigen Gewalt.

Es handelt sich hier — und dies gilt für alle Bundesstaaten — um die Frage, ob die innerstaatliche Kompetenzverteilung zwischen Gesamtstaat und Gliedstaaten auch für den Bereich der Auswärtigen Gewalt gilt.

Diese Zuständigkeitsabgrenzung wird meist auf dem Gebiet der Gesetzgebungshoheit vorgenommen. Auch das Bonner Grundgesetz folgt dieser Technik.

Für das deutsche Verfassungsrecht ist also zu klären, ob die Akte der Auswärtigen Gewalt, insbesondere beim Abschluß von Verträgen mit auswärtigen Mächten, sich im Rahmen der dem Bund nach Art. 73 ff. zugewiesenen Gesetzgebungskompetenzen zu halten haben oder ob bundesvertraglich auch Fragen geregelt werden können, die zur Gesetzgebungshoheit der Länder gehören.

Die Bedeutung dieser Alternative liegt auf der Hand: Wenn dem Bund hinsichtlich des Vertragsabschlusses Beschränkungen in dieser Hinsicht auferlegt werden, so kann damit seine Aktionsfähigkeit im internationalen Verkehr erheblich gehemmt werden. Die unitarischen Staaten hätten dann einen offensichtlichen Vorteil. Kann aber umgekehrt die Bundesrepublik in Verträgen mit fremden Staaten über Gegenstände der Gesetzgebungshoheit der Länder verfügen, so besteht die Gefahr einer Aushöhlung der föderativen Struktur. Ideal wäre also eine Lösung, die dem Bund volle Bewegungsfreiheit gewährt und gleichzeitig eine Gefährdung des bundesstaatlichen Aufbaues nicht eintreten läßt.

Fragt man nun nach der verfassungsrechtlichen Regelung für diesen Fall, so ergibt sich schon aus der Fassung des Art. 32 ein bemerkenswerter Hinweis. Aus der Entstehungsgeschichte ist bekannt, daß ursprünglich das Vertragsschließungsrecht nach der entsprechenden Gesetzgebungshoheit aufgeteilt werden sollte. Mit anderen Worten: Die Bundesverträge sollten nur Gegenstände der Bundesgesetzgebungshoheit, die Länderverträge nur solche der Ländergesetzgebungshoheit behandeln dürfen. Bezeichnenderweise wurde aber diese erste Formulierung nicht in den endgültigen Text aufgenommen[43]).

Für die Länder ist in Art. 32 Abs. 3 eine entsprechende Begrenzung auf die Gegenstände der Ländergesetzgebung ausgesprochen worden. Für den Bund gibt es aber keine derartige Beschränkung. Sie läßt sich auch nicht durch die Anwendung des Umkehrschlusses erreichen, weil hier folgende Überlegung durchgreift: Wenn der Verfassungsgesetzgeber die innerstaatliche Funktionsverteilung auch auf das Gebiet der auswärtigen Beziehungen hätte übertragen wollen, so hätte er dies durch die Formulierung im Sinne der ersten Vorschläge ohne weiteres erreichen können. Daß dies nicht geschehen ist, kann nur den Verzicht auf eine solche Regelung bedeuten. Mithin ergibt sich: Der Bund kann im Wege des völkerrechtlichen Vertrages nicht nur über Bundesrechte, sondern auch über Länderrechte verfügen.

Diese Regelung ist auch durchaus zweckentsprechend. Im Bereich der Auswärtigen Gewalt erscheint die Bundesrepublik als eine Ganzheit, nicht als bloße Summation von Bundesgewalt im engeren Sinne und der verschiedenen Landesgewalten. Es muß daher auch möglich sein, daß der Bund für diese Gesamtstaatlichkeit agiert und dabei auch Vereinbarungen mit fremden Staaten über Angelegenheiten schließt, deren Regelung in rein innerstaatlicher Sicht den Ländern zufallen würde. So unterliegt es keinem Zweifel, daß z. B. die Gestaltung von Schulbüchern den Ländern obliegt. Soll aber daraus gefolgert werden, daß z. B. ein Abkommen mit Frankreich über die Revision von Geschichtsbüchern auf der Bundesebene unmöglich wäre? Sollte es wirklich notwendig sein, daß die Französische Republik in einem solchen Falle Verträge mit Bayern, Nordrhein-Westfalen, Hamburg und allen anderen Gliedstaaten schließt? Diese Frage stellen, heißt doch wohl sie verneinen.

Ein anderer Gesichtspunkt kommt noch hinzu: Abgesehen von rein technischen Verträgen wird es kaum einen Vertragsinhalt geben, der nicht irgendwie Länderhoheitsrechte berührt. Selbst bei einem Beitritt der Bundesrepublik zum internationalen Gerichtshof ließen sich Fälle konstruieren, die eine Beeinträchtigung der Länderjustizhoheit erkennen ließen. Niemand wird aber ernsthaft daran zweifeln, daß eine solche Entscheidung nur vom Bund getroffen werden kann[44]), zumal den Ländern gar keine entspre-

[43]) Vgl. zur Entstehungsgeschichte des Art. 32: v. Mangoldt, Das Bonner Grundgesetz, Kommentar S. 199 (mit Zitat des Art. 41 des Herrenchiemsee-Entwurfes), und Menzel im Bonner Kommentar zu Art. 32 S. 1.

[44]) Art. 24 GG sieht auch nur vor, daß der Bund Vereinbarungen über eine „internationale Schiedsgerichtsbarkeit" beitreten, Hoheitsrechte auf zwischenstaatliche Einrichtungen übertragen kann usw. Den Ländern wird keine dahingehende Zuständigkeit zugewiesen.

chende Völkerrechtssubjektivität zusteht, die sie zu selbständigen Parteien vor dem Internationalen Gerichtshof machen würde. Eine klare Scheidung in nur-bundesrechtliche oder in nur-landesrechtliche Auswirkungen eines völkerrechtlichen Vertrages läßt sich gar nicht durchführen. Auch der Versuch einer Grenzziehung nach der überwiegenden Beeinträchtigung würde nur zu einer Unsumme von Streitfragen Anlaß geben.

Gerade diese praktischen Erwägungen zeigen deutlich, daß die vom Verfassungsgesetzgeber in Art. 32 — wenn auch nur durch ein qualifiziertes Stillschweigen — gegebene Lösung einer Vorzugstellung des Bundes die einzig sachgemäße Regelung darstellt.

Aus dieser Regelung kann sich — abstrakt gesehen — eine gewisse Gefährdung der föderativen Struktur der Bundesrepublik ergeben. Es könnte bei einer Vielzahl von Verträgen und der entsprechenden innerstaatlichen Vollzugsgesetze eine Aushöhlung der Regelungskompetenz der Länder eintreten. Daß Verträge, die eine solche Beschränkung nicht als Nebenwirkung, sondern als Hauptzweck herbeiführen, einen Rechtsmißbrauch darstellen würden, bedarf keiner weiteren Erörterung. Wenn von einem Treueverhältnis von Bund und Ländern ausgegangen wird, so wirkt sich dies als echte zweiseitige Verpflichtung aber auch in der Stellung der Bundesgewalt zur Landesgewalt aus. Es kann hier nicht erörtert werden, welche verfassungsgerichtlichen Nachprüfungsmöglichkeiten bestehen und ob die nach dem Schema der „Zustimmungsgesetze" notwendige Beteiligung des Bundesrates als eine ausreichende Sicherung erscheint. Es muß in diesem Zusammenhang die Feststellung genügen, daß selbst bei der konsequenten Durchführung des hier gekennzeichneten Grundsatzes keineswegs eine völlige Schutzlosigkeit gegenüber einer willkürlichen Aushöhlung der föderativen Struktur eintritt, umgekehrt aber der Bund in der Ausübung der Auswärtigen Gewalt keinen hemmenden Beschränkungen unterliegt, die ihn gegenüber den unitarischen Staaten benachteiligen würden.

Im übrigen darf rechtsvergleichend in aller Kürze auf folgendes hingewiesen werden: In allen Bundesstaaten hat sich praktisch diese Lösung durchgesetzt. In den Vereinigten Staaten ist sie durch die Entscheidung Missouri v. Holland[45]) eingeleitet worden, in der hervorgehoben wird, daß den Bundesbehörden bei Vorliegen eines besonderen nationalen Interesses der Abschluß eines Vertrages auch über Fragen gestattet sein müsse, die an und für sich zum Regelungsvorbehalt der Gliedstaaten gehören. In einem solchen Fall sei auch der Kongreß zum Erlaß eines entsprechenden Ausführungsgesetzes befugt, das er ohne diesen Anlaß wegen der innerstaatlichen Kompetenzverteilung nicht erlassen könnte. Wir

[45]) 232, U.S. 416 (1930).

sehen hier sehr deutlich den Wandel der Anschauungen, der sich aus den Erfordernissen des modernen völkerrechtlichen Verkehrs und der Notwendigkeit ergibt, bestimmte Fragen in internationaler Zusammenarbeit zu regeln[46]). Umgekehrt zeigt es sich z. B. am Beispiel Kanadas, wie schädlich sich verfassungsrechtliche Hemmnisse in dieser Richtung auswirken können. In Kanada[47]) ist der Zentralregierung durch eine Entscheidung des Privy Council die Möglichkeit genommen worden, Abkommen der Internationalen Arbeits-Organisation beizutreten, weil die Entscheidung über arbeitsrechtliche Fragen nach der föderativen Struktur den einzelnen Provinzen überlassen bleiben müsse. Da der British North America Act von 1867 (nebst späteren Änderungen), der die eigentliche Verfassung Kanadas darstellt, keine Änderungsklausel enthält, sind die Fragen der Arbeitsabkommen und einige ähnliche Probleme wegen dieser verfassungsrechtlich verfahrenen Situation ungeregelt geblieben. In der Schweiz dagegen hat der Gedanke, daß der Bund Verträge abschließen kann, auch wenn Kantonalrechte davon betroffen werden, ebenfalls festen Fuß gefaßt und verhindert, daß eine der kanadischen ähnliche Lage entstanden ist.

Wenn also die Frage nach der Kompetenz des Bundes zum Abschluß völkerrechtlicher Verträge für die Bundesrepublik in dem Sinn beantwortet wurde, daß der Bund hierbei auch über Länderrechte verfügen kann, so wird damit nur der Anschluß an die moderne Entwicklung hergestellt und eine Fehllösung wie in Kanada vermieden.

Für die dogmatische Frage nach dem Wesen und der Funktion der Auswärtigen Gewalt ergibt sich hier eine interessante Erkenntnis:

Die Auswärtige Gewalt der Bundesrepublik wird nicht von dem für die anderen Gewalten geltenden Grundsatz beherrscht, daß der Bund nur diejenigen Funktionen auszuüben vermag, die ihm von den Ländern übertragen wurden (Art. 30 GG). Dieses Prinzip regelt zwar die innerstaatliche Kompetenzverteilung, macht aber Halt vor der Auswärtigen Gewalt. Dies hängt damit zusammen, daß die Bundesrepublik für die Auswärtige Gewalt eine Ganzheit bildet, während sie für die anderen Gewalten nur eine föderierte Vielheit darstellt. Nicht die Akte der Bundesgewalt auf dem Gebiete der Auswärtigen Gewalt beruhen auf einer Delegation, sondern umgekehrt: Soweit die Länder zu handeln berechtigt sind (Art. 32 Abs. 3), agieren sie auf Grund der Generaldelegation des

---

[46]) Genaueres über die Einwirkung der föderativen Struktur der USA auf die Kompetenzverteilung zwischen Bund und Einzelstaaten bei Menzel, Gegenwartsfragen der Auswärtigen Gewalt in den Vereinigten Staaten, Festschrift für Herbert Kraus, 1954, S. 259 ff., hier S. 276 ff.

[47]) Vgl. z.B. Nettl, The treaty enforcement power in federal constitutions, Canadian Bar Review, Bd. 28 (1950) S. 1051.

Art. 32 Abs. 3. So erklärt sich auch die Tatsache, daß den Ländern keine entscheidende Mitbestimmung bei den Verträgen des Bundes, wohl aber umgekehrt dem Bund bei den Verträgen der Länder eingeräumt wurde.

Den tieferen Hintergrund bildet die Tatsache, daß die Auswärtige Gewalt auf dem Aspekt des „den Staat von außen Sehens" beruht. Jeder Staat — ob föderativ oder unitarisch — stellt sich den anderen Staaten gegenüber als „one body" im Locke'schen Sinn dar. Hier wird auch die Konzeption Montesquieus von der „Exekutive, die von den völkerrechtlichen Angelegenheiten abhängt" wieder wirksam, ein beredtes Zeichen dafür, daß man in den Anfängen der Gewaltenteilungslehre dem Wesen der Auswärtigen Gewalt näher gekommen war als etwa im 19. Jahrhundert, das ihre Eigenständigkeit nicht mehr anerkannte und sie einfach als einen Zweig der allgemeinen Exekutive betrachtete. Es ist deshalb kennzeichnend, daß erst unsere Zeit der intensivierten zwischen- und teilweise schon überstaatlichen Gestaltungen zu der ursprünglichen Auffassung der Scheidung der Auswärtigen Gewalt von den anderen nur innerstaatlich wirkenden Gewalten zurückfindet. Erst jetzt wird auch klar erkannt, daß das innerstaatliche Prinzip des Föderalismus im Bereich der Auswärtigen Gewalt nicht die Auswirkung haben kann, wie im innerstaatlichen Bereich. Denn nicht nur die Regelung des Bonner Grundgesetzes, sondern auch die Entwicklung in der Schweiz und in den Vereinigten Staaten zeigt, daß der Föderalismus im Bezirk der Auswärtigen Gewalt zu einem bloßen Dezentralismus, zu einer Frage der gesamtstaatlichen Ermächtigung an die Gliedstaaten wird. Die Richtigkeit dieser Auffassung wird auch dadurch bestätigt, daß es bei einer gegenteiligen Praxis, wie etwa in Kanada, sofort zu einer partiellen Lahmlegung der Auswärtigen Gewalt kommt. Mit anderen Worten: Der Föderalismus gilt nicht für die Auswärtige Gewalt, er wird hier modifiziert und in einen bloßen Dezentralismus transformiert, eine Erkenntnis, die sich besonders auf dem neuesten Sondergebiet der Auswärtigen Gewalt, dem der Integrationsbeziehungen, durchgesetzt hat.

III.

Das integrationsrechtliche Problem[48])

(Das Integrationsrecht ist im Bereich der Auswärtigen Gewalt eine verhältnismäßig neue Erscheinung. Während das 19. und noch das beginnende 20. Jahrhundert nur die echten zwischen-

[48]) Der folgende — in Klammern gesetzte — Abschnitt war Bestandteil des Referatmanuskriptes, konnte aber aus Zeitmangel nicht mehr vorgetragen werden. Entsprechend der bisherigen Übung bei den Veröffentlichungen der Staatsrechtslehrer-Tagungen wird er hier jedoch abgedruckt.

staatlichen Beziehungen kannte — zunächst sogar beschränkt auf die nachbarstaatlichen Beziehungen —, ist seit dem 1. Weltkrieg und mehr noch nach dem 2. Weltkrieg eine Wandlung eingetreten. Es hat sich nicht nur der zwischenstaatliche Bereich erweitert und intensiviert, sondern es ist auch ein ganz neues Feld der „auswärtigen" Beziehungen hinzugetreten: das Gebiet der Integrationsbeziehungen.

1. Zur Begriffserklärung: mittelbare und unmittelbare Integration

Unter Integration sei hier im Sinne der einleitenden Bemerkungen der Vorgang verstanden, durch den der einzelne Staat in eine engere Rechtsgemeinschaft regionalen oder universalen Charakters einbezogen werden soll.

Dies kann einmal dadurch geschehen, daß eine gemeinsame Rechtsordnung auf dem Wege der Parallelgesetzgebung hergestellt wird. Dabei tritt keine Änderung der verfassungsrechtlichen Struktur und kein grundlegender Wandel in den Formen der auswärtigen Beziehungen ein. Die Staaten behalten ihr isoliertes Dasein, die „Gleichschaltung" wird gerade auf der Grundlage ihrer Souveränität durchgeführt. Sie verpflichten sich jedoch völkerrechtlich zur Einführung einer solchen allgemeinen Rechtsordnung. Scharf formuliert bedeutet dies, daß sie sich des Mittels des ius inter gentes bedienen, um ein ius gentium zu erzielen. Eine solche „mittelbare" Integration wird z. B. in dem Bemühen der Vereinten Nationen um die Anerkennung eines überall gültigen Humanitätsrechtes sichtbar, ein Versuch, der in der Erklärung der Menschenrechte vom 10. 12. 1948 seinen Niederschlag gefunden hat. Sollte durch den Abschluß der noch ausstehenden Staatenkonvention der Inhalt dieser Erklärung geltendes Recht werden, so würde damit ein bedeutender Schritt zu einer fast allen Staaten gemeinsamen Grundordnung für die Rechte des Individuums getan sein. Die one world-Konzeption wäre wenigstens in diesem Bereich realisiert worden.

Doch noch größere Bedeutung als diese „mittelbare" Integration hat für die Probleme der Auswärtigen Gewalt die „unmittelbare" Integration. Sie geht noch einen Schritt weiter: Sie greift das isolierte Dasein der Staaten an und versucht, sie zur Aufgabe ihrer Souveränität zu bewegen. Sie hat unmittelbar verfassungsrechtlichen Charakter, weil sie rein organisatorisch die Überwindung der bisherigen Staatlichkeiten zugunsten der Errichtung eines neuen politischen Verbandes anstrebt. Die Einbeziehung eines Staates in einen solch unmittelbaren Integrationsprozeß setzt also immer die Bereitschaft voraus, zum mindesten auf ein Stück des eigenen Wesens zu verzichten — der Art. 24 GG ist dieser Sicht entsprungen —, wenn nicht gar den Entschluß auf völlige Selbstaufgabe unter der Bedingung, daß die anderen Staaten zu gleichem Handeln entschlossen sind. Ob sich diese Integration dann auf dem „verfassungsrechtlichen" Weg vollzieht, d. h. durch die Schaffung einer umfassenden neuen politisch-organisatorischen Ordnung, oder ob die Taktik des „functional approach" gewählt wird, d. h. die stufen- und bereichsweise Zusammengliederung durch Errichtung von Teilgemeinschaften — wie etwa die Montan-Union oder die EVG — ist dann nur eine Zweckmäßigkeitsfrage.

Beide Integrationsformen — die mittelbare und die unmittelbare — bestimmen heute neben dem sich noch in traditionellen Formen vollziehenden zwischenstaatlichen Verkehr das Bild der auswärtigen Beziehungen eines modernen Staates. Die Bundesrepublik ist zwar als Nichtmitglied der Vereinten Nationen von dieser Entwicklung der mittelbaren Integration noch weniger betroffen, steht aber um so mehr im Mittelpunkt der sehr unmittelbaren europäischen Integrationsbestrebungen. Es erhebt sich also die Frage, welche Auswirkung diese Tatsache auf die Frage der Auswärtigen Gewalt der Bundesrepublik hat.

2. Die Integrationsgewalt

Zunächst ist festzustellen, daß die Herbeiführung der Entscheidung über die Teilnahme an dieser europäischen Integration wie die Durchführung dieser Entscheidung in den Bereich der Auswärtigen Gewalt fallen. Man kann diesen Bezirk als den der „Integrationsgewalt" kennzeichnen, wobei nur Klarheit darüber herrschen muß, daß es sich hier zwar um eine besondere Ausgestaltung der Auswärtigen Gewalt, nicht aber um die Entstehung einer völlig neuen Gewalt handelt.

Die verfassungsrechtlichen Grundlagen dieser Integrationsbeziehungen sind in Art. 24 Abs. 1 gegeben, dessen Sinn dahin geht, daß der Bund durch einfaches Gesetz — Gegensatz: verfassungsänderndes Gesetz — Hoheitsrechte auf zwischenstaatliche Einrichtungen übertragen kann. Hierbei besteht kein Anlaß, den Begriff „zwischenstaatlich" eng auszulegen und auf diese Weise die Übertragung auf überstaatliche Institutionen auszuschließen. Dies ist nicht einmal in dem so heftigen Kampf um den EVG-Vertrag behauptet worden und braucht daher nicht näher untersucht zu werden. Eine andere Frage, die aber hier ebenfalls nicht weiter behandelt werden soll, betrifft einen der Kernpunkte in dem Streit um den Wehrbeitrag, nämlich das Problem, ob eine solche Übertragung eines Hoheitsrechtes erst die innerstaatliche Inanspruchnahme und Realisierung des entsprechenden Hoheitsrechtes voraussetzt oder nicht. Man wird hierzu der Entscheidung des

Bundesverfassungsgerichts — falls es überhaupt noch zu einem Urteil kommt — mit Spannung entgegensehen dürfen.

Dagegen sei im Zusammenhang mit der im vorigen Abschnitt behandelten Frage des Föderalismus darauf hingewiesen, daß schon die Formulierung des Art. 24 die Möglichkeit für den Bund eröffnet, sowohl über seine eigenen Hoheitsrechte als auch über diejenigen der Länder integrationsrechtlich zu verfügen. Eine Beschränkung der Verfügungsgewalt auf Bundesrechte erscheint schon deshalb widersinnig, weil dann die Übertragung der Länderhoheitsrechte in besonderen Integrationsverträgen der Länder geregelt werden müßte, was schon aus praktischen Gründen eine Unmöglichkeit darstellt. Wortlaut und Sinn dieser Vorschrift weisen eindeutig in die Richtung einer Übertragung von Bundes- und Landes-Hoheitsrechten, was wiederum ein Beweis dafür ist, daß auch im Bereich der Integrationsgewalt der Föderalismus als rein innerstaatliches Prinzip nicht zur Auswirkung kommt.

Ferner sei darauf hingewiesen, daß die Integrationsgewalt von dem Inhaber der Auswärtigen Gewalt ausgeübt wird. Der Integrationsvertrag ist ein völkerrechtlicher Vertrag im Sinne des Art. 59 Abs. 2. Ohne auf die in den Gutachten zum Wehrbeitrag ausführlich dargelegten Ansichten über das Verhältnis von Art. 24 Abs. 1 zu Art. 59 Abs. 2 eingehen zu wollen, sei doch betont, daß sich gerade hier die Frage der Teilnahme der Legislative an der Entscheidung über die Integrationsverträge stellt. Da sich das Bundesverfassungsgericht in den oben angeführten Fällen außerordentlich erfinderisch in der Suche nach Argumenten gezeigt hat, um den „politischen" Charakter der Verträge im Sinne des Art. 59 Abs. 2 zu negieren und damit die Mitwirkung des Parlamentes auszuschalten, erscheint es nicht ausgeschlossen, daß auch für die Integrationsverträge entsprechende Begründungen gefunden werden. Möglicherweise wird das Bundesverfassungsgericht darauf hinweisen, daß die Integrationsverträge naturgemäß in den bisherigen Katalogen über „politische Verträge" nicht aufgeführt werden, oder es könnte argumentieren, daß „politische Verträge" die Beziehungen zwischen Staaten zu regeln beabsichtigen und daher deren Weiterexistenz voraussetzen, während es zur Eigenart der Integrationsverträge gehöre, daß die Vertragspartner gerade ihre Eigenstaatlichkeit aufzugeben wünschen. Derartigen Schlußfolgerungen kann wirksam nur durch den Hinweis darauf begegnet werden, daß die Auswärtige Gewalt — wie im ersten Abschnitt dargelegt — im modernen Staat eine „kombinierte Gewalt" ist, jedenfalls nicht einseitig nur als eine Aufgabe der Exekutive betrachtet werden kann.

Doch abgesehen von dieser innerstaatlich-verfassungsrechtlichen Frage der Beteiligung der Legislative im Rahmen der Integrationsgewalt ergeben sich noch eine Reihe weiterer Probleme. Hier interessiert vor allem die Auswirkung der Integrationsvorgänge auf die verfassungsrechtliche Ordnung der Bundesrepublik.

Wenn der oben angegebenen Terminologie entsprechend zwischen der mittelbaren Integration durch die Herstellung eines ius commune und der unmittelbaren Integration im Sinne eines politisch-organisatorischen Zusammenschlusses unterschieden werden kann, so läßt sich feststellen, daß die europäische Integration auf beiden Gebieten schwerwiegende Probleme völkerrechtlich-verfassungsrechtlicher Art aufwirft, die im Folgenden wenigstens kurz angedeutet werden sollen:

3. Integrationsrecht und Verfassungsrecht

Die „mittelbare" Integration bemüht sich um die Errichtung eines einheitlichen verfassungspolitischen Wertsystems insbesondere im Bereich der Grundrechte. Sie findet ihren Ausdruck sowohl in der Europa-Konvention zum Schutz der Grund- und Freiheitsrechte als auch in manchen Bestimmungen etwa des EVG-Vertrages, dort insbesondere im Justizprotokoll. Da die Europa-Konvention zum Schutz der Menschen- und Freiheitsrechte bereits für die Bundesrepublik bindend geworden ist — ganz im Gegensatz zu der noch der Staatenkonvention ermangelnden Erklärung der Menschenrechte im Rahmen der Vereinten Nationen —, sehen wir uns hier einem bereits akuten Problem gegenüber. Die Kernfrage ist, inwieweit diese auf dem Wege eines völkerrechtlichen Vertrages zustandegekommene Konvention unmittelbar in den staatlichen Rechtsbereich eingreift. Es scheint uns noch nicht ganz zum Bewußtsein gekommen zu sein, daß sich hier in der Tat eine bedeutsame Problematik ergibt.

Es kann nämlich kein Zweifel darüber herrschen, daß die Bestimmungen der Konvention zum mindesten theoretisch eine modifizierende Wirkung gegenüber dem Grundrechtskatalog des Bonner Grundgesetzes ausüben. Aus Zeitgründen muß hier auf eine genaue Analyse der Bestimmungen und auf einen Vergleich mit den Bestimmungen des Grundgesetzes verzichtet werden. Doch lassen schon folgende Feststellungen erkennen, vor welchen Wandlungen wir stehen:

a) Unproblematisch ist die Rechtslage, sofern der Grundrechtsteil des Grundgesetzes Bestimmungen enthält, die in der Konvention nicht enthalten sind. Dann bleiben sie nach wie vor unverändert in Kraft. Ein Schweigen der Europa-Konvention über einzelne Grundrechte kann nämlich nicht als gewollter Ausschluß gedeutet werden, sondern nur als Absicht, auf diesen Gebieten den Staaten noch völlig freie Hand zu lassen und insofern auf eine Fixierung des jus commune zu verzichten.

b) Aber schon identische Klauseln können — so paradox es auf den ersten Blick zu sein scheint — Anlaß zu Divergenzen geben. Es darf daran erinnert werden, daß nach den Bestimmungen der Europa-Konvention nach dem Durchlaufen der streitschlichtenden Vermittlungsinstanz in der Form einer Kommission die letzte Entscheidung von dem Europäischen Gerichtshof vorzunehmen ist. Hier können nun selbst bei Identität der Grundrechtsklauseln im Wege der Auslegung Fixierungen erfolgen, die mit der Auslegung durch die nationalen Gerichte — um hier nur die judizielle Seite zu nennen — nicht übereinstimmen. Welche Rückwirkungen dies auf die innerstaatliche Geltung hat, erscheint noch ungewiß, denn es wird wesentlich darauf ankommen, ob die Rechtsstellung eines Staatsfremden berührt wird, oder ob Lagen denkbar sind, daß derartige Festlegungen durch den Europäischen Gerichtshof auch das grundrechtlich gesicherte Verhältnis des deutschen Staatsbürgers zur Bundesrepublik ändern können.

c) Eine besonders schwierige Rechtslage ergibt sich, wenn etwa durch künftige Zusätze — ein solcher Zusatz zu der ursprünglichen Konvention ist ja bereits erfolgt — Grundrechtsgarantien gegeben werden, die im GG nicht enthalten sind oder wenn Änderungen im erweiternden oder verengenden Sinn vorgenommen werden. Da an der innerstaatlichen Geltung auch derartiger Vorschriften nicht gezweifelt werden kann, haben wir es dann mit einer automatischen Verfassungsänderung zu tun. Ihre Eigenart liegt darin, daß in Durchbrechung des Grundsatzes des Art. 79 GG keine Textänderung erfolgt oder jedenfalls hinsichtlich ihrer verpflichtenden Kraft nicht zu erfolgen braucht[49]).

Als besondere Auswirkung des Integrationsrechts wird hier also eine verfassungsändernde Tendenz erkennbar, die wohl weit über

[49]) In diesem Zusammenhang ist darauf hinzuweisen, daß theoretisch durch Einwirkungen vom völkerrechtlichen Bereich her schon jetzt derartige Verfassungsänderungen ohne Textänderung möglich sind (allerdings kaum zur praktischen Auswirkung kommen werden): Da nach Art. 25 die allgemeinen Regeln des Völkerrechts zum Bestandteil des Bundesrechts erklärt sind – wobei ihnen der Rang von Bundesverfassungsrecht zukommt –, könnte theoretisch durch Einführung einer neuen völkerrechtlichen Regel u. a. selbst das Bundesverfassungsrecht eine Änderung erfahren. Wenn etwa im Auslieferungsrecht eine Regel sich dahingehend ausprägen würde, daß politisch Verfolgten kein Asylrecht zu gewähren sei oder die Staatsangehörigen an das Ausland ausgeliefert werden müßten, so würde insofern Art. 16 Abs. 2 GG automatisch außer Kraft treten. Sicherlich sind diese Fälle sehr hypothetisch, und es ist unwahrscheinlich, daß eine derartige Entwicklung bald eintreten wird. Immerhin lassen sich theoretisch derartige Fälle konstruieren. Dann würde in der Tat entgegen dem Grundsatz des Art. 79 Abs. 1 – keine Verfassungsänderung ohne Textänderung – eine Verfassungsänderung bereits eingetreten sein. Diese Tatsache würde bedeuten, daß Art. 79 Abs. 1 nur Wirkung hat gegenüber innerstaatlichen Änderungen, dagegen keine Anwendung findet, wenn sich Verfassungsänderungen aus integrationsrechtlich-völkerrechtlichen Vorgängen ergeben.

das in Art. 24 GG vorgesehene Maß hinausgeht. Nach Art. 24 GG hat es der Staat noch in der Hand, über den Umfang des Verzichts auf seine Hoheitsrechte allein zu entscheiden. Hier aber zeigt sich, daß die Unterzeichnung einer solchen Konvention automatische Änderungen mit sich bringt, die gar nicht im einzelnen vorauszuberechnen sind. Diese Komponente der Unsicherheit belastet die Entscheidung durch die Auswärtige Gewalt mit einer besonderen Verantwortung, gehört aber zu dem Wesen eines Integrationsprozesses.

Wenden wir uns nun dem Bereich der „unmittelbaren" Integrationswirkungen zu, so zeigt sich folgendes:

Nach dem oben Gesagten wirkt sich die „unmittelbare" Integration in der Errichtung einer neuen politisch-organisatorischen Einheit aus und bedeutet damit letztlich die Zustimmung zu einem Verlöschen der alten staatlichen Lebensform. Die Vorschläge über die Europäische Gemeinschaft[50]) lassen diese Tendenz und dieses Ziel deutlich erkennen.

Angesichts der Auswirkungen dieser unmittelbaren Integration wird die Frage zu erheben sein, ob die Entscheidung über die Teilnahme oder die Nichtteilnahme an diesem Integrationsprozeß nicht die bisherige Technik in der Ausübung der Auswärtigen Gewalt sprengt und auch im verfassungsrechtlichen Sinn Verantwortlichkeiten aufbürdet, für die die bisherigen Regelungen nicht ausreichen. Wenn auch bisher dieses Problem einer verfassungsrechtlichen Legitimierung der Teilnahme an der europäischen Integration dadurch etwas verdeckt wurde, daß der Weg des „functional approach" gewählt wurde und hierfür dieBestimmung des Art. 24 Abs. 1 genügte, so ist aber nun durch die Satzung der Europäischen Politischen Gemeinschaft eine neue verfassungsrechtliche Lage gegeben. Der Satzungsvorschlag läßt keinen Zweifel darüber, daß der Kern der Staatlichkeit aller Mitgliedstaaten betroffen wird und daß es sich inhaltlich um ein Versprechen zur Selbstaufgabe zugunsten einer neuen politischen Einheit handelt. Es ist daher sehr ernsthaft zu fragen, ob hier nicht wie bei der Verfassunggebung — der Geburtsstunde eines Staates — auch für diese im Voraus zu berechnende Todesstunde

---

[50]) Die ursprüngliche Bezeichnung „Europäische Politische Gemeinschaft" ist im Laufe der Beratungen aufgegeben worden, um nicht den Eindruck zu erwecken, als handle es sich hierbei um eine parallel zu den anderen europäischen Integrationsinstitutionen geschaffene Einrichtung. Die Europäische Gemeinschaft stellt vielmehr einen Dachverband dar, dem die anderen Einrichtungen untergeordnet werden sollen. Vgl. zur Europäischen Gemeinschaft das Heft X der von der Forschungsstelle für Völkerrecht und ausländisches öffentliches Recht der Universität Hamburg herausgegebenen „Dokumenten"-Reihe: Dr. Eberhard, Die Europäische Politische Gemeinschaft, 1953.

der bisherigen Staatlichkeiten der pouvoir constituant in Anspruch zu nehmen ist.

Das Bonner Grundgesetz kennt aber keine solche institutionalisierte Aktualisierung des pouvoir constituant. Es stellt überhaupt für diesen äußersten Fall keine eigene Legitimierungsmöglichkeit zur Verfügung. Auch alle Regelungen für das Gebiet der Auswärtigen Gewalt versagen hier:

So dürfte der Beitritt zur Europäischen Politischen Gemeinschaft, selbst wenn er in der Form eines Vertrages geschehen sollte und selbst wenn dieser Vertrag dann als „politischer" im Sinne des Art. 59 Abs. 2 behandelt würde, darüber hinaus zunächst verfassungsrechtlich legitimationslos sein.

Als Legitimationsgrundlage scheidet bemerkenswerterweise auch Art. 24 Abs. 1 aus, der sonst die entsprechende verfassungsrechtliche Regelung für das Integrationsrecht darstellt. Denn diese Bestimmung sieht — darin sind sich die Kommentatoren durchaus einig — nur die Übertragung einzelner Hoheitsrechte, nicht aber den Verzicht auf die Eigenstaatlichkeit als solche vor[51]).

Ein Appell an das Volk in der Form einer Volksbefragung ist im Bonner Grundgesetz nicht vorgesehen — abgesehen von den beiden bereits erschöpften Fällen der Gebietsveränderungen. Die Durchführung einer Volksbefragung bedürfte also einer Verfassungsänderung, wobei es fraglich wäre, ob eine solche ad hoc-Zulassung nicht gegen das Verbot der Spezialregelung verstoßen würde.

Diese Feststellung, daß das Bonner Grundgesetz — das ohnehin nach seiner eigenen Präambel nur ein Provisorium darstellt — für diese Frage des Integrationsrechtes keine eigene Lösung kennt, bedeutet freilich nichts Außergewöhnliches. Keine Verfassung faßt den Untergang des eigenen Staates ins Auge. Insbesondere der komplizierte Mechanismus des Aufgehens in einer neuen Integrationseinheit konnte nicht vorausgesehen werden. Die einzige Folgerung, die hieraus zu ziehen ist, besteht darin, daß die Legitimationsgrundlage nicht auf der verfassungsrechtlichen, sondern auf der integrationsrechtlichen Ebene zu suchen ist.

Und hier bietet sich in der Tat eine Lösung durch den Vorschlag an, die Abgeordneten des Parlaments der Europäischen Politischen Gemeinschaft aus Urwahlen innerhalb der Mitgliedstaaten hervorgehen zu lassen. Hier entsteht also jenseits des Verfassungsrechts ein europäischer pouvoir constituant, der eine ausreichende Legitimierung für diese letzte und bedeutendste Entscheidung auf dem Gebiet der Integrationsbeziehungen darstellt.

Einige letzte Bemerkungen noch zum weiteren Schicksal der Auswärtigen Gewalt unter diesem Aspekt der Europäischen Ge-

---

[51]) Vgl. v. Mangoldt, Kommentar zum GG, S. 163/64; Bonner Kommentar, zu Art. 24 Erläuterung II 1 S. 4.

meinschaft. Mit der Aufnahme der Funktionen dieser Europäischen Gemeinschaft würde also die Ausübung einer völlig selbständigen Auswärtigen Gewalt der Mitgliedstaaten enden, wenn auch die entsprechenden Vorschläge des Satzungsentwurfes (Art. 67ff., insbesondere Art. 69 des „Entwurfes eines Vertrages über die Satzung der Europäischen Gemeinschaft") als erste Stufe nur sehr vorsichtig von der notwendigen „Koordinierung der Außenpolitik" der Mitgliedstaaten sprechen. Die eigenstaatlichen Organe der Auswärtigen Gewalt würden also — entgegen früheren Plänen — zunächst erhalten bleiben und nur in bestimmten Fällen vom Europäischen Exekutivrat Weisungen erhalten. Es läßt sich also erkennen, daß man selbst bei einem solchen Zusammenschluß die Ausübung der Auswärtigen Gewalt der Mitgliedstaaten keineswegs zu inhibieren beabsichtigt, sondern nur gegenständlich beschränkt. Die Auswärtige Gewalt der Mitgliedstaaten würde auch keineswegs auf einer Delegation durch die europäischen Instanzen beruhen — insofern wäre eine Übertragung des Verhältnisses Bund—Länder auf dem Gebiet der Auswärtigen Gewalt irrig. Es spricht vielmehr für das psychologische Verständnis in der Planung dieses Integrationsprozesses, daß die Ausübung der Auswärtigen Gewalt mit einer solchen Schonung behandelt wird, weil sie in der Tat den Kern der Staatlichkeit trifft und deshalb nur dann aufgegeben werden kann, wenn die Gewißheit besteht, daß das Integrationsexperiment gelingt.

Mit diesem Ausblick auf die ferne Zukunft seien die Bemerkungen über die Einwirkungen der Integrationsvorgänge auf die gegenwärtige Ausübung der Auswärtigen Gewalt der Bundesrepublik abgeschlossen und damit auch die Ausführungen zu den einzelnen Problemkreisen beendet.

IV. Schlußbemerkung

Dieser Mitbericht hat sich bemüht, im Anschluß an das Referat von Herrn Grewe zu einigen Hauptfragen der gegenwärtigen Problematik der Auswärtigen Gewalt in der Bundesrepublik Stellung zu nehmen.

Im ersten Abschnitt (Exekutive—Legislative) kam es darauf an, die der gegenwärtigen Rechtslage m. E. nicht mehr gerecht werdende Konstruktion der Auswärtigen Gewalt als einer reinen Exekutivaufgabe durch die Konzeption der „kombinierten Gewalt" zu ersetzen. Im Gegensatz zu der Entscheidungspraxis des Bundesverfassungsgerichts und in noch stärkerem Gegensatz zu den Ansichten von Herrn Grewe wird hier der Standpunkt vertreten, daß im modernen Staat und damit auch in der Bundesrepublik die Ausübung der Auswärtigen Gewalt sowohl in den Händen der Exekutive als auch der Legislative liegt und daß gerade die wichtigen Entscheidungen nur in funktioneller Zusammenarbeit dieser beiden Gewaltenträger vorgenommen werden können.

Im zweiten Abschnitt (föderativrechtliches Problem) sollten einige Zweifelsfragen bei der Auslegung des Grundgesetzes — hier im wesentlichen in Übereinstimmung mit den Ansichten von Herrn Grewe — geklärt werden, wobei sich ergab, daß die Bundesrepublik trotz aller Einschränkungen zu der Staatengruppe gehört, die sich auch auf diesem Gebiet betont föderativfreundlich — um nicht zu sagen: extrem-föderalistisch — verhält. Gleichzeitig hat die genauere Prüfung aber auch ergeben, daß diese innerstaatlich-föderativen Regelungen sich bei der „Sicht des Staates von außen" im Grunde als dezentralistische Maßnahmen darstellen und damit bei der Ausübung der Auswärtigen Gewalt eine innere Umformung erfahren.

[Im dritten Abschnitt (integrationsrechtliches Problem) war auf einige Fragen hinzuweisen, die m. E. bisher noch nicht die erforderliche Aufmerksamkeit gefunden haben. Daß damit keineswegs alle uns heute auf diesem Gebiet beschäftigenden Fragen Berücksichtigung finden konnten, sowie ferner, daß diese Ausführungen notwendigerweise einen nur provisorischen Charakter tragen, ergibt sich schon aus der Kürze der zur Verfügung stehenden Zeit. Andererseits erschien es aber auch zweckmäßig, durch die Behandlung dieser Probleme in diesem Zusammenhang klarzustellen, daß die integrationsrechtlichen Vorgänge im Rahmen der Ausübung der Auswärtigen Gewalt zu betrachten sind und nicht etwa ein von diesem Bereich getrenntes Eigenleben führen.]

Leitsätze des Mitberichterstatters über:

Die auswärtige Gewalt der Bundesrepublik

A. Zur Auslegung des Grundgesetzes ergibt sich:

1. Die vom Bundesverfassungsgericht vorgenommene enge Auslegung des Begriffs der „politischen Verträge" im Sinne des Art. 59 Abs. 2 GG entspricht zwar der traditionellen, aber heute nicht mehr vertretbaren Ansicht über die nur exeptionelle Beteiligung der Legislative an der Ausübung der Auswärtigen Gewalt. Eine weite Auslegung scheint daher angebracht.

2. Die Praxis des Bundestages wie der meisten Parlamente, durch Beschlüsse und Entschließungen gerade zu den „hochpolitischen" Fragen Stellung zu nehmen, hat im Grundgesetz keine Berücksichtigung gefunden und daher kein ganz zutreffendes Bild über die Abgrenzung der Befugnisse zwischen Exekutive und Legislative auf dem Gebiet der Auswärtigen Gewalt erstehen lassen. Derartige Entschließungen stellen Weisungen an die Exekutive dar.

3. Aus historisch verständlichen Gründen enthält das Grundgesetz keine Bestimmung darüber, wer über Krieg und Frieden zu entscheiden hat. Diese empfindliche Lücke kann bis zu einer evtl. Ergänzung nur dadurch überbrückt werden, daß die Regelung des Art. 45 WRV als verfassungsrechtliches Gewohnheitsrecht zur Anwendung kommt.

4. Den Ländern steht keine eigenständige Ausübung der Auswärtigen Gewalt zu. Sie besitzen lediglich ein beschränktes Vertragsabschlußrecht, das sich allerdings auch auf „politische Verträge" bezieht, aber stets an die Zustimmung der Bundesregierung gebunden ist. Für den Abschluß der Verträge können sie sich der eigenen Staatsorgane oder der entsprechenden Bundesorgane bedienen. Die Frage der parlamentarischen Zustimmung regelt sich nach Landesverfassungsrecht, das von der in Art. 59 Abs. 2 für die Bundesebene getroffenen Regelung abweichen kann.

5. Bei der Ausübung der Auswärtigen Gewalt ist der Bund nicht an die Zuständigkeitsabgrenzung hinsichtlich der Gesetzgebung zwischen Bund und Ländern (Art. 70ff.) gebunden. Während die Länder ein Vertragsschlußrecht nur hinsichtlich der Gegenstände ihrer Gesetzgebungshoheit besitzen (Art. 32 Abs. 3), kann der Bund sowohl allgemein (z. B. Art. 59 Abs. 2), als auch in Integrationsverträgen (Art. 24 Abs. 1) über eigene Hoheitsrechte und solche der Länder verfügen.

6. *Auf dem Wege der „mittelbaren Integration" können automatisch Verfassungsänderungen eintreten, für die der Grundsatz des Art. 79 GG (keine Verfassungsänderung ohne Textänderung) nicht gilt.*

B. *Für die dogmatische Frage nach dem Wesen und den Funktionen der Auswärtigen Gewalt im modernen Staat ergibt sich u. a.:*

1. *Die noch bei Locke und Montesquieu vorhandene Einsicht, daß die Auswärtige Gewalt in wesensmäßigem Gegensatz zu der innerstaatlichen Gewaltenaufteilung steht, ist nach wie vor richtig.*
2. *Die Entwicklung der modernen Staaten geht dahin („Demokratisierung"), das Parlament stärker an der Ausübung der Auswärtigen Gewalt zu beteiligen. Dies geschieht nicht nur dadurch, daß für Akte der Auswärtigen Gewalt die Gesetzesform vorgeschrieben wird, sondern auch dadurch, daß das Parlament durch Beschlüsse und Entschließungen auf die Gestaltung insbesondere der Außenpolitik einwirkt.*
3. *Die Auswärtige Gewalt ist keine Angelegenheit der Exekutive mit nur exzeptionellen Interventionen der Legislative, sondern stellt sich als eine „Kombinierte Gewalt" dar (Exekutive und Legislative).*
4. *Im Bereich der Auswärtigen Gewalt wirkt sich die föderalistische Staatsstruktur nicht aus. Besondere verfassungsrechtliche Ermächtigungen an Gliedstaaten stellen sich meist nur als dezentralistische Maßnahmen dar.*

3. Aussprache über:

Die auswärtige Gewalt der Bundesrepublik

Wolgast-Nürnberg: Eine doppelte Aktenpublikation vor etwa einem halben Jahre zur Auflösung der schwedisch-norwegischen Union Anfang Juni 1905[1]) hat mir die folgende norwegische Militäranekdote in die Erinnerung gerufen:

Ende Mai 1905 endete auf dem Truppenübungsplatz Gardemoen bei Oslo eine Reserveoffiziersübung. Der leitende Oberst schloß sie mit diesen Worten ab: „Niemand kann in die Zukunft sehen. Sollte, was der Allmächtige verhüten wolle, Norwegen in einen Krieg verwickelt werden, sollten dann wir, was der Herr der Heerscharen geben wolle, auf feindlichem Boden stehen und sollten Sie, meine Herren, sodann finden, daß das Terrain nicht mit der Landkarte übereinstimmt, so können Sie davon ausgehen, daß das Terrain richtig ist."

Im Sinne dieser — erstaunlich clausewitzisch gedachten — Anekdote hat unser Verhandlungsthema gelautet: „Die Landkarte", d.i. die Landkarte des GG über die a. G. der Bundesrepublik, und haben die Referate über die Landkarte gehandelt, nicht über das Terrain selbst. Auf einer Staatsrechtslehrertagung wird es indes nicht unangebracht sein, auch das Terrain zu erforschen, zumal es sich darin um eine wissenschaftliche Anökumene handelt. Locke und seine Verwandten, deren Kenntnis sonst als eine solche des modernen Staates aus dessen Quellen gilt, können hier nicht als Quellen gelten. Da ferner die Karte des GG nicht zum Terrain, d.h. nicht zur Natur der a. G. stimmt, das Terrain aber die Vermutung der Richtigkeit für sich hat, so erlauben Sie mir freundlichst einige Worte darüber.

Die a. G. ist die Staatsgewalt, sofern diese die Abscheidung eines souveränen Gemeinwesens nach außen bewirkt und dessen Beziehungen nach außen wahrnimmt. Dies ist daraus zu verstehen, daß der Staat ein als solches beständig in Bewegung befindliches Konzentrationsphänomen darstellt. Wir nennen die Energie, die die

[1]) Skrifter utg. av det k. utenriksdepartementets arkiv. Oslo 1. Karlstadsforhandlingene 1905. Referat fra de møte hvor sokretaenene var tilstede. Av Andreas Urbye. 1952 (Tr.: Gyldendal norsk Forlag. Oslo). (Schriften, herausgg. vom Archiv des. kgl. Auswärtigen Amts. Oslo 1. Die Verhandlungen zu Karlstad 1905. Referate von den Sitzungen, wo die Sekretäre zugegen waren. Von Andreas Urbye. 1952. (Druck: Gyldendal Norwegischer Verlag, Oslo). — Skrifter utg. av Statsvetenskapliga Föreningen i. Uppsala 33. 1953. Karlstadskonferensen 1905. Protokoll och aktstykken, utg. av Arne Wålstrand (Tr.: Almquist och Wicksell's boktrykkeri, Uppsala.) (Schriften, herausgg. von der „Staatswissenschaftlichen Vereinigung" zu Uppsala. 33. 1953. Die Konferenzen zu Karlstad 1905. Protokolle und Aktenstücke, herausgg. von Arne Wålstrand. (Druck: Almquist und Wicksell's Buchdruckerei, Uppsala).

Konzentration vornimmt, „Gewalt", wohl nach Montesquieu mit seinem Ausdruck „puissance (pouvoir)", — ein heute im Französischen als archaistisch empfundener und daher ungebräuchlich gewordener Terminus. Die gleiche Staatsgewalt, die nach außen Abscheidung bewirkt, nimmt nach innen die Ordnung vor, welche durch den Konzentrationsvorgang erforderlich wird, in welcher die Konzentration nach innen sich ausdrückt und ohne welche dieselbe nicht möglich wäre. Insgesamt steht die nach innen wirkende Gewalt der a. G. insgesamt gegenüber und verdient insofern, „die innere Gewalt" zu heißen; der Name ist indes in der Jurisprudenz noch nicht anerkannt. Beide Gewalten sind nicht Teile der Staatsgewalt, sondern diese selbst, nur nach Richtungen verschieden. Darum wäre es richtig zu sagen: die Staatsgewalt entfaltet sich in oberster Unterscheidung, nach außen und innen, als auswärtige und als innere Gewalt. Seit dem Aufkommen des Gewaltenteilungsgedankens wird die letztere als gesetzgebende, ausführende und richterliche Gewalt unterschieden, und aus Gründen dieser inneren Konzentrationsordnung sowie der Natur der Sache wird die a. G. der ausführenden Gewalt in die Hand gegeben, anfangs ganz und auch heute noch für die exekutive Praxis vorzugsweise, nicht ohne jedoch, daß die beiden anderen Gewalten sich je eines Stückes der a. G. bemächtigt hätten, und zwar so sehr, daß die a. G. als eine „kombinierte Gewalt" erscheinen könnte — eine von Grund aus verkehrte Deutung. — Wer wollte es unternehmen, die innere Gewalt mit ihrem Organsystem aus der auswärtigen Gewalt zu deuten? Dies wäre logisch ebensogut möglich, allein auch ebenso absurd. Hier schlummert das Problem der richtigen „Zentrierung".

Das Begreifen dieser Dinge wird durch das Bestehen der vier Gewaltennamen erschwert. Der Anschein entsteht, daß die a. G. eine Gewalt von der Art der drei anderen Gewalten sei. Wie gezeigt, trifft der Anschein nicht zu. Nichtsdestoweniger entfaltet der bloße Name oder der bloße Gleichklang der vier Namen jene Kraft, die Georg Jellinek bei seiner Untersuchung des Namens „Staat" dahin kennzeichnet, daß ein Wort oder Name häufig der ganzen Wissenschaft eines Volkes oder einer Epoche den Weg gewiesen habe. Für die Erforschung der a. G. wäre solche Führung durch den Namen eine Verführung. Ihr dürfte ein so bedeutender Forscher wie Neumeyer erlegen sein, wenn er die auswärtige Verwaltung bestimmte als die „Staatstätigkeit gegenüber Individuen, die im Dienste der Beziehungen von Staat zu Staat geübt wird". Die a. G. muß mit Haenel nach ihrem Hauptakzente, der „großen Politik", bestimmt werden (Deutsches Staatsrecht I, Leipzig 1892, S. 553/4, zitiert in meinem Beitrage zur „Kraus-Festschrift", 1954, S. 237).

Mit dem allen ist eine Grundtatsache einsehbar festgestellt: Die Erforschung der a. G. bildet keine Aufgabe der Jurisprudenz in deren herkömmlichem, atomistischem Sinne.

Wenn aber nicht juristisch, was ist die Aufgabe dann? Etwa soziologisch? Schon eher. Indes vermag auch die Soziologie, wenigstens in ihrem gegenwärtigen Zustande, nicht zur Lösung zu gelangen, da sie gleichfalls atomistisch ist.

Welche andere der uns bekannten Forschungsarten könnte helfen? Ich weiß von keiner, und es stände aussichtslos, wenn nicht etwas Neues und Anderes im Werden wäre.

Um es sogleich zu sagen: Was befindet sich letztlich in Frage? Die Art, diese Dinge „wahrzunehmen". Hier hat eine der bedeutungsvollsten Änderungen der Geistesgeschichte begonnen, geradezu eine Stromkenterung. Sie vollzieht sich in der seit der Jahrhundertwende zunehmenden Entwicklung der Ganzheitsbetrachtung oder Gestaltlehre. So leistungsfähig ist das der Jurisprudenz noch nicht bekannte Neue, daß von einer seiner Arten, der Interpretationslehre, Schadewaldt sagen kann, sie setze uns in den Stand, die Gegenstände unserer Forschung „mit einer Angemessenheit darzustellen, wie sie keiner Zeit vor uns erreichbar war". Wie sollte daher nicht versucht werden, das Phänomen der a. G. mit dem neuen Mittel zu erforschen und darzustellen?

Die Gestaltlehre geht, vereinfacht ausgedrückt, auf den Grazer Philosophen Christian von Ehrenfels zurück. Ihm war es im philosophischen Sinne verwunderlich erschienen, daß wir etwa eine Melodie wiedererkennen. Über den Zusammenhang schrieb er einen Aufsatz „Gestaltqualitäten" (1890). Sein Ergebnis lautete: eine Melodie ist mehr und anderes als die Summe ihrer Einzeltöne, ein Bild mehr und anderes als die Summe seiner Pinselstriche, nämlich Gestalt.

Die Lehre hat bereits dermaßen die nichtjuristische Welt erobert, daß das deutsche Wort „Gestalt", weil unübersetzbar, in das Anglo-Amerikanische übergegangen ist, und daß „The Gestalt Psychology" drüben zum gesicherten Bestande gehört. Lebte v. Ehrenfels noch, er könnte das Nietzsche-Wort auf sich anwenden: „Wenn ich je mit dem Lachen des schöpferischen Blitzes lachte, dem der lange Donner der Tat grollend, aber gehorchsam nachfolgt ...". Wir können sicher sein, die Stromkenterung unseres Wahrnehmens wird die Jurisprudenz in ihren Sog ziehen.

Natürlich ist etwas so Tiefgreifendes wie die Gestaltlehre nicht plötzlich und nicht allein dem Geiste v. Ehrenfels' entsprungen. Etwa über das berühmte Goethe-Schiller-Gespräch über das Reale und das Ideale und den Universalienstreit des Mittelalters reichen seine Ahnen bis auf die Zeit Aristoteles', der Kyniker und der Stoiker zurück. Auch Juristen haben dazu beigesteuert. Dies ist der Gestaltlehre noch nicht bekannt. Auf mich haben in dieser Reihenfolge gewirkt:

1. Dante's Anschauung der Welt als Einheit in „Paradies", I;
2. Otto v. Gierke's Lehre von der realen Verbandsperson.
3. Tönnies' Theorem „Gemeinschaft und Gesellschaft", das als eine Gestaltlehre angesprochen werden kann.
4. Haenel's Lehre, nach den Gesichtspunkten Struktur, Funktion und Interesse als normative Idee (Zweck, Leistungen) den Staat zu begreifen (Kolleg „Verwaltungsrecht", § 1, wohl WS 1910/11).
5. Kant's Lehre vom organischen und mechanischen Ganzen in „Kritik der Urteilskraft" § 65.
6. Leibholz's Lehre von der Repräsentation.
7. Smend's Integrationslehre.
8. Thukydides' und Pseudo-Xenophon's Lehre von Athen als Einheit von Land- und Seemacht; bei letzteren sogar dafür ein Wort — „Thalassokratie", japanisch „Kairikugun", sonst m. W. in keiner Sprache ein Wort.
9. Die philosophische Anthropologie mit Gehlen's repräsentativem Werk „Der Mensch".

Diese Wahrnehmungsart hat sich mir im Ansatz zuerst in meiner Dissertation „Die rechtliche Stellung des schleswig-holsteinischen Konsistoriums" (1916) niedergeschlagen: das Ganze als tertium comparationis bei der Frage der sog. Selbständigkeit der Kirche gegenüber dem Staat; fortlaufend und stark hat Goethe's Ganzheitsanschauung auf mich gewirkt, und zuletzt noch mein Nürnberger Kollege Vershofen, ein genialer Mann. Der neueste Stand der Gestaltlehre bei W. Metzger, Psychologie, 2. Aufl., 1954.

Man wird sehen, v. Ehrenfels hat zwar als erster Neuerer in philosophischer Bewußtheit über das Problem geschrieben, und sein ist gewiß der entscheidende Wurf. Jedoch hat das neue Denken schon zu seiner Zeit in der Luft gelegen.

Die Gestaltlehre besitzt ein Kernproblem. Von Aristoteles über den Universalienstreit bis in unsere Zeit der modernen Organologen mit v. Gierke auf der einen und auf der Gegenseite deren Widersacher mit L. v. Wiese besteht das Problem in der Frage der Realität der sozialen Gebilde. Behauptet v. Gierke deren Realität, so erklärt v. Wiese dieselben für bloße Haufen oder für bloße Beziehungen innerhalb bloßer Haufen, sieht sich allerdings neuerdings genötigt, Polaritäten anzunehmen. Die ersten Geister aller Zeiten haben sich auf beiden Seiten an dem hohen Ringen beteiligt. Keine der Ansichten hat sich siegreich durchgesetzt. Was ist daraus zu folgern? Daß es sich um etwas der menschlichen Erkenntnis Unzugängliches handelt? Liegt Konvergentenexplikation vor? Verfahren wir nur analogisch, wenn wir die sozialen Gebilde als Gestalten behandeln? Wie dem auch sei, die Staats- und Völkerrechtslehre, für die die Sonne auf- und untergeht, dürfte jedenfalls am Als-Ob Genüge finden, um in Schadewaldt's Sinne in den Genuß der Leistungsfähigkeit der Gestaltlehre zu gelangen. Für das

Gestaltdenken erscheint die Bundesrepublik als eine Gesamt-, ihre a. G. als eine ihrer Teilgestalten.

Die Leistungsfähigkeit der Gestaltlehre für die Einsicht in die a. G. des GG wird anschaulich bei Anwendung einiger Leitbegriffe der Lehre auf die a. G. Die Termini dürften bei entwickeltem Zustande der Lehre Lehrkapitel bezeichnen:

1. Gestalt- oder Ehrenfelsqualitäten. Danach die a. G. des GG: undurchsichtig, rauh, hart, nicht federnd, unfeierlich, finster;
2. Prägnanz mit den Kennzeichen der — auch bei Teilgestalten relativ möglichen — Geschlossenheit, Einheitlichkeit, Einfachheit, Zügigkeit u. a. fehlt,
3. infolgedessen auch klare Konturierung der a. G. in deren Gänze wie auch ihrer Organe als solcher;
4. Der Gefügezusammenhang: unelastisch, starr und darüberhinaus demjenigen eines überzüchteten Automobils ähnlich — ein Verstoß gegen das Fahlbeck'sche Gesetz: „Vorhandene Gegensätze darf man nicht auch noch organisieren";
5. unter dem Gesichtspunkt der Gewichtigkeit sind die Glieder der a. G. des GG gewichtig, ist das Ganze uneindringlich, statt umgekehrt, ohne Gleichgewicht der Glieder, aber auch ohne Gewichtigkeitshierarchie mit sachgemäßen Rangstufen und Gestaltschichten und ohne eine Gewichtigkeitsdominante. Ein Schwerpunkt — der große Begriff Clausewitz', der als einer der wichtigsten Vorläufer der Gestaltlehre gelten darf —, von dem aus oder zu dem hin das Ganze aufgebaut wäre, fehlt in dem Grade, daß fraglich wird, ob die a. G. des GG „Gestalt besitze". Wo wäre sie so „zentriert" wie die Gestalt des Menschen in dessen Gesicht?
6. mangels Festliegens der Zentrierung ist deren Verschiebung beständig möglich, folglich auch eine Veränderung des Charakters der a. G., mit der weiteren Folge, daß die a. G. schwer in der Hand behalten werden kann;
7. bei der Schaffung der a. G. des GG als sog. Forderungsgestalt ist der endgültige am vorgestellten Erfolge vorbeigegangen; die „Karte" stimmt nicht zum „Terrain"; das Wirken gemäß der Forderungsgestalt gleicht dem Regiment des Wiener Hofkriegsrats von einst;
8. in Anlegung auf Haenel's drei Gesichtspunkte der Struktur, der Funktion und des Interesses läßt sich die Grundanlage einer sauberen und durchsichtigen Forderungsgestalt der a. G. und eine Lehre davon schaffen. Die Bedeutung einer solchen Lehre für die Praxis wird nicht betont zu werden brauchen; Begriffe wie Abgrenzung nach außen, Zusammen-

halt nach innen, Gliederung, Zentrierung, Prägnanz, Konturierung, Schwerpunkt und Verankerung gehören zum Strukturbereich;

9. das Interesse als normative Idee der a. G. geht als Erstes auf deren primäre Aufgabe, zu Urteilen über die auswärtigen Angelegenheiten als Grundlagen der Machtauffassung und des Handelns zu gelangen; dazu hat das GG die a. G. nicht in den Stand gesetzt; unter einem Urteil wäre sub specie der Bundesrepublik etwa Einsicht in die Verlagerung zu verstehen, die die Bundesrepublik seit 1945 im vorwaltenden System der vorwaltenden Mächte erfahren hat: nicht mehr die Zentralmacht des Systems, sondern Ringmacht am gefährdetsten Punkt der Ringmächte, nämlich vor dem „Spundloch des gärenden russischen Fasses", in der beständigen Gefahr, daß ihr dessen „Zapfen in den Bauch fährt" (Bismarck in einem vergessenen Wort von etwa 1885); die Zentralmacht des nunmehrigen Weltsystems der Staaten ist Rußland geworden; kein solches Urteil hat bisher durch ein Organ unserer a. G. Ausdruck erfahren, auch nicht seitens einer anderen Macht und ferner nicht in den Referaten —, kein Wunder, da sie nur die Landkarte behandelt haben, nicht auch das Terrain der a. G., das sie nicht kannten und bei der atomistischen Art der Jurisprudenz nicht kennen konnten; es galt ihnen wohl, weil „unjuristisch", als verbotenes Gelände;

10. das Drama um den EVG-Vertrag besitzt eine letzte Ursache darin, daß das GG nicht kennt das Gesetz der guten Gestalt in Richtung auf das möglichst Einfache, Einheitliche, Geschlossene, Symmetrische, sich den Hauptachsen der Gestalt der a. G. und der Gesamtgestalt des Staates Einfügende.

Letztlich könnte alles daran hängen, daß das GG die a. G. als Exekutive à la Montesquieu auffaßt, nicht als eigene Teilgestalt im oben entwickelten Sinne.

Indes, die Glocke des Präsidenten ist schon wiederholt erschallt. Nur dies möchte noch gesagt sein: für mein Auge waltet zwischen der herrschenden und meiner Jurisprudenz nicht so sehr der Gegensatz zwischen dogmatisch-logizistischem und soziologischem Denken gemäß normlogischer oder historischer Kausalität ob, an den bei der „Krisis der Staatslehre" meist gedacht wird, sondern ein anderer, zwiefacher Gegensatz:

1. atomistisches gegenüber Gestaltdenken,
2. rückwärtsgerichtetes Systemisieren vorhandener Rechtsregeln gegenüber nach vorn gerichteter Kautelarjurisprudenz wie bei Schindler und Brierly.

Atomistisches Denken und Systemisieren vorhandener Regeln ziehen leicht Erstarrung nach sich, im Denken wie im Leben danach.

So einfach liegen die Dinge indes auch nicht wie nach Theodor Storm's Strophe:

Der eine fragt: was kommt danach?
Der andre fragt nur: ist es recht?
Und also unterscheidet sich
Der Freie von dem Knecht.

Beide Arten haben vielmehr ihre Berechtigung, aber eben die zweite auch, die Kautelarjurisprudenz.

Vieles, das noch zu sagen wäre, wird in einer Studie „Die auswärtige Gewalt" im „Necessites-Verlag", Wiesbaden, nach Ausdruck suchen.

Klein-Münster: Herr Grewe hat in seinem vortrefflichen Referat von der besonderen „Integrationsgewalt" gesprochen. Er hat, und nun darf ich Sie freundlichst bitten, einmal seine Thesen aufschlagen zu wollen, unter III, 1 dieser Thesen als eine der „Tendenzen zu stärkerer internationaler Integration" die „Entwicklung einer besonderen Integrationsgewalt neben der normalen treaty-making-power" aufgeführt, und er hat unter IV, 1 a, Absatz 4 auf Seite 3 oben den Artikel 24, Absatz 1 des Grundgesetzes als die „Grundlage einer besonders gearteten Integrationsgewalt" hingestellt, die als ein „spezifisch modernes Element der auswärtigen Gewalt" neben die treaty-making-power getreten sei. Mit großem Interesse habe ich zunächst davon Kenntnis genommen, daß sich seine Auffassung vom Wesen und Zweck des Artikels 24, Absatz 1 von seiner ursprünglichen Meinung, es handle sich hier um eine bloße declaration of policy, zur heutigen „Grundlage einer besonders gearteten Integrationsgewalt" gewandelt hat — ich darf doch wohl sagen, nicht unerheblich gewandelt hat. Ich frage mich allerdings, ob er nunmehr dem Artikel 24 gerecht wird und wage das zu bezweifeln, allerdings nunmehr in der genau entgegengesetzten Richtung. Ich fürchte nämlich, daß er jetzt dem Artikel 24 zu viel impliziert.

In der These IV, 1 a, Absatz 4 sagt Grewe, daß die besonders geartete Integrationsgewalt ein „Element der auswärtigen Gewalt" sei. In der These I, 1 heißt es, daß die auswärtige Gewalt „ihrem Wesen nach dem Träger der vollziehenden Gewalt" gebühre. Daraus folgt also, daß die Integrationsgewalt, wenn sie ihrem Wesen nach ein Teil der auswärtigen Gewalt ist und wenn die auswärtige Gewalt ihrem Wesen nach der Exekutive zusteht, der Exekutive zukommen muß. Was lesen wir aber im Absatz 1 des Artikels 24 des Grundgesetzes? Dort wird eindeutig erklärt, daß die Integrationsgewalt — ich unterstelle sie einmal dem Greweschen Begriffe nach — durch das Parlament ausgeübt wird. Selbst wenn die Grewe'schen Thesen richtig sind, wie sie sich unter I, 1,

2 und 3 finden, wonach dem Parlament nur ausnahmsweise in bestimmten Grenzen besondere Kontrollbefugnisse beim Abschluß internationaler Verträge kraft Artikel 59, Absatz 2 des Grundgesetzes eingeräumt sind, wonach die Zustimmung der gesetzgebenden Körperschaften gemäß Artikel 59, Absatz 2 kein Akt der auswärtigen Gewalt ist, sondern eine interne staatsrechtliche Ermächtigung zur Ratifikation eines Vertrages darstellt, dann liegt der Fall des Artikels 24, Absatz 1 völlig anders. Hier haben wir den klaren Wortlaut des Grundgesetzes, wonach Hoheitsrechte durch Gesetz, also durch Parlamentsakt, übertragen werden und nicht durch eine irgendwie geartete exekutivische Gewalt. Ich lasse dabei dahingestellt, ob die Thesen von Herrn Grewe unter I, 1, 2 und 3 richtig sind, oder ob man nicht vielmehr mit Herrn Menzel, dessen Auffassung ich — ich darf es hier schon andeuten — mehr zuneige, mindestens Zweifel haben darf, daß Artikel 59, Absatz 2 auch in den Bereich der auswärtigen Gewalt hineinreicht. Ich lasse das aber dahingestellt.

Wenn ich die verfassungsrechtliche Lage überschaue, wie sie sich an Hand der beiden genannten Artikel 24 und 59 darbietet, dann ergeben sich für mich die folgenden Möglichkeiten: Erstens, es gibt mit Grewe eine besonders geartete Integrationsgewalt. Dann sehe ich zwei Unterfälle: Erstens die Integrationsgewalt ist auswärtige Gewalt; dann zwingt der Artikel 24, Absatz 1 des Grundgesetzes zu der Folgerung, daß eben auch die Legislative auswärtige Gewalt ausübt. Zweiter Unterfall: Die Integrationsgewalt ist keine auswärtige Gewalt. Meine Herren, ich möchte nicht verschweigen, daß ich die größten Bedenken habe, anläßlich des Werdens supranationaler Einrichtungen und eines supranationalen Rechtes, den Ausdruck „auswärtige Gewalt" hier überhaupt noch zu verwenden. Ich bitte, das nicht als Phantasterei oder Utopie oder irgendetwas ähnliches anzusehen; ich sage es im vollen Bewußtsein dessen, was ich meine. Auswärtige Gewalt setzt doch offenbar das Vorhandensein von Staaten, von Völkerrechtsträgern im vollkommenen Sinne, zwischen denen auswärtige Gewalt möglich ist, setzt ein Völkerrecht im überkommenen Sinne voraus. Wie aber, wenn wir den „dritten Rechtsbereich", von dem bereits gesprochen wird, vielleicht demnächst in noch stärkerem Maße bekommen werden, als wir ihn zur Zeit in Ansätzen haben? Wenn wir einen supranationalen Rechtsbereich bekommen werden, paßt dann überhaupt noch der ganze Begriff „auswärtige Gewalt"? Ich bezweifle das, ich wage es nicht zu bejahen und nicht abzulehnen, aber ich darf diesem Zweifel mindestens Raum geben.

Das war die erste Möglichkeit mit den beiden Untermöglichkeiten, wonach es eine besonders geartete Integrationsgewalt gibt. Die zweite Möglichkeit besteht darin, daß es entgegen Grewe keine besonders geartete Integrationsgewalt gibt. Auch hier kann ich keinen endgültigen Standpunkt beziehen, weil das Problem — ich darf es offen bekennen — heute in der Grewe'schen Formulierung zum ersten Male an mich herangekommen ist. Ich bezweifle zunächst, daß das Grundgesetz eine besonders geartete Integrationsgewalt geschaffen hat, daß der Artikel 24 wirklich in diesem Sinne ausgedeutet werden darf und meine, daß Herr Grewe jetzt mit seiner Deutung des Artikels 24 zu weit geht.

Merk-Tübingen: Ich fasse meine Darlegungen in wenigen Punkten zusammen. Der erste Punkt betrifft die Frage, ob durch Art. 59 GG nur eine innerstaatliche Beschränkung der Befugnis des Bundespräsidenten, Verträge mit auswärtigen Staaten abzuschließen, vorgesehen ist, nämlich mit Bezug auf die Umwandlung völkerrechtlicher Verträge in innerstaatliches Recht, oder ob diese Vorschrift auch eine Beschränkung der völkerrechtlichen Vertretungsmacht des Bundespräsidenten nach außen hin enthält. Bekanntlich hat in der Zeit des Kaiserreichs die herrschende Lehre unter der Führung von Laband die Auffassung vertreten, daß der Kaiser allein und voll das Reich nach außen vertrete und die nach Art. 11 Abs. 3 RV von 1871 bei Verträgen über „Gegenstände der Reichsgesetzgebung" (d. h. bei solchen, die nach der Art ihres Inhalts beim innerstaatlichen Erlaß der Gesetzesform bedurften) erforderliche Zustimmung des Bundesrats und Genehmigung des Reichstags lediglich für die innerstaatliche Gültigkeit Bedeutung habe, d. h. für die Umwandlung des völkerrechtlichen Vertrags in innerstaatliches Recht. Für die Weimarer RV hat man aber im Verfassungsausschusse der Verfassunggebenden Nationalversammlung diese Auffassung mit Bezug auf die entsprechenden Befugnisse des Reichspräsidenten, die im wesentlichen denen des Kaisers nachgebildet waren, ausdrücklich abgelehnt und bemerkt, das Erfordernis der Zustimmung des Reichstags zu Verträgen über Gegenstände der Reichsgesetzgebung nach Art. 45 Abs. 3 Weimarer RV bedeute auch eine Beschränkung der völkerrechtlichen Vertretungsmacht des Reichspräsidenten, habe also nicht nur Bedeutung für die innerstaatliche Gültigkeit. Aus den Verhandlungen des Parlamentarischen Rats ergibt sich m. W. nicht, daß hieran etwas mit Bezug auf die gleichartigen Befugnisse des Bundespräsidenten hat geändert werden sollen. So bin ich im Gegensatz zu Herrn Grewe (vgl. Ziff. I, 3 und 4 der Leitsätze) der Meinung, daß in Art. 59 Abs. 2 GG auch eine Beschränkung der völkerrechtlichen Vertretungsmacht des Bundespräsidenten nach außen vorgesehen ist. Es ergibt sich hierbei die allgemeine Frage, ob aus Gründen der Erleichterung des völkerrechtlichen Verkehrs und der Rechtssicherheit für diesen einfach für alle Staaten die Regel gilt, daß die Spitze der vollziehenden Gewalt, das Staatsoberhaupt in diesem Sinne, die unbeschränkte Vertretungsmacht hat, oder aber, ob die einzelnen Staaten rechtlich noch in der Lage sind, nach ihrem Ermessen in ihrer Verfassung eine völkerrechtliche Beschränkung der Vertretungsmacht mit Wirkung nach außen vorzusehen. Ich halte an der Auffassung fest, daß es nach wie vor Sache der einzelnen Staaten ist, den Umfang der Vertretungsmacht ihres Staatsoberhauptes nach außen selbst zu bestimmen, und daß eine Beschränkung dieser Vertretungsmacht rechtlich durchaus möglich ist, zumal dies auch in keiner allgemeinen Regel des Völkerrechts ausgeschlossen und verboten wird; die gegenteilige Meinung kann nur rechtspolitische Bedeutung für sich in Anspruch nehmen. Ich lege demgemäß dem Art. 59 Abs. 2, GG nicht nur innerstaatliche Bedeutung bei, was, nebenbei bemerkt, auch dem volksherrschaftlichen Aufbau des GG mehr entsprechen dürfte. Im übrigen hat diese Frage im allgemeinen wohl insofern verhältnismäßig geringe praktische Bedeutung, als der Austausch der Bestätigungsurkunden (sog. Ratifikationsurkunden) zur Behebung von unliebsamen Weiterungen regelmäßig erst erfolgt, wenn die erforderliche Mitwirkung der gesetzgebenden Körperschaften erfolgt ist; das ändert aber nichts an der grundsätzlichen Stellungnahme. — Nebenbei bemerkt (vgl. Ziff. IV, 8 der Leitsätze des Herrn Grewe), befürworte ich gegenüber der Fassung des Art. 25 GG aus Gründen der Selbstachtung eine Rückkehr zu der Fassung des Art. 4 Weim.RV; ich sehe nicht ein, warum wir von vornherein auf unsere Anerkennung von Rechtssätzen des Völkerrechts im Einzelfalle verzichten sollen — sie wird ja wohl in der Regel bei sonst allgemeiner Anerkennung erfolgen, wenn keine besonderen Bedenken vorliegen — und andere Völker über unseren Kopf hinweg sollen bestimmen lassen, was für uns Vorrang vor deutschen Gesetzen jeder Art — also auch verfassungsrechtlichen —, d. h. mehr als verfassungskräftige Geltung, haben soll(!). — Die von Herrn Grewe befürwortete Einführung eines vereinfachten Zustimmungsverfahrens der gesetzgebenden Körperschaften durch Fristablauf nach dem Muster der niederländischen Verfassung (a. a. O., Ziff. 2c) erscheint mir im Hinblick auf die größeren deutschen Verhältnisse gegenüber einer genaueren Durchprüfung, zugleich aus Gründen der politischen Erziehung, nicht wünschenswert.

Ein zweiter Punkt betrifft das Verhältnis zwischen Bund und Ländern mit Bezug auf die auswärtige Gewalt. Ich lege hierbei den Art. 32 GG anders aus, als es von Herrn Grewe und anderen Herren geschehen ist. Wenn auch die Pflege der Beziehungen zu auswärtigen Staaten nach Abs. 1 Sache des Bundes ist, so sind doch nach Abs. 3 des Art. 32 die Länder noch befugt, soweit sie zur Gesetzgebung zuständig sind, mit Zustimmung der Bundesregierung mit auswärtigen Staaten Verträge abzuschließen. Inwieweit die Länder für die Gesetzgebung zuständig sind, ergibt sich aus Art. 70 ff. GG. Danach können die Länder noch Verträge abschließen auf den Gebieten, die ihnen in dieser Hinsicht voll überlassen sind, aber auch auf dem Gebiete der mitbewerbenden Zuständigkeit, solange und soweit der Bund noch keinen Gebrauch von seiner Gesetzgebungsbefugnis gemacht hat, dagegen nicht auf dem Gebiete der ausschließlichen Gesetzgebungszuständigkeit des Bundes, soweit nicht eine ausdrückliche Ermächtigung in einem Bundesgesetz zur Landesgesetzgebung gemacht ist. Wenn auch eine Änderung in der Fassung des jetzigen Art. 32 GG im Parlamentarischen Rat gegenüber der entsprechenden Bestimmung des Herrenchiemseer Vorentwurfs gemacht worden ist — wonach die Zuständigkeit von Bund und Ländern zum Abschluß von Verträgen mit ausländischen Staaten sich nach der Zuständigkeit zur Gesetzgebung richtet —, so richtet sich doch auch jetzt jedenfalls die Zuständigkeit der Länder zum Vertragsabschluß nach ihrer Zuständigkeit zur Gesetzgebung. Daraus ergibt sich aber für mich auch umgekehrt die Folgerung, daß der Bund eben grundsätzlich nur soweit zuständig ist, als ihm das Recht der Gesetzgebung zusteht, jedenfalls aber nicht, soweit die Länder zur Gesetzgebung zuständig sind. Ich kann die Auffassung von Herrn Menzel nicht teilen, daß hier eine Verschiedenheit mit Bezug auf die innerrechtliche und die außenrechtliche Gestaltung der Zuständigkeitsabgrenzung zwischen Bund und Ländern bestehe; das hätte doch klarer im Art. 32 zum Ausdruck gebracht werden müssen. Auch die Entstehungsgeschichte ergibt nach dieser Richtung hin nichts. Die — an Klarheit hinter dem Herrenchiemseer Entwurf zurückstehende — Fassung des Art. 32 geht, wie sich aus dem Jahrb. d. öff. R., N. F., Bd. 1, S. 305 ergibt, auf einen Antrag des Abg. Dr. v. Mangoldt in der 3. Lesung des Hauptausschusses des P. R. zurück, der ausführte, daß durch die Fassung des Vorentwurfs nicht gedeckt werde die Zuständigkeit des Bundes für Gebiete, in denen er nicht die gesetzliche Zuständigkeit habe, wie den Beitritt zu einem System gegenseitiger Gesamtsicherheit, Schiedsgerichtsverträge u. a.; von einer Verschiebung der Grenzen der Zuständigkeit zwischen Bund und Ländern war mit keinem Wort die Rede. Der Bund muß eben gegebenenfalls seine Zuständigkeit auf dem Gebiete der Gesetzgebung zunächst erweitern, wenn er auf Gebieten, wo nicht ihm, sondern den Ländern das Recht der Gesetzgebung zusteht, Verträge abschließen will; die gegenteiligen Ausführungen von Herrn Grewe unter Ziff. IV, 3b und c halte ich rechtlich nicht für haltbar. Ich bemerke hierbei noch ausdrücklich, daß ich nicht rechtspolitisch zu dieser Frage Stellung nehme, ob man etwa die Zuständigkeit des Bundes nach dieser Richtung erweitern soll; das steht für mich hier gar nicht zur Frage, sondern lediglich die Auslegung des geltenden Rechts. Ich kann hiernach insbesondere die Auffassung, die dem Bund folgerichtig ein allgemeines Vertragsabschlußrecht, insbesondere auch über die Angelegenheiten, die den Ländern voll im Bereiche der Gesetzgebung verblieben sind, gibt, schlechterdings nicht als richtig anerkennen. Man hat früher in der Zeit des Kaiserreichs und des Weimarer Staates lediglich für den Fall des Friedensschlusses eine Ausnahme im Sinne einer Erweiterung der Zuständigkeit des Reichs, insbesondere hinsichtlich der Abtretung von Gebieten der Länder, gemacht. Im übrigen habe ich auch Bedenken gegen den Leitsatz 4 des Herrn Menzel, wonach die Länder auch „politische" Verträge abschließen können; das Gebiet der auswärtigen Politik ist ihnen jedenfalls nach Art. 73 Ziff. 1 und Art. 32 Abs. 3 GG entzogen.

Dann einen dritten Punkt. Ich möchte Herrn Menzel entgegentreten mit seiner Auslegung des Art. 59 Abs. 2 GG, wenn er meint, daß, wenn in einem solchen Falle die Zustimmung der gesetzgebenden Körperschaften erfolgt sei, nun eine Weisung für die Bundesregierung und dementsprechend eine Pflicht für sie und den Bundespräsidenten bestehe, diesen Vertrag auch endgültig abzuschließen, und daß nicht lediglich eine Ermächtigung hierzu für sie bestehe. Für diese Auffassung sehe ich keine rechtliche Grundlage, sondern bin der Auffassung, daß es im Ermessen der Bundesregierung und des Bundespräsidenten liegt, ob sie den Vertrag endgültig abschließen wollen oder nicht, auch wenn die Zustimmung des Bundestags usw. vorliegt; es können sich ja u. a. auch in der Zwischenzeit z. B. die Verhältnisse wesentlich geändert haben. Es handelt sich hier lediglich um eine Einschränkung der vollziehenden Gewalt nach gewisser Richtung hin durch die Mitwirkung der gesetzgebenden Körperschaften, und um nichts Weiteres. Die Annahme eines solchen Weisungsrechts widerspräche auch dem Grundsatze der Gewaltentrennung, wie er in Art. 20 GG eindeutig festgelegt ist, wonach die Staatsgewalt — abgesehen von der unmittelbaren Betätigung des Volkes in Wahlen und Abstimmungen — durch besondere Willensträger der Gesetzgebung, der vollziehenden Gewalt und der Rechtsprechung ausgeübt wird; die Grenze zwischen der vollziehenden Gewalt und der gesetzgebenden Gewalt würde bei jener Auffassung völlig verwischt. Etwas anderes ist es natürlich, wenn eine gewisse außenpolitische Maßnahme nur durch ein Gesetz selbst vorgenommen werden kann, wie es z. B. in Art. 24 vorgesehen ist; es ist klar, daß, wenn ein solches Gesetz einmal ergangen ist, wenn sich nichts anderes ergibt, lediglich ein Vollzug in Frage kommt. Aber bei der bloßen Zustimmung nach Art. 59 Abs. 2 vermag ich, wie gesagt, eine Rechtsgrundlage für eine bindende Weisung aus dieser Bestimmung nicht zu entnehmen. Es ist eben die Bundesregierung — auch ganz abgesehen hier von der Rechtsstellung des hier auch beteiligten Bundespräsidenten — nicht ein bloßer Vollzugsausschuß des Bundestags, der den Weisungen der Volksvertretung untersteht, wie das freilich in den östlichen kommunistischen Staaten der Fall ist, von der Frage der tatsächlichen Führung der Geschäfte durch die Führer der einzig zugelassenen Partei hier abgesehen. Auch von einer gewohnheitsrechtlichen Ausbildung eines Weisungsrechts in diesem Sinne kann keine Rede sein. Darin, daß Art. 59 Abs. 2 sich nur bezieht auf die Zuständigkeit des Bundes und nicht auf die Abgrenzung der Zuständigkeit im Verhältnis zwischen Bund und Ländern, stimme ich Herrn Grewe völlig zu.

In einem letzten Punkte gestatte ich mir, zu der Anfrage des Herrn Klein zu Art. 24 GG Stellung zu nehmen, nämlich ob es noch eine auswärtige Gewalt gebe, wenn Hoheitsrechte nach dieser Bestimmung übertragen werden. Nun, wenn alle Hoheitsrechte voll auf ein überstaatliches Gebilde übertragen werden — wofür freilich diese Bestimmung nicht in Betracht kommt —, dann wäre natürlich von völkerrechtlichen Beziehungen zwischen den früheren unabhängigen Staaten keine Rede mehr; innerhalb des neuen Staatsgebildes gäbe es nur noch innerstaatliches Recht, und völkerrechtliche Beziehungen kämen nur mit Bezug auf die Staaten außerhalb dieses Gebildes in Betracht. Davon abgesehen, ist es im übrigen von Bedeutung, was an Hoheitsrechten nach Art. 24 auf ein solches überstaatliches Gebilde übertragen wird und ob danach und inwieweit noch Raum bleibt für völkerrechtliche Beziehungen und damit noch für eine auswärtige Gewalt für die früher voneinander unabhängigen Staaten, die sich nach gewisser Richtung zusammenschließen.

Hugelmann-Göttingen: Einiges von dem, was ich noch sagen wollte, hat mir schon Herr Kollege Merk vorweggenommen, wobei ich dieser ergänzenden Bemerkung vorausschicke, daß ich um Entschuldigung bitten muß, wenn ich überhaupt in die Debatte eingreife. Ich habe im Vertrauen, daß wir um 6 oder $^1/_2 7$ die Debatte abschließen, über meine Zeit verfügt; und es ist daher nicht meine Schuld, wenn ich dann nicht da bin, wenn vielleicht die Herren Referenten auf die Dinge zu sprechen kommen, zu denen ich eine kleine Bemerkung machen möchte.

Ich möchte zunächst auf das reflektieren, was Herr Kollege Klein gesagt hat. Ich gebe zu, wenn diese Übertragung der Hoheitsrechte stattgefunden hat, wenn eine solche Integration im kleineren oder weiteren Umfang erfolgt ist, dann werden wir darüber reden können, ob ein Tätigwerden in diesen höheren Gemeinschaften noch zur auswärtigen Gewalt gehört. Aber wenn sie erfolgt, ist vorausgesetzt oder, vielleicht sagen wir, fingiert, daß die Bundesrepublik eben doch ein Staat ist, der mit anderen Staaten in auswärtigen Beziehungen steht. Und das Beenden dieses Zustandes in einem kleineren oder größeren Umfange durch die Integration würde ich unbedingt zur auswärtigen Gewalt rechnen, wenn selbst in dem Moment, da der Akt erfolgt ist, dann das Tätigwerden, sagen wir in der Montanunion oder sonstwo, etwa in der europäischen Verteidigungsgemeinschaft nicht mehr auswärtige Gewalt sein sollte. Übrigens scheint mir grundlegend zu sein — und gewisse Unklarheiten, in denen wir uns bewegen, scheinen mir in diesem Umstand begründet —, daß das Wort „Gewalt" in dem Sinn, in dem wir von auswärtiger Gewalt sprechen, überhaupt, wie auch in einem der Referate bereits angedeutet worden, etwas total anderes bedeutet, als das Wort Gewalt in der klassischen Gewaltenteilungslehre. Und wenn wir heute fragen, wieweit gehört die auswärtige Gewalt zur Gesetzgebung, wieweit gehört sie zur Vollziehung, dann begeben wir uns eigentlich schon der Möglichkeit, so zu tun, als ob das, was wir auswärtige „Gewalt" nennen, auf derselben Ebene steht. Bei Gesetzgebung und Vollziehung handelt es sich eigentlich nicht um inhaltlich abgegrenzte Bereiche, sondern darum, daß bestimmte Formen der Staatstätigkeit bestimmten Organe zugeordnet sind. Die auswärtige „Gewalt" ist ein gewisser sachlicher Komplex, von dem wir jetzt untersuchen, wieweit steht er der Gesetzgebung zu, wieweit steht er der Vollziehung zu oder wieweit beiden, wieweit dem Bunde und wieweit den Ländern.

Und da möchte ich Ihnen sagen: obwohl ich kein extremer Föderalist bin und durchaus auch das nicht verteidigen möchte, was das Grundgesetz hier geschaffen hat, glaube ich doch, daß wir uns bei der Auslegung des Grundgesetzes davor hüten müssen, zu sagen „ja es ist unbefriedigend, es ist unerfreulich, also deuten wir es weg". Ich bin mit dem Herrn Kollegen Merk einig, ohne eine fertige Lösung meinerseits geben zu können, daß in den Referaten die Bedeutung des Artikels 32, dritter Absatz, zu kurz gekommen ist. Vielleicht kann man zu dem Ergebnis kommen, daß der Bund schrankenlos über die Länderkompetenzen hinweggehen kann, aber da müßten wir uns wohl mit dem Artikel 32 Abs. 3, intensiver auseinandersetzen, als das geschehen ist. Dasjenige, was heute vorgebracht worden ist, überzeugt mich nicht davon, insbesondere wenn wir Art. 32 Abs. 2 dazunehmen; es handelt sich doch um zwei Stufen: den Vertrag, der die besonderen Verhältnisse eines Landes berührt, und um die allgemeine Regel, soweit die Länder für die Gesetzgebung zuständig sind. Und wenn man Artikel 70 dazu nimmt, so steht man vielleicht doch vor dem unerfreulichen Ergebnis, daß durch Art. 32 Abs. 3 der Zuständigkeitskatalog des Bundes in bezug auf die auswärtige „Gewalt" eingeschränkt wird. Ich habe es immer für eine der bedenklichsten Sachen gehalten, daß der Bund in Kulturfragen gar keine Zuständigkeit haben soll. Aber nun zu sagen, weil man dadurch bei den Kulturabkommen usw. in eine unerfreuliche Lage kommt, deshalb müssen wir einfach den Artikel 32 Abs. 3 im Zusammenhang mit 59 Abs. 2 und im Zusammenhang mit 70 einfach so deuten, daß er weggedeutet ist, dagegen habe ich Bedenken. Ich wäre sehr erfreut, wenn die Bundesverfassung so geändert würde, daß der Bund auch in Bildungsfragen eine irgendwie abgegrenzte Zuständigkeit hat und dann bei den Kulturabkommen keine Schwierigkeiten entstehen. Ich halte das für sehr wünschenswert. Aber ich glaube nicht — ich sage nicht: überhaupt nicht, aber auf Grund der Argumente, die ich heute gehört habe, nicht —, daß man Art. 32 Abs. 3 so gering achten kann, wie es geschehen ist. Gerade dagegen habe ich grundsätzliche Bedenken, die nicht aus einer föderalistischen Einstellung, sondern aus meiner prinzipiellen Stellung zur Auslegung kommen. Gewiß dürfen wir bei der Auslegung die Auswirkungen nicht völlig übersehen. Wir müssen sie schon mitbeachten, vor allem wenn das Ergebnis so ist, daß es überhaupt undenkbar ist, daß der Verfassungsgesetzgeber es gewollt hat. Außerdem können und müssen wir aus anderen Bestimmungen des Grundgesetzes heraus eine bestimmte Auslegung unter Umständen als eben durch die andere Bestimmung eingeschränkt oder ausgeschlossen ansehen, aber dann müssen wir aus dem Grundgesetz heraus diese Bestimmungen finden und nicht allein aus einem unerfreulichen Ergebnis argumentieren.

Ich möchte wegen der vorgeschrittenen Zeit eine andere Frage, die mich auch interessiert hätte, sogar am meisten interessiert hätte, vielleicht, wenn Sie mir ein Wort noch gestatten, nur mit einem Satz erwähnen, die Frage des aktiven und passiven Gesandtschaftsrechts. Hier bin ich allerdings der Meinung, daß Gesandte nur der Bund entsenden und empfangen kann. Ich weiß nicht, ob es richtig ist, ich habe dieser Tage gehört, daß Bayern verlangt, einen Gesandten zum Vatikan zu entsenden. Die Frage wäre also nach meiner Meinung nicht so gleichgültig, daß sie heute neben der Frage der Vertragsabschlüsse, der „europäischen" Integration usw. völlig unter den Tisch fallen sollte.

Nawiasky-München und St. Gallen: Wenn man die überaus schwierige Frage der Integration beiseite läßt, handelt es sich bei unserem Thema um zwei Fragen: einmal das Verhältnis zwischen der Legislative und der Exekutive und dann das Verhältnis zwischen dem Bund und den Ländern. Diese Fragen sind in den Texten nicht klar entschieden und deswegen sucht man eben auf anderem

Weg zu einem Ergebnis zu gelangen. Aber welche Gesichtspunkte werden dann genannt? Ich habe mir da notiert: sachgemäße Lösung, Zweckmäßigkeit, Schädlichkeit, Benachteiligung der Beweglichkeit. Sind das aber juristische Argumente? Ich kann das nicht finden, sondern sehe darin einfach Zweckmäßigkeitserwägungen, mit anderen Worten, rein politische Entscheidungen.

Die Schwierigkeit liegt darin, daß hier eine Teilung der Kompetenzen oder Gewalten einerseits zwischen der Legislative und der Exekutive, andererseits zwischen dem Bund und den Ländern in Frage steht. Die Schwierigkeit wäre sofort beseitigt, wenn man keine Teilung hätte, sondern feststellen könnte, es gibt auf der einen Seite nur einen absoluten Staat, der den Gegensatz zwischen Exekutive und Legislative nicht kennt, und andererseits besteht ein Einheitsstaat, für den der Gegensatz zwischen dem Bund und den Gliedstaaten nicht gegeben ist. Da nun aber diese Teilung besteht, kann jeweils der eine Teil dem anderen Teil Schwierigkeiten machen.

Diese in der Tatsache der Teilung der Zuständigkeiten gelegenen Schwierigkeiten kann man nicht einfach durch politische Wunschbilder aus der Welt schaffen, indem man einer als sachgemäß bezeichneten Lösung den Vorrang zuspricht. Herr Grewe hat das Vorrecht einmal der Bundesregierung und dann dem Zentralstaat zuerkannt. Eine durchaus gouvernementale Haltung. Herr Menzel hat sich dagegen in der ersten Beziehung auf die Seite der Legislative gestellt, während er in der zweiten Richtung zu ungunsten der Länder plädiert hat; das letztere einfach unter Berufung auf das angebliche Wesen des Bundesstaats. Aus dem Wesen des Bundesstaats kann man diese Zurücksetzung der Länder aber keinesfalls ableiten. Denn beispielsweise für die Bismarck'sche Lösung trifft eine solche Zurückstellung der Länder keinesfalls zu.

Bei der Auslegung der Verfassung, also jetzt des Grundgesetzes, sollte man eine Unterscheidung beachten, die ich wiederholt vorgeschlagen habe, nämlich zwischen der Bundesrepublik als Gesamtstaat, der die Zentralgewalt und die Gliedstaatsgewalten zusammenfaßt, und dem Bund, der nur den Zentralstaat darstellt. Dabei ist allerdings zu beachten, daß die Bundesrepublik keine eigenen Organe hat, sondern sich der Organe des Bundes bedient. Muß man eine Stelle des GG so auslegen, daß die Bundesrepublik als Ganzes gemeint ist, dann hat der Bund als Zentralstaat keinen Vorrang vor den Ländern als Gliedstaaten; ist dagegen dem Bund als Zentralstaat ein Anspruch oder eine Kompetenz zugewiesen, dann kommt ihm der Vorrang zu.

Wie steht es nun mit Art. 32? Abs. 1 erklärt die Pflege der Beziehungen zu den auswärtigen Staaten als Sache des Bundes.

Hierbei ist offenbar die Wahrnehmung der Interessen des Zentralstaates und der Gliedstaaten gemeint, also an die Bundesrepublik gedacht. Abs. 2 sichert dann den Ländern bei Verträgen, die ihre besonderen Verhältnisse berühren, ein internes Recht auf Gehör. Für den Bund als Zentralstaat ist ein entsprechendes Recht wegen der Identität der Organe mit jenen der Bundesrepublik nicht nötig. Abs. 3 räumt nun den Ländern auf dem Gebiet ihrer Gesetzgebungszuständigkeit ein besonderes Vertragsrecht ein, dessen Ausübung allerdings an die Zustimmung der Bundesregierung gebunden ist, offenbar um die Einheitlichkeit der gesamten Außenpolitik zu gewährleisten. Die Bundesrepublik verzichtet auch auf diesem Sektor nicht auf die Möglichkeit einer Einflußnahme, aber sie anerkennt andererseits ein eigenes Vertragsrecht der Länder in vollem Umfang ihrer legislativen Zuständigkeit. Ich sehe gar keinen Anlaß, dieses Recht zu bagatellisieren, halte es vielmehr für außerordentlich bemerkenswert, da es eine Anerkennung der Staatseigenschaft der Länder involviert, wie es dem Grundgedanken eines föderalistischen Staatsbaues entspricht.

Herr Menzel hat selbst am Schluß seiner Ausführungen darauf verwiesen, welche ungeheure Gefahr in seiner Auffassung für die Stellung der Länder begründet ist. Kann das nun eine sinnvolle Auslegung der Verfassung eines Bundesstaates sein, welche die Gefahr der Aushöhlung der Länder in sich trägt, mit anderen Worten die Gefahr, den Bundesstaat umzubringen?

Freiherr v. d. Heydte-Mainz: Ich darf zunächst als alter Soldat Herrn Wolgast widersprechen und ihm aus meiner militärischen Erfahrung sagen, daß mir eine schlechte Landkarte immer noch lieber war als gar keine. Ich begebe mich deshalb wieder an diese von Herrn Wolgast abgelehnte Landkarte, um zu prüfen, wohin der Weg geht, den uns Herr Grewe gewiesen hat. Und ich muß sagen: ich erschrecke über dem Ergebnis solcher Untersuchung. Die These, daß durch den Abschluß eines internationalen Vertrags jeder Vertragsgegenstand zu einer auswärtigen Angelegenheit wird, und daß der Bund deswegen stets vollbefugt ist, die zur Ausführung eines solchen Vertrages erforderlichen Gesetze zu erlassen, auch wenn es sich ursprünglich um Gegenstände der ausschließlichen Landeszuständigkeit handelte, erfüllt mich mit schwersten Bedenken: Denn diese These besagt nichts anderes, als daß durch Ausübung der auswärtigen Gewalt gegen den Willen und den Geist der Verfassung neue Gesetzgebungskompetenzen des Bundes begründet werden können und damit die gesamte innerstaatliche Zuständigkeitsordnung geändert werden kann. Die Berufung auf das Schweizer Beispiel und auf das Beispiel der Vereinigten Staaten und Australiens überzeugt mich nicht. Es ist zumindest zweifelhaft, ob wir die Vereinigten Staaten und Australien noch als

Bundesstaat im Sinn der alten deutschen Tradition erfassen können; was aber die Schweiz anbelangt, so gibt dort das besondere Verfassungsklima und die uralte Tradition der Schweiz die Gewähr dafür, daß der Bund die innere Zuständigkeitsordnung durch seine auswärtige Gewalt nicht aus den Angeln hebt: Diese Gewähr haben wir aus der deutschen politischen Tradition heraus leider nicht. Besonders gefährlich aber wird die These von Herrn Grewe in Verbindung mit der anderen Behauptung, die auswärtige Gewalt sei nur ein Teil der Exekutive: Damit wird letztlich die ganze Verfassung zur Disposition des Trägers der Exekutive gestellt! Ich glaube, man kann diese Auffassung nicht nachdrücklich genug ablehnen und nicht nachdrücklich genug mit Herrn Menzel betonen, daß die auswärtige Gewalt eine Funktion des Staates ist, deren Ausübung in einer rechtsstaatlichen Verfassung notwendig auf die verschiedenen „Gewalten", auf Exekutive, Legislative und selbst auf die richterliche Gewalt aufgeteilt ist. Mir scheint die Betonung dieser Aufteilung der auswärtigen Gewalt als Staatsfunktion auf die verschiedenen Gewalten und die Ablehnung der Möglichkeit, auf dem Umweg über die auswärtige Gewalt die ganze Zuständigkeitsordnung eines Staates aus den Angeln zu heben, besonders wichtig in einem Augenblick, in dem sich langsam neben der auswärtigen Gewalt der Staaten eine — wenn auch noch sehr beschränkte — auswärtige Gewalt supranationaler Gemeinschaften zu bilden beginnt. Auswärtige Gewalt besitzt in den Anfängen etwa die Nord-Atlantik-Pakt-Organisation in dem — ihr mindestens de facto zukommenden — Recht, über Krieg und Frieden zu entscheiden. Gerade in diesem Augenblick müssen wir die Grenzen der auswärtigen Gewalt betonen und dürfen nicht einer Ausweitung der auswärtigen Gewalt das Wort reden, die darauf hinausläuft, sie zum Mittel der Verfassungsdurchbrechung zu machen. Freilich befriedigt in der Praxis auch nicht eine Auffassung, die zwischen der eigentlichen vertragschließenden Gewalt, die beim Bunde liegt, und einer komplementären Gewalt, die noch bei den Ländern liegt, unterscheidet. Diese Auslegung läuft letzten Endes darauf hinaus, die auswärtige Gewalt als reine Organisationsgewalt aufzufassen — denn was ist vertragsschließende Gewalt ohne komplementäre Gesetzgebungsgewalt anderes als eine bloße Organisationsgewalt? Das Ergebnis sind nicht nur hinkende Verträge, sondern ist leider Gottes eine latente Völkerrechtskrise, die dadurch entsteht, daß man stets den Ausweg aus dem Vertrag hat; ein *hinkender* Vertrag ist im Grunde *kein* Vertrag mehr — man kann im Grunde von einem Vertrag gar nicht mehr sprechen, wenn er nicht ausgeführt zu werden braucht. Der Wert oder Unwert eines Vertrages hängt von seiner Ausführung ab. Welche Lösung aber bietet sich uns zwischen den beiden rechtlichen Möglichkeiten einer Aufhebung der absoluten Geltung der verfassungsmäßigen Zuständigkeitsordnung einerseits durch eine allzu ausgeweitete Begriffsbestimmung der auswärtigen Gewalt und der Aufhebung der absoluten Verbindlichkeit völkerrechtlicher Verträge andererseits durch eine allzu enggefaßte Begriffsbestimmung dieser Gewalten? Es ist dies ein sehr schweres Problem, und ich bedauere, daß eigentlich keiner der beiden Herrn Referenten einen Ausweg aus diesem Irrgarten gezeigt hat, in den wir auf der von Herrn Wolgast beschworenen Landkarte geraten sind. Vielleicht ist ein kleiner Fingerzeig für einen Ausweg gegeben, wenn wir an die Funktion des Bundespräsidenten im Rahmen der verfassungsmäßigen Ordnung erinnern: Der Bundespräsident hat einerseits als Vertreter der Bundesrepublik nach außen einen großen Teil der auswärtigen Gewalt wahrzunehmen und andererseits Hüter der Verfassung zu sein. In der Verbindung dieser beiden Funktionen liegt eine echte Aufgabe des Bundespräsidenten; er erfüllt sie, indem er bei der Ratifikation von Verträgen, bevor er seinen Namen unter den Vertrag setzt, auf Grund des ihm übertragenen materiellen Prüfungsrechts untersucht, ob auf dem Umweg über die auswärtige Gewalt nicht die innere Zuständigkeitsordnung des Bundes untergraben wird.

Mosler-Frankfurt a. M.: Ich darf mich auf einige, wegen der Kürze der Zeit leider etwas aphoristische Bemerkungen zu den Thesen der Herren Referenten, die mir am meisten kontrovers erscheinen, beschränken. Zunächst glaube ich mit Herrn Menzel, daß das Parlament an der sogenannten auswärtigen Gewalt Teil hat. Man soll zwar terminologische Fragen nicht überschätzen; die Mitwirkung an der Gestaltung der auswärtigen Beziehungen ist aber nun einmal auch Sache des Parlaments. Wenn sie auch nicht zu einer gesamtaktlichen ausgestaltet ist, so glaube ich doch, daß die interne Mitwirkung einen so wesentlichen Einfluß auf die äußere Gestaltung hat, daß das Parlament als Teilhaber der auswärtigen Gewalt bezeichnet werden muß. Man muß diese Auffassung zumal dann vertreten, wenn man mit der wohl überwiegenden Meinung den Standpunkt einnimmt, daß evidente Kompetenzüberschreitungen der staatlichen Organe im völkerrechtlichen Verkehr den Eintritt der völkerrechtlichen Wirkung ihrer Handlungen verhindern. Daraus ist aber, so glaube ich, nicht die Folgerung von Herrn Menzel zu ziehen, daß das Übergewicht mehr und mehr beim Parlament liegt und daß es die Zuständigkeitsvermutung für sich hat; damit kann ich mich nicht identifizieren. Dagegen sprechen die Gründe, die das Bundesverfassungsgericht in verschiedenen Urteilen ausgeführt hat, die Historie, der Blick auf die ausländischen Verfassungen, in denen die Abgrenzung der politischen Verträge, sei es auch nur durch eine Generalklausel, zu definieren versucht wird, und dagegen spricht auch unsere Praxis. Die Vermutung der Zuständigkeit spricht also, wie ich glaube, gegen das Parlament, aber beteiligt ist es.

In diesem Zusammenhang darf ich anmerken, daß ich entgegen dem Urteil des zweiten Senats des Bundesverfassungsgerichts in der Kehler Hafenfrage der Auffassung bin, daß die Zustimmung der Bundesregierung zu Länderverträgen ein Akt der auswärtigen Gewalt ist. Diese Zustimmung ist sicherlich ein Akt der präventiven Bundesaufsicht im Gegensatz zu der abhängigen des Artikel 84, aber auch gleichzeitig materiell ein Akt der auswärtigen Gewalt aus demselben Grunde, aus dem ich soeben für das Parlament die Teilhaberschaft an der auswärtigen Gewalt in Anspruch genommen habe.

Zur Frage der Ratifikation bin ich der Auffassung, daß der Bundespräsident allein darüber disponieren kann. Wenn ich Sie recht verstanden habe, Herr Menzel, haben Sie dieses Recht bestreiten und dem Bundespräsidenten die Weisung des Parlaments zur Ratifikation auferlegen wollen, ähnlich wie er Gesetze des Parlaments in angemessener Frist verkünden muß. Ich stütze meine Meinung auf das Argument, daß die Verfassung so auszulegen ist, wie es dem Staatsinteresse entspricht. Das unbestrittene und unbestreitbare Staatsinteresse erheischt, daß noch eine politische Entscheidung hinter der Entscheidung des Parlaments steht. Ich darf nur erwähnen, daß die Frage der Ratifikation, auch des Zeitpunkts der Ratifikation, ein Politikum ist, das durchaus im Verhältnis zu anderen Staaten kontrovers sein kann, und daß das Bundesinteresse erfordert, daß der Bundespräsident frei ist. Überdies möchte ich bemerken, daß die Reklamation des Bundespräsidenten für die exekutive Gewalt heutzutage etwas Fragwürdiges hat, jedenfalls nicht so generell geschehen könnte, wie es heute der Fall gewesen ist. Soviel zu dieser Frage der auswärtigen Gewalt.

Nun zum bundesstaatsrechtlichen Problem: Es ist bereits gesagt worden, daß hier viele Empfindungen und Imponderabilien mitschwingen. Dies hat schon Triepel zu der Erkenntnis geführt, daß es im Bundesstaat keine Statik gibt, sondern nur einen Waffenstillstand ohne dauernden Frieden. Daher sind alle Argumente dem Verdacht ausgesetzt, die eine oder andere Partei zu vertreten. Das ist auch kein Fehler, denn an dieser Stelle entwickelt sich die Verfassung lebendig weiter. Auf der anderen Seite dürfen wir aber gerade deshalb in der Auslegung hier nicht so weit gehen, wie es anderswo geschieht, und wie es nach meiner Auffassung Herr Kollege Forsthoff gestern richtigerweise gesagt hat, daß man Verassungsbestimmungen aus dem Gesamtzusammenhang und nach den dahinterstehenden sozialen Fakten auslegt, sondern wir müssen uns angesichts des nach diesem Kriege bei uns etwas dubiosen Tatbestandes „föderalistischer Aufbau" auf die Auslegung des Textes beschränken soweit es geht.

Ich möchte daher folgenden Gedankengang vorschlagen: Ausgangspunkt ist die Regelung der Vertragskompetenz entsprechend der Gesetzeskompetenz (erste Lösung der Skala von Herrn Grewe). Demgegenüber ist allerdings die Umkehrung der allgemeinen Kompetenzvermutung des Art. 30 zu beachten, die Artikel 32 Abs. 1 für das Gebiet der auswärtigen Angelegenheiten statuiert. Die Länder haben, um einen umstrittenen Punkt zu nehmen, die Kompetenz auf dem Gebiet der kulturellen Angelegenheiten. Kulturelle Probleme können je nach dem Gegenstand das Bundesinteresse berühren. Der Bund hat über eine Reihe von Kulturabkommen verhandelt und wird sie abschließen.

Nun aber ist die Frage, wo die Grenze der Vertragsschlüsse des Bundes liegt. Ich ziehe aus der Umkehrung der allgemeinen Vermutung des Art. 30 durch Art. 32 nicht die Konsequenz von Herrn Grewe, daß daraus auch die komplementäre Gesetzgebungsbefugnis des Bundes folgt, sondern ich glaube, daß sich hier der Bund Schranken auferlegen muß. Er kann, um ein Beispiel zu bringen, die kulturellen Beziehungen durch Professorenaustausch, Gründung von Kulturinstituten, Förderung der Sprache des ausländischen Partners und Ähnliches regeln. Er kann aber nicht vereinbaren, daß Italienisch Wahl-Pflichtfach in Bayern oder in einem anderen Land wird.

Ein Wort zu dem Beispiel von Herrn Menzel über die Schulbücher. Es ist ein extremer Fall, aber auch hier würde ich sagen, daß mit Frankreich vereinbart werden kann, Schulbücher bereitzustellen; ihre Einführung in den Ländern ist aber deren Sache. Hier wiederum eine Eingrenzung: Die Länder dürfen von ihrer Kompetenz nicht Gebrauch machen, um der Bundesrepublik Widerstand zu leisten. Wenn ein Land sagt: Ich bin nicht bereit, die Komplementärgesetzgebung oder die Verwaltungsmaßnahmen, die der Bund nicht erlassen kann, von mir aus durchzuführen, weil mir das Kulturabkommen mit dem oder jenem Staat wegen dessen politischer Richtung nicht paßt, dann ist das ein Mißbrauch der Landeskompetenz. Denn die Frage der Einführung einer Schulsprache, die Landessache ist, hat nichts zu tun mit der Frage, ob die Außenpolitik des Bundes das Kulturabkommen mit dem betreffenden Lande erfordert. In diesem Falle wäre dann m. E. der Bundeszwang wegen Rechtsmißbrauchs durch das betreffende Land gegeben.

Die zweite Folgerung, die aus Art. 32 Abs. 1 entgegen der Länderkompetenz zu ziehen ist, betrifft Verträge, die komplexe

Materien behandeln, d. h. Bundeszuständigkeiten und Zuständigkeitsbereiche, die nach dem Grundgesetzkatalog oder der allgemeinen Kompetenzvermutung den Ländern als Gesetzgebungsgebiet gebühren. Wenn also ein solcher Vertrag eine gemeinsame Angelegenheit des Bundes und der Länder betrifft, dann prävaliert die Zuständigkeit des Bundes zum Vertragsabschluß. Falls das betreffende Land nicht die gesetzgeberischen oder sonstigen Konsequenzen daraus zieht, dann entsteht die Frage des Bundeszwanges. Hier taucht ein weiteres Problem auf, das unbedingt der Lösung bedarf: Gibt es eine Ersatzvornahme, indem der Bund gemäß Art. 37 durch die Bundesregierung entgegen dem Gewaltenteilungssystem oder der in Art. 37 nicht genannte Bundestag die Bundesaufsicht durch Erlaß eines Landesgesetzes ausübt?

Im einzelnen Folgendes: Welche Fragen gehören zur Bundeszuständigkeit? Nach einer Grund- und Faustregel, wie ich glaube, zunächst die politischen Regelungsfragen des Art. 59 Abs. 2. Ich stimme mit Herrn Menzel und sicher auch mit Herrn Grewe darin überein, daß Art. 59 Abs. 2 hier nicht die sedes materiae ist, sondern Art. 32 Abs. 1, daß aber in Art. 59 Abs. 2 dieser Sachverhalt klarer zum Ausdruck gebracht ist, als wir ihn ohnehin aus Artikel 32 Abs. 1 im Wege der Auslegung entnehmen müßten. Es gibt also keine politischen Länderverträge im Sinne politischer Regelungsverträge. Wenn ein solcher politischer Regelungsvertrag abgeschlossen wird, dann ist, wie ich glaube, die Bundeszuständigkeit auch zur komplementären Gesetzgebung gegeben. Als Beispiel mögen die großen Verträge der letzten Zeit dienen.

Diese Kompetenz scheint mir aber zu eng zu sein; ich glaube, daß wir noch einen weiteren Begriff des politischen Vertrages annehmen müssen, der nicht so begrenzt ist wie der des politischen Regelungsvertrages: Nach Art. 32 Abs. 1 muß der Bund immer dann, auch wenn nur ein Land betroffen ist, Verträge schließen können, falls die Bundesinteressen der Außenpolitik berührt sind. Dafür ein Beispiel, das ich einmal vor dem Bundesverfassungsgericht habe ausführen dürfen: Der Bund wäre m. E., um eine konkrete Materie der ausschließlichen Länderzuständigkeit zu wählen, zuständig, einen Minderheitenvertrag mit Dänemark zu schließen, der nur das Land Schleswig-Holstein und nur schleswig-holsteinische Schulen betrifft. Hinsichtlich des Begriffes der ausschließlichen Länderzuständigkeit stimme ich Herrn von der Heydte zu; Herr Kaufmann würde dem lebhaft widersprechen, wenn er hier sein könnte. Eine innerstaatliche Komplementärzuständigkeit des Bundes gibt es m. E. in diesen Fällen nicht.

Eine dritte Konsequenz aus dieser Abgrenzung ist die, daß m. E. in der Vertretung nach außen auf Grund des Art. 32

Abs. 1 und des Art. 59 Abs. 1 der Bund die Vorhand hat. Bei Abkommen oder sonstigen Akten, die nach außen vorgenommen werden und materiell den Ländern und dem Bund ganz oder teilweise gemeinsam zustehen, aber einheitlich nach außen vertreten werden müssen, können der Bund und die Länder nicht pari passu auftreten. Ich halte daher die Form des Abkommens über das Kraftwerk am Jochenstein für falsch, weil auf der einen Seite die Bundesrepublik und Bayern, auf der anderen die Republik Österreich als Vertragsschließende genannt sind. Das bedeutet aber nicht, daß innerstaatlich die Kompetenz des Bundes weiter geht, als sie nach der Verfassung vorgesehen ist.

Pfeifer-Wien: Als Mitglied des österreichischen Nationalrates und seines Hauptausschusses, der mit solchen Staatsverträgen zu tun hat, möchte ich mir erlauben, hier ein paar Worte zu sprechen, und zwar zunächst Worte der Rechtsvergleichung, die immerhin auch ihre Bedeutung und ihre befruchtende Wirkung haben.

Die eine Frage, die heute eine Streitfrage gebildet hat, nämlich die Frage: Zuständigkeit des Bundes oder der Länder nach Ihrer Verfassung, die ist Gott sei Dank bei uns eindeutig geregelt. In Artikel 10 der österreichischen Verfassung heißt es nämlich: „Bundessache ist die Gesetzgebung und die Vollziehung in folgenden Angelegenheiten: Ziffer 2: äußere Angelegenheiten mit Einschluß der politischen und wirtschaftlichen Vertretung gegenüber dem Ausland, insbesondere Abschluß aller Staatsverträge". Ich habe bei den Referaten und auch bei den Diskussionsrednern, die gar manche Vergleiche gezogen haben, leider immer wieder den Vergleich mit Österreich vermißt, obwohl wir doch so sehr an Ihrer Seite liegen, und doch immer noch der zweite Deutsche Staat in Mitteleuropa sind, der eine gemeinsame Geschichte mit Ihnen zurückgelegt hat. Nun, in Österreich haben Sie das Beispiel eines Bundesstaates, der sich vom Einheitsstaat zum Bundesstaat entwickelt hat und dieser Entwicklung entsprechend doch stark unitarische Züge aufweist und der all das, was Sie heute unter dem Schlagwort „Auswärtige Gewalt" behandelt haben, ausschließlich und allein dem Bund übertragen hat. Hier also in der Frage Kompetenzverteilung zwischen Bund und Ländern besteht bei uns kein Zweifel. Und wenn es mir gestattet ist, als einer, der von Österreich kommt und Ihr Grundgesetz natürlich nicht so genau kennt, wie Sie selbst, sondern hier erst unvoreingenommen mitangehört und mitgelesen hat, zu sprechen, so muß ich doch sagen: Wenn ich Ihren Artikel 32 lese und mir Ihre Verfassungsgeschichte vor Augen halte, die vom Staatenbund zum Bundesstaat, dann vom immer mehr unitarischen Bundesstaat zum Einheitsstaat und von diesem wieder zurück zum Bundesstaat geführt hat, so glaube ich, daß all diese geschichtliche Entwicklung auch nicht spurlos an Ihrer Verfassung vorübergegangen ist. Wenn man so den Artikel 32 betrachtet und dessen Absatz 3 liest, der besagt: „Soweit die Länder für die Gesetzgebung zuständig sind, können sie mit Zustimmung der Bundesregierung mit auswärtigen Staaten Verträge abschließen", so glaube ich, liegt in dem Wort „können" doch auch etwas darinnen, nämlich der Sinn, sie müssen es nicht tun. Es ist nicht gesagt, immer dann, wenn die Angelegenheiten in die Gesetzgebungszuständigkeit der Länder fallen, haben sie die Verträge abzuschließen, sondern sie können es mit der Zustimmung der Bundesregierung und, wenn sie von diesem ihrem Recht keinen Gebrauch machen oder die Bundesregierung nicht zustimmt, so muß doch irgendwer da sein, der sonst noch abschließen kann, und daraus würde ich doch schließen, daß dann eben der Bund dafür sorgen kann, wenn die Länder von der Ermächtigung, die ihnen gegeben ist, keinen Gebrauch machen oder keinen Gebrauch machen können. Bitte, das gestatten Sie mir nur als Nebenbemerkung, weil ich nicht so sehr in Ihr Grundgesetz vertieft bin wie Sie.

Aber die zweite Frage, die bei Ihnen genau so eine Rolle spielt wie bei uns und die ich unmittelbar aus der Praxis des Parlamentes her nun in den letzten Jahren beobachtet habe, ist die Frage einer anderen Kompetenzverteilung, nämlich, ob die Bundesregierung oder ob die Legislative über Staatsverträge mit dem Ausland zu entscheiden hat. Nun, hier ist im allgemeinen bei uns dieselbe Situation wie bei Ihnen, daß der Abschluß der Staatsverträge grundsätzlich Sache der vollziehenden Gewalt ist, der Vollziehung, wie es bei uns heißt, oder besser der Regierungs- und Vollzugsgewalt, wie es in unseren älteren Staatsgrundgesetzen vielleicht richtiger geheißen hat, denn es ist zweifellos, daß man hier eine ausgesprochene Regierungstätigkeit vor sich hat, wenn man an den Abschluß von Staatsverträgen denkt. Und so wie bei Ihnen ist es auch bei uns in Österreich, daß bei gewissen Kategorien von Staatsverträgen die Mitwirkung des Nationalrates vorgesehen ist und ganz ähnlich Ihrem Artikel 59 besagt unser Artikel 50: „Alle politischen Staatsverträge, andere nur, sofern sie gesetzändernden Inhalt haben, bedürfen zu ihrer Gültigkeit der Genehmigung durch den Nationalrat". Also auch bei uns sind beide Spielarten der Staatsverträge genehmigungspflichtig: politische und solche gesetzändernden Inhaltes, das ist ungefähr identisch mit dem, was Ihr Artikel 59 ausgedrückt hat mit den Worten: „oder sich auf Gegenstände der Bundesgesetzgebung beziehen", nicht ganz identisch, denn die Frage Bund — Länder spielt bei uns überhaupt keine Rolle. Nun, der kritische Punkt ist wohl bei Ihnen und auch bei uns der Begriff „politische Staatsverträge" oder „politische

Beziehungen", denn das ist ein äußerst dehnbarer Begriff. Wann ist ein Vertrag ein politischer Staatsvertrag und wann nicht? Unsere Verfassung und auch die Ihre schweigt sich darüber aus. In irgendeiner Definition ist das nicht gesagt, es ist dies auch nicht leicht. Wenn man unsere Kommentare zur Verfassung heranzieht, insbesondere den von Kelsen, der ja der Hauptschöpfer der Verfassung von 1920 war, so legt er zwar zunächst diesen Begriff sehr weitgehend aus und sagt, in dem Zeitalter der parlamentarischen Demokratie ist es klar, daß alle Staatsverträge von Bedeutung der Genehmigung des Nationalrates bedürfen, der an diesem Teil der Vollziehung mitzuwirken berufen ist. Aber dann macht er eine Einschränkung, die ich nicht teile, obwohl sie auch von Adamovich in seinem Grundriß des österreichischen Verfassungsrechtes übernommen ist. Kelsen meint, daß die Entscheidung darüber, ob ein Vertrag als ein politischer Vertrag anzusehen ist oder nicht, in das Ermessen der Bundesregierung falle. Damit wird aber die ganze Sache doch sehr gefährdet. Ich bin der Ansicht, daß, wenn ein Staatsvertrag, weil er politischen Inhaltes ist, das Zusammenwirken zweier höchster Staatsorgane, nämlich, der Bundesregierung und des Bundestages oder bei uns des Nationalrates erfordert, es dann nicht bloß der einen Seite überlassen sein kann, zu beurteilen, ob es sich um einen politischen Staatsvertrag handelt oder nicht, sondern, daß da meiner Ansicht nach beide Teile gefragt werden müssen und mitreden können müssen und daß, wenn sie zu keiner Einigung kommen, dann ein dritter — und das wäre vernunftgemäß ein Bundesverfassungsgericht — über diese Streitfrage zu entscheiden hätte. Dazu muß ich feststellen, daß allerdings bei uns die Verfassung in dem Punkt versagt. Der Verfassungsgerichtshof ist zwar Kompetenzgerichtshof, hat also Zuständigkeitsstreitigkeiten zwischen Verwaltungsbehörden und Gerichten sowie zwischen Bund und Ländern zu entscheiden; aber gerade über die erwähnte Streitfrage zwischen Bundesregierung und Parlament zu entscheiden, ist der Verfassungsgerichtshof nicht berufen, obwohl es sich auch hier um eine Kompetenzfrage handelt. Ich glaube, daß Sie in dieser Hinsicht mit Ihrer neuen Verfassung und mit der Zuständigkeit Ihres Bundesverfassungsgerichtes besser daran sind.

Die andere Frage, ob ein Staatsvertrag gesetzesändernden Inhalt hat, ist schon nicht mehr so schwierig. Immer dann, wenn man normalerweise ein Gesetz brauchen würde, um den Zustand herzustellen, der erst durch den Vertrag erreicht werden soll, der abweicht von der derzeitigen Gesetzeslage, immer dann hat der Staatsvertrag gesetzesändernden Inhalt. Solche Staatsverträge müssen ebenfalls dem Nationalrat zur Genehmigung vorgelegt werden. Ich könnte Ihnen da aus der Praxis einige sehr interessante

Fälle erzählen, aber ich fürchte, daß die Zeit nicht dafür reicht. Aber da wir nun hier in Bonn sind, erlauben Sie mir, das sogenannte Bonner Pensionsübereinkommen, das zwischen der Bonner Regierung und der Wiener Regierung zugunsten der heimatvertriebenen Volksdeutschen in Österreich abgeschlossen wurde, zu erwähnen. Dieses Abkommen wurde nur als Regierungsübereinkommen abgeschlossen. Auch diese Frage ist oft strittig: wo ist die Grenze zwischen Regierungsübereinkommen und Staatsvertrag, der der Genehmigung des Nationalrates bedarf? Beim Bonner Pensionsabkommen ist es deswegen meines Erachtens richtig, daß es nicht der Genehmigung des Nationalrates bedarf, weil man leider dieses Bonner Übereinkommen so getroffen hat, daß Österreich mit deutscher Finanzhilfe den heimatvertriebenen Volksdeutschen in Österreich, die in einem deutschen Dienst- und Ruhestandsverhältnis standen, nur außerordentliche Versorgungsgenüsse, die der Bundespräsident nach seinem freien Ermessen bewilligt, gewährt und ihnen leider keinen förmlichen Rechtsanspruch darauf eingeräumt hat.

Eine Frage möchte ich aber noch streifen, die auch bei Ihrem Bereich der auswärtigen Gewalt eine Rolle spielt, insbesondere hinsichtlich der Kompetenzstreitigkeiten, nämlich die Frage: Wie wird der Staatsvertrag zum innerstaatlichen Recht? Nach unserer Verfassung ist es so, daß nicht etwa ein Gesetz erst geschaffen werden müßte, das den Inhalt des Staatsvertrages noch einmal umgießt in die Form des Gesetzes, sondern wir haben die generelle Transformationsmethode in Art. 49 festgelegt. Darnach sind die der Genehmigung des Nationalrates unterworfenen Staatsverträge im Bundesgesetzblatt kundzumachen und damit sind sie auch schon innerstaatliches Recht. Bei Ihnen erfolgt die Zustimmung der gesetzgebenden Körperschaften in Form eines Gesetzes. Damit ist auch klar, daß für uns die Frage nach der Umwandlung in innerstaatliches Recht auch in jenen Angelegenheiten, die sonst in die Gesetzgebungskompetenz der Länder fallen würden, als Zweifelsfrage völlig ausscheidet.

Damit also, meine sehr Verehrten, will ich diese kurze, rechtsvergleichende Betrachtung schon beschließen, indem ich hoffe, daß sie vielleicht ein nützlicher Beitrag ist.

Jellinek-Heidelberg: Die These von Herrn Menzel, daß das Zustimmungsgesetz eine Weisung an den Bundespräsidenten enthalte, den völkerrechtlichen Vertrag zu ratifizieren, läßt sich nicht aufrecht erhalten. Ich stimme also Herrn Grewe zu und dem, was in der Aussprache Herr Merk und Herr Mosler gesagt haben. Wir müssen bedenken, daß der Bundespräsident im Gesetzgebungsverfahren durch Art. 82 des Grundgesetzes eindeutig genötigt ist, das Gesetz auszufertigen. Soll ihm nun wirklich durch diese Nötigung die ihm durch Art. 59 zuerkannte freie Entschließung genommen werden, die Ratifizierung vorzunehmen oder zu unterlassen? Dies halte ich nicht für richtig. Außerdem sprechen die geschichtlichen Vorgänge dagegen. In der Weimarer Verfassung hieß es im Art. 45, daß gewisse Verträge der Zustimmung des Reichstags bedürfen. Dann tauchte die Frage auf, wie es denn mit dem Reichsrat stehe, der müsse doch auch eingeschaltet werden, und da sagte man, Sinn dieses Artikels sei, daß nicht durch völkerrechtliche Verträge innerstaatliches Recht unter Ausschaltung der an der Gesetzgebung Beteiligten geändert werden könne, und deswegen hat man — ohne unbedingte Notwendigkeit — das Erfordernis einer Zustimmung des Reichstags in der Weise gehandhabt, daß unter Mitwirkung des Reichsrats ein Zustimmungsgesetz erlassen wurde, und dies hat man im Grundgesetz einfach übernommen, ohne damit an dem akzessorischen Charakter der Zustimmung etwas ändern zu wollen.

Bei dieser Gelegenheit sei auf etwas aufmerksam gemacht, was zu Auslegungsschwierigkeiten führen könnte. Die Europäische Konvention zum Schutze der Menschenrechte wurde bekanntlich schon im August 1952 im Bundesgesetzblatt als Anlage zu einem der Konvention zustimmenden Gesetze verkündet, noch ehe die für ihr Inkrafttreten nötige Ratifikation von zehn Staaten vorlag. Nun entstand die Frage, ob einzelne Artikel dieser Konvention vielleicht schon vorher innerstaatliches Recht geworden seien, z. B. das Verbot unmenschlicher Behandlung im Artikel 3. Ich weiß, daß sich jemand darauf berufen hat, noch ehe die Konvention völkerrechtlich verbindlich geworden war, und dieser Gedanke wurde dadurch genährt, daß in dem Zustimmungsgesetz gesagt wurde, es werde „mit Gesetzeskraft" verkündet. Dies bedeutete aber nicht innerstaatliche Wirksamkeit der Konvention, sondern nur formelle Gesetzeskraft, d. h., das Zustimmungsgesetz konnte nur wieder durch ein Gesetz geändert werden, und nicht bedeutete es, daß die Konvention schon vorher in innerstaatliches Recht umgeformt worden war.

Noch ein zweiter Punkt. Soweit ich den Erörterungen gefolgt bin, wurde von keiner Seite auf die Konkordatsfrage eingegangen; nur Herr Hugelmann hat sie ganz kurz gestreift, soweit es sich um die Gesandtschaft beim Vatikan handelt. Vielleicht wurde die Frage umgangen, weil es ein sehr heißes Eisen ist. Es verdient aber Beachtung, daß mit einer befremdenden Schärfe von Bonn aus dem Lande Baden-Württemberg gegenüber der Vorwurf gemacht wurde, es verletze Bundesrecht durch Nicht-Anerkennung der Schulartikel des Reichskonkordats, und dies konnte man ja wohl nur durch Hinweis auf Art. 123 des Grundgesetzes sagen. Immerhin wäre möglich gewesen, sich auf die Bundesaufsicht zu beschränken und nicht gleich mit der Drohung einer Bundesexekution zu kommen, wie es in den Zeitungen stand. Interessant wäre aber die Meinung unserer Völkerrechtler, ob wirklich deswegen, weil die Città del Vaticano ein kleiner Staat ist, das Reichskonkordat als völkerrechtlicher Vertrag zu gelten hat. Staatsvertrag im Sinne des Art. 123 ist das Konkordat sicher, aber nach meiner Ansicht kein völkerrechtlicher, sondern nach wie vor ein kirchenrechtlicher Vertrag, der andern Regeln unterworfen ist als ein völkerrechtlicher Vertrag.

Schneider-Tübingen: Ich darf mir erlauben, nur noch einige kurze Hinweise zu geben. In den Mittelpunkt der beiden Referate haben die Berichterstatter gerückt das Verhältnis der auswärtigen Gewalt zum Parlament und das Verhältnis zum Föderalismus. Darüber sind manche anderen Dinge etwas zu kurz gekommen, weil „auswärtige Gewalt" nur als treaty-making-power verstanden wurde. So ist z. B. eine Frage, die mich interessiert hätte, nicht berührt worden: ob und inwieweit die auswärtige Gewalt auch ein Teil der Verwaltung ist, also nicht bloß zur Regierung und zur Gesetzgebung gehört, ob und inwieweit also Grundsätze des allgemeinen Verwaltungsrechts anwendbar sind in bezug auf diejenigen Akte, die im Bereich der auswärtigen Gewalt vorgenommen werden.

Dann etwas anderes. Herr Menzel hat in den Thesen und dem Referat die Meinung vertreten, daß Entschließungen des Bundestages zu außenpolitischen Fragen dann, wenn sie in Forderungen an die Regierung ausmünden, als verbindliche Weisungen an die Exekutive, also praktisch an den Bundeskanzler gerichtet, aufzufassen seien. Ich bedauere, mich dieser Auffassung nicht anschließen zu können. Es ist keine neue Erscheinung, die jetzt erst in der parlamentarischen Praxis üblich geworden wäre, solche Entschließungen zu fassen. Genau so wie zu innenpolitischen Fragen solche Appelle oder Beschlüsse politische Demonstrationen sind, die keine verbindliche Kraft haben, gilt das hier für die außenpolitischen Dinge. Wenn der Bundeskanzler einer solchen Entschließung Rechnung tragen will, dann wird er es tun; wenn er es nicht will, so mag ihn das Parlament u. U. durch konstruktives Mißtrauensvotum stürzen. Eine verfassungsrechtliche Verpflichtung, dem parlamentarischen Programmbeschluß zu folgen, kann ich nicht anerkennen.

Dagegen würde ich Herrn Menzel beipflichten, wenn er sich gegen Herrn Grewe gewandt hat, der sich gegen die Vorstellung sträubte, daß die Mitwirkung des Bundestags und des Bundesrats (von dem hier kaum die Rede gewesen ist) Teilnahme an der Ausübung auswärtiger Gewalt sei. Herr Mosler hat ja schon gesagt, das sei eben eine Art „Mitwirkung". Man braucht nicht an dem

Wort zu kleben. Es ist aber doch wichtig, sich darüber klar zu werden, daß es sich um Ausübung der auswärtigen Gewalt handelt, jedenfalls nicht um Gesetzgebung. Das scheint mir das Wichtige zu sein. Wenn sich auch im Rahmen des Artikels 59 Abs. 2 bei der Zustimmung zu außenpolitischen Verträgen diese Mitwirkung vollzieht in der Form einer Gesetzgebung, so bedeutet das doch nur eine Verweisung auf die Form, auf die Methode, drückt aber nicht aus eine Bezugnahme auf den materiellen Umfang der Gesetzgebungsbefugnis, also der Befugnisse, die sonst dem Bundestag und dem Bundesrat bei den verschiedenen Materien zustehen mögen. Ich glaube, da würde mir Herr Grewe auch zustimmen, daß die Benutzung der Gesetzgebungsform für die Zustimmung zu internationalen Verträgen doch nicht dazu führt, daß hier etwa Bundestag und Bundesrat als Gesetzgeber tätig werden. Sie sind da etwas anderes, und das würde ich doch bezeichnen als: Mitträgerschaft an der Ausübung außenpolitischer, äußerer Gewalt.

Die Bedenken, die Baron von der Heydte angemeldet hat, daß der von Grewe beschrittene Weg zu einem schlechten Ende führe — Bedenken, die er ja auch jetzt gegen mich erheben könnte —, möchte ich nicht teilen. Ich glaube doch sicher zu sein, daß Herr Grewe auch sagen würde: niemals erlaubt der Artikel 59 und auch nicht der Artikel 24, daß etwa der Bestand der Bundesrepublik als solcher und der durch den Artikel 79 geschützte Verfassungskern angetastet werden kann. Soweit es sich dagegen um sonstige, nicht zu dem Verfassungskern gehörende, also nicht unangreifbare Verfassungsbestandteile handelt, erlaubt allerdings der Artikel 24 Änderungen des innerstaatlichen Gefüges der Bundesrepublik. Insoweit besitzt eben die Bundesrepublik durch den Artikel 24 eine nach bestimmter Richtung hin elastische (ich will nicht gerade sagen: labile) Verfassungsorganisation.

Erich Kordt-Köln und Düsseldorf: Ich bin zwar nicht ganz so erschreckt wie einige meiner Herren Vorredner über einige Meinungsäußerungen darüber, wie wenig die „Bundesstaatliche Gestaltung" auf die Ausübung der auswärtigen Gewalt rückwirken soll, aber ich bin doch ein wenig betrübt. Die aus dem Ausland zitierten Beispiele bringen m. A. nicht derart klar zum Ausdruck, daß in der Tat seitens des Bundes nach Belieben mit dem bundesstaatlichen Zuständigkeitskatalog verfahren werden kann. Wenn ich richtig unterrichtet bin, ist die Frage in den Vereinigten Staaten noch nicht endgültig entschieden. Ich habe allerdings bisher nur in der Presse die Diskussion über das Bricker-Amendment verfolgen können. Daraus geht aber hervor, daß man in den USA nicht nur de lege ferenda, sondern auch de lege lata nicht der Auffassung ist, daß der Bund ohne weiteres über die Kompetenzen, die Hoheitsrechte der „states", verfügen kann. Man bezieht sich zur Stützung dieser Behauptung wohl allgemein auf ein Urteil, das, wenn ich mich recht entsinne, in bezug auf ein Abkommen mit Kanada über „Migration of Birds", also über Zugvögel, ergangen ist. Ich glaube nicht, daß man leicht ein Abkommen finden kann, das weniger politischen Charakter hat als dieses. Es liegt also wohl noch keine ganz eindeutige Entscheidung vor.

Sodann stellt sich die Frage der Abgrenzung der Kompetenzen doch auch ganz deutlich im Zusammenhang mit der sog. „Integration", im Zusammenhang mit der Übertragung von Hoheitsrechten der Länder auf supranationale Organisationen. Diese üben ja immerhin eine Art von Gesetzgebungsrecht aus, zwar keine direkte Bundesgesetzgebung, aber doch eine Gesetzgebung, die innerhalb der Bundesrepublik wirksam ist. An dieser Art von Gesetzgebung, die beispielsweise durch die Hohe Behörde der Montanunion vorgenommen wird, wirken bei der politischen Willensbildung zwar der Bundestag und die Bundesregierung mit, nicht aber der Bundesrat. Von einem der Herren Referenten wurde ihm mehr oder weniger der Charakter eines ausschließlichen Bundesorgans gegeben. Es ist aber immerhin gleichzeitig auch ein Gremium, das Länderinteressen wahrzunehmen hat. Bei der Montanunion ist nicht nur wichtig, daß hier Hoheitsrechte abgetreten wurden, sondern daß in der intensivsten Weise auch in die Verwaltung und in die ganze Politik der Länder eingegriffen werden kann. Man muß sich bloß einmal vorstellen, daß seitens der Organe der Montangemeinschaft zur Reduktion der Produktion die Schließung einer Anzahl von Bergwerken angeordnet werden kann. Wenn die betreffende Landesregierung hinterher erst aus der Zeitung davon erfahren würde, wäre es schwer, sich vorzustellen, wie sie überhaupt ihre Geschäfte durchführen könnte. Die Forderung der Länder auf Beteiligung an der politischen Willensbildung des Bundes, soweit dieser auf die Montangemeinschaft Einfluß nehmen kann, ist von der Bundesregierung, wie sich Herr Professor Mosler erinnern wird, durchaus anerkannt worden. Herr Professor Kaufmann hat in einem „Hearing" des Bundesrates seinerzeit ausdrücklich zugegeben, daß hier ein berechtigtes Anliegen der Länder vorliegt. Die Bundesregierung war in diesem Punkt ja auch zu gewissen Konzessionen bereit, sogar bereit, selbst ein Gesetz einzubringen, in dem die Beteiligung des Bundesrates an der Erteilung von Instruktionen an den deutschen Vertreter im Ministerrat der Montangemeinschaft vorgesehen war. Dies zeigt, daß hier ein wirkliches Problem vorlag, das der Beachtung wert ist.

Dann noch eine andere Frage, die mich beschäftigt hat. Auswärtige Gewalt ist im Gegensatz zu den anderen Gewalten eine Angelegenheit, die mit „fremden Leuten" zu tun hat und nicht nur mit dem eigenen „Untertan". Man muß also untersuchen, wie die fremden Mächte die auswärtige Gewalt ausüben und auffassen. Gibt es nicht Staaten, die begrifflich gar keine auswärtige Gewalt haben? Ich denke dabei nicht an Staaten, die nicht souverän sind. Es gab aber in der Vergangenheit und vielleicht gibt es auch heute noch Staaten, die eigentlich kein „Ausland" kennen und anerkennen. Ich erinnere an die byzantinische Auffassung, wonach es die bewohnte Welt gäbe — nämlich das byzantinische Reich — und die „Wüste", oder die ursprüngliche islamitische Auffassung, die besagte, es gibt das „Haus des Islam" und das „Haus des Krieges". Auch der chinesische Kaiser Ch'ien Lung antwortete dem ersten britischen Abgesandten, der ihm die Anknüpfung diplomatischer Beziehungen vorschlug, dem Sinne nach, das sei unmöglich. Er nehme zwar die überbrachten Geschenke als Tributgeschenke entgegen. Aber selbstverständlich sei der britische König sein Untertan, mit dem er keine „auswärtigen" Beziehungen unterhalten könne. Er sei nun einmal der Herrscher der Welt.

Ich glaube, daß aus der Einstellung einiger Staaten gewisse Beschränkungen hinsichtlich der Ausübung der auswärtigen Gewalt ihnen gegenüber resultieren müssen. Dies gilt vor allem gegenüber totalitären Staaten. Eine Reihe von Verträgen können wohl mit ihnen abgeschlossen werden. Dazu gehören alle Verträge, die hauptsächlich in der Linie des Gegenseitigkeitsverkehrs und des „troc" — des Tauschhandels — liegen. Es ist aber meiner Ansicht nach eine rechtliche Frage, ob mit ihnen gewisse andere Verträge abgeschlossen werden können. Unser Grundgesetz bringt eindeutig zum Ausdruck, daß die Bundesrepublik keine „Selbstmorddemokratie" sein soll und darf. Infolgedessen darf also auch nicht die auswärtige Gewalt zum eigenen Selbstmord ausgeübt werden. Das Recht zu einem Vertragsschluß mit einem totalitären Staat, der dahin ginge, freie Wahlen durch diesen organisieren zu lassen, würde z. B. meiner Ansicht nach nicht innerhalb der „auswärtigen Gewalt" der Bundesrepublik liegen.

Menzel-Hamburg (Schlußwort): 1. Zunächst ein Wort der Korrektur: Herr Kollege Friesenhahn hat mich freundlicherweise darauf aufmerksam gemacht, daß meine Anführung der drei Urteile des Bundesverfassungsgerichts insofern eine Ungenauigkeit enthalte, als beim Petersberg-Urteil nicht der „politische Vertrag", sondern der „Vertrag mit einem auswärtigen Staat" zur Diskussion gestanden habe. Aber selbst diese Begründung scheint mir die Richtigkeit der These zu bestätigen, daß das Bundesverfassungsgericht den Kreis der dem Bundestag zur Mitwirkung nach Art. 59 Abs. 2 vorzulegenden Verträge so klein wie möglich zu halten bestrebt ist.

2. Nun einige Worte zum Integrationsrecht: Herr Kollege Klein hat in seiner Auseinandersetzung mit Herrn Grewe auf einige interessante Punkte des Integrationsproblems hingewiesen. Auch ich glaube, daß bei aller Anerkennung der Eigenart des Integrationsrechts kein Anlaß besteht, die Integrationsgewalt aus dem Bereich der Auswärtigen Gewalt auszuklammern. Bei der Integrationsgewalt kann es sich nur um eine Sonderform der Ausübung der Auswärtigen Gewalt handeln. Wir müssen m. E. anerkennen, daß es nur eine einheitliche „Außenfunktion" des Staates gibt und daher auch nach außen nur eine einheitliche Auswärtige Gewalt wirksam sein kann. Die Annahme einer selbständigen und etwa der klassischen „Auswärtigen Gewalt" gleichgeordneten Integrationsgewalt erscheint mir daher unberechtigt.

Eine andere Frage ist natürlich die nach dem Charakter der Integrationsverträge. Hier zeigen sich gegenüber den gewöhnlichen völkerrechtlichen Verträgen in der Tat erhebliche Verschiedenheiten:

Eine Eigenart der Integrationsverträge besteht darin, daß dem in den Präambeln skizzierten Zweck eine erhöhte Bedeutung zukommt. In der Satzung des Europarates war z. B. die Erörterung militärischer Angelegenheiten ausdrücklich ausgenommen. Als aber in der weiteren Entwicklung Auseinandersetzungen hierüber doch zweckmäßig erschienen, wurden alle Bedenken mit dem Hinweis auf den in der Präambel niedergelegten weiteren Integrationszweck beiseite geräumt. Integrationsverträge haben also die Eigentümlichkeit, daß Verstöße gegen den Vertragsinhalt dann nicht als Vertragsbruch gelten, wenn sie dem Integrationsziel dienen.

Oder man denke an die Frage der zeitlichen Geltung der Verträge, die bei gewöhnlichen völkerrechtlichen Vereinbarungen eine so große Rolle spielt. Bei Integrationsverträgen ist es jedoch im Grunde gleichgültig, ob sie für 10 oder 50 Jahre oder gar auf ewig abgeschlossen sind — so in der Satzung der Europäischen Gemeinschaft. Entweder gelingt die Integration oder sie gelingt nicht. Die Zeitklauseln vermögen daran nichts zu ändern.

Kennzeichnend ist daher auch, daß Integrationsverträge als solche nicht justiziabel sind, jedenfalls nicht in dem Sinn, daß auf ihre Erfüllung als Ganzes geklagt werden kann. Die Verletzung einzelner Bestimmungen mag gerichtlich gerügt werden können, aber das Entstehen oder Nichtentstehen einer politisch-organisatorischen Integration ist ein solches Politikum, daß es nicht durch Gerichtsspruch durchsetzbar ist. Die bisherigen Integrationsverträge enthalten daher auch bezeichnenderweise die Vorschrift, daß die Vertragsstaaten ungeachtet etwa sonst bestehender Bindungen den Internationalen Gerichtshof aus einem Integrationsvertrag nicht in Anspruch nehmen können.

Schließlich sei noch darauf hingewiesen, daß Integrationsverträge meist eine doppelte Änderungsmöglichkeit vorsehen: Einmal durch Einigung der Vertragspartner — hier besteht also eine absolute Parallele zu den gewöhnlichen völkerrechtlichen Verträgen —, dann aber auch durch ein weiteres Satzungsänderungsrecht, das auf den Beschlüssen der entsprechenden Gemeinschaftsorgane beruht.

Gerade hierbei wird der doppelte Charakter der Integrationsverträge deutlich sichtbar: Sie sind einerseits noch echte völkerrechtliche Verträge und unterliegen insoweit den hierfür ausgeprägten allgemeinen Regeln, andererseits stellen sie sich auch als Akte eines werdenden Verfassungsrechts dar und haben dieser besonderen Lage Rechnung zu tragen.

Daraus ergibt sich, daß den Integrationsverträgen in der Regel nur eine transitorische Wirkung zukommt. Mit zunehmender Intensität der Integration treten sofort Verschiebungen ein. Ob daher eine Analyse dieser Verträge unter dem allgemeinen Aspekt völkerrechtlicher Verträge zweckvoll erscheint, dürfte fraglich sein.

Wenn sich auch wesentliche Unterschiede in der Rechtsstruktur zwischen den gewöhnlichen völkerrechtlichen Verträgen und den Integrationsverträgen ergeben, erscheint es mir doch unberechtigt, innerstaatlich von einem besonderen Träger der Integrationsgewalt zu sprechen und ihn funktionell von den Organen zu trennen, die nach dem Verfassungsrecht zur Ausübung der Auswärtigen Gewalt berufen sind.

3. Zu dem Problem Exekutive und Legislative im Rahmen der Auswärtigen Gewalt darf ich auf Grund der Diskussion noch feststellen:

a) Zunächst ist mir noch nicht ganz klar, ob ich Herrn Grewe richtig dahin verstanden habe, daß er eine Teilnahme der Legislative an der Ausübung der Auswärtigen Gewalt für begrifflich oder dogmatisch ausgeschlossen hält. Vielleicht hat er die Freundlichkeit, hierauf in seinem Schlußwort nochmals einzugehen. Die Herren Diskussionsredner scheinen meiner Auffassung zugestimmt zu haben, daß auch die Legislative echte Akte der Auswärtigen Gewalt auszuüben berufen ist.

b) Den von Herrn Jellinek und Herrn Mosler zum Problem der Ratifikation von Verträgen gemachten Bemerkungen vermag ich nicht in vollem Umfang zuzustimmen. Ich bin hier wohl etwas mißverstanden worden: Im Referat wurde nicht ausgeführt, daß die parlamentarische Zustimmung in jedem Fall als Anweisung an die Exekutive aufzufassen ist. Es wurde vielmehr die Notwendigkeit einer Differenzierung hervorgehoben. Ich darf versuchen, dies am Beispiel eines Friedensvertrages zu verdeutlichen:

Nehmen wir also an, daß das Parlament — wahrscheinlich nach langwierigen Debatten — dem Inhalt eines Friedensvertrages zugestimmt hat. Soll es dann wirklich im freien Belieben der Regierung stehen, ob sie die weiteren Schritte zur Perfizierung des Vertrages unternimmt oder nicht? Eine ähnliche Lage ergibt sich beim Bundespräsidenten: Soll es ihm bei erfolgter Zustimmung des Parlaments und entsprechender Vorlage durch die Regierung freistehen zu sagen: Es mag ja sein, daß der Bundestag für den Friedensvertrag ist, und es mag auch sein, daß die Regierung diesen Standpunkt teilt, aber ich — der Bundespräsident — denke nicht daran, diesen Vertrag zu ratifizieren. Wäre eine solche Haltung mit der verfassungsrechtlichen Ordnung vereinbar?

Herr v. d. Heydte hat auf das Wesen des Ratifikationsvorganges und die Prüfungspflicht des Bundespräsidenten hingewiesen. Ich stimme ihm darin durchaus zu. Dieses Prüfungsrecht und diese Prüfungspflicht gilt aber nicht unbeschränkt. Der Bundespräsident kann m. E. die Ratifizierung nicht davon abhängig machen, ob er persönlich den Abschluß des Vertrages als zweckmäßig oder unzweckmäßig betrachtet. Diese Prüfungsmöglichkeit hat sich vielmehr nur auf die Verfassungsmäßigkeit des Inhalts und des Zustandekommens des Vertrages zu beschränken. Ein treffendes Beispiel hierfür ist ja das später allerdings zurückgezogene Verlangen des Bundespräsidenten nach gutachtlicher Äußerung des Bundesverfassungsgerichts in der Wehrbeitragsfrage. Der Bundespräsident hat also beim Entschluß über die Vornahme der Ratifikation — verwaltungsrechtlich gesprochen — kein freies Ermessen, sondern ein gebundenes Ermessen auszuüben.

Außerdem empfiehlt es sich, eine Differenzierung zwischen den „hochpolitischen" Verträgen (z. B. Friedensverträge, Bündnisse) und den bloßen „Routineverträgen" (z. B. Zusatzverträge zu Handelsverträgen) vorzunehmen. Im ersten Fall liegt die eigentliche Entscheidung ausschließlich beim Parlament. Die vom Bundestag erteilte Zustimmung stellt sich hier in der Tat als eine Anweisung an die Exekutive dar, in diesem Sinne zu handeln. Bei den Routineverträgen dagegen mag die parlamentarische Zustimmung als bloße Ermächtigung gedeutet werden, wodurch es in das Belieben der Regierung gestellt wird, wann — und möglicherweise sogar ob — sie den Vertrag zur völkerrechtlichen Geltung bringen will.

Für die Abgrenzung zwischen beiden Vertragstypen kann im Augenblick noch keine befriedigende Formel gegeben werden. Immerhin dürfte klar sein, daß auf dem Gebiet des Vertragsrechtes drei Stufen zu unterscheiden sind: die „hochpolitischen" Verträge, die üblichen Routineverträge und die bloßen Verwaltungsabkommen. Daß es hier noch nicht möglich ist, eine klare Abgrenzung anzugeben, bedeutet nicht, daß eine solche Unterscheidung unmöglich oder überflüssig wäre. Auch der Begriff der „politischen Verträge" im Sinne des Art. 59 Abs. 2 ist ja noch umstritten und bedarf ebenfalls noch der Klärung.

Eine solche Differenzierung würde aber manche der noch bestehenden Unklarheiten beseitigen und auch deutlich machen, daß es eine absolute Ratifizierungsfreiheit im Rahmen unserer verfassungsrechtlichen Ordnung nicht geben kann. Die Anerkennung einer völligen Ungebundenheit für die Exekutive in dieser Hinsicht würde die Entscheidung über die Verträge vollkommen verlagern, d. h. der Legislative völlig entziehen und sie ausschließlich in das Belieben der Exekutive stellen. Damit würde die in Art. 59 Abs. 2 angeordnete Mitwirkung des Parlaments praktisch ihren Sinn verlieren.

4. In der Diskussion wurde auch die Frage der Konkordate angeschnitten. Wenn dieses Problem im Referat nicht erwähnt wurde, so geschah dies, weil diese Verträge nach dem Willen des Verfassungsgesetzgebers nicht unter die Regelungen der Art. 32 und 59 GG fallen, die uns hier vornehmlich beschäftigt haben. Es handelt sich also nicht um die kontroverse Behandlung der Konkordate nach kirchlicher oder staatlicher Auffassung im Sinne der älteren Lehre, sondern darum, daß der Parlamentarische Rat — wie sich aus den Materialien unschwer ergibt — aus politischen Gründen eine Unterstellung der Konkordate unter diese Verfassungsvorschriften ausdrücklich abgelehnt hat. Sie sind also Verträge sui generis im Sinne der Vertragsregelungen des Grundgesetzes. Dies hindert nicht, daß sich die Vollziehung bestehender oder die Entstehung neuer Konkordate in völkerrechtlichen Bahnen bewegt. Aber im Grunde liegt diese Problematik der Konkordate nach dem Wunsch des Verfassungsgesetzgebers etwas an der Peripherie bei der Ausübung der Auswärtigen Gewalt, da die Regelungen der Art. 32 und 59 nicht zur Anwendung kommen. Demnach können z. B. die Länder auch ohne Genehmigung der Bundesregierung Konkordate schließen, jedenfalls soweit es Fragen ihrer ausschließlichen Gesetzgebungszuständigkeit betrifft. Desgleichen ist der Bund nicht gehalten, die zum Schutz der Länderinteressen getroffenen Regelungen (Art. 32 Abs. 2) zu beachten. Ebensowenig finden hier die Bestimmungen über das ausschließliche Gesandtschaftsrecht des Bundes Anwendung. Daß im übrigen hier trotz aller Lösung von den sonst für völkerrechtliche Verträge geltenden Bestimmungen noch einige Fragen unbeantwortet geblieben sind, die vielleicht schon in naher Zukunft akut werden, sei ausdrücklich festgestellt.

5. Herr Kollege Schneider hat dankenswerterweise auf das Problem des inneren Dienstrechtes bei der Ausübung der Auswärtigen Gewalt und die Geltung z. B. von verwal-

tungsrechtlichen Grundsätzen im Bereich der auswärtigen Verwaltung aufmerksam gemacht.

In diesem Zusammenhang darf zunächst darauf verwiesen werden, daß das Gesetz über die Haftung des Reichs für seine Beamten von 1910 eine Ausnahmevorschrift für die Beamten des Auswärtigen Dienstes insofern enthält, als die Haftung ausgeschlossen ist, wenn der Reichskanzler feststellt, daß das Verhalten des Beamten „politischen oder internationalen Rücksichten entsprochen hat“ (§ 5).

Hier wird eine interessante Einwirkung des Aspekts deutlich, unter dem der Bereich der Auswärtigen Gewalt gesehen werden muß: Es handelt sich gewissermaßen um die Betrachtung des Staates von außen. Dies macht in vielen Fällen eine Übertragung der für den innerstaatlichen Bereich erlassenen Regelungen unmöglich oder verlangt zum mindesten Modifizierungen. Es wäre sicher verdienstvoll, wenn diese Frage genauer untersucht würde.

Erschwert werden Feststellungen dieser Art freilich durch die Tatsache, daß sich Deutschland auf diesem Gebiet als ausgesprochen gesetzesscheu erweist. Aus dem Referat von heute morgen war zu erkennen, welche Gründe dafür maßgebend sind. Ausländische Staaten haben in dieser Hinsicht viel intensivere Regelungen getroffen und vor allem das Dienstrecht des Auswärtigen Dienstes umfassend geregelt. Ich brauche hier nur an den Rogers Act der Vereinigten Staaten zu erinnern. Auch die zahlreichen englischen und amerikanischen Gesetze über die Privilegien und Immunitäten der Diplomaten und der internationalen Funktionäre beweisen dies nur zu deutlich. Für die deutsche Situation ist kennzeichnend, daß mit einer kleinen Änderung das Bundeskonsulargesetz von 1867 noch in Kraft ist. Es führt nun seinen alten Titel („Bund“) wieder zu Recht. Aber ist es nicht erstaunlich, daß dieses nunmehr über 80 Jahre alte Gesetz immer noch die einzige gesetzliche Regelungsgrundlage für diesen Zweig des Auswärtigen Dienstes bildet? In diesen 80 Jahren hat sich die Welt immerhin etwas verändert, selbst der Auswärtige Dienst hat andere Formen angenommen, aber immer noch gilt dieses Gesetz. Es besteht kein Zweifel darüber, daß wir hier mit der Entwicklung keineswegs Schritt gehalten haben. Da dieses Gesetz sich außerdem noch dadurch auszeichnet, daß wesentliche Tatbestände ungeregelt geblieben sind, bleibt alles der ad hoc-Regelung durch die Exekutive vorbehalten, was im Interesse der Rechtsklarheit und Rechtssicherheit bedauerlich ist. Die Anregung von Herrn Schneider, diesen Fragen einmal genauer nachzugehen, kann daher nur begrüßt werden.

6. Abschließend darf ich nochmals kurz zu den Fragen Bund und Länder im Bereich der Auswärtigen Gewalt Stellung nehmen:

Die Diskussion hat ergeben, daß der Hauptpunkt der Kontroverse die Frage darstellt, ob der Bund völkerrechtliche Verträge nur über die Materien schließen kann, für die ihm die Gesetzgebungskompetenz zusteht und ob er sich aller Akte zu enthalten hat, die den Bereich der ausschließlichen Gesetzgebungszuständigkeit der Länder betreffen (Art. 32 Abs. 3).

Ich muß gestehen, daß diejenigen Herren Vorredner, die von einer Beschränkung der durch den Bund ausgeübten Auswärtigen Gewalt auf den Bereich der Bundesgesetzgebung ausgehen, mich nicht zu überzeugen vermocht haben.

Meine Auffassung gründet sich auf folgende Auslegung des Art. 32 Abs. 3, die im Zusammenhang mit Abs. 1 vorzunehmen ist:

In Art. 32 Abs. 1 wird grundsätzlich dem Bund die Zuständigkeit für den Bereich der Auswärtigen Gewalt zugewiesen. Abs. 3 schreibt hierzu als Ausnahme vor, daß auch die Länder das Vertragsabschlußrecht haben, wenn es sich um Gegenstände ihrer Gesetzgebungszuständigkeit handelt. Damit ist doch keineswegs gesagt, daß sie das ausschließliche Abschlußrecht haben. Sie haben vielmehr dieses ausnahmsweise und gegen die Allgemeinregel des Abs. 1 gewährte Recht nur neben der insofern bestehenbleibenden Zuständigkeit des Bundes. Es handelt sich also um eine konkurrierende Zuständigkeit. Mithin kann zwar auch das Land, aber ebenso auch der Bund Verträge schließen über Materien der Landesgesetzgebung. Daß der umgekehrte Fall — Länderverträge über Materien der Bundesgesetzgebung — nicht möglich ist, liegt auf der Hand. Daß auf dem Gebiet der Auswärtigen Gewalt immer mit einer Präponderanz des Bundes zu rechnen ist, ergibt sich auch unschwer aus Abs. 2, der selbst bei Verträgen, die Länderinteressen berühren, kein echtes Zustimmungs-, sondern nur ein Anhörungsrecht zugunsten der Länder statuiert.

Es ist also keineswegs so, daß der Bund völkerrechtliche Verträge nur über Angelegenheiten der Bundesgesetzgebung und die Länder nur über Materien ihrer Gesetzgebungszuständigkeit mit anderen Staaten schließen können, sondern der Bund kann sowohl über Bundes- wie auch über Landesrechte disponieren, dagegen können die Länder nur — außerdem die Zustimmung der Bundesregierung vorausgesetzt — über ihre eigenen Rechte vertraglich verfügen.

Jede andere Auslegung verkennt m. E. den inneren Zusammenhang zwischen den Absätzen 1 und 3 und beachtet nicht, daß es ein Leichtes gewesen wäre, die gegenteilige Ansicht — Vertragsabschlußrecht nach Gesetzgebungskompetenz — klar zum Ausdruck zu bringen. Da sogar der ursprüngliche Vorschlag in dieser Richtung ging, wird man gerade aus dem Abgehen von der ursprünglichen Fassung schließen dürfen, daß die hier gekennzeichnete Auslegung zutreffend ist.

Bei dieser Sachlage bedarf es daher m. E. auch nicht des von Herrn Mosler angedeuteten Umweges über den Gedanken des Rechtsmißbrauchs gegenüber widerstrebenden Ländern und der Anwendung des Bundeszwanges. Daß der Bund — allerdings unter Wahrung der ihm den Ländern gegenüber obliegenden Treupflicht — über Länderrechte verfügen kann, ergibt sich somit unmittelbar aus Art. 32 Abs. 1, nicht dagegen aus Art. 73. Es bleibt natürlich immer eine politische und psychologische Frage, in welchem Umfange er von diesem Recht Gebrauch macht. Daß er seinerseits sich des Rechtsmißbrauchs schuldig machen würde, wenn er unter Mißbrauch seiner völkerrechtlichen Gesamtvertretungsmacht den föderativen Aufbau der Bundesrepublik zerstören und etwa das Gesetzgebungsrecht der Länder aushöhlen würde, versteht sich von selbst.

In diesem Zusammenhang sei abschließend noch eine für den Bereich der Auswärtigen Gewalt kennzeichnende terminologische Eigenheit erwähnt:

Geht man von der Frage aus, wen vertritt eigentlich ein deutscher Auslandsvertreter — ein Botschafter oder Konsul —, wen vertritt aber auch der Bundespräsident bei der Wahrnehmung seiner völkerrechtlichen Zuständigkeit nach Art. 59 Abs. 1, so kann die Antwort doch nur lauten, daß hier Bundesgewalt und Ländergewalten gemeinsam vertreten werden, d. h. die Gesamtheit der Bundesrepublik. Unter dem Gesichtspunkt der Vertretung nach außen findet nämlich die innerstaatlich durch den föderativen Aufbau bedingte Rivalität zwischen Bundesgewalt und Ländergewalt ihre Begrenzung. Überall dort also, wo im Grundgesetz von „Bund" im Zusammenhang mit der Ausübung der Auswärtigen Gewalt die Rede ist — z. B. in Art. 24 Abs. 1, Art. 26, Art. 59 Abs. 1 — und nicht ausdrücklich eine Gegenüberstellung mit der Ländergewalt erfolgt — wie in Art. 32 Abs. 2 und 3 —, muß „Bund" in diesem Sinne der Gesamtheit der Bundesrepublik (Bundesgewalt und Ländergewalt) verstanden werden. Dies gilt infolgedessen auch für die Grundsatz-Regelung des Art. 32 Abs. 1. Auch diese Erwägung zwingt dazu, den Ausnahmentatbestand des Art. 32 Abs. 3 eng auszulegen, d. h. im Sinne der nur ausnahmsweise eröffneten Länderzuständigkeit neben der aber generell daneben bestehenbleibenden Zuständigkeit des Bundes nach Art. 32 Abs. 1.

Indem ich der Hoffnung Ausdruck gebe, daß die Erörterungen über Bund und Länder zugunsten der viel wichtigeren Problematik Exekutive und Legislative im Bereich der Auswärtigen Gewalt bald in den Hintergrund treten mögen, darf ich meine Ausführungen schließen mit einem Dank für die außerordentlichen Anregungen der Diskussion und einem besonderen Dank an Herrn Grewe dafür, daß er meine Kritik an seiner Auffassung mit bewährter hanseatischer Gelassenheit aufgenommen hat.

Grewe-Freiburg (Schlußwort): Ich werde natürlich nur versuchen können, eine kleine Auswahl aus der Fülle der Fragen aufzugreifen, die in der Diskussion vorgetragen worden sind. Ich darf mich dabei im großen und ganzen an das Aufbauschema des Korreferats von Herrn Menzel halten, dem ich auch im übrigen besonders dankbar bin, daß er sich in der kurzen Zeit, die ihm nach Zugänglichmachung meiner Thesen noch zur Verfügung stand, so rasch hineingedacht hat in den Gedankengang, den ich hier vortragen wollte, daß ein echtes Korreferat daraus entstanden ist; ich darf demgemäß zunächst mit der grundsätzlichen, dogmatischen Frage beginnen, nämlich mit der Frage, wo die auswärtige Gewalt im Gewaltensystem des Staates zu placieren ist. Ich möchte im ganzen dieser Frage (ich glaube, auch Herr Mosler hat das schon angedeutet) kein allzu großes Gewicht beimessen; es handelt sich ja um eine logisch-konstruktive, teilweise auch überhaupt nur terminologische Frage, und ich glaube, man sollte diese Fragen nicht allzu sehr überspitzen. Ich darf zunächst mit der Würdigung eines Arguments beginnen, das Herr Menzel vorgetragen hat, nämlich: daß ja doch aus dem Artikel 26 hervorgehe, daß der Verfassungsgesetzgeber hier offenbar eine Kompetenz der auswärtigen Gewalt ausgeübt habe, indem er durch den Artikel 26 der Außenpolitik der Bundesregierung eine bindende Richtlinie gezogen habe. Man könnte dieses Argument auch ergänzen durch einen Hinweis auf die Präambel des Grundgesetzes. Die Präambel des Grundgesetzes hat ja auch zweifellos der auswärtigen Politik der Bundesregierung eine bindende Richtlinie gezogen, nämlich in dem Sinne, daß die Bundesrepublik in ihrer Außenpolitik verpflichtet ist auf die beiden grundlegenden Ziele der Wiederherstellung der deutschen Einheit und der europäischen Einigung. Das ist allgemein als eine durchaus bindende Richtlinie anerkannt worden; hier liegt in der Tat auch eine Beschränkung der Richtlinienkompetenz des Bundeskanzlers aus Artikel 65 vor. Dem ist durchaus zuzustimmen; allerdings glaube ich, daß die Konsequenzen, die Herr Menzel daraus gezogen hat, nicht gezogen werden dürfen, denn hier ist eben doch ein entscheidender Unterschied zwischen dem Verfassungsgesetzgeber und dem einfachen Gesetzgeber zu machen. Die Lehre von der Placierung der auswärtigen Gewalt, wie ich sie vorgetragen habe, bezieht sich doch nur auf das System der konstituierten Gewalten und kann infolgedessen keine Anwendung finden auf den Verfassungsgesetzgeber, der über diesem Gewaltensystem steht. Mit diesem aus Art. 26 gewonnenen Argument kann man infolgedessen nicht zu den Konsequenzen gelangen, die Herr Menzel daraus hat ziehen wollen. — Eine andere Frage, die er in diesem Zusammenhang angeschnitten hat, nämlich die politischen Resolutionen des Bundestages und die Frage ihrer bindenden Wirkung, ist in der Diskussion bereits erörtert worden; ich darf mich da an meine Herren Vorredner anschließen, insbesondere auch an das, was Herr Kollege Schneider gesagt hat. Ich glaube auch, daß politische Resolutionen des Bundestages nichts Neues sind, daß sie auf jeden Fall keine rechtlich verpflichtende Wirkung für die Bundesregierung haben können und daß der Artikel 65 des Grundgesetzes solchen Resolutionen gegenüber den Vorrang hat. Selbstverständlich sind solche Resolutionen des Bundestages ein politisches Faktum, und sie können darüber hinaus auch eine moralische Bindung der Bundesregierung bewirken; aber eine rechtliche Bindung an solche außenpolitischen Resolutionen besteht m. E. nicht; das würde das ganze Gewaltenteilungssystem umstürzen, das das Grundgesetz geschaffen hat. Im Zusammenhang damit darf ich mich einer Ansicht anschließen, die schon in der Diskussion vertreten worden ist: auch ich bin der Meinung, daß die Zustimmung des Bundestages und der gesetzgebenden Körperschaften zu einem Vertrage eine Ermächtigung zur Ratifikation darstellt, aber keine Verpflichtung, so daß durchaus die Möglichkeit besteht, daß ein Vertrag, der bereits die Zustimmung des Bundestages gefunden hat, hinsichtlich seiner Ratifikation verzögerlich behandelt wird oder daß es überhaupt zu einer Ratifikation nicht kommt.

Herr Menzel hat nun weiterhin versucht, den Artikel 59 Abs. 2 und die dort vorgeschriebene Zustimmung der gesetzgebenden Körperschaften unter den Gesichtspunkt zu rücken, daß man hier noch eine Unterscheidung treffen müsse zwischen „hochpolitischen" Akten und politischen Verträgen geringerer Qualität. Ich muß gestehen, daß ich nicht recht sehe, wie man diese Unterscheidung aus dem Grundgesetz herleiten kann, und ich zweifele auch daran, daß man dieser Unterscheidung die nötige Konkretisierung zu geben vermag. Mir scheint, daß man mit einer solchen Unterscheidung doch in ziemlich uferlose Ermessensentscheidungen hineingeraten müßte, wenn zu entscheiden wäre, ob ein Akt als „hochpolitisch" in diesem Sinne zu qualifizieren ist oder nicht. Darf ich in diesem Zusammenhang, in dem das Petersbergabkommen erwähnt wurde und als ein Argument gegen meine Deutung des Artikels 59 Abs. 2 eingewandt wurde, daß möglicherweise dann vielleicht auch der Bonner Vertrag auf diesem Wege hätte geschlossen werden können, nur kurz erwähnen, daß diese Möglichkeit am Anfang der Verhandlungen über den Bonner Vertrag auf deutscher Seite intern sehr eingehend diskutiert worden ist — vielleicht auch auf alliierter Seite, dafür sprechen gewisse Indizien. Es ist von deutscher Seite von Anfang an entscheidender Wert darauf gelegt worden, klarzustellen, daß eine solche Form des Vertragsschlusses in diesem Falle überhaupt nicht in Frage kommen könne. Der Bonner Vertrag geht ja über das System des Besatzungsrechts gerade hinaus, während das Petersbergabkommen ein Abkommen ist, das innerhalb dieses Systems verbleibt. Ich glaube, daß man den Bonner Vertrag niemals auf diesem Wege hätte abschließen können und daß die Form des Petersbergabkommens überhaupt eine Form ist, die der Vergangenheit angehört.

Zu den Fragen Krieg — Frieden usw. hat Herr Menzel besonders auf die Gefahren aufmerksam gemacht, die sich aus dem Artikel 123 des EVG-Vertrages vielleicht ergeben könnten, z. B. auf die Möglichkeit, daß hier der Bundeskanzler u. U. durch eine Weisung an den deutschen Vertreter im Ministerrat der EVG die Entscheidung über Krieg und Frieden ohne eine ausreichende Kontrolle ausüben könnte. Natürlich, das ist ein Problem, das ich ja auch angedeutet habe; diese Weisung, die der Bundeskanzler hier geben würde, ist nichts anderes als die allgemeine Entscheidung, die in dem jus belli enthalten ist, und ich stimme mit dem Herrn Korreferenten darin überein, daß hier gewisse Verfassungsergänzungen verfassungspolitisch ganz unabweisbar sein werden. Auch diese Weisung an den deutschen Vertreter im Ministerrat der EVG muß im übrigen natürlich bei dem Katalog der Tatbestände berücksichtigt werden, den ich heute morgen aufzustellen versuchte. Dabei muß man im Auge behalten, daß der EVG-Vertrag ein Vertrag ist, der eine Entscheidung für den Einsatz der Streitkräfte nur im Falle eines Angriffes zuläßt. Auch hier ist also die verfassungsmäßige Beschränkung des jus belli berücksichtigt, die im Artikel 26 festgelegt ist.

Herr Kollege Merk ist auf die Frage der völkerrechtlichen Gültigkeit innerstaatlich fehlerhafter Verträge noch einmal eingegangen, oder genauer gesagt, auf die Frage der völkerrechtlichen Gültigkeit von Verträgen, bei denen die Erfüllung der innerstaatlichen Voraussetzungen zweifelhaft ist. Er hat wieder darauf verwiesen, daß aus den Verhandlungen des Parlamentarischen Rates nichts hervorgehe, was auf eine abweichende Meinung, auf einen abweichenden Willen gegenüber dem Willen des Verfassungsgebers von 1919 schließen lasse. Ich muß demgegenüber noch einmal wiederholen, daß es auf den Willen des deutschen Verfassungsgesetzgebers hier gar nicht ankommt; es handelt sich um eine Frage, die von völkerrechtlichen Gesichtspunkten beurteilt werden muß, und sie kann mit jenem Argument aus den Materialien des Grundgesetzes nicht abschließend beantwortet werden. Mir scheint, daß im ganzen diese Frage doch unter dem Gesichtspunkt zu beantworten ist, ob einem fremden Staat, mit dem ein völkerrechtlicher Vertrag abgeschlossen wird, zugemutet werden kann, sich in die in den meisten Fällen außerordentlich schwierigen Auslegungsprobleme hineinzuvertiefen, die sich ergeben, wenn die innerstaatlichen Abschlußkompetenzen des anderen Vertragspartners geprüft werden müssen. Das ist ja das bekannte, keineswegs neue Argument, das mir aber doch von ganz entscheidender Bedeutung zu sein scheint, und das, wenn ich recht sehe, in der Völkerrechtslehre in neuerer Zeit überwiegend zu der Auffassung geführt hat, daß solche innerstaatlich fehlerhaften Verträge dann jedenfalls als gültig angesehen werden müssen, wenn der Vertragspartner die innerstaatliche Fehlerhaftigkeit nicht kannte oder kennen mußte.

Der Verlauf der Diskussion nötigt mich, am Schluß des ersten Abschnittes noch einmal auf die Ausgangsfrage zurückzukommen, wie die auswärtige Gewalt im Gewaltensystem zu placieren ist. Vielleicht habe ich sie etwas pointiert der Exekutive zugewiesen. Ich glaube, daß man daraus noch nicht die Schlußfolgerung ziehen darf, die Herr Kollege von der Heydte gezogen hat, daß nämlich damit die ganze Verfassungsordnung zur Disposition der Regierung gestellt würde. Schließlich hat das ja wohl auch solchen Staatsdenkern wie Constant und anderen, auf die ich mich bezogen habe, ziemlich fern gelegen, und ich habe mich ja doch durchaus mit dieser Theorie auf einem gesicherten, konstitutionell-rechtsstaatlichen Boden bewegt. Das Stichwort „Absolutismus", das Herr Nawiasky etwas beschwörend in die Debatte geworfen hat, scheint mir denn doch nicht ganz am Platze zu sein, wenn man an die Lehre eines Klassikers des parlamentarischen Regierungssystems anknüpft, zu der sich auch das Bundesverfassungsgericht bekennt. Herr Schneider hat auf einen sehr wichtigen Gesichtspunkt aufmerksam gemacht, wenn er gesagt hat, diejenigen Kompetenzen, die etwa der Bundestag ausübt, wenn er einem politischen Regelungsvertrag zustimmt, seien jedenfalls keine Gesetzgebung, und wenn er die Frage aufgeworfen hat, ob man das eben nicht doch als „auswärtige Gewalt" qualifizieren müsse. Ich glaube, es sind hier im Grunde nur noch terminologische Unterschiede unserer Auffassung festzustellen. Die Funktionen, die der Bundestag bei einem solchen Zustimmungsgesetz ausübt, sind natürlich keine Funktionen der Legislative; es handelt sich um eine Kontrollfunktion hinsichtlich der auswärtigen Gewalt. Ob man das nun in den Bereich der auswärtigen Gewalt selbst mit hineinzieht oder nicht, scheint mir, wie gesagt, letztlich doch nur noch ein terminologisches Problem zu sein.

Ich darf dann zu dem zweiten Komplex übergehen, zu dem, was Herr Menzel in seinem Aufbauschema die „integrationsrechtlichen Probleme" genannt hat. Hier hat Herr Kollege Klein ein scheinbar sehr gewichtiges Argument in die Debatte geworfen; er hat gemeint, daß der Artikel 24 eben doch sehr klar und eindeutig sage, daß die Übertragung von Hoheitsrechten auf zwischenstaatliche Einrichtungen durch Gesetz erfolge, daß insofern ein

Widerspruch in meiner Auffassung liege, die die Integrationsgewalt der auswärtigen Gewalt zugerechnet habe. Ich glaube, daß Herr Kollege Klein recht hätte, wenn das Grundgesetz sich hier präzis ausgedrückt hätte; aber darüber besteht im allgemeinen doch wohl Einmütigkeit, daß der Text des Artikel 24 hier durchaus unkorrekt ist und daß die Übertragung von Hoheitsrechten eben nicht „durch Gesetz" erfolgt, sondern daß sie durch Vertrag auf Grund eines Gesetzes erfolgt. Ich glaube, daß insofern der von Herrn Kollegen Klein gerügte Widerspruch doch nicht besteht.

Herr Klein hat weiter die Frage aufgeworfen, ob man bei supranationalen Institutionen überhaupt noch von einer auswärtigen Gewalt sprechen könne. Das mag auf weitere Sicht in der Tat fraglich werden. Im ganzen ist, glaube ich, die überwiegende Meinung im Augenblick noch die, daß die supranationalen Gebilde in ihrer heutigen Struktur noch mehr völkerrechtlicher als föderativer Natur sind und daß es insofern doch gerechtfertigt ist, in diesem Bereich von „auswärtiger Gewalt" zu sprechen.

Darf ich dann gleich zu dem dritten Komplex übergehen, zum Problem der föderativen Rechte, zu den föderativen Problemen. Ich habe diesen Komplex in meinem Referat ganz besonders stark zusammengerafft, weil ich glaubte, in Zeitdruck zu sein; einen freundlichen Informationszettel des Vorstandes, daß ich mir Zeit lassen könnte, weil Herr Menzel erst am Nachmittag sprechen würde, habe ich mir, da ich gar nicht auf die Idee kam, daß vom Vorstandstisch zu diesem späten Zeitpunkte noch etwas anderes als ein herber Tadel kommen könnte, gar nicht angesehen und infolgedessen einen gewissen Teil meines Referates am Schluß unterdrückt. Ich muß zugeben, daß meine Thesen (besonders auch die in den Leitsätzen formulierten) vielleicht etwas abrupt wirken, weil eine Reihe von einschränkenden und begrenzenden Klauseln meines Manuskripts auf diese Weise unter den Tisch gefallen sind. Ich wollte besonders auf einige amerikanische Entscheidungen verweisen, die von vornherein klargestellt haben, daß die Vertragsgewalt des Bundes stets gewissen wesentlichen verfassungsmäßigen Bindungen unterworfen bleibt. Ich darf besonders an jene Entscheidung erinnern, die der viel diskutierten Entscheidung Missouri vs. Holland voraufgegangen ist; ich meine die Entscheidung Geoffrey vs. Riggs aus dem Jahre 1890, in der damals Justice Field den Versuch unternahm, gewisse letzte immanente Schranken der Vertragsgewalt zu umschreiben, und zwar in folgender Weise: „Die Vertragsgewalt, wie sie in der Verfassung zum Ausdruck kommt, ist dem Wortlaut nach unbeschränkt, mit Ausnahme jener Einschränkungen, die sich in dieser Urkunde selbst gegen die Handlungsbefugnis der Regierung und ihrer einzelnen nachgeordneten Organe finden, und jener weiteren Einschränkungen, die sich aus der Natur der Regierung selbst und der Natur der Einzelstaaten ergeben. Es wird nicht behauptet werden, daß sie so weit geht, zu erlauben, was die Verfassung verbietet, oder einen Wechsel der Regierungsform des Bundes oder eines Gliedstaates oder die Abtretung eines Gebietsteils eines Gliedstaates ohne dessen Einwilligung zu gestatten. Aber abgesehen von diesen Ausnahmen läßt sich keine Schranke für die Gegenstände entdecken, die durch die Vertragsgewalt des Bundes geregelt werden können . . .". Hier war immerhin schon angedeutet, daß selbstverständlich auch die Vertragsgewalt einschneidenden verfassungmäßigen Bindungen unterliegt; ich hatte ja auch schon darauf hingewiesen, daß in der schweizerischen Praxis die Bindung an die Grundrechte stark betont wird. In der amerikanischen Praxis wird besonders auf die due process of law-Klausel hingewiesen. Insofern glaube ich doch, daß die Auffassung, die ich hier vorgetragen habe, bei einer vernünftigen Begrenzung und Absicherung keineswegs zur Aushöhlung der föderativen Ordnung führen müßte. Ich stimme durchaus der Auffassung zu, die Herr Hugelmann hier vorgetragen hat und die auch in den Äußerungen von Herrn Nawiasky zum Ausdruck kam, daß man diese Probleme natürlich nicht „wunschrechtlich" lösen darf, um hier einen in der früheren Literatur häufig gebrauchten Ausdruck zu zitieren. Herr Nawiasky hat mir besonders zum Vorwurf gemacht, daß ich in der Entscheidung des Problems der Komplementärbefugnis des Bundes nach politischen Zweckmäßigkeitsgesichtspunkten verfahren sei. Nun scheint mir die Lage im ganzen doch so zu sein, daß der Text des Grundgesetzes uns in dieser Frage einfach im Stiche läßt. Wir können aus dem Text des Grundgesetzes selbst nicht entnehmen, wie die Frage dieser Komplementärgesetzgebungsbefugnis des Bundes aufzufassen ist. Ich glaube, daß die Entstehungsgeschichte und auch der Artikel 32 Abs. 3 ziemlich klar dafür sprechen, daß die Vertragsgewalt des Bundes jedenfalls nicht an die Gesetzgebungskompetenz gebunden sein soll. Der Artikel 32 Abs. 3, der von Herrn Merk und von Herrn Nawiasky in diesem Zusammenhang besonders hervorgehoben worden ist, behält auch bei meiner Auffassung seinen guten Sinn, denn selbstverständlich können auch nach meiner Auffassung die Länder auf dem Gebiete der ausschließlichen Landeszuständigkeit gemäß Artikel 32 Abs. 3 dann Verträge schließen, wenn der Bund von seiner konkurrierenden Vertragsgewalt nicht schon Gebrauch gemacht hat. Der Artikel 32 Abs. 3 bedeutet also, daß hier eine konkurrierende Vertragsgewalt zwischen Bund und Ländern statuiert wird, und darin liegt sein konkreter Sinn. Ich glaube daher, daß ich den Artikel 32 Abs. 3 keineswegs vernachlässige oder vergewaltige, wenn ich an meiner Auffassung festhalte. Daß die Formel des Herrenchiemsee-Entwurfes aufgegeben worden ist, ist doch immerhin ein sehr starkes Argument, und ich kann nicht sagen, daß ich von den Herren Diskussionsrednern in diesem Punkte überzeugt worden bin, daß hier der Verfassungsgeber nicht tatsächlich von der traditionellen Auffassung hat abgehen wollen, wonach Vertragsgewalt und Gesetzgebungskompetenz nach den gleichen Grundlinien abzugrenzen waren.

Herr Kordt hat darauf hingewiesen, daß die Frage auch in den Vereinigten Staaten noch nicht ganz ausgetragen sei. Ich glaube, das ist vollkommen richtig, die Entscheidung Missouri vs. Holland z. B. ist gerade in den letzten Jahren wieder durchaus umkämpft. Ich pflichte ihm insofern durchaus bei, daß das amerikanische Beispiel nur mit gewissen Vorbehalten zitiert werden kann. Ich glaube allerdings, daß das schweizerische Beispiel mit umso größerem Nachdruck zitiert werden kann und daß die schweizerische Praxis sehr stark für meine Auffassung spricht. Als ich meinen Leitsatz über die Komplementärgesetzgebungsbefugnis des Bundes nach längerem Zögern formulierte, war ich mir durchaus darüber klar, daß die Entscheidung hier letztlich zwar nicht nach Zweckmäßigkeitsgesichtspunkten getroffen werden darf, wie auch Herr Nawiasky meint; daß aber, da uns der Text des Grundgesetzes im Stich läßt, nichts anderes übrig bleibt, als verfassungspolitische und verfassungssystematische Abwägungen vorzunehmen, und ich wüßte nicht, nach welchen anderen Auslegungsgrundsätzen wir hier zu einem Ergebnis kommen könnten. Dann stellt sich die Lage so dar, daß man schließlich doch fragen muß, welche Lösung zu vernünftigen und praktischen Ergebnissen führt. Dann kommt man zwangsläufig zu der Alternative, daß eine Entscheidung zugunsten der Länderrechte gewisse Behinderungen der Bundesgewalt im völkerrechtlichen Verkehr zur Folge hat, die vielleicht um des höheren Wertes der föderativen Ordnung willen in Kauf genommen werden müssen. Oder man kann sich auf den anderen Standpunkt stellen, daß die außenpolitische Aktionsfähigkeit und die Geschlossenheit des Bundes im völkerrechtlichen Verkehr ein höheres Rechtsgut sei, dem u. U. gewisse Länderinteressen geopfert werden müssen. Das ist eine Abwägungsfrage, in der die Meinungen auseinandergehen können; es gibt da keine hundertprozentig schlüssigen Beweise, und insofern vertrete ich die Auffassung, die ich hier vorgetragen habe, auch nur mit einer gewissen Reserve und erkenne durchaus an, daß man zu anderen Ergebnissen kommen kann. Auf jeden Fall aber scheint mir die eine Auffassung nicht mehr und nicht weniger Elemente der Zweckmäßigkeitsabwägung zu enthalten als die andere.

Herr Hugelmann hat schließlich noch auf die Frage des Gesandtschaftsrechts der Länder angespielt. Die Frage ist im ganzen, nämlich hinsichtlich des normalen Gesandtschaftsrechts, vollkommen außer Diskussion. Etwas anders steht es höchstens mit der Frage des Gesandtschaftsrechtes der Länder beim Heiligen Stuhl. Schon unter der Weimarer Verfassung hat man angenommen, daß das den Ländern grundsätzlich genommene Gesandtschaftsrecht in Bezug auf den Heiligen Stuhl fortbestehe. Die Entstehungsgeschichte des Grundgesetzes gibt einige Anhaltspunkte dafür, daß man an dieser Auffassung festzuhalten hat, und soweit ich sehe, haben sich die meisten Kommentatoren bisher auf diesen Standpunkt gestellt. v. Mangoldt z. B. vertritt in seinem Kommentar die Auffassung, daß eine Gesandtschaft Bayerns beim Heiligen Stuhl auch nach dem Grundgesetz noch zulässig sei. Auf die Frage der Konkordate hier jetzt noch einzugehen, würde uns in ein weiteres Feld hineinführen; nur so viel glaube ich sagen zu müssen: wenn Konkordate in mancher Hinsicht vielleicht auch anders zu beurteilen sind, als andere völkerrechtliche Verträge, so steht doch wohl außer Frage, daß die Lösung von einem Konkordat, das vom Reich geschlossen worden ist, nur nach den allgemeinen völkerrechtlichen Prinzipien beurteilt werden kann. Es scheint, daß in dem Streit zwischen dem früheren Ministerpräsidenten von Baden-Württemberg und dem Bundeskanzler meist übersehen worden ist, daß es hier von Seiten der Bundesregierung in erster Linie um den Grundsatz der völkerrechtlichen Vertragstreue gegangen ist, und daß man geglaubt hat, eine dem Heiligen Stuhl gegenüber eingegangene Verpflichtung wahren zu müssen. Die politischen Gesichtspunkte, die im Hintergrund gestanden haben, will ich hier im einzelnen nicht näher analysieren.

Ich glaube, ich sollte mich mit diesen Bemerkungen begnügen, denn die Zeit ist schon allzu weit fortgeschritten. Ich bitte also zu entschuldigen, wenn dieses Schlußwort nur noch sehr skizzenhaft ausgefallen ist. Ich darf damit schließen, daß ich allen Diskussionsrednern auch von mir aus sehr herzlich danke für die reichen Anregungen und die Belehrung, die mir durch diese Diskussion zuteil geworden ist.

IV. Verzeichnis der Redner

V. Verzeichnis der Mitglieder der Vereinigung der Deutschen Staatsrechtslehrer

Wiedergegründet am 21. Oktober 1949

Lebenslänglicher Ehrenpräsident

Thoma, Dr. Richard, Professor, Geh. Hofrat, Bonn, Zitelmannstr. 24

Vorstand

1. Jahrreiß, Dr. Hermann, Professor, Köln, Brüsseler Str. 85.
2. Klein, Dr. Friedrich, Professor, Münster i. W., Prozessionsweg 409.
3. Schneider, Dr. Hans, Professor, Tübingen, Autenriethstr. 16.

Mitglieder

1. Abendroth, Dr. Wolfgang, Professor, Marburg a. d. L., Georg-Voigt-Str. 7a.
2. Adamovich, Dr. Ludwig, Professor, Präsident des Verfassungsgerichtshofes. Wirkliches Mitglied der österreichischen Akademie der Wissenschaften, Wien I, Wipplingerstr. 7.
3. Apelt, Dr. Willibalt, Professor, Geh. Regierungsrat, Staatsminister a. D., München 23, Montsalvatstr. 1.
4. Armbruster, Dr. Hubert, Professor, Mainz, Kaiserstr. 66.
5. Bachof, Dr. Otto, Professor, Erlangen, Hindenburgstr. 47.
6. Becker, Dr. jur., Dr. phil. Erich, Professor, Speyer, Schwerdstraße 59.
7. Bilfinger, Dr. Karl, Professor, Heidelberg, Philosophenweg 13.
8. Böhmert, Dr. Viktor, Professor, Kiel, Feldstr. 91.
9. Brill, Dr. Hermann Louis, Professor, Staatssekretär a. D., M. d. B., Wiesbaden, Weinbergstr. 14.
10. Bühler, Dr. Ottmar, Professor, München 27, Kufsteiner Platz 2/III.
11. Bülck, Dr. Hartwig, Privatdozent, Kiel, Dänische Str. 15, Institut für Internationales Recht.
12. Carstens, Dr. Karl, Privatdozent a. d. Universität zu Köln, Gesandter, Ständiger Vertreter der Bundesrepublik beim Europarat, Straßburg.

13. Drath, Dr. Martin, Professor, Bundesverfassungsrichter, Berlin-Zehlendorf, Hüningerstr. 20.
14. Dürig, Dr. Günter, Privatdozent, München 23, Rossinistraße 3/III.
15. Ebers, Dr. iur., Dr. rer. pol. h. c. Godehard Jos., Professor, Mitglied des österreichischen Verfassungsgerichtshofes a. D., Innsbruck-Igls 47.
16. Erler, Dr. Georg, Professor, Göttingen, Calsowstr. 71.
17. Ermacora, Dr. Felix, Privatdozent, Ministerialkommissar, Wien, Bundeskanzleramt.
18. Forsthoff, Dr. Ernst, Professor, Heidelberg-Schlierbach, Wolfsbrunnenweg 13.
19. Friesenhahn, Dr. Ernst, Professor, Bundesverfassungsrichter, Bonn, Endenicher Allee 7.
20. Gerber, Dr. Hans, Professor, Oberverwaltungsgerichtsrat am Badischen Verwaltungsgerichtshof, Freiburg i. Brg., Sonnhalde 93.
21. Giese, Dr. iur., Dr. rer. pol. h. c. Friedrich, Professor, Falkenstein über Königstein i. T., Haus am Bornacker.
22. Glum, Dr. Friedrich, Professor, München 27, Äußere Prinzregentenstr. 10.
23. Gönnenwein, Dr. iur., Dr. phil. Otto, Professor, M. d. L., Heidelberg, Bergstr. 50.
24. Grewe, Dr. Wilhelm, Professor, Freiburg i. Brg., Beethovenstraße 9.
25. Hamel, Dr. Walter, Professor, Marburg a. d. L., Rotenberg 1a.
26. Heckel, D. Dr. Johannes, Professor, München 15, St. Paulusplatz 9.
27. Held, Dr. Hermann, Professor, Malente, Lindenallee 35.
28. Helfritz, Dr. iur., Dr. phil. Hans, Professor, Geh. Regierungsrat, Erlangen, Hofmannstr. 62.
29. Henrich, Dr. iur., Dr. rer. pol., Dr. phil. Walter, Professor, Würzburg, Ottostr. 16.
30. Herrfahrdt, Dr. Heinrich, Professor, Marburg a. d. L., Am Weinberg 8.
31. Hettlage, Dr. Karl Maria, Professor, Bad Godesberg, Ludwigstr. 83.
32. Frhr. v. d. Heydte, Dr. August, Professor, Bodenheim bei Mainz, Rheinstr. 2.
33. Heyer, Dr. Friedrich, Professor, Bonn, Humboldtstr. 35.

34. v. Hippel, Dr. Ernst, Professor, Godesberg-Mehlem, Mainzer Straße 119.

35. Hoegner, Dr. Wilhelm, Staatsrat, Staatsminister, Honorarprofessor, München, Miesbacher Platz 15.

36. Hollos, Dr. Franz Tibor, Professor, Würzburg, Höchbergerstraße 24.

37. Hugelmann, Dr. Karl, Professor, Göttingen, Herzberger Landstr. 52.

38. Ipsen, Dr. Hans Peter, Professor, Oberlandesgerichtsrat, Mitglied des Hamburgischen Oberverwaltungsgerichts, Hamburg 13, Hallerstr. 79.

39. Jacobi, Dr. Erwin, Professor, Leipzig S 3, Meusdorfer Str. 5.

40. Jahrreiß, Dr. Hermann, Professor, Köln, Brüsseler Str. 85.

41. Jellinek, Dr. Walter, Professor, Richter am Verwaltungsgerichtshof Stuttgart-Karlsruhe, Heidelberg, Mozartstr. 15.

42. Jerusalem, Dr. Franz, Professor, München 27, Flemingstr. 58.

43. Kaufmann, Dr. iur., Dr. phil. h. c. Erich, Professor, Bonn, Koblenzerstr. 101.

44. Klein, Dr. Friedrich, Professor, Münster i. W., Prozessionsweg 409.

45. Köttgen, Dr. Arnold, Professor, Göttingen, Schillerstr. 26.

46. Kordt, Dr. Erich, Privatdozent, Düsseldorf, Haus der Landesregierung.

47. Kraus, Dr. Herbert, Professor, Göttingen, Calsowstr. 18.

48. Krüger, Dr. Herbert, Professor, Hamburg-Gr. Flottbek, Elbchaussee 184.

49. Küchenhoff, Dr. Günther, Professor, Werl i. W., Grafenstraße 11.

50. Laforet, Dr. Wilhelm, Professor, Geh. Justizrat, M. d. B., Würzburg, Frauenlandstr. 12.

51. Laun, Dr. iur., Dr. rer. pol. h. c. Rudolf, Professor, Präsident des Staatsgerichtshofs der Freien Hansestadt Bremen, Ahrensburg bei Hamburg, Voßberg 10.

52. Leibholz, Dr. Gerhard, Professor, Bundesverfassungsrichter, Göttingen, Dahlmannstr. 6.

53. Liermann, Dr. Hans, Professor, Erlangen, Loewenichstr. 21.

54. Maunz, Dr. Theodor, Professor, (13b) Gräfelfing bei München, Hartnagelstr. 3.

55. Meder, Dr. Walter, Professor, Berlin-Dahlem, Ehrenbergstr. 35.

56. Meinzolt, Dr. Hans, Staatsrat, München, Karl-Freytag-Straße 29.

57. Menger, Dr. Christian-Friedrich, Professor, Wilhelmshaven, Hochschuldorf Rüstersiel.

58. Menzel, Dr. Eberhard, Professor, Hamburg-Rübenkamp, Waßmannstr. 27/III.

59. Merk, Dr. Wilhelm, Professor, Tübingen, Wildermuthstr. 6.

60. Merkl, Dr. Adolf Julius, Professor, Wien XIX, Pfarrplatz 1.

61. Meyer, Dr. Ernst Wilhelm, Professor, Botschafter der Bundesrepublik Deutschland, New Delhi/Indien, Sundar Nagar Mathura Road 86.

62. Mirbt, Dr. Hermann, Professor, Senatsdirektor, Berlin-Schlachtensee, Spanische Allee 51.

63. Mosler, Dr. Hermann, Professor, Heidelberg, Mühltalstraße 117.

64. Naumann, Dr. Richard, Professor, Senatspräsident, Hamburg 39, Leinpfad 73.

65. Nawiasky, Dr. Hans, Professor an der Universität München, St. Gallen, Hebelstr. 12.

66. Partsch, Dr. Karl Josef, Legationsrat, Privatdozent, Bonn, Dahlmannstr. 5—7.

67. Peters, Dr. Hans, Professor, Köln-Lindenthal, Bitburgerstraße 6.

68. Pfeifer, Dr. Helfried, Professor, Wien XIII, 98, Lainzerstraße 57.

69. Ridder, Dr. Helmut, Professor, Frankfurt a. M., Eckenheimer Landstr. 11/II.

70. Rühland, Dr. Curt, Professor, Braunschweig, Walter-Flex-Straße 16.

71. Rumpf, Dr. H., Privatdozent, Legationsrat, Bonn, Peter-Rüster-Str. 2.

72. Schack, Dr. Friedrich, Professor, Hamburg 13, Nonnenstieg 9/II.

73. Schätzel, Dr. Walter, Professor, Bonn, Fürstenstr. 1.

74. Scheuner, Dr. Ulrich, Professor, Bad Godesberg, Beethovenstraße 77.

75. Schlochauer, Dr. Hans-Jürgen, Professor, Köln-Braunsfeld, Friedrich-Schmidt-Str. 60a.

76. Schmid, Dr. Karl, Professor, Staatsrat, M. d. B., Frankfurt/Main, Johann Klotz-Str. 15.

77. Schneider, Dr. Hans, Professor, Tübingen, Autenriethstr. 16.

78. Schoenborn, Dr. Walther, Professor, Kiel, Düppelstr. 73.
79. Schranil, Dr. Rudolf, Professor, Saarbrücken, Sulzbacherstraße 27.
80. Schüle, Dr. Adolf, Professor, Heidelberg, Mozartstr. 22.
81. Schwinge, Dr. Erich, Professor, Marburg a. d. L., Gutenbergstr. 18.
82. Scupin, Dr. Hans Ulrich, Professor, Roxel i. Westf.
83. Smend, D. Dr. Rudolf, Professor, Göttingen, Am Goldgraben 13.
84. Spanner, Dr. Hans, Professor, Graz/Österreich, Mandellstraße 22.
85. Stanka, Dr. iur, Dr. phil. Rudolf, Professor, Wien IV, Goldegg 32.
86. Stödter, Dr. Rolf, Professor, Hamburg 21, Adolphstr. 29.
87. Thoma, Dr. Richard, Professor, Geh. Hofrat, Bonn, Zitelmannstr. 24.
88. Ule, Dr. Carl-Hermann, Professor, Vizepräsident, Lüneburg, Ülzener Str. 40.
89. Voigt, Dr. Alfred, Professor, Erlangen, Universitätsstr. 15.
90. Wacke, Dr. Gerhard, Professor, Marburg a. d. L., Gutenbergstraße 18.
91. Warncke, Dr. Friedrich, Privatdozent, Rechtsanwalt, Köln-Nippes, Mauenheimer Str. 45.
92. Weber, Dr. Werner, Professor, Göttingen, Am Goldgraben 10.
93. Wehrhahn, Dr. Herbert, Privatdozent, Tübingen, Schillerstraße 7.
94. Wengler, Dr. iur., Dr. rer. pol. Wilhelm, Professor, Berlin-Zehlendorf, Werderstr. 15.
95. Wenzel, Dr. Max, Professor, Erlangen, Löhestr. 21.
96. Wolff, Dr. Hans Julius, Professor, nebenamtlicher Richter am Oberverwaltungsgericht für das Land Nordrhein-Westfalen, Münster i. Westf., Wichernstr. 13/I.
97. Wolgast, Dr. Ernst, Professor, Utting am Ammersee

VI. Satzung

(Nach den Beschlüssen vom 21. Oktober 1949
und 19. Oktober 1951)

§ 1

Die Vereinigung der Deutschen Staatsrechtslehrer stellt sich die Aufgabe:

1. wissenschaftliche und Gesetzgebungsfragen aus dem Gebiete des öffentlichen Rechts durch Aussprache in Versammlungen der Mitglieder zu klären;
2. auf die ausreichende Berücksichtigung des öffentlichen Rechts im Hochschulunterricht und bei staatlichen und akademischen Prüfungen hinzuwirken;
3. in wichtigen Fällen zu Fragen des öffentlichen Rechts durch Eingaben an Regierungen oder Volksvertretungen oder durch öffentliche Kundgebungen Stellung zu nehmen.

§ 2

Mitglied der Vereinigung kann werden, wer an einer deutschen Universität oder sonstigen Hochschule als Lehrer des Staats- und Verwaltungsrechts tätig ist oder gewesen ist und sich der wissenschaftlichen Forschung auf dem Gesamtgebiete dieser Wissenschaften gewidmet hat.

Die zur Heidelberger Tagung eingeladenen Staatsrechtslehrer werden ohne weiteres als Mitglieder geführt, es sei denn, daß sie ihre Streichung verlangen. Über die Aufnahme neuer Mitglieder beschließt die Mitgliederversammlung. Eines Beschlusses bedarf es nicht, wenn der Vorstand in einem Rundschreiben die Mitglieder von seiner Absicht, einem Staatsrechtslehrer die Mitgliedschaft anzutragen, verständigt und nicht mindestens fünf Mitglieder binnen Monatsfrist gegen die Aufnahme des Vorgeschlagenen Einspruch erheben oder mündliche Erörterung beantragen. Von jeder außerhalb einer Mitgliederversammlung erfolgten Neuaufnahme sind die Mitglieder zu unterrichten.

Gegenwärtige oder frühere deutschsprachige Staatsrechtslehrer an ausländischen Universitäten oder Hochschulen können auf ihren Antrag als Mitglieder aufgenommen werden.

§ 3

Eine Mitgliederversammlung soll regelmäßig einmal in jedem Jahre an einem vom Vorstande zu bestimmenden Orte stattfinden. In dringenden Fällen können außerordentliche Versammlungen einberufen werden. Die Tagesordnung wird durch den Vorstand bestimmt.

Auf jeder ordentlichen Mitgliederversammlung muß mindestens ein wissenschaftlicher Vortrag mit anschließender Aussprache gehalten werden.

§ 4

Der Vorstand der Vereinigung besteht aus einem Vorsitzenden, seinem Stellvertreter und einem Schriftführer, der auch die Kasse führt. Der Vorstand wird am Schlusse jeder ordentlichen Mitgliederversammlung neu gewählt.

Zur Vorbereitung der Mitgliederversammlung kann sich der Vorstand durch Zuwahl anderer Mitglieder verstärken. Auch ist Selbstergänzung zulässig, wenn ein Mitglied des Vorstandes in der Zeit zwischen zwei Mitgliederversammlungen ausscheidet.

§ 5

Zur Vorbereitung ihrer Beratungen kann die Mitgliederversammlung, in eiligen Fällen auch der Vorstand, besondere Ausschüsse bestellen.

§ 6

Über Eingaben in den Fällen des § 1 Ziffer 2 und 3 und über öffentliche Kundgebungen kann nach Vorbereitung durch den Vorstand oder einen Ausschuß im Wege schriftlicher Abstimmung der Mitglieder beschlossen werden. Ein solcher Beschluß bedarf der Zustimmung von zwei Dritteln der Mitgliederzahl; die Namen der Zustimmenden müssen unter das Schriftstück gesetzt werden.

§ 7

Der Mitgliedsbeitrag beträgt fünf Deutsche Mark für das Kalenderjahr. Der Vorstand kann den Betrag aus Billigkeitsgründen erlassen.

Bei Fragen zur Produktsicherheit wenden Sie sich bitte an:
If you have any questions regarding product safety,
please contact:

Walter de Gruyter GmbH
Genthiner Straße 13
10785 Berlin
productsafety@degruyterbrill.com